1583년의 율곡 이이

# 1583년의 율곡 이이

곽신환 지음

서광사

# 1583년의 율곡 이이

곽신환 지음

펴낸이 | 김신혁, 이숙
펴낸곳 | 도서출판 서광사
출판등록일 | 1977. 6. 30.
출판등록번호 | 제 406-2006-000010호

(10881) 경기도 파주시 회동길 77-12 (문발동)
대표전화 (031) 955-4331  팩시밀리 (031) 955-4336
E-mail : phil6161@chol.com
http://www.seokwangsa.co.kr | http://www.seokwangsa.kr

제1판 제1쇄 펴낸날 ― 2019년 7월 30일
제1판 제2쇄 펴낸날 ― 2020년 8월 10일

ISBN 978-89-306-4013-8    93150

# 서문

율곡 이이를 알아야 조선의 16세기 이후, 그 정치의 흐름과 한국사회의 틀과 유학사의 맥락을 이해할 수 있다. 율곡 개인의 삶도 알아야 하지만 그의 인간관계, 그의 학문적 지향, 그의 시대의 추세 등을 함께 알아야 한다. 물론 대충 아는 것이 아니고 십분 제대로 된 앎이어야 한다. 율곡에 대한 추존과 비난은 그의 죽음 이후 지금까지 광범한 지역에서 지극한 수준으로 이어져 오고 있다. 그리고 이제 더 이상의 새로운 내용, 미처 다루지 않은 부분이 있을까 싶을 정도로 많이 연구하고 탐색하고 또 세밀히 논하였다.

그럼에도 다시 율곡을 거론하는 것은 단순히 현 시대 상황에 맞는 해석을 시도하려는 것이 아니다. 그를 살펴보는 초점을 달리 해보려는 것이다. 언어문자를 능란하게 다룰 줄 아는 유교 지식인 고위 관료가 사림정치에서 구현코자 하는 정치적 이상의 실천과정, 정치적 상대에 대한 공격, 그 양상의 잔인함과 거짓됨, 그로 인하여 휘둘리는 집단의 정서 등을 다루면서 진리정치를 표방하는 유교의 한 실상을 보는 한편 그 과정에서 드러나는 수용과 대응의 인격적 면모를 살펴보려 함이다.

이런 문제의식을 필자는 율곡의 1583년 한 해 삶에서 얻었다. 이해는 간지로 계미(癸未)년이고, 율곡 이이가 48세 되는 해이며, 그의 생애 사실상 마지막 1년이다. 그는 다음 해 정월 초3일에 발병하였고 16일에 병사했다. 1583(계미)년은 1589(기축)년과 더불어 당쟁의 화가 극도에 이르렀던 해였다. 나뉜 당파의 화가 점차 확대되어가다가 사대부들이 나아와서는 조정에서 논의하고, 들어가서는 집집에서 모여 꾀하는 것이 오직 피차간에 이기고 지는 것이었고, 같은 당파끼리는 두둔하고 다른 당파는 공격하는 것으로 일삼았다. 승부가 갈리며 결과는 원찬, 출척을 넘어 연루된 많은 인명이 손상되는 데까지 이르렀다. 명종 때에는 권신이 정권을 잡았으므로 폐단이 권력을 독점하는 데에 있었지만 선조 때에는 조정의 사류들이 당파를 만들었기 때문에 그 폐단이 권력의 분산에 있었다.

권간흉신들이 정권을 농락했던 명종 말년의 상황에 대하여 율곡은 기강이 나날이 무너지고 공도(公道)가 소멸 위축되며, 사습(士習)이 나날이 오염되고 풍속이 각박해지며 탐욕과 가학(苛虐)이 타오르고 민생이 뒤집어지며 도적이 일어나고 있다고 하였다. 이때 율곡은 갓 조정에 나온 신진 사류였다. 6조의 낭관을 대표하여 지은 그의 계사는 매우 군세고 사나웠다. 심통원과 같은 늙은 간신과 교활한 무리들을 조정에서 내쫓지 않으면 언로가 막히고 관료들이 흩어질 것이며, 인심이 흉흉하고 두려워하며 뭇사람이 틈이 벌어져 도탄에 빠진 백성이 아래에서 원망을 쌓게 되어 나라꼴을 알 수 없게 된다고도 하였다. 참혹한 당쟁을 겪은 유성룡은 권력이 특정 집단에 독점되면 정사에 옳고 그름을 논하지 못하지만 그래도 한 군데로 귀착되는 것이 있지만, 분산되게 되면 시끄럽고 어지러워서 모양도 이루어지지 않고 그 틈을 타서 부당한 방법을 사용하고, 어두운 곳을 의지하여 몰래 사욕을 이루는 무리가 갈수록 불어나 기강과 풍속이 크게 무너지게 된다고 하였다.

율곡의 관료로서의 삶이 본격적으로 펼쳐진 시대는 선조(1552-1608) 때이다. 당시 왕은 인간사회의 절대자로서 신민의 삶을 좌우하였다. 그의 모든 언행이 그대로 신하와 백성들의 화복으로 귀결되었다. 명종이 후사가 없이 죽자 즉위한 선조는 초년에 자주 경연에 나가 경사(經史)를 토론하고 제자백가서를 두루 열람하였으며, 만년에는『주역』을 즐겨 읽었다. 그는 훈구세력을 물리치고 사림들을 많이 등용하였다. 1575년 동서의 당쟁이 일어난 후 매 사안을 두고 정론이 둘로 나뉘어 조정이 혼란스러웠다. 1583년 정월 두만강변에서 번호들이 반란을 일으켜 침입하였다. 선조는 병조판서 율곡을 깊이 이해하고 아끼며 극진히 옹호하며 신뢰했다. 두 사람 사이는 남들의 눈에도 어수지간(魚水之間), 물과 물고기 사이 같았다.

이 책은 모두 11장으로 구성되어 있다. 1장은 1583년의 탄핵의 비바람이 세차게 몰아치는 상황 속에 있는 율곡을 다루었다. 5년간의 산림 생활을 마치고 다시 조정에 나온 그가 겪는 모진 삶의 역정을 1583년 한 해를 다룬 여러 문헌들을 중심으로 재구성했다. 그해 조정에서 있었던 갈등, 탄핵 비방 무고자에 대한 율곡의 대응, 그해 늦가을 율곳 강촌 마을에서의 관기 유지와의 만남, 탄핵자들이 율곡의 후원자라고 지척한 심통원 심의겸과의 관계, 그리고 율곡 사후에 일어난 비방과 무고에 대하여 살피고 정리하였다.

2장부터 11장까지는 그간 율곡의 철학과 삶을 다루면서 여러 학술지에 게재하였던 논문들을 가다듬고 보충 삭제하며 필요하면 논지는 살려두고 다시 쓰기도 한 것이다. 2장은 율곡이 성리학적 진리 사회의 담지(擔持)자로 살아간 동기와 내용과 진행을 다루었는데, 그가 필부성인론(匹夫聖人論)을 실천한 사람이라는 데 초점을 두었다. 3장은 율곡이 이학(理學)의 비조로 추앙되는 주돈이의 태극론 곧 '본원(本源)론'을 어떻게 이해하고 추존했는지를 다룬 것이다. 4장은 그가 내심 가장 존모했던, 그와 비견되는 철학자 소옹에 대한 이해와 수용을 다룬 것이다. 율곡 역시 소옹처럼 광활(曠闊)한 마음과 사통팔달의 철학을 추구했고 성취했다는 내용이다. 5장은 천지만물의 주재자(主宰者)와 인간의 삶에 닥치는 화복(禍福)관을 다루었다. 그는 무고나 탄핵도 천지의 조화 속에 있는 사건으로 누구를 원망하거나 탓할 것이 못된다는 사고를 지니고 있었다. 6장에서는 율곡이 이해하는 자연을 실리(實理)·실심(實心)의 관점에서 다루었다. 7장은 그의 진유론 속에 담긴 행도(行道)와 수교(垂敎)라는 두 개념으로 그의 삶을 해명해본 것이다. 8장은 율곡과 도의지교의 관계에 있는 성혼과의 화이부동(和而不同)의 사귐을 다루었다. 9장에서는 율곡학의 천양(闡揚)과 확산에 가장 결정적 기여를 했다고 평가되는 송시열의 율곡 존숭과 그 지수(持守) 및 변통을 다루었다. 10장에서는 한말 화서학파의 율곡 사상 조술을 다루었는데, 화서학파는 율곡 사상의 19세기적 용출이라고 보았다. 마지막 11장에서는 한말의 대학자 전우의 퇴계 성리설의 만년정론이 율곡이 주창했던 내용과 마치 한 사람의 발언처럼 일치한다는 관점을 소개하였다. 전우는 율곡이 퇴계의 만년정론을 보지 못했기에 그의 주장과 부합, 일치하는 것을 알지 못했다고 하였다. 이는 퇴계·율곡의 문하들이 각각 다툰 것은 스승의 학술에 대한 이해의 부족에서 비롯된 것이라 함이다.

우순풍조(雨順風調)라는 말이 있다. 이는 농부들이 가장 바라던 천기이다. 그런데 표풍취우(飄風驟雨)도 있다. 바람에 모든 것이 꺾이고 날아가며, 비가 큰물을 이루어 모든 것을 무너뜨리고 쓸어가기도 한다. 1583년 계미년에 강력한 돌개바람이 조정을 휩쓸었고 탄핵의 홍수사태가 났다. 기압골의 차이가 바람을 생성하듯, 권력의 구조가 채 안정되지 않은 상황에서 일어난 현상이다. 인정도 기강도 윤리도 의리도 안보의 위기도 모두 무력화된 표풍(飄風)이고 취우(驟雨)였다. 그것은 율곡을 겨냥한 것이다.

이때의 풍우는 군자와 소인의 틀로 설명되기도 하고 천리와 인욕, 의리와 이해의 구조로 설명되기도 한다. 어쨌든 이후 300여 년 이상 조선사회의 흐름이 이때에 결정되었다고 할 만큼 큰 세력의 분기가 되었다. 그러나 이는 진영의 논리라기보다는 인간 안에 스며 있는 인심도심의 문제로 보는 것이 보다 적절할 듯하다.

율곡은 강릉에 오죽헌(烏竹軒), 파주에 자운서원(紫雲書院), 해주에 소현서원(紹賢書院) 등 지역 도시마다 깊은 연고를 지니기에 이들 도시에서는 각각의 지역적 특색을 갖고 그의 사상과 인격을 기리는 숭모행사를 벌이고 있다. 지방정부의 이해관계에 따라 그를 그 지역에 붙들어두려고 하는 현상도 나타난다. 율곡을 바탕으로 더 높고 멀리 인간사회를 전진 향상시키는 것은 우리들의 몫이다.

저자가 율곡 이이에 대한 관심을 갖게 된 계기는 1977년 석사과정에서 우암 송시열을 연구하면서 마련되었다. 청정함과 의연함 그리고 대국(大局)을 보는 통찰력을 지닌 큰 인물 송시열은 율곡과 주희를 존모하였다. 저자는 송시열 연구를 심화시키려면 우선 주희를 연구해야한다고 판단했고 주희에 대한 연구가 제대로 되려면 『주역』을 먼저 연구해야겠다고 결심하여 『주역의 자연관과 인간관』으로 박사학위를 취득하였다. 이어서 저자는 『주자언론동이고』, 『태극해의』를 번역하면서 주희 철학에 관심을 집중하게 되었는데 이 무렵 율곡학회에 참여하고 율곡학회 회장으로 활동하면서 나름의 사명감도 생겼고, 율곡의 사상을 다루는 논문을 십여 편 쓰게 되면서 더욱 마음이 기울어졌다.

스스로 다짐도 하였고 주변에 넌지시 암시도 한 일이 있어 40년 조금 넘는 기간의 교수 생활을 마무리하면서 기념으로 이 책을 내게 된 것이다.

율곡에 대한 연구를 지속하면서 줄곧 '오늘 우리에게 있어서 율곡은 누구인가? 훌륭하지만 그저 별 관계가 없는 현자인가? 그의 삶과 사상은 아직도 유효한 것이 많은가? 그가 오늘의 한국사회에 있다면 어떤 주장과 처신을 할 것인가'를 생각하였다.

사람마다 다르겠지만 저자에게 뚜렷이 보이는 율곡의 모습은 우선 역시 '기발이승일도(氣發理乘一途)'에 토대를 둔, 세계와 인간의 삶에 대한 그의 통합적 그리고 긍정적 태도이다. 천지의 조화(造化)와 내 마음의 발동이 모두 기(氣)의 발동과 그 위에 이(理)가 타고 있는 형식이 아님이 없다는 그의 존재론적 선언은 타자에 선한 영향을 미칠 수 있다는 인간 존재에 대한 아름다운 긍정에서 나온 것이다. 그리고 그런 인간은 특정된 것이 아니라 누구에게나 다 해당된다는 점에서 매우 앞서 있는 사상이었다.

그가 생각했고 말했던 것처럼 이미 진리의 담지가 특정인에게 있는 것이 아니고 필부에게 있다면, 또 그가 살았던 시대보다는 오늘의 시대가 보통 사람의 개별적 특성이 존중되는 시대라면 보다 더 거리와 골목의 범인들에게서 진리 구현의 책임을 논하고 자유의 구가를 찾아야 한다. 개인이 이루어내는 창의적 행위와 그 교화는 넓고 좁음과 깊고 얕음의 차이가 있을지라도 그 세계의 질서 정립, 그와 연결된 사물의 본질 구현, 그 실존의 자각, 그리고 그 생육과 번성이 잘 되는 것이 중요하다. 율곡이 기대했고 꿈꾸었던 것처럼 누구나 다 진리의 구현자가 될 수 있고, 자기의 삶과 다음 세대에 대한 책무를 가질 수 있다. 이제 가치는 작은 일에도 있고 진리는 미묘한 차이에서 찾을 수 있으며 남들의 눈에 사소해 보이는 것에 자기의 모든 것을 당당히 걸고 있다. 그가 말한, 배우는 사람은 누구나 다 성인을 목표로 삼아야 한다는 말이 뜻하는 바였다.

율곡에 따르면 그런 인간은 무엇보다 먼저 속임 없는 마음 그리고 참된 이치를 추구하는 태도를 지녀야 한다. 자기를 속이지 않음은 물론 다른 사람을 속이지 않아야 한다. 그가 추구하는 것은 언제나 진심이고 실리(實理)여야 한다. 이것이 그가 말하는 조화(造化)의 본질이며, 교화(敎化)의 바탕이다. 진실무망은 어떤 경우에도 사람이라면 포기할 수 없는 과제이며 목적지적 경계이다.

저자의 눈에 비친 율곡의 또 다른 점은 삶의 과정에서 나타나는 화복(禍福)에 대한 소행(素行)적 자세이다. 살다보면 겪게 되는 순조로움이나 곤경이나 부귀나 빈천이나 풍요나 궁핍이나 훼손(毁損)과 예찬(譽讚)에 본연의 선한 마음이 흔들리지 않는 의연함이다. 현재 어떤 처지에 있든지 굳이 거기서 벗어나려 하거나 지위를 잃지 않고 유지하려고 하지만 말고 우선 그 주어진 처지에서 해야 할 도리를 찾아 그것을 온전히 구현하라는 것이다. 진퇴존망에서 그 때의 옳음을 잃지 않는 자가 거룩한 사람이고 행복한 사람이라는 것이다.

율곡이 1583년에 겪었던 참혹한 무고와 탄핵을 계기로 살펴본 그의 생각과 태도의 가치를 다룬 이 글을 읽는 분들이 각자의 삶의 과정에서 빚어지는 억울함이나 원망이 극복 해소되고, 자유로우나 진지한 자세로 각자에게 들려오는 무상의 명령, 본연의 소리에 귀 기울이며, 자신도 남도 속임이 없는 데 이르고, 화복의 고정적 틀을 깨며, 개체적 고립감을 벗어나 우주적 통합을 체험하는 데 작은 도움이라도 되기를 기대한다. 율곡이 말한 "본성은 비늘 가진 물고기나 날개 달린 새나 모두 같고, 사랑은 봉우리마다 골짜기마다 가 닿아 거기 머물러 있다[성동린우

애지산학(性同鱗羽 愛止山壑)]"라는 그 깨달음과 실천이 우리의 것이
되어야겠다.

2019년 봄 서달산록 관산재(觀山齋)에서

곽신환 적음

# 차례

# 1장
# 1583년의 율곡 이이

## 1. 산림에서 다시 조정으로, 1581–2년의 율곡

49세가 일기이니 율곡의 생애는 긴 편이 아니다. 29세에 조정에 나아
갔고 1576년 41세 봄에 은퇴를 결심하고 향리에 묻혀 5년간의 재야산
림으로서 수양과 연구와 교육의 삶, 곧 수교의 생활을 했다. 그런 그를
선조는 1580년 12월 대사간에 임명하여 조정으로 불러냈다. 그의 나이
45세였다.

 그가 조정을 떠나 산림으로 간 것은 자신이 왕과 사류의 신뢰를 얻지
못하고 있다는 판단 때문이었다. 그는 조정에 나아갔는데 행도(行道)를
할 수 없다면 진유라고 할 수 없고, 물러난 경우 수교(垂敎)를 하지 않
으면 또한 진유가 못 된다고 했다. 당시 조정에서 30대의 율곡은 열정
적으로 일했고 주변의 인정도 커서 지위는 짧은 기간에 많이 높아졌어
도 실제적 성취는 많지 않아 무력감을 느낀 듯하다. 속류의 반대가 많

았기 때문이다. 실제적으로 아무 일도 할 수 없는 상황이라고 판단하고
는 물러나기로 했다.

　물러나 있는 기간에 그는 후학교육, 연구 및 저술활동을 하였다.『격
몽요결(擊蒙要訣)』,『김시습전(金時習傳)』,『고산구곡가(高山九曲歌)』,
『소학집주(小學集註)』,『기자실기(箕子實記)』등이 이때 이루어졌다.[1]
그는 해주 석담에 청계당(聽溪堂)과 은병정사(隱屛精舍)를 짓고 주희
등 선현을 제사하고 문인들과 강학하였다. 이러한 삶은 자못 그에게 산
림의 기상이 짙게 배어들게 했다. 은둔 기간 중에 선조는 율곡에게 여
러 차례 대사간, 이조참의, 우부승지, 전라감사, 병조참지 등에 지명하
였으나 그는 병으로 계속 사양하고 응하지 않았다. 1578년 5월에는 일
만 자에 달하는 소,「만언소」를 올렸다.[2] 병을 앓은 선조가 1580년 12
월에 다시 대사간에 제수하며 율곡을 불러 올렸다.

　1581년 46세 되는 정월에 그는 왕에게 건의하여 '정사를 잘 닦아 천
재(天災)를 방지하라'고 하였다. 이때 흰 무지개가 해를 꿰뚫는 이상현
상이 여러 차례 나타나고, 또 왕이 질환이 있어 오랫동안 정사를 보지
못했기 때문이다. 핵심 내용은 '마음 기르는 데는 욕심 줄이는 것보다
나은 것이 없다'는『맹자』의 이야기였다.

　이해 3월에 율곡은 병이 나 세 번이나 사직을 표하였으나 허락을
받지 못했다. 4월에는 왕에게 청하여 백성을 구제하는 대책을 논의하
게 하였다. 지난해 황해도 일원에 흉년이 들고 또 봄 가뭄에 보리농사
가 잘되지 않아 긴급 대책이 필요했기 때문이다. 그는 오랫동안 해주

---

1　율곡의『성학집요』는 이보다 앞서 1575년 그의 나이 40세 때 홍문관 부제학 시절
에 이루어졌다.
2　율곡이 1574년 1월에 우부승지로서 올린「萬言疏」가 있다. 여기 것은 1578년 5월
에 올린 것으로「應旨論事疏」이다.

에 우거하다가 조정에 나왔기 때문에 그 지역 실정을 잘 알고 있었다.
5월에는 윤의중(尹毅中), 박근원(朴謹元) 등을 각각 부정축재와 병을
핑계로 수릉관의 직책을 피하려 한 것을 들어 논핵하였다. 대사간으
로서 당연한 직무수행에 속하는 이 일은 그러나 훗날 그들이 율곡을
비방하고 탄핵하는 요인이 되었다. 또한 율곡은 다섯 가지 항목의 폐
법의 변통을 왕에게 상주하였다. 공안의 개정, 주현을 합병하여 줄일
것, 감사의 임기 늘리기, 현자를 등용하고 수기할 것, 사사로운 붕당
을 제거하고 조정을 화합시킬 것 등이다. 전부터 주장해오던 내용이
었다.

  6월에 그는 대사헌에 특진되었다. 그는 기강을 확립하고 풍속을 바
로잡기 위하여 진덕수의 『정경(政經)』³을 토대로 자신의 견해를 참작하
여 '화속의(化俗儀)' 50여 조항을 만들고 이를 왕래가 빈번한 큰길가에
게시하였다.⁴ 이 무렵 이발과 정인홍이 심의겸을 탄핵코자 하였다. 사
헌부의 의견을 모아 탄핵소를 올리기로 하고 율곡이 초안을 마련하였
으나 정인홍이 '사류를 끌어모은다'는 파당과 관련된 격한 표현을 덧
붙였다. 왕이 이 표현에 관심을 갖고 묻자 정인홍은 심의겸이 윤두수
윤근수 정철 등과 결탁하여 명성과 위세를 엿본다고 하였다. 정언 윤승
훈도 율곡이 정철을 비호한다고 여겨 동료들과 의견을 모으다가 모아
지지 않자 피혐하였다. 이것이 또한 훗날 율곡이 심의겸을 비호하였다
는 탄핵의 빌미가 되었다. 이해에 『경연일기』가 이루어졌다. 이는 1565

---

3  『政經』은 송의 眞德秀가 기존의 전적 중에서 정치를 논한 것들을 채집하여 앞에
배열하고 行政의 자취를 뒤에 배치한 다음 끝에다 당시 비근한 사항 여섯 조항을 부록
으로 둔 책이다. 사고전서에 들어 있다.

4  『栗谷全書』卷34, 附錄 2 연보 1581년 6월 조 "先生旣就職, 歎曰, 都憲國之重任,
立綱紀正風俗, 其在斯乎, 乃因西山政經, 參以己見, 爲化俗儀五十餘條, 榜示通衢, 使人
人誦習, 不待發禁, 而自不犯綱, 大要不出於父慈子孝, 兄友弟恭, 親上死長之義"

년부터 1581년까지의 기록이다.[5]

1582년 47세 되던 해 정월에 율곡은 이조판서[6]에 제수되었다. 지난 1년간 대사간 대사헌의 직무를 수행하고 나서 6조의 수석장관직에 임명된 것이다. 이때 그는 "지금 고근약식(孤根弱植)이 뭇사람들의 기롱과 조소 가운데 스스로 분발하여 어리석음을 바쳐 충성을 다하려고 한다면 반드시 좌우에서 뒤틀어 도움이 된 바가 없게 될 것이며, 만약에 그 대열을 따라 속례(俗例)를 준행하려 한다면 장차 위로는 국가를 저버리고 아래로는 배운 바를 저버리게 되어 살아서는 수모를 받고 죽어서는 눈을 감지 못할 것입니다"[7] 하였다. '고근약식'은 친척이나 가까이에서 돌보아줄 사람이 없음을 말하는 것이니 자신의 처지를 묘사한 것임을 알 수 있다. 그의 말대로 그는 명문 벌열 출신이 아니고, 본인의 재능으로 주변의 이목이 쏠려 청현직에 발탁이 되었다. 그런 만큼 남들의 질시 대상이 되고 모함을 당했다. 그는 더욱 왕에게 충성을 다했고, 또 왕의 신임이 두터울수록 주변은 그를 뒤틀 것임을, 그래서 결과적으로 국가에 아무런 도움을 주지 못할 것을 염려하고 있었다. 당시 상황을 그렇게 읽을 수밖에 없었다. 그렇다고 그들과 한편이 된다면 그래서 시속(時俗)을 따른다면 그것은 결과적으로 국가를 저버리는 것이 되며 또 배운 바를 배반하는 것이 되어 씻을 길 없는 수모와 한이 될 것이라고 생각하였던 것이다.

5년여 침잠의 은거생활 끝에 다시 조정에 나왔고 동서의 당론이 갈

---

5  율곡의 『경연일기』는 1582년과 1583년의 것도 있다고 하는데, 현재까지 실재여부가 확인이 되지 않는다.
6  이조판서는 정이품 관직이다. 이조를 총괄하고 이조에 소속된 文選司·考勳司·考功司 등과 忠翊府·宗簿寺·尙瑞院·內侍府·司饔院·內需司 등 屬衙門과 비변사 등에도 제조로 참여하였다.
7  『栗谷全書』卷34, 附錄 2 연보, 1582년 조.

라져 사사건건 논란이 일고 있는 와중에 육조의 수장이요, 요직 중의 요직인 이조판서에 제수되었으니 또 얼마나 시달릴 것인가가 두렵기도 했을 것이다. 이조판서는 관료라면 대부분 탐내는 자리요, 선망의 자리이며, 더구나 발탁하여 임명하면 사양하기 어려운 자리이다. 율곡의 마음속에는 잘못되어가는 조정의 풍토 특히 당론에 따라 다툼이 일어나는 상황을 조정하고 해결해보겠다는 의지도 있었을 것이다.

이조판서로서 그는 묵은 폐단을 개혁하고 관직을 깨끗하게 하는 일에 힘썼다. 현명한 선비를 발탁하여 대사헌의 자리에, 학문과 덕행이 있는 사람을 선발하여 대사성의 자리에 앉히고, 관직이나 명예에 뜻이 없는 사람을 천거하여 절개를 숭상하는 기풍을 가다듬고, 수령직을 감당할 재능이 있는 사람을 천거하여 목민관의 자리에 세웠다.[8]

이해 7월 그는 왕명에 따라 그는 「인심도심도설(人心道心圖說)」과 「김시습전(金時習傳)」, 「학교모범(學校模範)」을 지어 올렸다. 그 바쁜 직위에서 당시로서는 최고의 또 뜨거운 학술논쟁의 주제였던 「인심도심설」을 지어 올린 것은 다소 이채이다. 그의 성리학자로서의 면모가 뚜렷이 드러나 보이는 부분이기도 하다. 이황과 기대승 사이, 이항과 노수신 사이에서도 신랄하고 격렬한 논쟁이 벌어졌었다. 학문적 정통성이 정치적 정통성으로 직접 연계되는 상황이었던 그때였기에 이조판서인 율곡이 그 바쁜 정사 중에 이런 글을 왕명을 받아 쓴다는 것은 예삿일이 아니다. 자칫 정적들로부터 얼마든지 학문적 시비와 도전이 있을 수 있다. 더구나 학술적으로 이견을 드러냈던 큰 학자 이황은 이미 죽고 없었지만 인심도심설에 나름의 주장을 내세운 노수신이 대신으로 조정에 있는 상황이었으니 더욱 조심스러운 일이고 따라서 완벽에 가까운 글이어야

---

8　이는 「栗谷年譜」에 있는 기술이다.

했다. 가뜩이나 정적들로부터 주목받는 상황에서 학술이론에 허점이 노출되면 그 타격이 상당할 것이었다. 더구나 왕명으로 주어진 과제임을 고려하면 더욱 신중에 심혈을 기울여야 하는 학술적 과제가 아닐 수 없다. 그가 제진한 「인심도심도설」에 다음의 글이 들어 있다.

"정이 발현할 때 도의를 위하여 발현하는 것이 있으니, 부모에게 효도하고자 하고 군주에게 충성하는 것과 어린애가 우물에 빠지는 것을 볼 때 측은히 여기는 것, 의가 아닌 것을 볼 때 수오(羞惡)하는 것, 종묘에 지나갈 때 공경하는 것들이 이것이니 이것을 도심(道心)이라 하는 것입니다. 입과 몸을 위하여 발현하는 것이 있으니, 배고플 때 먹으려 하고 추울 때 입으려 하고 힘들 때 쉬고자 하고 정력이 왕성하면 이성을 생각하는 것들이 이것이니, 이는 인심(人心)이라 하는 것입니다. 이(理)와 기(氣)는 한 덩어리여서 원래 서로 떠나지 않는 것이니, 마음이 발동하면 정이 될 때 발동하는 것은 기이고 발동하는 까닭은 이입니다. 기가 아니면 발동할 수 없고 이가 아니면 발동할 까닭이 없으니 어찌 이발(理發)·기발(氣發)의 다름이 있을 것입니까."[9]

그는 이황의 호발설에 찬동하지 않음을 드러내고 있다. 칠정은 곧 인심·도심·선악을 모두 가리키는 이름이라 하고, 맹자는 칠정 중에서 선한 일면만 뽑아내어 사단이라고 지목하였으니, 사단은 곧 도심과 인심의 선한 부분이라 했다. 사단을 도심이라 하고 칠정을 인심이라 하는 사람도 있는데 사단은 참으로 도심이라고 할 수 있겠지만 칠정을 인심만이라 할 수 없다고 하였다. 이 역시 이황의 주장을 의식한 비판이다.

9   『栗谷全書』卷14, 說「人心道心圖說」

따라서 이후 이황 후학들로부터 지속적으로 모진 비판과 비난의 대상
이 되었다. 뚜렷한 스승이 없는 율곡은 동년배의 이황 후학들로부터 이
점에 있어서 지적의 요인이 추가된 셈이다.

8월 율곡은 형조판서에 임명되었다.[10] 이조판서의 직을 7개월여 수
행한 것이다. 9월에 정2품인 의정부 우참찬(右參贊)에 제수되고, 이어
종1품 우찬성(右贊成)에 승진 제수되었다.

10월에 명나라에서 황홍헌(黃洪憲)과 왕경민(王敬民)이 사신으로 파
견되자 대신의 추천으로 원접사의 책무를 맡아 황주, 안주를 거쳐 의주
까지 오갔다. 명의 사신들은 율곡에게서 산림의 기상을 보고 산림에 숨
은 선비를 억지로 데려다 맞이하게 하는 것으로 오해하였지만 이내 그
가 삼장 장원(三場壯元)으로 오래도록 시종으로 있다가 중년에 물러가
산림에 있었지만, 현재는 다시 왕이 신뢰하고 의지하여 직임을 맡은 지
가 오래되었다는 것과 명에도 알려진 「천도책(天道策)」을 지은 사람인
것을 알고 태도가 달라졌다고 한다.

원접사로 북행을 하는 기간 중에 율곡은 오래전 인연을 맺은 황주 관
아의 기녀 유지(柳枝)를 만나 여유롭고 아름다운 시간을 가졌다.

12월에 병조판서에 제수되었다. 이는 율곡에게는 크나큰 시련의 발
단이었다. 부임한 그는 서도의 민폐를 진달하였다.[11] 원접사로 서북지
역을 오르내리며 목격한 여러 가지 폐단을 시정하기 위해서였다. 앞서
재해로 인한 폐해를 고한 일도 있었는데 시정이 되어 있지 않았기 때문
이다.

10  『율곡연보』1582년 조 8월 기사에 있다.『宣祖實錄』에는 보이지 않는다.
11  『栗谷全書』卷34, 附錄 2, 1582년 12월 "復命. 拜兵曹判書. 上疏辭. 不許. 仍陳西
路民弊, 凡六條. 一請賜一年田租之半, 二請救驛路凋殘之弊, 三請變通館軍之弊, 四請
令監司盡心救荒之政, 五請革濫定官屬之弊, 六請革黃州判官"

해가 바뀌어 1583년 계미년이 되었다. 사실상 그의 마지막 일 년이 참혹한 재앙을 깔고 그를 기다리고 있었다.

## 2. 계미년 기록 문헌

계미년의 사건들을 기록하여 엮은 것에는 물론『실록』이 있다. 그러나 선조실록은 전란 탓에 매우 소략하다. 그 외에도 아래와 같은 것들이 있다.

> 이성중『계미기사(癸未記事)』
> 우성전『계갑일록(癸甲日錄)』
> 이귀『계미진신풍우록(癸未搢紳風雨錄)』
> 안방준『혼정편록(混定編錄)』

이상은 이른바 야사류에 속한다. 김려(金鑢, 1766-1822)[12]는 야사를 저(著)와 술(述)과 록(錄)의 세 종류로 구분하고는, 저는 율곡의『석담일기』와 같은 것이며, 술은 이정형의『동각잡기』[13]와 같은 것이고, 록은 정철의『시정록(時政錄)』과 같은 것으로서, 통상 록은 술보다 많고, 술

---

12   김려의 호는 藫庭이며 노론계의 명문 출신이다. 1797년에 姜彛天의 飛語 사건에 연좌되어 함경도 부령으로 유배되었다. 1801년에는 진해로 유배되어 그곳에서『牛海異魚譜』를 지었다. 1806년에 연산현감을 거쳐 함양군수로 재직 중에 일생을 마쳤다. 저서로『藫庭遺藁』12권이 있다. 말년에는『寒皋觀外史』·『倉可樓外史』등 야사를 편집했다.

13   『東閣雜記』는 2권 1책. 필사본으로 편저자는 李廷馨(1549~1607)이다. 이정형의 호는 知退堂·東閣이다. 이 책은 '本朝璿源寶錄'이라고도 한다.『대동야승』제53·54卷에 상·하 두 권이 모두 수록되어 있는데『대동야승』중에서도 야사로서 가장 가치 있는 부분이라는 평가가 있다.

은 저보다 많다고 하였다. 록에는 번다한 것도 있고 간략한 것도 있으며 상세한 것도 있고 소략한 것도 있다.[14]

『계미기사(癸未記事)』의 저자는, 김려에 의하면 이성중이다. 그 성격은 "『시정록』과 같은 부류이다. 한 구절의 포폄도 없고 한 글자의 시비도 없다. 다만 조보에서 발췌하고 소차 등에서 미리 요점을 뽑아 알린 것들이다. 그러나 하나는 서인의 작품인 것을 알 수 있고 하나는 동인의 작품임을 알 수 있다"고 했다.[15]

김려가 편자로 지목한 이성중(李誠中, 1539-1593)[16]은 이황의 문인이고 동인에 속한다. 그는 1583년에 홍문관 응교·전한을 거쳐 이듬 해 직제학·동부승지·우승지를 역임하였다. 이때 3사가 율곡을 되풀이 탄핵하였는데, 그도 탄핵 상소에 가담하였다. 그는 문학에 뛰어난 자질을 보였다.[17] 김효원(1542-1590)[18] 그리고 『계갑일록』을 지은 우성전과 교분이 두터웠다.

---

14    김려『薄庭遺藁』卷11, 寒皐觀外史題後 題癸未記事卷後 "野史有三, 曰著曰述曰錄. 著者如栗谷之石潭日記, 是也. 述者如知退之東閣雜記, 是也. 錄者如松江之時政錄, 是也. 檗錄多於述, 述多於著, 其勢然也. 錄有繁有簡, 有詳有略, 其詳而繁者, 如世所謂爛餘等書, 雖充棟而汗牛, 猶有所不足必也. 畧而簡者有可觀何則, 取捨精也."

15    김려『薄庭遺藁』卷11, 寒皐觀外史題後 題癸未記事卷後 "癸未記事, 卽李忠簡誠中所錄, 凡一卷. 盖時政錄之類也. 無一句貶褒, 無一字是非. 只是抄錄於朝報畫直分撥疏箚等軸. 而彼一, 按可知爲西人之筆, 此一, 按可知爲東人之筆. 使操觚者, 不得掩匿其手段. 此曷故焉. 偏黨染人心肺, 浹人骨髓如是. 吁可畏哉"

16    이성중의 호는 坡谷, 이황의 문인이다. 1583년 홍문관응교·전한을 거쳐 이듬 해 직제학·동부승지·우승지를 역임하였다. 1592년 왜란 때 수어사로 활동. 7월에는 명의 원병을 청했고, 군량 조달을 위해 진력. 1593년 7월 함창에서 과로로 병사하였다.

17    이성중『坡谷遺藁』坡谷遺藁序 [金世濂] "…坡谷李公早以文學特起, 伯仲聯璧, 際會聖明, 論思獻納. 與吾王考省菴公外祖荷谷公相上下. 盖其爲學, 本之六經訓詁之源, 而養之以淳厚 (…) 通政大夫, 承政院左副承旨, 知製敎兼經筵參贊官, 春秋館修撰官東溟金世濂, 謹書" 김세렴은 김효원의 손자이다.

18    김효원은 1565년 문과에 장원으로 급제해 병조좌랑으로 관직생활을 시작하였는데, 문정왕후가 죽은 뒤 척신계의 몰락과 더불어 새로이 등용되기 시작한 사림파의 대

안방준은『계미기록』저자가 율곡의 제자 가운데 한 사람이라고 했
는데 그가 말한 계미기록은『계미기사』를 가리키는 것으로 보인다.[19]
정도응(鄭道應, 1618-1667)[20]이 편집한『소대수언(昭代粹言)』에는『계
미기사』의 편저자가 드러나 있지 않다.[21] 이유원(李裕元, 1814-1888)도
『임하필기』에서 무명씨의 기록이라고 하였다.[22]『계미기사』는『대동야
승』권25에도 수록되었다. 민족문화대백과사전에서는『계미기사』가 편
저자 미상의 1책이며 서인 중심의 기록이라고 하였다. 그러나『계미기
사』에서 특별히 서인에 우호적인 부분은 찾기 힘들다.

『계갑일록』의 저자는 우성전(禹性傳, 1542-1593)[23]이다. 일록(日錄)
이라 하듯이 거의 매일의 날씨와 정치적 사건을 비롯한 주요한 일들,
자신의 독서에 관한 것을 기록하고 있는데, 기간은 1583년 계미(癸未)
년 6월부터 다음 갑신(甲申)년인 1584년 12월까지이다.『계갑일록』은
『계갑록(癸甲錄)』또는『계미일록』『갑신일록』으로 나뉘어 불리기도 한

---

표적인 인물이다.

19　『묵재일기』2

20　정도응의 호는 無忝. 저서에『昭代名臣行蹟』,『昭代粹語』가 있다.『昭代粹言』은
효종 때에 편집한 野史集으로 필사본 12권 12책이다.

21　鄭道應『昭代粹言』의 卷1-4에는 許筬이 편찬한『海東野言』·『同別集抄』등을. 卷
5-6에는『癸未記事』, 禹性傳의『癸甲日錄』『時政錄』상하와『己丑錄』을, 卷7-8에는
李廷馨이 저술한『東閣雜記』상하, 卷9-10에는 南礏이 지은『丙子錄』상하,『亂離日
記』·『江都錄』, 卷11-12에는 金時讓이 저술한『浮溪記聞』·『紫海筆談』·『荷潭破寂錄』
등이 수록되어 있다.

22　이유원『林下筆記』卷30, 春明逸史, "『癸甲日錄』은 우성전의 저술이고,『癸未記
事』는 무명씨의 저술이고…"라고 하였다.『林下筆記』는 그의 수록류를 모아 엮은 필
사본 39卷 33책으로 1871년에 天摩山 林下廬에서 탈고하였다.

23　우성전은 호가 秋淵·淵庵이고 이황의 문인이다. 1583년에 응교가 되고, 뒤에 여
러번 사인을 지냈다. 동서분당 때 동인으로 분류되었으나 이후 이발과 틈이 생기자 우성
전은 남인, 이발은 북인으로 분당되었다. 왜란이 일어나자 의병을 모집해 싸우다가 과로로
병을 얻어 경기도 부평에서 사망하였다. 저서로『癸甲日錄』·『易說』·『理氣說』등이 있다.

다. 그의 지우였던 유성룡이 『계갑일록』에 제를 하고 두 수의 시를 지어 붙였다. 그는 제를 쓰면서 "바른 도는 세우지 않고 사람이 각기 미워하고 좋아하는 것으로 서로 따른다면 혼란이 이로 말미암아 생긴다"라고 하고는 우성전의 일기를 보고 그를 위해 눈물을 흘리니, 그 재앙이 여기서부터 비롯됨을 슬퍼하는 것이라고 하였다.[24]

『계미진신풍우록(癸未搢紳風雨錄)』[25]은 1583년 전개된 당론에 관계되는 소, 차, 계를 뽑아 편집한 책으로 필사본 2권 2책이다. 포저 조익(趙翼)은 이 문헌의 저자가 이귀(李貴, 1557-1632)[26]라고 한다. 조익이 찬한 이귀의 「신도비명서」에 보면 "공은 왕이 당파를 싫어하는 마음을 미리 가지게 되면 충직한 말이 거꾸로 의심받을 수도 있고 참언이 그 틈을 타고 나오지 않으리라는 보장도 없다고 생각하였다. 그래서 『계미풍우록』과 정해년(1587)에 우계와 율곡 두 선생의 마음의 지향과 행적[心跡]에 대해서 논변한 소를 상에게 올렸으니, 이는 상으로 하여금 당이 나뉘게 된 처음부터 끝까지의 사적과 피차간의 공사와 시비의 소재를 분명히 알게 하려는 목적에서였다"[27]라고 하였다. 1583년에 성균생원의 입장이었으니 그가 이해에 일어난 일의 전말을 소상하게 알았다고 하기는 어렵다. 앞의 이성중이나 우성전과 같은 위치에 있지는 않

---

24  이 글은 유성룡이 1600년 5월 11일에 쓴 것이다. 우성전과 유성룡은 함께 퇴계 문하에서 수학하였고 同年生이다. 두 사람은 함께 臺閣에 있기도 하였는데 '서로 언론이나 처리하는 일이 비록 서로 모의하지 않아도 거의 들어맞았다'고 한다.

25  『癸未搢紳風雨錄』은 1583년 전개된 당론에 관계되는 소, 차, 계를 뽑아 편집한 책. 필사본이며, 규장각 도서로 2권 2책이다. 『민족문화대백과사전』에서는 편자미상이라고 하였다.

26  이귀는 율곡, 성혼의 문하에서 수학하였고 1583년에는 성균생원으로 율곡과 성혼을 논변하는 글을 올렸다. 왜란 때 三道召募官에 임명되어 세자를 도와 흩어진 민심을 수습하고, 군량수송을 담당하였다. 인조반정에 참여 공신이 되었다.

27  조익 『浦渚集』 卷31, 墓碑銘, 延平府院君諡忠定李公神道碑銘 幷序

았기 때문이다.

『혼정편록(混定編錄)』은 안방준(安邦俊, 1573-1654)[28]이 동서 당쟁의 기사를 편집한 것이다. 이는 18권 10책에 달하는 양으로 1575년부터 1650년까지 신원상소문과 이것과 연관되는 사건들을 서술한 일종의 정치서이다. 저자가 임진왜란·병자호란의 양대 국란을 체험하면서 국가 안위의 차원에서 당쟁을 비판적으로 보고 쓴 것이기 때문에 초기당쟁사 연구에 귀중한 사료적 가치를 지닌다. 송환기(宋煥箕)가 쓴『혼정편록』 서문에는 '이는 참으로 하나의 곧은 역사[此實一直史也]' 라고 하였다. 여기에 따르면 안방준은 '시비는 한때 혼란스러우나 공의는 백세에 저절로 확정된다' 는 뜻에서 '혼정(混定)' 이라 이름 지었다고 한다.[29] 『혼정편록』에서 안방준은 1583년 6월과 8월의 기사를 집중적으로 일자별로 정리하고 있다. 그리고 그에 따르는 상소문을 갖추어 수록하였다.

1583년은 율곡 이이에게 있어서 결과적으로 그의 생명을 앗아간 일들이 벌어졌다. 이해에 벌어진 당파의 싸움은 조선 사림 정치의 단면을 보여준다. 위에 소개한 것처럼 1583년의 일에 여러 사람이 관심을 갖고 일기체로 정리할 만큼 관심을 가졌는데 이는 당쟁과 관련이 있는 일련의 일들이 전개되었기 때문이다. 율곡에 대한 탄핵상소는 사간원·사

---

28  안방준은 호가 隱峰·牛山·氷壺이며 보성 출신이다. 朴光前·朴宗挺에게서 수학하고, 성혼, 정철·조헌 등의 문하에 출입하였다. 왜란과 호란 때 의병을 일으켰다. 조헌을 추모하여 『抗義新編』을 편찬했다. 저서에 『湖南義兵錄』·『三寃記事』·『師友鑑戒錄』·『混定編錄』·『買還問答』·『己卯遺蹟老辣瀾辭』 등이 있다. 『混定編錄』의 체재는 전집·후집·별집·속집 등 4집으로 분집되어 있는데, 전집 8권에는 주로 당쟁의 시말이 기록되어 있고, 후집 4권, 별집 2권, 속집 4권에는 주로 율곡·성혼의 신원을 위하여 각계인사들이 올린 소문과 이에 대한 저자 자신의 상소문이 실려 있다.
29  안방준『隱峯全書』卷17, 序「混定編錄序」[宋煥箕] "是非雖混於一時, 公議自定於百世"

헌부는 물론 홍문관도 합세하여 공동으로 또는 개인적으로 이루어졌
다. 승정원에서도 계사 형식으로 동참했다. 물론 율곡을 옹호하고 신원
하는 상소도 있었는데 하락, 성혼 등이 대표적인 경우이지만 성균관 또
는 지방 유생들도 있었다.

선조는 이해 율곡에 대해서 각별한 지지를 표명하였다. '수어지간
(水魚之間)'이라는 표현이 나올 만큼 선조는 율곡을 깊이 이해하고 극
진하게 옹호하고 후원했다. 시각을 달리하면 1583년은 양사 또는 삼사
와 율곡의 다툼이 아니라 대간·의정부·승정원과 선조와의 다툼이라
할 정도이다. 상소에 선조는 때로는 엄한 또는 우악한 비답을 보이며
비난자를 나무라거나 내치고 율곡과 그를 옹호하는 사람을 격려하였
다. 그는 율곡과 성혼이 당을 지었다면 율곡과 성혼의 당에 들겠다고
하였다. 율곡에 대한 것은 대부분 손수 비답을 내리는 일이 많았고 그
것도 장문인 경우가 많았다.

율곡은 조정이 동서로 나뉜 다음 형색이 이미 확정되어, 같고 다름으
로 좋아하고 싫어함으로 삼는 일이 생겼고, 말을 만들고 일을 만드는
자가 서로 얽혀 마지않았는데 지식인 관료 중에서 논의를 주도하는 자
들은 상당수가 동인이라 했다.[30] 그들의 소견이 치우침이 없을 수 없어
그 유폐가 현명함과 어리석음 및 재능의 여부도 묻지 않고 동과 서를
나누는 데만 힘쓰니 동인을 비난하면 억압하고 서인을 배척하면 끌어
올려주며 이것으로 정론을 삼는다고 하고, 사류 가운데 이제 막 나온
가볍고 예리한 자는 출세의 길이 서인을 공격하는 데 있다고 여겨 싸움
을 일으키고 강한 쪽에 붙거나 하여 인재를 상하고 사습을 붕괴시키는
일이 막을 수가 없는 지경에 이르렀다고 보았다. 사람을 평가하는 도리

---

30  『栗谷全書』卷7, 疏箚 五「陳時事疏」"伏以興亡有漸, 治亂有幾, 先事而言, 則多不
見信, 事至而言, 則欲救無及…"

는 다만 그르고 옳음[邪正]일 뿐이지 어찌 동과 서가 분별에 족하냐고
했다.[31] 당시의 동인들은 대부분 신진 사류 소장파 중심이었고 서인들
은 경륜을 갖춘 구세력 중심이었다. 소장파는 이념적 시비에 기울고 구
세력은 원만한 문제해결에 중점을 두었으나 양 진영의 단점이 더 부각
되는 상황이었다.

## 3. 율곡에 몰아치는 탄핵

1583년 초부터 두만강 육진 주변에서 번호가 역심을 품고 경원에 대규
모 병력을 이끌고 침입하여 성을 함락시켰다. 4군6진 개척 이후 두만
강과 압록강 건너편 유역에 살던 여진족은 조선에 우호적 태도를 취하
고 울타리 역할을 하였다. 사실 세종조 이래 외침이 없이 오랫동안 태
평시절이 이어지고 있었다. 타성에 젖어 군비가 소홀해져 있던 차에 갑
자기 호인들이 니탕개를 중심으로 부족연합을 이루어 대거 침입하니
조선 조정은 놀람과 더불어 군사와 식량이 모두 부족한 상황이 되어 난
감한 처지가 되었다.

  병조판서 율곡은 임기응변의 대책을 강구하였다. 그것은 서자와 노
비를 모집하여 북쪽 변방 수자리를 살게 하고 그 대가로 벼슬길을 터주
고 양민이 되게 해주는 것, 그리고 전쟁을 수행할 수 있는 사람은 징병
하고 그렇지 못한 사람은 군량미를 바치게 하자는 것이다. 그런데 이
새로운 제도를 좋아하지 않는 사람이 많았다. 그러나 국방력 강화가 현

---

31  『栗谷全書』卷7, 疏箚 五「陳時事疏」"…若今朝廷, 則殿下以爲何如耶. 自東西分
類之後, 形色旣立, 往往未免以同異爲好惡, 而造言生事者, 交構不已. 縉紳之主論者, 多
是東人. 所見不能無偏, 而其流之弊, 或至於不問賢愚才否, 而惟以分辨東西爲務. 非東
者抑之, 斥西者揚之. 以此定爲時論. 於是士類之初進輕銳者, 知發身之路, 在於攻西, 故
爭起附會. 傷人才壞士習, 而莫之禁遏. (…) 觀人之道, 只分邪正而已. 何東西之足辨乎"

안이라 하는 율곡의 건의를 왕은 전적으로 신뢰하여 그 정책을 수용하였다. 권력이 한 곳에 몰리는 것을 우려한 주변에서 그에 대한 비방과 견제가 쏟아졌다.

이해 6월 여름 그동안 소강상태에 있었던 북변 번호들이 다시 침입하였다. 이번에도 2만 명이 넘는 대규모 공세로 조야가 다시 놀랐다. 급히 사수를 뽑고 전마를 수배하였는데, 전마가 태부족이었다. 임시방편으로 군역 자원 가운데 전쟁터에 나갈 만하지 못한 사람은 말을 바치게 하고 그 말을 정예병들에게 제공하였다. 이 제도는 현실적으로 문제를 해결하는 방안이며 찬성도 많았지만 시행하는 과정에서 불만이 생겼고 부작용도 있어났다. 자연 조정에서 시비가 되었다.

어느 날 율곡은 왕의 부름을 받고 궁궐에 들어오다가 어지럼증이 심하여 내병조(內兵曹)에 들어가 안정을 취하였는데 왕은 내의원을 보내 그의 건강상태를 살폈다. 그런데 삼사에서 이를 가지고 율곡이 '권력을 멋대로 휘두르고, 교만하여 건방져서 왕을 업신여긴다' 고 탄핵하였다. 권력을 멋대로 휘두른다는 것은 말을 바치면 군역을 면제하게 하는 조치를 취할 때 먼저 허락받지 않고 시행한 것을 가리키고, 교만하여 왕을 업신여긴다는 것은 왕의 부름을 받고 궐내에까지 와 놓고도 정작 승정원에 나오지 않은 것을 지적한 것이다. 탄핵을 주도한 사람들의 대표는 사간원의 이경율을 비롯하여 박원근 송응개 허봉 등이었다.

잇따르는 탄핵상소에 율곡은 거듭 사임 의사를 밝혔다. 이때 성혼이 상소하여, 삼사에서 율곡을 억지로 얽어 넣어 모함했다는 내용을 강력히 진달했다. 왕은 삼공을 불러 시비를 가리려고 했고, 이에 송응개가 격렬하고 장황한 언사로 율곡을 탄핵하였다. 그러자 태학(太學)의 유생 462명과 호남(湖南)의 유생들이 잇달아 항의하는 상소로써 율곡을 변

명하였고, 이에 대하여 양사가 반발하는 양상이 거듭되자 왕은 손수 전
교를 내려 박근원·송응개·허봉 등을 멀리 귀양보냈다. 이 세 사람의
극변 유배를 일컬어 '계미삼찬'이라고 한다. 이와 관련된 찬반과 옹호
와 비난의 상소가 계속되고, 율곡과 성혼 그리고 정철, 박순, 심의겸까
지를 묶어 당을 이루었다고 탄핵하자 왕은 "이이와 성혼의 당에 들어
가기를 원하니, 지금부터는 너희들이 나를 이이와 성혼의 당이라 해도
좋다"고까지 하며 율곡에 대한 신뢰를 드러냈다. 그리고 물러나 있는
율곡을 종1품 관직 판돈령부사에 임명하고, 이어 특명으로 이조판서를
제수하였다.

1584년 1월 3일에 율곡은 병이 났다. 본래 병약한 몸이었다. 14일에
서익(徐益, 1542-1587)[32]이 순무사의 명령을 받아 함경도로 간다는 말
을 듣고는 몸을 추슬러 방략 여섯 조목을 아우 이우(李瑀)에게 받아쓰
게 해서 건네주었는데, 이때부터 병이 더욱 심해졌다 한다. 그는 16일
에 숨을 거두었다.

1583년에 있었던 정치적 갈등은 사헌부 사간원 관리들의 교체와 출
척에서 잘 드러난다. 특히 양사의 수장인 대사헌과 대사간의 빈번한
교체는 그 혼란의 정도를 반영한다. 사헌부는 그 수장이 대사헌으로
종2품 관직이며, 대사헌 아래에 집의(執義)·장령(掌令)·지평(持平)을
두고 있다. 이곳은 시정(時政)을 논하며 고집하고, 백관을 규찰하며
풍속을 바로잡고, 억울하고 눌린 자를 펴주며 참람한 짓과 거짓된 행

---

32  서익은 호가 萬竹 또는 萬竹軒이다. 1569년 별시문과에 병과로 급제, 이조좌랑
의주목사 등 내외직을 두루 역임했다. 문장과 도덕, 氣節이 뛰어나 이이·정철로부터
志友로 인정받았다. 1584년 병사에서 율곡이 일러준 六條方略을 갖고 북방을 宣撫하
였다.

위를 금하는 일 등을 맡아보던 관서이다. 사간원의 수장은 대사간으로
정3품 당상관직으로 대간(大諫) 또는 간장(諫長)이라고도 불린다. 대사
간 다음에는 사간·헌납(獻納)·정언(正言) 등이 있다. 국왕에 대한 간쟁
(諫諍)을 맡은 사간원은 사헌부와 더불어 양사(兩司)라 불렸는데, 여기
에 홍문관을 넣어 3사라고 하였다. 홍문관은 궁중의 문헌 관리와 각
종 문서의 처리 및 왕의 각종 자문에 응하는 일을 관장하던 관서이다.
조선 초기 장서각에서 1478년에야 비로소 학술·언론기관으로서의 홍
문관이 되었다. 홍문관원이 되려면 지제교(知製敎)[33]가 될 만한 문장과
경연관이 될 만한 학문과 인격이 있어야 함은 물론 가문에 허물이 없어
야 했고, 우선 홍문록[34]에 올라야 하였다. 언론 삼사로 불리는 이 세
기관에 속한 관원은 대부분 문과 출신의 명망 있는 인물들이며, 권력
의 횡포를 막는 긍정적 기능을 목표로 설립되었다. 그런데 1583년에
는 이들 세 기관이 그 설립의 의도대로 기능을 하였는지 회의를 갖게
한다.

1583년 한 해 동안 체직된 대사헌과 대사간은 다음과 같다.

1월 2일.   안자유(安自裕)[35]를 대사헌에 임명하다.
22일.   이발(李潑)[36]을 대사간에 임명하다.

---

**33**   조선시대 왕의 敎書 등을 기초하여 바치는 일을 담당한 관직이다. 홍문관의 부제
학(정3품) 이하 부수찬(종6품)까지의 관원 모두에게 지제교를 겸임하게 하고, 이와
별도로 6품 이상의 문관을 택하여 지제교를 겸임하도록 하였다.
**34**   홍문록이란 홍문관원의 후보로 결정하는 일을 가리키며, 홍문관·이조·정부의 투
표[圈點]를 통해 결정하였다. 홍문관원은 모두 경연관을 겸했다.
**35**   안자유(1517-1588)는 1576년 황해도관찰사, 1583년 대사헌, 이듬해 공조판서,
1588년 지돈령부사를 역임하였다. 공사를 분명히 하였고 청렴결백하였다.
**36**   이발(1544-1589)의 호는 東巖·北山이다. 1589년 정여립의 모반사건으로 고문을
받고 장살되었다.

4월 9일.  정탁(鄭琢)[37]을 대사헌에, 이우직(李友直)[38]을 대사간에 임명하다.

  14일.  이식(李式)을 대사헌에, 송응개를 대사간에 임명하다.

  28일.  이양원(李陽元)[39]을 대사헌에, 홍혼(洪渾)[40]을 대사간에 임명하다.

7월 16일.  박승임(朴承任)을 대사간에 임명하다.

  18일.  이기(李墍)를 대사헌에 임명하다.

8월 17일.  이양원을 대사헌에, 김우옹을 대사간에 임명하다.

  28일.  이우직을 대사헌에 임명하다.

11월 22일.  안자유를 대사헌에 임명하다.

  30일.  정탁을 대사헌에 임명하다.

12월 11일.  안자유를 대사간에 임명하다.

  14일.  이증(李增)을 대사간에 임명하다.

  19일.  이우직을 대사간에 임명하다.

  25일.  이헌국(李憲國)[41]을 대사헌에, 이기를 대사간에 임명하다.

---

37   정탁(1526-1605) 호는 藥圃·栢谷이다. 1594년에는 곽재우·김덕령 등의 명장을 천거하여 전란 중에 공을 세우게 했으며, 이듬해 우의정이 되었다. 1597년 3월에는 옥중의 이순신을 극력 신구하여 죽음을 면하게 하였다.

38   이우직(1529-1590)의 호는 樗老이다. 1583년 대사간·대사헌·도승지를 역임했는데, 이때 니탕개의 난의 책임으로 귀양가서 죽은 북병사 이제신을 신원하였다.

39   이양원(1526-1592)의 호는 鷺渚. 1592년 왜란이 일어나자 留都大將으로 수도의 수비를 맡았다. 선조가 요동으로 건너가 내부한다는 소식에 8일간 단식하다가 죽었다.

40   홍혼(1541-1593)의 호는 時雨堂이며 이황의 문인이다. 1592년 왜란 때는 호종하였으나, 과로로 인해 신병을 얻었다.

41   이헌국(1525-1602)의 호는 柳谷. 왕자 鎭南君 終生의 현손이다. 1589년 기축옥사를 처리했고, 1592년 왜란 때 세자 광해군을 호종, 보필하였으며, 정유재란 때는 좌참찬으로 토적복수군을 모집하여 활약하였다.

| 월 일 | 대사헌 | 대사간 |
|---|---|---|
| 1/2 | 안자유 | |
| 1/22 | | 이발 |
| 4/9 | 정탁 | 이우직 |
| 4/14 | 이식 | 송응개 |
| 4/28 | 이양원 | 홍혼 |
| 6/7 | 이기 | |
| 7/16 | | 박승임 |
| 8/20 | 이양원 | |
| 8/20 | | 김우옹 |
| 8/28 | 이우직 | |
| 9/21 | | 이해수 |
| 11/22 | 안자유 | |
| 11/30 | 정탁 | |
| 12/11 | | 안자유 |
| 12/14 | | 이증 |
| 12/19 | | 이우직 |
| 12/25 | 이헌국 | 이기 |

1583년 한 해에 대사헌은 열 차례 바뀌었다. 안자유, 정탁 이양원은 두 차례나 대사헌을 맡았다. 대사간은 모두 열한 차례 교체되었는데 이우직은 4월과 12월에 각각 임명되었다. 이우직은 한 해 동안 두 차례의 대사간, 한 차례의 대사헌을 맡았고, 안자유는 두 차례의 대사헌과 한 차례의 대사간을 맡았다. 김우옹(金宇顒, 1540-1603)[42]과 이기(李墍, 1522-1600)[43]는 대사간 대사헌을 각각 한 차례씩 맡았다. 대사간과 대사헌이 3일, 5일, 8일, 14일만에 교체된 사실도 주목할 필요가 있다.

---

[42] 김우옹은 성주 출신. 호는 東岡·直峰布衣. 曺植의 문인이다. 1584년 부제학이 된 뒤 전라도관찰사·안동부사를 역임하였다. 기축옥사에 회령에 유배, 왜란 때 사면되었다.

[43] 이기의 호는 松窩이다.

1583년에 율곡을 지척한 사안은 처음에는 왕에게 율곡이 요구한 '필요할 때 불러주면 면담하겠다'는 요청에 대한 비판이었다. 그러다가 병조판서로서 제안하는 여러 내용들 이른바 병조사목에 관한 것들에 대한 시속의 반발을 들어 추고를 요구하는 것으로 시작되었다. 그 사안들은 이미 오래전부터 거론되던 것을 북변 번호들이 일으킨 전쟁에의 대응책으로 시행하고자 하는 것이었다. 그런데 왕이 율곡에 대한 신임이 깊고 또 그가 건의한 내용들을 실행에 옮기게 되자 권력의 집중을 견제하는 맥락에서 율곡을 비판하게 되었고 이어 그 비난이 축출을 목표로 한 인신공격 양상으로 발전하였으며 이것이 지속되다가 6월 이른바 전마를 바치는 자에게 병역을 면해주는 조치 이후 심각한 양상으로 전개되었다. 권력을 제멋대로 휘둘렀다거나 신하로서 왕을 업신여기는 처신을 했다는 것[44]을 주안으로 삼았다. 그러다가 여러 형태의 인신공격적 항목이 더하여졌다. 탄핵자들의 시각에 율곡은 나라를 그르친 소인배[誤國小人]이고, 이권이나 탐하는 자이며, 이단에 물든 자이고, 파당주의자이며 그 모사꾼이다. 이때 율곡을 공격한 인물로는 이경율, 허봉, 송응개, 박원근, 정지연, 김우옹, 홍적 등이었다. 이를 일자 순에 따라 탄핵자와 지척의 내용을 정리하면 다음과 같다.

1월 15일 사간 권극지(權克智, 1538-1592)[45], 장령 황섬(黃暹, 1544-1616)[46]: 왕에게 '무시소대(無時召對)' 요청이 잘못됨.

---

44   사헌부에서 율곡을 '擅弄權柄 驕蹇慢上'으로 죄를 얽었다. 이 말은 이경율이 처음 사용하였다.

45   권극지는 1591년 형조참판 및 동지경연·예조판서, 왜란 때 비변사 유사당상으로 위급한 국세에 울분을 참지 못하여 죽었다.

46   황섬의 호는 息庵·遯庵이다. 정탁의 문인이다. 1592년 왜란 때에는 병조참지, 평안도모운사로 군량 수운을 맡았다. 저서에 『식암집』이 있다.

6월 17일 사헌부의 이경율: 대간을 무시하고 공론을 가볍게 여기며, 천
   롱권병 교건만상(擅弄權柄驕蹇慢上) 곧 권력을 맘대로 행사하고 교
   만하고 건방지며 왕을 업신여김.

같은 날 사헌부 집의 홍여순(洪汝淳), 지평 조인후(趙仁後): 이경율과
   같음.

6월 19일 양사: 언관을 배척해 쫓고, 자기 마음대로 방자하게 행동. 공
   론과 대간을 무시.

같은 날 홍문관: 권력을 제멋대로 휘두르고 임금을 무시하며 공론을
   멸시. 인정에 위배, 공론에 죄를 지음. 공론과 언관 대간을 업신여
   겼고, 성혼 심의겸, 박순과 사생을 결의한 파당을 구성. 공(公)을
   내세워 사(私)를 성취하려 함. 사류를 배제하고 함정에 빠뜨리려는
   계책, 몸가짐이 근신하지 못하고 관절(關節)[47]을 행함. 남의 땅도
   빼앗았음. 관아의 건물을 함부로 점거하고, 관물(官物) 방납(防納)
   등 홍판(興販)·취리(取利) 행검(行檢)이 없음. 궤휼(詭譎)한 사람.

6월 21일 장령 윤승길(尹承吉): 마음대로 모든 일을 처리, 방자.

7월 8일 정희적: 젊은 날 중 되었던 일로 과거를 못 보게 하자 심의겸
   이 해제.[48]

홍적: 상앙이 경감으로부터 출세했듯이 이이는 심의겸으로 인해 출세.

7월 15일 송응개: 출세 전 심통원의 후원, 출세 후 심의겸의 도움으로

---

47  關節은 要路에 뇌물을 바쳐 청탁함을 뜻한다.

48  유성룡의 『雲巖雜錄』에 의하면 율곡은 "1564년 생원과에 장원으로 합격하고 문
묘에 가서 배알하고자 하니, 성균관 유생들이 이이가 일찍이 중이었다 하여 막고 들어
오지 못하게 하였다. 그래서 이이가 함께 급제한 사람들과 碧松亭에 앉아서 날이 늦도
록 들어가지 못하였으나, 이야기하고 웃는 것이 태연하여 부끄러워하는 빛이 없었다.
성균관 박사 權文海가 여러 유생들에게 강권하여 풀어 주어 드디어 들어가 배알의 예
를 행하고 나왔다. 그 해에 大科에 장원 급제하니 명망이 더욱 높아졌다"고 기록하고
있다.

청현직에 오름. 산림인 척하며 주모자 노릇. 조제보합론으로 이목을 흐림. 대사헌 때 선비들을 배척 모함할 계책을 굳힘. 벼슬이 이미 높아진 뒤에는 왕의 총애를 믿고 공론을 업신여겨 옛날 법도를 어지럽힘. 언관 배척, 국가를 그르치고 백성을 병들게 함. 청탁받는 일을 맘대로 행함, 국사를 맡은 지 반년 만에 백성들까지 원망, 전조(銓曹)를 맡은 지 일 년 만에 벼슬길이 어지러워짐, 매국적인 간신, 왕안석보다 심함. 공(公)을 내세워 사(私)를 성취하려 함. 심의겸의 말 심부름꾼. 곧은 유풍(遺風)이 남은 신하 배척. 뇌물이 그 문에 폭주. 바다의 이익과 관선(官船)의 세금을 차지, 옛 도읍의 공서(公署)를 대명(代名)으로 받아 냄, 첨지(僉知) 봉흔(奉訢)의 땅 탈취. 그 형의 살인을 관청에서 죄를 묻지 못하게 함, 대사간 때 곡식 1백 석 받음.

유영경 이주 홍연순 윤승길 이징 이경율 조인후: 심의겸 박순과 붕비가 되어 사람을 넘어뜨려 해치려 함.

7월 19일 김우옹: 뜻만 컸지 재주가 소략하고, 도량이 얕고 소견이 편협, 개인의 견해를 내세워 온 나라의 인정을 거슬림, 억지논리로 상대를 이기려 함. 경솔 조급, 사람들의 기대에 부응하지 못함. 나라를 그르친 소인, 왕의 총애를 굳히려 하고 공론(公論)을 배척함의 비난이 있음. 경탈(輕脫)하여 인정을 크게 잃었음.

7월 19일 홍문관 차자: 박순과 이이와 성혼이 서로 결탁하여 서인을 두호.

7월 19일 사간 이희득: 암매(暗昧)하고 회휼(回譎)하여 부끄러워할 줄 모름.

8월 6일 도승지 박근원, 우승지 김제갑, 우부승지 이원익, 동부승지 성낙: 서인의 선동으로 유생들이 움직였음.

대사간 김우옹, 사간 황섬, 헌납 홍인서, 정언 박홍로: 재주는 소활하
　　고 뜻은 편벽되어 그의 말과 모든 처사가 사람들의 뜻에 어긋났음.
9월 2일 김우옹: 재주가 소활, 뜻이 편벽됨, 말하고 일 처리하는 것이
　　인심에 거슬림.
9월 3일 이조 좌랑 김홍민: 성품이 경솔, 모든 제도를 바꾸고 고치려고
　　만 애썼음. 말과 행동이 같지 못함. 자기의 당을 만들고서도 자기
　　는 마치 시비에 물들지 않은 양함, 사사로운 사귐과 모임을 옹호하
　　기 위하여 여론을 고려하지 않음. 그가 하는 짓은 모두 상황적 요
　　구에는 맞지 않았고 분란을 야기함. 말을 바치는 건에 관하여 사전
　　에 아뢰지 않았던 것은 그것이 국정을 함부로 함의 시초. 자신을
　　스스로 꾸짖고 나무라는 글을 올려 언관들과 대적, 공론이 있는 대
　　간을 무시함.
9월 18일 헌납 홍인서와 정언 박홍로: 의심받는 데는 그만한 이유가
　　있음.

　　율곡이 탄핵을 당할 때 그를 옹호하거나 지켜주려고 한 사람도 적지
않았다. 성혼, 박순, 하락, 유공진, 신집, 변사정, 서태수, 박제, 박추 등
이 소를 올려 율곡을 신구하였다. 송응개의 참소에 대한 황해도 유생들
의 변명은 아래와 같다.

　　'뇌물이 모여 들었다' : 율곡이 학생들을 위한 교재로 『격몽요결』을
지었는데 거기에 '뇌물을 받지 말라' 했다. 뇌물이 모여들었다는 말은
매우 근거 없는 이야기이다.
　　'곡식 1백 섬을 받았다' : 송응개가 조작해 낸 말이다.
　　'공서(公署)에 다른 사람 이름으로 문서를 제출하여 땅을 떼어 받았

다' : 개성부 혜민국(惠民局) 밖에 빈 터가 있었는데, 율곡의 형 이번(李
璠)이 고문서를 호조에 제출하고 떼어 받으려 하였으나 호조에서 허락
하지 않았으므로 이번 또한 얻지 못했다. 이 일은 율곡과는 아무 관계
도 없는데, 이름을 대신하여 받아냈다고 하는 것은 더욱 사리에 맞지
않는다.

'어염(魚鹽)의 이익을 독차지했다' : 해주에 있는 은병정사에서 생도
들이 모여 생활하며 수업하는데 그들에게 제공할 물자가 없자 당시 감
사가 선세(船稅)로 거둬들인 어염(魚鹽)을 지급하여 아침저녁으로 제
공토록 하였는데, 이는 풍기 백운동의 법규를 모방한 것이다. 배의 세
금을 함부로 점유했다는 말도 터무니없다.

'선세(船稅)를 받았다' : 송응개가 조작해 낸 말에 지나지 않는다.

'쟁송(爭訟)을 하였다' : 율곡의 형 이번이 배천(白川)바닷가의 공한
지를 얻어 이미 입안(立案)을 받았는데 봉흔(奉訢)에게 빼앗기자 소송
을 하여 이겼으나 봉흔이 이 때문에 원망을 하자 율곡이 형에게 권하여
포기하게 했다.

'그의 형이 살인했다' : 송응개가 조작해 낸 말에 지나지 않는다.[49]

여기서 주목할 수 있는 부분은 이때의 탄핵에는 율곡의 학술이 이황
과 어떻게 다른지에 대한 시비는 들어 있지 않다는 것이다. 그저 그가
한때 불가에 입문했다는 것이 지적되었을 따름이다. 학술과 관련된 부
분은 나중 그를 문묘에 배향하고자 할 때에 비로소 제기된다.

---

49   『宣祖修正實錄』 16년 계미(1583) 9월 1일, 황해도 유생 등이 상소하여 이이·성
혼을 변론하다

## 4. 1583년 조정의 풍우(風雨)[50]

### 1583년(선조 16년) 1월

계미년 정월 초하루를 지나 2일에 왕은 이징(李徵)·최영경(崔永慶)을 지평에, 안자유(安自裕)를 대사헌에 임명했다.[51] 연초에 대사헌 인사가 있을 수 있으나 이는 이해에 있은 11차례 대사헌 교체의 시작이었다. 사헌부가 평양 서윤 고경명(高敬命, 1533-1592)[52], 회령부사 조대곤, 신계현령 박원량의 파면을 청하였다. 왕은 고경명은 상소안대로 하고 조대곤은 윤허하지 않았으며 박원량은 직책을 바꿀 수는 있으나 파면할 수는 없다고 하였다.[53]

---

50　1) 『실록』, 『계미기사』, 『계갑일록』, 『혼정편록』, 『율곡연보』의 일자가 서로 다르다. 전후를 살펴 타당성이 있는 것을 택하기로 하였다. 분별이 아니 될 때는 율곡연보를 우선으로 하였다.
　　2) 인명의 경우 자나 호보다는 실제 명을 택하여 표기하였다. 다만 율곡의 경우 인용문에 있을 때는 원문대로, 그밖의 경우에는 율곡으로 표기하였다.
　　3) 관직의 경우도 가능하면 가독성을 고려하여 보다 대중적인 용어로 바꾸었다. 이를테면 옥당은 홍문관, 주병장관은 병조판서 등으로 바꾼 것이다.
　　4) 관용화된 용어도 가독성을 고려하여 풀이하였다. 예를 들면 '제수하다'는 '임명하다'로 바꾼 것 등이다.
　　5) 계미년의 관련 사건을 다룬 문헌들에 수록된 계차나 상소 등은 대부분 개인문집에 수록된 것을 저자들이 발췌하여 묶은 것들이어서 필요에 따라 다시 정리하였다.
51　『宣祖實錄』 16년(1583) 1월 2일 1번째 기사 丙辰 '以李徵, 崔永慶拜持平, 安自裕拜大司憲'
52　고경명의 호는 霽峰·苔軒이다. 1582년 원접사 율곡의 천거로 종사관이 되었다. 1583년 평양부서윤·한산군수를 역임했다. 왜란이 일어나자 나주부사 김천일, 전 正言 박광옥과 함께 의병을 일으켰다.
53　『宣祖實錄』 16년(1583) 1월 3일 "司憲府啓曰 平壤庶尹高敬命迂疎, 不閑吏事, 請遞, 會寧府使曹大坤, 人物凡庸, 不合招擢, 請改正, 新溪縣令朴元亮, 前爲訟官, 泛濫循私, 請罷" 答曰: "高敬命依啓, 曹大坤不允, 朴元亮可遞, 不可罷"

22일에 선조는 이발에게 대사간을 제수하였다.[54] 정초의 대사헌 교체에 이어 벌어진 대사간의 교체 역시 이로부터 있은 11차례의 대사간 교체의 시작이었다.

이날 병조판서 율곡은 병중에 출사하여 숙배하고 이어 사면을 청하였다. 그는 "고사(故事)를 보건대 문형(文衡)을 맡은 신하가 병권을 주관한 경우는 드물었습니다. 이는 진실로 문무의 중한 권한은 결코 한 사람이 겸할 수 있는 성질이 못되었기 때문입니다." 하였다. 그때 율곡은 대제학을 겸직하고 있었다. 통상 대제학은 겸직의 자리였다. 그러니 대제학인 율곡이 병조판서로 있다면 이는 한 국가에서 한 사람이 문무를 겸하여 좌우하는 셈이 된다. 그러나 선조는 이에 응하지 않고, "고사에 있고 없는 것은 말할 것이 없다" 하고 율곡이 평소에 경장(更張)과 기강 개혁을 부단히 주장해 왔었으니 지금이야말로 참으로 기발한 계책을 세워 전래의 폐습을 모조리 혁파하고 이어 군사력증강 계획을 세우라고 하였다.[55] 수정실록에 따르면 율곡은 이미 20일 전, 즉 연초에 질병을 사유로 사직서를 제출하였다가 이날 다시 청했다. 이때의 질병이 고질이었는지 아니면 사직을 위한 단순한 칭병(稱病)인지는 분명하지 않다. 그가 당시 관리들이 자주 바뀌는 폐단을 지적하면서 그 원인으로 든 두 가지의 첫째가 정병(呈病)이고, 둘째는 피혐(避嫌)[56]이었다.

---

**54**   『宣祖實錄』16년(1583) 1월 22일 "以李潑拜大司諫, 繕工正權常, 靈川令愼, 以孝行陞堂上"

**55**   『宣祖實錄』16년(1583) 1월 22일 "兵曹判書李珥, 身病出仕廳拜後 辭免. 答曰: 我朝兵力, 固已不及於前朝, 而昇平百年, 兵政之散久矣, 予時思之, 未嘗不隱憂之, 實嘆不得其人焉, 卿嘗以更張改紀, 前後惓惓, 是卿之素志也, 今卿誠能出奇運謀, 革盡流弊, 作爲養兵之規, 則於國家幸矣, 『書』曰 '克詰戎兵,' 劉子曰 '國之大事, 在祀與戎' 荀子曰 '兵大齊 則制天下. 小齊 則治隣敵' 誠有國者, 大不可忽也, 卿其努力, 且調理行公, 亦可以治事, 宜勿辭"

**56**   어떤 사건에 관련되어 嫌疑를 받으면 사건과 관련 있는 모든 言行과 出退를 삼가

정병이란 질병을 핑계로 사직하는 것인데 그는 실제로 병이 아니면 사
직서를 내지 못하도록 하고, 간혹 병을 핑계대는 자가 있으면 드러나는
대로 살펴 다스리며, 반드시 열흘 동안 병을 앓아야지만 비로소 사직을
허락하라고 하였다.

　율곡의 부임 초기 병조 관리들의 평이 『실록』에 있다. 지난해 12월에
병조판서에 임명되었으니 한달 남짓 기간이 지난 시점이다. 병조는 평
소에도 사무가 매우 많고 바쁜 곳이라 아무리 재간이 있고 민첩하여 일
에 익숙하다고 자부하는 자라도 제대로 조처하지 못할까 걱정인데, 율
곡은 문신으로서 갑자기 낯선 임무를 맡은 데다 마침 변방이 소요스런
때를 당하여 편지와 통첩을 비롯하여 처리해야 될 문서가 가득 쌓였는
데도, 크고 작은 일 어느 하나도 빠뜨림이 없이 강령과 조목 별로 물 흐
르듯이 분석하고 처결해 나갔다. 비변사의 허다한 계획들도 대부분 율
곡에게 맡겨 처리하게 했는데, 모든 대책과 대응이 각각 올바르게 들어
맞았고, 호령이 엄숙하고 분명하며, 급한 것을 먼저 처리해 윗사람이나
아랫사람이 모두 신뢰하였다. 병조에 오래 근무한 관리들이 모두 "판
서로서 이처럼 재간이 있고 처결 능력이 있는 분은 본 적이 없다"고 말
했다고 한다.[57]

## 1583년 2월

　6진이 있는 두만강변에서 번호들이 1월말에 난을 일으켰는데 이 소

---

혐의를 피하는 것을 말한다.
57　『宣祖實錄』 16년(1583) 1월 1일 "兵曹判書李珥引疾乞遞, 不許, 逾二旬, 始出謝
後, 力陳不堪判兵之職, … 上旣不許遞職, 又有北邊警報, 遂不敢復辭, 兵曹事務煩劇,
雖以幹敏練達自負者, 常患不辦. 珥以儒臣, 遽當大任, 適値邊事之擾, 簿書委積, 而剖決
如流, 綱擧目張, 細大不遺. 曹中老吏皆言, 見判書, 未有幹決如此者"

식이 2월에 조정에 보고되었다. 번호는 남만주 유역에 넓게 분포하여 살고 있던 여진족들로서 아직 국가를 이루지 못하고 부락단위로 분열되어 있는 상태에서 조선에 우호적이거나 귀화 또는 충성을 맹약한 자들을 가리키는 용어이다. 이들이 니탕개[58]를 중심으로 하여 북변 육진의 하나인 경원에 침입했다. 니탕개는 2만 명의, 전에 없는 대규모 병력을 규합 동원하여 침입했다. 번호들의 반란에 경원부사 김수가 아산보전투에서 참패를 당했고, 승기를 잡은 번호들은 1월 28일에는 경원성을 공략하여 살인과 약탈을 자행하였다.

이들의 침입을 북병사 이제신(李濟臣, 1536-1583)[59]이 조정에 알린 것은 2월 7일이다. 그는 급한 장계로 "경원의 번호가 난을 일으켜 경원과 아산보를 포위했다"고 하였다. 조정에서는 긴급대책회의가 열렸다. 선조는 삼공과 비변사 당상관 회의를 열어 대책을 숙의하고 정확한 상황을 파악하는 한편 이미 벼슬을 그만둔 무신 오운·박선을 서용하여 조방장을 삼아 병사 8천을 출전시키고는 경기감사 정언신으로 참찬, 도순찰사 이용으로 남도병사, 김우서로 방어사를 임명하였다. 그리고 아산보 전투 패전에 대한 책임을 물어 경원부사와 판관을 모두 참수하여 효시하라고 했다. 신속하게 강력한 진용을 갖춘 대응군을 파견한 것이다. 그 사이 번호는 2월 9일에 약 1만 명의 규모로 훈융진을 포위 공격하였다. 당시 훈융진에 있는 조선군은 겨우 197명에 불과했다. 그러나 번호들의 훈융진 공격은 실패했다. 그들은 다시 건원보를 공격했으나 역시 실패했고, 오히려 조선군은 이들을 추격해 건원보 인근의 번호

---

58  니탕개는 會寧 일대의 여진족 수장으로 대대로 조선에 충성을 약속하고 조선은 그에게 資憲대부의 직을 주어 마침내 큰 규모의 집단을 이끄는 추장이 되었다.

59  이제신은 호가 淸江이다. 1564년 문과에 을과로 급제, 1581년 강계부사, 함경북도병마절도사가 되었다. 1583년 니탕개의 침입으로 경원부가 함락되자, 패전의 책임으로 의주 인산진에 유배되었다가 그곳에서 죽었다. 그는 성혼과 교우가 깊었다.

들을 소탕했다.

북병사 이제신은 문관 출신으로 전황의 파악도 제대로 못하고 전략도 모자란 상태였다가 이후의 전투에서 상황의 반전을 이루었다. 그의 임명은 번호에 대한 우호적 대응이라는 맥락에서 나온 것이었으나 막상 그들의 반란에 효율적 대응을 하지 못한 셈이었다. 초기 전투에서 패하자 양사에서 북병사 이제신을 탄핵하였다. 그가 거칠고 사납고 자만스러워 일을 처리하는 것이 정당하지 못하고, 북문을 지키기 시작한 뒤로 오로지 위엄과 포학한 것을 일삼아 여러 진(鎭)의 민심이 이탈되어 번호가 원망하고 배반했으니, 오늘날의 변을 일으킨 것도 실상은 이제신의 소행이며, 더구나 성이 함락되고 국가를 욕되게 한 죄가 크니 잡아다가 해당되는 죄로 다스리라고 청한 것이었다.

이제신에 대한 탄핵에도 드러나 있지만 번호들이 난을 일으킨 요인의 하나는 현지 수령이나 지휘관들의 횡포라고 보았다. 처음 경원부 번호의 족장인 우을지가 전 아산 만호인 최몽린의 포악함을 비판하는 격문을 인근 번호들에게 보내고 아산보를 공격하면서 이탕개의 난이 시작되었다.[60] 또한 사헌부에서는 전에 부령 부사로 있었던 양사준이 귀화한 호인들을 괴롭히고 학대하였는데 그가 체임되어 돌아오는 시기를 이용하여 호인들이 길을 가로막고 행장을 뒤지고 그의 첩의 옷을 벗겨 욕보이는 등의 난동을 일으키게 하였으니, 변방의 근심을 격동시킨 죄가 크므로 잡아다 추국하도록 명하라고 상소한 일도 있다.[61] 이제신에게도 이런 책임을 물으려는 것이었다.

병조에서는 12일 사목(事目)에, 자원하여 육진 방어에 임한 자는 만 3년이 되면 서얼은 과거에 응할 수 있도록 허락하고, 공·사천은 면천

60 『宣祖修正實錄』16년 계미(1583) 2월 1일
61 『宣祖實錄』16년(1583) 2월 19일

시키기로 하였다. 그때 태평한 시절이 오래가다 보니 군비는 소홀해졌고, 징발이 계속되니 군사와 식량이 모두 떨어지게 되었다. 그래서 서자와 천인을 모집하여 북쪽 변방으로 보내어 수자리를 살게 하고 무예가 없는 사람은 변방에 군량미를 바치게 하며, 서자도 벼슬길을 터주고 천인도 양민이 되게 하자는 것이었다. 모두 일시방편이지만 사실 전에도 시행하던 법이었다. 서자의 벼슬길을 막은 것이 이미 백 년이 지나서 습관에 젖어 있었다. 율곡은 평소 어질고 능력 있는 자를 뽑아 쓰는데 꼭 정해 놓은 법이 없으며 인재를 버려서는 안 된다고 생각하고 있었는데 이번에 그 기회를 다시 부여하려고 한 것이었다. 그러나 유속(流俗)들 중에는 좋아하지 않는 사람이 매우 많았고, 사헌부 사간원에서도 여론을 들어 시행을 반대하였다.[62] 14일에 사간원에서 비변사와 병조당상이 근래 건의하고 일 처리하는 것이 한 가지도 잘하는 것이 없고 모두 구차스러운 것이 많으니 추고[63]를 명하라고 하였는데, 병조당상이라 함은 율곡을 지목하는 것이었다. 왕은 "슬기로운 자도 천려일실(千慮一失)이 있기 마련인데 이렇게 부지런히 수고해야 하는 때에 추고해서는 안 된다"고 답하였다.[64]

이런 분위기에서 율곡은 2월 15일 관리의 잦은 교체, 양병, 재용, 전마, 수세 등에 대해 왕에게 상소하였다. 요지는 "오래도록 승평을 누려 태만함이 날로 더해 안팎이 텅 비고 군대와 식량이 모두 부족하여 하찮은 오랑캐가 변경만 침범하여도 온 나라가 이렇게 놀라 술렁이니, 혹시 큰 적이 침범해 오기라도 한다면 아무리 지혜로운 자라도 어떻게 계책을 쓸 수가 없을 것입니다. 옛말에, 먼저 적이 나를 이기지 못하도록 대

---

62   『宣祖實錄』 16년(1583) 2월 12일
63   관리의 허물을 推問하여 조사하고 살핌을 말한다.
64   『宣祖實錄』 16년(1583) 2월 14일

비한 다음에 적을 이길 수 있는 기회를 기다리라고 하였는데, 지금 우리나라는 하나도 믿을 만한 것이 없어 적이 오면 반드시 패하게 되어 있습니다. 생각이 여기에 미치니 한심하고 간담이 찢어지는 듯합니다. 더구나 지금 경원의 적으로 말하면 1~2년만에 안정시킬 수 있는 것이 아닌데, 만약 군사력의 위엄을 한번 떨쳐 그들의 소굴을 소탕해버리지 않는다면 육진(六鎭)은 평온을 누릴 기회가 영원히 없을 것입니다. 지금 서둘러 다스릴 수 있는 힘을 길러 후일의 대책을 세우지 아니하고, 그때그때 미봉책만 쓰려 든다면 어찌 한 모퉁이에 있는 적만이 걱정거리이겠습니까. 아마 뜻밖의 환란이 말할 수 없이 많게 될 것입니다."라 하고, 여섯 개의 조항을 건의하였다. 그것은 첫째 현명하고 능력 있는 자를 임용할 것, 둘째 군민(軍民)을 양성할 것, 셋째 재용을 풍족하게 만들 것, 넷째 번병(藩屏)을 튼튼하게 할 것, 다섯째 전마를 갖출 것, 여섯째 교화를 밝힐 것 등이었다. 그는 특히 전마를 갖추어야 한다는 것에 대하여 상세하고 간절하게 청하였다. 당시 전투용 말이 부족한 상황에서 그 대비책을 시급히 강구하여야 한다는 뜻에서 구체적인 방안을 제시하였던 것이다.[65]

율곡은 이미 건의했던 과거응시자의 정로위(定虜衛)[66] 배속 문제를 16일에 다시 의논하였다. 앞에서 상번군사(上番軍士)와 입방군사(入防軍士)가 모두 피폐하니 이제 복마(卜馬)를 제해주고, 또 외방에서 무과에 응시하러 온 자들에 대하여는 시험이 끝나는 대로 즉시 새로 선정한 정로위에 배속시켜 각 요해처(要害處)를 나누어 방어하게 할 것을 건의

---

65  『宣祖實錄』16년(1583) 2월 15일, 병조판서 율곡이 관리의 잦은 교체, 양병, 재용, 전마, 수세 등에 대해 상소하다

66  定虜衛는 군역 대상에서 빠져 있던 양반가의 자제들을 이용 고급의 군사력을 확보, 내금위의 활용 증대를 도모한 제도이다. 이 병종의 1인이 일반농민 군사인 正兵 10인을 능가한다고 할 정도로 우수성이 인정되었다.

하였었다. 이 때문에 문벌 좋은 집의 자제들이 그것을 괴롭게 여겨 응시하려 들지 않았으므로 무사의 수가 줄어들어 혁파하였었다.[67]

율곡이 새로 건의한 6개 조항의 내용을 왕은 17일 비변사에 내리고, "이 상소문의 내용은 나라를 위한 정성이 참으로 지극하다. 나도 한마디로 할 수 있는 말이 있는데, 위로는 공경에서부터 아래로 사대부에 이르기까지 모두 관절(關節)이나 간청(簡請)[68] 따위의 사사로운 짓을 하지 않는다면 하는 일이 없어도 저절로 다스려질 것이라는 말이다. 그가 강조한 여섯 조항의 일이 모두 거기에 달려있다"[69]라고 하였다. 왕은 북방의 군사력 정비를 위해 조야의 반대를 무릅쓰고 노비가 군역(軍役)을 질 경우 면천을 시켜주도록 지시하고 사찰의 노비를 활용해 승자총통을 비롯한 각종 화기를 생산케 하였다. 또 불필요한 관료들을 없애 그 녹봉을 줄이고 이를 병사들의 비용에 충당하였다. 또 당시 기병들이 말을 자비로 유지해야 하는 상황이었는데 이에 대하여 보조하는 정책을 마련함으로써 그들의 부담을 줄였다.

그런데 이에 대한 반발, 이른바 속론의 저항이 만만찮게 일어났다. 23일에는 양사에서 율곡이 논박을 받고 있는 가운데 대궐에 나와 죄를 기다리면서도 공론을 업신여기니, 추고하라고 청하였다.[70] 더불어 북병사 이제신을 잡아다가 국문하라고 계속 요청하자 왕도 그리하라고 허락하였다.

---

67  『宣祖實錄』 16년 계미(1583) 2월 16일
68  관절이라 함은 뇌물을 말하는 것이고 간청이라 함은 편지를 보내 요청하는 것이다. 요즘 국회에서 의원이 기재부나 예결산위원에게 지역구 예산배정 청탁 쪽지를 보내는 것 같은 것에 해당한다.
69  『宣祖實錄』 16년 계미(1583) 2월 23일
70  『宣祖實錄』 16년 계미(1583) 2월 17일. 양사에서 이이가 피론 중이면서 궐문에 나와 대죄하였다며 추고를 청하다

1장. 1583년의 율곡 이이  49

그러는 사이 이제신은 처음 경원부가 함락당한 이래로 계속 적의 침입을 물리치며 나름의 전과를 올리고 있었다. 그는 번호가 다시 훈융(訓戎)을 포위하다가 패해서 물러갔고, 이때 사살한 자가 매우 많았다고 보고하였으며, 28일에는 "조정에서 지난 16일 급히 보내준 장수와 사졸들이 적호를 쳐서 거의 섬멸시켰으며 그 결과로 적호의 귀 1백 50개를 바친다"고 하였다. 왕은 비변사에 "이제신이 그리 잘할 줄을 내가 이미 짐작했으나 여러 사람들이 모두 잘못했다고 하기에 나 또한 고집하지 못했는데, 이제 이미 공을 세웠으니 잡아다 추국하는 것은 온당치 못할 것"이라고 하였다. 30일에 북병사 이제신이 급히 장계를 올려서 반란을 일으킨 번호들의 부락을 소탕해 벤 적의 수급 65개를 바친다고 하였다.

번호들은 세력을 수습하여 다시 경원부를 포위하였는데 이번에는 온성부사 신립(申砬)이 기병을 이끌고 성을 구원하여 격퇴하였다. 당시 경원·종성·회령 등 여러 진(鎭)의 번호들이 모두 배반하였으나 온성의 번호만은 배반하지 않았는데, 그것은 신립 휘하의 장사들의 무용(武勇)에 굴복했기 때문이다. 즉 평소에 신립이 철기병 5백여 명을 잘 훈련시키며 위력을 과시하는 것을 그들이 보고서 감히 배반할 생각을 못했던 것이다. 그런데다 북병사 이제신이 상황을 잘 파악하고 여러 장수들을 나누어 보내 배반한 번호들을 토벌하는 데 성공했다. 장수들이 강을 건너 적들의 여러 부족의 소굴을 소탕하고 쌓아둔 식량과 무기를 불 지르고 3백여 수급을 벤 뒤 전군이 무사히 돌아왔다는 승첩보가 조정에 올라가니 왕이 비로소 마음을 놓고, 이제신을 처벌해야 한다는 상소를 물리치려 했다. 이후로 번호들의 변경 침략은 약 3개월간 소강상태를 유지하였다.

## 1583년 윤2월

이달 15일 사간 권극지(權克智), 장령 황섬(黃暹)이 상소하여 율곡을
지척하였다. 즉 지난 달 율곡이 아침 경연에 입시하여 "신이 마음에 있
는 바를 다 아뢰고 싶으나 경연에서는 반드시 경서를 강독한 다음에 일
을 아뢰게 되어 있으므로 전좌(殿坐)하시는 시간이 늦어 미안합니다.
한가할 때 불러주시면 말씀드리겠습니다." 한 일이 있었고 그때 왕은
'그게 좋을 듯하다'고 했었다. 그때 그 자리에 함께 입시했었던 그들은
율곡이 만약 아뢰어야 할 일이 있다면 당연히 경연에서 아뢰어야 하며,
만약 조강 때 입시한 사람이 많아서 조용히 아뢸 수가 없으면 낮 경연
때나 저녁 경연 때 아뢰더라도 얼마든지 기회가 있을 것인데 지금 꼭
아무 때나 불러 대화할 것을 청했으니 뒷폐단이 있을 것이며, 따라서
그때 현장에서 저지하여 바로잡아야 했는데 그리 못하였으니 자신들을
체직시켜달라고 했다. 말은 자신을 처벌해달라는 것이지만 사실은 율
곡이 크게 잘못했으니 율곡의 잘못을 지적한 것이다.

선조는 "너희들이 군신 간에 간격을 만들어 내려 하니 심술을 알 만
하다. 지금 세상에 그러한 사람이 있으리라고는 미처 생각지 못하였
다."고 하였다.[71] 선조는 이들의 상소가 왕과 신하의 격의 없는 만남을
방해하는 것이며 이는 자못 좋지 않은 동기에서 나온 것이라고 추단했
다. 이것을 의식한 율곡은 21일에 사직 상소를 올렸다.[72] 소에서 그는
"신은 말이 가볍고 계책이 얕아 크게 여러 사람의 마음을 거스르고 있
으므로 한 가지 의논을 내기만 하면 온갖 비방이 뒤따라 이릅니다. 그
러므로 아무리 애를 써도 효과는 거두지 못하고 몸은 수고로워도 직무

---

71    『宣祖實錄』 16년 계미(1583) 윤2월 15일
72    『宣祖實錄』 16년 계미(1583) 윤2월 21일, 이이가 사직 상소하다

는 수행되지 않고 있는데, 한갓 작위만 높아 총명을 욕되게 하고 있습니다. 신이 목석이 아닌 바에야 어찌 부끄러운 줄을 모르겠습니까." 하였다. 그는 이어서 백성은 항심(恒心)을 잃어버리고, 군사는 이름만 있으며, 안으로는 국고가 바닥이 났고, 밖으로는 변란이 잇달고 있으며, 사론(士論)은 분열되고, 기강은 무너졌다고 하고는, 전례대로 따르자니 속수무책으로 망하기를 기다려야 할 형편이고 개혁과 변통을 해보자니 많은 사람이 놀라는 눈으로 바라보며 이상하게 여기는 상황이라 하였다. 호걸의 자질과 성현의 학문을 갖춘 이가 나와 쓰여서 세도를 만회하지 않는다면, 흙더미가 무너지고 기왓장이 벗겨지는 듯한 형세를 구제할 수가 없을 것인데 자기처럼 배경이 허약한 신분으로서 군주를 바로잡고 백성을 구제하려는 것은 자신의 능력을 헤아리지 못한 것이라했다. 그는 권극지와 황섬이 다른 간사한 마음이 있었던 것이 아닌데 왕이 너무 엄중하게 그들을 꺾음으로 인하여 그가 거듭 공론에 죄를 얻게 되었다고 하고는 자신이 하는 일마다 병통이 생기므로 집으로 들어가면 머리가 희어지고 마음이 타며, 밖으로 나가면 비웃고 꾸짖는 소리가 길에 가득하다고 했다. '벗들에게 신임을 얻지 못하면 윗사람에게 인정을 받지 못한다'는『중용』의 말씀이 있으니 몇 년 동안의 여가를 얻어 다시 본심을 찾아 간직하고 성찰하는 공부에 힘을 기울여 근본을 확립시킨 다음에 조정에 돌아올 수 있게 해달라고 하였다.

　이때 승정원에서는 전에 왕이 율곡을 개별적으로 인견했을 때 율곡이 아뢴 일이 무엇인지를 물었다. 선조는 변방 장수의 식량에 대하여 의정(議定)하였고, 목장의 말들을 관원이 관리하게 하되 우선 한 곳을 선정하여 시험해보도록 비변사에서 논의하여 아뢰게 하자는 것, 그리고 긴요하지 않은 관직을 없애서[73] 그 녹봉을 국방비에 활용하자는 것, 군현을 합병할 것 등이었다 하고, 가벼운 사안이 아니어서 생각해보겠

다고 대답했다고 하였다.[74]

독대를 막고자 하는 것, 또 독대의 내용을 궁금히 여기고 알아내고자 하는 것은 당시 사간원이나 승정원으로서는 당연한 일이라고 할 수 있으나 어쨌든 왕과 율곡이 너무 친근하다는 것에 주목하며 견제하는 상황이 이어지고 있었다. 훗날 효종과 송시열과의 대화, 이른바 「악대설화」로 불리는 그 일도 상당한 기간 동안 논란의 소재가 되었다. 최고 권력자와 특정 신하의 독대는 예나 이제나 항상 주변의 깊은 관심사가 되고 그로 인하여 여러 가지 문제들이 파생함을 알 수 있다.

## 1583년 3월

이달에 왕은 비변사에 인재를 천거토록 하였는데 율곡은 성혼을 천거하였다. 영상 박순 우상 정지연 및 유홍, 이전도 모두 성혼을 첫 번째로 천거하였는데, 영상은 그가 재주와 덕이 모두 충분하다고 칭찬하였고, 우상은 재주와 학문이 뛰어나다고 칭찬하였으며, 병조판서는 경륜을 맡길 만하다고 칭찬하니, 왕은 성혼을 특명으로 병조참지(兵曹參知)[75]에 제수하였다.[76]

---

73    죄과가 있는 낮은 관리나 구실아치를 그 직무에서 쫓아냄을 말한다.
74    『宣祖實錄』 16년 계미(1583) 윤2월 24일
75    參知는 조선시대 병조의 정3품의 관직이다. 정원은 1인이다. 정무기관으로 육조가 있었으나 이 가운데 국방과 직결되는 병조의 업무량이 가장 많아 처음에는 知兵曹事를 두었다가 참지로 개칭하여 법제화하였다.
76    성혼 『牛溪集』 연보 1583년 3월 조

## 1583년 4월

4월에 들어 조정은 긴장 분위기였다. 초하루 사헌부에서 정철이 술을 즐기고 법도를 잃어서 인심이 편치 않은데 예조판서로 임명한 것은 부당하니 교체하라고 요구하였다. 율곡과 절친한 관계에 있는 정철이었으니 이는 서인에 대한 공격으로 해석되는 분위기였다.

9일에 왕이 양사의 수장을 교체하였다. 정탁을 대사헌으로, 이우직을 대사간으로 임명하였다. 그러다 5일만인 14일에 다시 이식이 대사헌, 송응개가 대사간, 이기가 부제학이 되었다. 정국 혼란의 현상이 아닐 수 없다.

이때 율곡이 장문의 소를 올렸다. 매우 자세하게 그리고 간곡하게 진달한 이 상소의 골자는 공안개정, 군적 정리, 주현의 합병과 줄이기, 감사의 재임기간 늘리기였다. 그는 '나라의 흥망은 조짐이 있고 치란은 기미가 있는데, 일이 닥치기 전에 말을 하면 흔히 신임을 받지 못하고 일이 닥친 뒤에 말을 하면 구제하려고 해도 할 수 없다'고 하였다. 이는 지난 역사에서도 입증되고 현 상황에서도 적실하게 해당된다는 생각을 갖고 있었다. 북쪽 호인들과의 병화가 잇달아 일어나고 있는데 병력과 군량이 없고, 놔둘 수도 없고 바로잡을 수도 없는 처지가 되었다. 그는 조정을 화합시키고 옳지 못한 정사를 고치는 것이 근본이고, 병력과 식량을 조달하여 방비를 튼튼히 하는 것은 말단인데, 말단도 물론 거행해야 하겠지만 근본을 더욱 우선적으로 해야 한다고 하였다.

"동·서로 나뉜 뒤로 당파의 색목이 이미 형성되고 나서는 왕왕 당류가 같고 다름에 따라 좋아하고 미워하게 됨을 면치 못하여, 말을 만들어내고 일을 꾸며내는 자가 서로 얽어가며 끝없이 모함하고 있습니다. 여론을 주도

하는 관리들이 대부분 동인들인데 그들의 견해에 편벽됨이 없지 않습니다. 그 만단의 폐단이 더러는 어질고 어리석거나 재주가 있고 없음을 막론하고 오직 동·서의 당류를 따지는 것만을 힘써, 동인이 아닌 사람은 억제하고 서인을 배척하는 사람을 찬양하는 데 이르기도 하였는데, 그것으로써 시론(時論)을 정하고 있습니다. 이에 조정에 처음 진출하여 빨리 출신하기를 바라는 사류가 서인을 공격하면 출세의 길이 열린다는 것을 알고는 다투어 일어나 맞장구를 치며 인재를 중상하고 선비의 풍습을 무너뜨리고 있는데도 이를 금하지 못하고 있습니다."[77]

율곡은 양쪽 사이를 조화시켜 나랏일을 함께해 나가려고 했을 뿐인데, 그 의도를 알지 못하는 사류들은 오해하고서 서인을 옹호하고 동인을 억제한다고 지목하였다. 그는 사류들이 점점 의혹을 품고 저지하여 온갖 비방이 뒤따라 일어나며, 하는 일마다 시비가 걸리는 것의 원인을 다분히 의식하고 있었다. 그러나 그는 사류가 지나친 점은 있기는 하지만 대부분 식견의 차이에서 나온 것이지 꼭 사심을 품고 일을 그르치려는 것은 아니라고 생각하였다. 동·서를 구분하는 습관을 고치게 하여 선인을 등용하고 악인을 벌하되, 한결같이 공도(公道)를 따르게 함으로써 불신과 의혹을 말끔히 씻어버려 조화되게 하고, 인심이 공감하는 옳음과 그릇됨이 한 시대의 공론이 되게 하라고 하였다. 또한 그는 당시 북변의 변란을 거론하였다.

"오늘날 위아래가 모두 경원의 문제로 근심하면서 반드시 적임자를 얻으려고 여러 차례나 선택을 하였으니 그 계책이 지극하다 하겠습니다. 그런

---

77    『栗谷全書』卷7, 疏箚 五 陳時事疏 "自東西分類之後, 形色旣立. 往往未免以同異爲好惡, 而造言生事者, 交構不已 …"

데 온 나라의 위태로운 상황이 경원과 다를 것이 없다는 데 대해서는 깊이 생각하고 원대한 염려를 했다는 말을 듣지 못하였습니다."

그는 폐정을 혁신하는 문제, 곧 전부터 간청한 세법을 개정하고, 군적(軍籍)을 고치고, 주현을 병합하고 줄이며, 감사를 오래 임직시키는 4조항이 있는데, 군적을 고치는 일에 대해서는 윤허를 받았으나 그가 감히 일을 착수하지 못한 까닭을 설명했다. 그것은 군졸의 설치 목적이 어디까지나 방어에 있는 만큼 군졸이 공물을 진상하는 부담을 감소시키고 이를 토지에 이전시켜서 그들로 하여금 여유를 갖고 힘을 기르며 훈련에만 전념하여 위급함에 대비케 하고자 하였던 것인데 세법을 고치지 말도록 명하셨으니, 군적을 고치더라도 군사력 증강의 계책은 반드시 실효를 거두지 못할 것이기 때문이라 하였다. 그는 당시의 국가 형세가 비유하자면 오랫동안 병에 걸린 사람이 원기가 다 없어져서 걸핏하면 병이 생기는 것과 같다고 한다. 냉(冷)을 다스리면 열(熱)이 일어나고 열을 다스리면 냉이 발생하니 외부의 사기(邪氣)도 막아야 하겠지만 우선 원기를 보양해야 하며, 원기가 회복되어 근본이 튼튼해져야만 사기를 다스리는 약이 효과를 거둘 수가 있다고 하였다. 이는 그가 기회 있을 때마다 제기한 상황진단과 처방이었다. 개혁방안을 두고 사람들은 그렇게 하면 혹 소요를 일으키지나 않을까 근심하여 변통하려고 하지 않지만 사실은 그렇지 않다고 강조했다. 세법을 고치고 군적을 고치고 주현을 병합하는 등의 일은 모두가 조정에서 상의하여 결정하기만 하면 되고 백성에게는 한 되의 쌀이나 한 자의 베도 들지 않는데, 백성들과 무슨 관계가 있기에 소요가 일어날 근심이 있다는 것이냐고 하였다. 이를테면 율곡은 강원도의 대화와 평창이 합병하면 폐단이 있겠지만 평창과 정선이 합병하면 백성들을 이주시킬 필요가 없고 수령만 교체하면 된다고 하고, 이는 백성들에게 매우 편한 일이라 하였다. 먼저 공안을 고친 다음에 주현의 통합이 가능하며, 그렇지 않다면 열 배의 이익은 없을 것이라 하였다.[78] 그저 대체로 세속의 인정은 그대로 두기를 좋아하고 새로 고치기를 꺼리기 때문에 의지와 지혜가 없으면 다른 사람들도 다 그러하리라고 여기고 있는 것이며, 위태로운 상태를 보고서도 부지시킬 방법은 생각지 않고 도리어 어떻게 해보려고 하는 것을 소요를 일으킨다고 여기면서 무모(無謀)함을 진정시키는 방책으로 삼고 있으니, 이는 마치 사람에게 약을 먹지 못하도록 하여 병을 지닌 채 죽기를 기다리게 하는 것과 같다고도 하였다.

그는 다시 병조의 현안인 경원 지방의 번호 대책을 제시한다. 만약 오랑캐들이 끝내 잘못을 뉘우치지 않고 다른 진영의 번호들까지 기회를 틈타 난을 일으킨다면 함경도의 병력만으로는 결코 지탱할 수가 없을 것이라 한다. 구원병을 보내자니 훈련도 안 된 백성을 사지로 몰아넣기가 어려운 형편이고, 식량을 실어 보내자니 2천 리의 먼 길이고 양식을 모으기도 어려운 형편이다. 이런 경우에 일상적인 규정에만 얽매인다면 잠깐 사이에 일을 그르치고 말 것이니 특단의 비상한 대책을 강구해야 한다는 것이다.

"신의 계책은 전에 이미 발의되었다가 중지되었는데, 지금 와서도 더욱 별

---

78    『栗谷全書』卷12, 書 四 答崔時中 癸未 "千里相思, 忽承情翰三復, 感慰無以言喩, 珥濫荷天恩, 復叨重任, 將必僨事, 其憫可言, 造船運米鈔兵等事, 出於不得已, 且有不善區處之事, 令民力大傷, 恨歎不已, 奈如之何, 從今可爲善後之計耳, 合幷州縣事, 恐尊見有未然者, 若以大和合于平昌, 則誠爲有弊矣, 若平昌旋善之合, 則非移其民也, 只去其邑宰而已, 於民甚便, 而乃有移民之說, 傳者誤矣, 但先改貢案, 然後可以合縣, 不然則無什倍之利矣, 如珥孤立者, 願得尊兄在京, 有所挾助, 而小宦孤冷, 不能致尊駕, 深嘆, 大和, 江陵屬縣"

다른 대책이 없습니다. 따라서 신의 말을 쓰신다면 서얼과 공천·사천 중에서 무재(武才)가 있는 자를 모집하여 스스로 식량을 준비해서 남도와 북도에 들어가 방수하게 하되, 북도는 1년, 남도는 20개월을 기한으로 하여 응모자가 많도록 하는 한편 병조에서 재능을 시험한 뒤 보내게 하소서. 그리하여 서얼은 벼슬길을 터주고 노비는 면천하여 양인이 되게 하며, 사천인 경우에는 반드시 본주인이 병조에 단자를 올린 다음에 시재(試才)를 허락하여 주인을 배반하는 종이 없게 하고, 그 대신자는 자원에 따라 골라주게 하소서. 그리고 만약 무재가 없는 경우에는 남·북도에 곡식을 바치게 하되 멀고 가까운 거리에 따라 그 많고 적은 수를 정하고, 벼슬길을 터주고 양인이 되게 하는 것도 무사(武士)와 똑같이 해주소서. 그러면 군사와 양식이 조금은 방어에 대비할 수 있게 될 것입니다."

그는 이러한 비상한 조치가 이시애의 난 때에 이미 있었음을 환기시켰다. 그때 군기(軍器)를 운반한 천인은 모두 양인이 되게 하였고, 종군한 서얼들은 과거에 응시하게 하였는데, 모두 세조가 권도(權道)로써 시행한 규정이다. 그는 이 계책이 반드시 사람들의 논의에 부합되지 않을 줄 알고 있지만 그 방법 외에는 다른 좋은 대책이 없으므로 다시 간곡히 청한다고 하였다.

왕은 이 장문의 상소를 감동적으로 읽은 듯하다. 그는 전에 율곡이 올린 상소를 보고 있다가 마침 이번에 새로 올린 상소를 읽었다. 1581년 5월에도 율곡은 차서를 올려 폐법의 변통을 주청하였는데 여기에는 공안의 개정, 주현의 병합과 줄이기, 감사의 임기 늘리기, 그리고 현인을 등용하고 몸을 닦아 파벌을 제거하고 조정을 화목하게 하라고 하였다. 율곡의 전후 상소는 근간에 있어서 일관성이 있다. 그때 그때 상황에 따라서 조금 표현이 다르거나 강조점이 달라졌을 뿐이다. 왕은 율곡이 건의한 네 가지 사항에 대하여 해명 겸 긍정적 답을 주었다. 즉 "세법에 관한 일은, 조정에 의논하게 하였는데 그 논의가 일치하지 않으므로 감히 다시 고치지 못한 것이다. 설사 고친다고 하더라도 이렇게 일이 많은 때를 당하여 아울러 거행하기는 어려울 듯하다. 군적에 관한 일은 본조에서 이미 명을 받았으니, 경이 어떻게 시행하느냐에 달려있을 뿐이다. 주현을 병합하는 문제는 과연 나의 밝지 못하고 얕은 생각에서 나왔다. 다른 폐단을 끼치게 될까 염려되어 감히 스스로 옳다고 여겨 변경하지 못하였는데, 경이 마지않고 청하니, 한번 시험해봐야 하겠다. 감사를 오래 위임시키는 일은 새로 제도를 만들기 어려워 지금까지 미루어 왔으나, 그것도 경의 계책을 따라 영호남에서 시험하도록 하겠다. 서얼과 공천·사천의 벼슬길과 양인이 될 수 있는 길을 터주는 일은, 처음 사변이 일어났을 적에 경의 건의로 인하여 즉시 시행하도록 명했으나, 언관이 논박하고 있으니 비변사에 물어서 상의하여 거행하도록 하겠다."고 했다. 공안 곧 세법은 변명, 나머지는 거의 율곡의 뜻을 받아들인 것이다. 서얼허통과 관련해서는 비변사와 상의한다는 조건은 있으나 거행하겠다는 의지를 표명했으니 율곡의 이날 상소는 왕의 마음을 얻어내는 데는 성공적이었다고 할 수 있다.[79]

정국은 점점 혼란스러웠다. 며칠 지나지 않은 17일에 경안 령(慶安令) 이요(李瑤)가 왕을 면대하여 심각한 문제제기를 하였다. 그것은 조정이 안정되지 못하고 동서로 분당되어 정사가 여러 사람의 문에서 나오고 있다는 것과 유성룡·이발·김효원·김응남은 동인의 괴수로 조정 일을 맘대로 처리하는 형적이 많으니, 더욱 억제하라는 것 등이었다. 양사에서 이요가 근거 없는 말을 해서 일망타진할 조짐을 열고자 했으

---

79    『宣祖實錄』 16년 계미(1583) 4월 14일, 이이가 시폐를 들어 상소하자, 공안·주군 합병·서얼 허통 등에 대한 전교

니, 명하여 파면시키라고 하였다.

다음날인 18일에 참지 성혼이 파주에서 세 번째 사직소를 올렸다.
왕은 "내가 그대를 기다리는 것이 바로 주리고 목마른 것 같은데, 가서
나오지 않는 것이 어찌 그대의 소원이란 말인가. 하물며 지금 병조판서
는 그대의 옛 친구로, 내 이제 그대를 참지로 발탁했으니 어찌 아무 뜻
이 없다 하리오. 마음을 같이하고 덕을 같이하는 것이 바로 오늘날에
있거늘 그대는 어찌 즉시 올라와서 나의 기다리는 소망을 들어주지 않
는가" 하였다.[80]

경안 령 이요의 상소는 당쟁 양상으로 정국이 돌아가고 있으며 그 책
임이 동인들에게 있다고 하여 그 핵심자들을 거명하여 비판한 것이어
서 동인들이 많이 포진된 양사는 큰 혼란 속에 빠지게 되었다. 왕은 28
일에 양사 수장을 교체하였다. 이양원으로 대사헌을 삼고, 홍혼으로 대
사간을 삼았다. 이달 들어 9일, 14일, 그리고 28일 세 번째 양사의 수장
을 바꿨다. 그러나 인사는 문제의 해결이 아니라 점점 더 갈등이 깊어
지는 상황으로 진행되었다.

## 1583년 5월

오월 들어 북변의 번호들이 다시 소란을 피웠다. 5일 니탕개와 율보
리가 중심이 되어 세를 규합한 호인들은 기병 약 2만여 명을 이끌고 동

---

80　『牛溪年譜』49세 1583년 癸未 四月. 上疏辭. 不許. 再疏. 批曰. "觀爾前後上疏,
予心缺然. 今予待以經綸, 欲與共濟時艱. 此志士有爲之日也. 爾其幡然改圖, 斯速乘
馹上來" 三疏. 批曰. "今日氣和暖. 爾須調理上來. 臥而謀猷, 亦何所妨. 予之待爾,
正如飢渴. 長往不返, 豈爾所願. 況今兵判, 乃爾之舊友也. 予今擢爾爲參知, 豈無
其意. 同心同德, 正在今日. 爾何不幡然上來, 以副予側席之望耶. 爾宜勿計他念, 勉強
登道"

관진(潼關鎭)을 포위했다. 그러나 첨사 정곤, 조전장(助戰將) 박선 등이 이를 격퇴하였다. 그들은 1만여 기병을 거느리고 다시 종성진으로 침공했다. 이제신의 후임으로 신임 북병사가 된 김우서가 종성진 일대 요해지의 수비를 강화하기 위해 병력을 분산 배치하여 응전했다. 초기 중과부적으로 군관 권덕례가 피살되며 수성전으로 임했다가 만호 최호, 조전장 이천·이영침 등이 쇠뇌[弩]로 격퇴하였다.

니탕개의 여진부족 연합군은 성 주변의 마을에서 식량과 가축을 약탈하는 등 내부 분열이 있었다. 20일 번호들이 침입하여 경성(鏡城) 오촌보(吾村堡) 봉수대에서 봉수군 2명을 납치해갔다. 또 번호들이 수성리에 침입하여 민가에 방화하고, 서천보(舒川堡)의 봉수대에서는 연대군이 번호들의 화살을 맞았으며 또 영건 동쪽 10리 되는 곳에서 번호 5명이 침입, 여자 한 명을 죽이고 한 사람은 중상을 입혔으며, 소와 말을 약탈해갔고, 명천 옥에 갇힌 오랑캐 죄수가 굴을 뚫고 도주하는 일이 발생하였으며, 번호인 효정은 니탕개의 지휘 아래에 있는 두 부락을 도륙했다. 23일에는 회령의 여진족인 사을지가, 니탕개가 군사 만여 명을 거느리고 와서, '나는 도적이 아닌데, 본국에서 도적이라고 하니 나도 할 말이 있은즉 글을 잘하는 영리(營吏)나 통사(通事)를 보내서 내 말을 듣고 가게 하라. 내가 이런 사정을 통한 뒤에 싸움에서 물러가겠다. 만일 보내지 않으면 24, 25일 사이에 회령을 포위하고 풍산을 공격하여 빼앗겠다.'고 한 말을 전하며 타협을 타진했으나 순찰사가 이를 거부하였다.

조선 초만 해도 조선군은 기병이 주력이었다. 그러다가 명나라로의 대규모 말 수출로 인해 말이 급격하게 감소하여 군마로 쓸 수 있는 말은 극소수였다. 그래서 니탕개의 주력과 맞설 때 기병을 이용하기보다는 요해지에서 화기를 이용해 수성하는 전략을 썼다. 적들은 기병인데 조선군은 성 안에서 화포로 대응하면서 야전에서 일합을 겨루는 기병 전을 펼치지 못한 것이다. 따라서 신속하게 전마를 보충할 응급대책이 필요하였다. 전마만이 아니라 군량미도 태부족이었다. 이런 상황에서 율곡은 26일 사정을 왕에게 알리고 대책의 하나로 쓸모없는 관직을 없 애자고 건의하였고, 왕은 이 의견을 수용하였다. 그래서 전설사 수(典 設司守)와 사온서 영(司醞署令), 사지서(司紙署)·돈령부의 주부(主簿) 각 1명씩을 감원하고 의서 강예(醫書講隸)·천문 습독(天文習讀) 등의 관원도 모두 그 봉록을 없앴다.[81] 여기서 확보한 재정을 군사력 강화에 쓰고자 함이었다.

27일. 참지 성혼이 대궐에 나와 사직소를 올렸으나 왕은 오히려 이 조 참의를 제수하고, 또 은대(銀帶)를 선물로 주었다. 성혼이 또다시 소 를 올려 사직하고 은대도 사양하였으나 왕은 "네 어찌 벼슬에 나올 뜻 이 없으며 또 내가 주는 은대마저 사양하는가. 『예기』에, '어른이 물건 을 주면 젊은 자나 천한 자는 감히 사양할 수 없다.' 하였는데, 하물며 왕이 주는 물건을 어찌 사양한단 말인가. 그대는 마땅히 그 은대를 허 리에 두르고 감사하는 것이 예에 옳을 것이니 사양해서도 안 되는 것이 다." 하였다.

이때 전라감사 김명원이 사직하면서 전주 부윤 심의겸을 '일찍이 본 도의 감사가 되어 폐단을 익히 아니' 감사로 옮겨 제수하라고 천거하 였다. 왕은 '스스로 자기의 대리를 천거하는 장계를 올리는 것은 번신 (藩臣)으로서 할 일이 아니' 라고 하자 양사에서 김명원이 일의 본질도 모르고 조정을 업신여겼으니 파직하라고 하였다. 심의겸에 대한 왕과 대간들의 시각을 엿볼 수 있는 사인이다.

---

81  『宣祖實錄』16년 계미(1583) 5월 26일, 변방이 시끄럽고 국저가 동이 났다는 이 이의 아룀에 따라 용관을 태거하다

## 1583년 6월

북쪽 변방의 전황은 계속 어수선했다. 율곡이 병조의 관리와 동료들에게 "이전부터 변방의 병사들이 전마도 없이 걸어가게 하자 길가는 사람들의 말을 약탈하여 의복 등 장비를 싣고 가는 폐단이 있었다. 이번에 선발한 군사는 세 등급으로 나눠지는데, 1등급은 정장(精壯)한 자로서 변방 방비에 충분하지만, 2·3등급의 경우는 그렇지 못하니 말을 바치면 군역을 면제시키는 조건으로 모집하면 공사 간에 편리할 것이다."라는 의견을 냈다. 이 의견은 바로 시행되었다. 서울에서 활 잘 쏘는 사람들을 뽑아 북도로 보내는데 뽑힌 사람들이 전마를 사서 바치면 군역을 면제시켜 주자 말을 바치는 사람이 구름처럼 모여들었다. 5부 각 방(坊)의 향도(香徒)로 하여금 사수들을 선발함에 선발의 책임을 맡은 자들이 폐해를 일으키기도 했으며, 면포 5, 6필을 써서 군역에 빠질 것을 도모하는 자들이 많아 소란하고 원망하는 소리가 넘쳐나는 정황이었다. 이전에는 시정(市井)에서 활 잘 쏘는 사람을 뽑아 먼저 군인으로 가는 사람에게는 자원에 의하여 보인(保人)[82] 3명을 주었는데, 이들을 주민으로 채웠으며 혹 마필이나 면포로 도와주기도 했다. 나중에 가는 사람들은 다만 결채(結綵)하는 자로써 보인을 삼았는데 이것이 알려졌는데도 아전들이 농간을 부리고 징발하는 일정한 법이 없었으므로 말썽이 난 것이다.

이런 상황에서 이달 2일 왕이 변방의 일로 병조판서를 불렀는데, 율

---

82  保人은 평민이 부담하던 부역의 일종이다. 1464년(세조 10)에 奉足制를 개편하여 2丁을 1保로 삼는 원칙을 세웠다. 평민은 16세에서 60세까지 군역의 의무가 있는데, 이 가운데 갑사와 같이 군역을 지지 않는 사람을 보인이라고 하여 갑사들의 농지를 지어주는 등 집안일을 도와주었다. 이후 보인제를 保布制로 바꾸었다.

곡이 한창 어지럼증이 심하였으나 즉시 대궐로 들어가다가, 마침 현기증이 갑자기 심해져서 부축을 받아 내조(內曹)의 숙직실로 들어갔다. 숙직실이 승정원의 문 밖에 있었으므로 승지가 명을 받고 들어오면서 마침 병이 생긴 사실을 보고하니, 왕이 즉시 내의(內醫)를 보내어 간호하게 하고 물러가 조리하도록 하였다. 그런데 이에 대한 여론의 비판이 비등하였다. 3일[83] 양사에서, "군사 정책은 중대한 일인데 먼저 시행하고 나중에 아뢴 것은 권세를 제멋대로 휘두른 행위이고, 부름을 받고 들어오다가 내조까지 와서 끝내 정원에 나아가지 아니하였으니 이는 군주를 무시한 죄가 큽니다."[84]라고 하면서 파직을 요구했다. 권세를 제멋대로 휘두른다는 것은 말을 바치면 군역을 면제하게 해 줄 때에 먼저 계청(啓請)하지 않은 것을 지적한 것이다. 그러나 왕은 삼사의 요구를 허락하지 않았다.

　일이 이렇게 되자 율곡은 7일 질병을 이유로 사직하고 출사하지 않았고, 왕이 특별히 불러 출사토록 하니 대궐에 나아가 자신의 잘못을 열거한 소를 올려 극력 사직했다. 왕은 "언관들의 일시적인 의논에 구애되지 말고 남의 말을 의식하지도 말고 국사에 마음을 쏟기만 하라"고 하였다. 그럼에도 8일 재차 상소하니, 왕은 다시 "경은 재질이 우수하고 학식이 고명한데다가 충성된 마음으로 나라에 몸바쳐왔다. 지금 국경 지대에 일이 많은데, 바야흐로 경의 지혜와 계책을 빌려 북방을 안정시키고 백성과 군사를 편안케 하여 나의 근심을 풀고자 한다. 모름지기 의심을 갖고 핑계를 대지 말고 나의 기대에 부응해 주기 바란다."

---

83　우성전은 『계갑일록』에서 이 일이 6월 2일이라 하고 『선조실록』에서는 11일이라고 하였다.

84　『宣祖實錄』 16년 계미(1583) 6월 11일, 양사가 이이가 군정을 마음대로 하고 내조에만 들르고 승정원에 들르지 않은 죄를 논하다

하였다. 9일 세 번째 사직소를 올렸는데, 답하기를, "경은 요즈음의 일을 개의치 말고 속히 나와서 직무를 수행하라. 만약 한때의 지나친 논의 때문에 의기를 상실하여 물러난다면 예로부터 현사들이 공업(功業)을 세울 때가 없었을 것이다. 경은 사직하지 말라." 하였다. 10일 네 번째 사직소를 올렸는데, "나의 뜻은 이미 유시하였다. 요즈음 경이 사무를 보지 않으므로 말미암아 업무가 마비되었다. 마땅히 저번의 유시에 따라 속히 나와 직무를 수행하고 사임할 뜻을 굳히지 말아 위임시킨 뜻에 부응하라." 하였다. 11일 다섯 번째 사직소를 올리자 "경의 마음은 내가 이미 알고 있으니, 여러 사람들이 지껄이는 것은 따질 것이 못 된다. 다른 것은 돌아보지 말고 나와 함께 나라를 다스리기만 하면 되니, 그렇게까지 고집스럽게 사퇴하지 말라. 병무가 오래도록 폐기되어서 하루가 시급한 형편이니, 경은 그 점을 생각하지 않으면 안 된다." 하였다. 12일 여섯 번째 사직소를 올리니 "예로부터 어진 신하가 그 뜻을 행하려고 할 때 사람들이 비방을 하는 것이야 본디 예사로 있는 일이니 원래 괴이하게 여길 것조차도 없다. 그래서 그 수많은 세월 동안 적막하리만치 왕과 신하가 제대로 만나 공업(功業)을 이룬 경우가 거의 없었다. 경도 지난번 내가 한 말을 직접 듣지 않았는가. '내가 물러가라고 한 다음에 물러가야 한다.' 라는 간곡한 한마디야말로 귀신도 알 것인데, 경은 어찌 차마 오늘 사직하고 떠나려고 하는가. 다시는 사퇴하지 말라. 내가 안타깝게 여기는 것은 요즈음 경이 출근하지 않음으로 인하여 병무가 마비되었을 뿐만이 아니라 나랏일이 날로 잘못되어가고 있음이다. 지난봄에 북변의 장수와 사졸들이 세운 공로에 대해 지금까지 상을 주지 못하고 있다. 상 주는 것은 때를 넘기지 말아야 하는데 참으로 장수와 사졸들의 마음이 이로 말미암아 해이해질까 염려된다. 경은 속히 나의 뜻을 깨달아 억지로라도 직책을 수행토록 하라" 하였다.

율곡이 거듭 굴하지 않고 사직서를 내고 왕이 또한 만류하는 일이 계속되자 13일에 의정부의 삼정승이 궐내에 나아가 율곡이 안팎이 없는 마음으로 꾸밈이 없고 정성을 다하여 급한 일을 구하려 하지 않는 것이 없었다고 하고 그의 출사를 강권하였다. 선조는 율곡에게 휴가를 주고는 이후에 사직서를 올리더라도 받지 말라고 하였다. 신하가 일곱 번이나 사직서를 내고 왕이 또 이것을 계속 만류하는 일은 좀처럼 없는 일이다. 상황이 이리되자 17일 마침내 율곡이 대궐에 나와 사은하고 이어서 자신의 입장을 진술하였다.

"대간이 이미 '권력을 마음대로 휘두르며 교만하게 왕을 무시했다.'는 것으로 신의 죄목을 삼았으니, 이는 그 이상 더할 수 없는 죄목입니다. 그런데 신이 마음에 동요도 없이 태연하게 아무렇지도 않은 듯이 출사한다면 이는 참으로 신하된 자의 도리가 아닙니다. 신의 죄가 사실이건 아니건 간에 어찌 그대로 두고 묻지 않고 죄를 지은 몸으로 하여금 염치없이 밝은 조정에 있게 할 수 있겠습니까. 삼가 바라건대, 성상께서는 신의 죄상을 가지고 좌우의 신하 및 여러 대부에게 자문을 구하여 죄의 경중을 헤아리게 하소서. 그리하여 용서해도 된다고 할 경우에는 신이 미안한 마음은 있지만 감히 애써 따르지 않을 수 있겠습니까. 만약 실제로 범한 것이라고 할 경우에는 귀양을 가고 극형에 처해진다 하더라도 신은 진실로 마음에 달갑게 여기겠습니다."

이에 대하여 왕은 "경의 입장에서야 도리상 이렇게 처신하는 것이 당연하기는 하다. 내가 좌우에 물어본다면 이는 조금이라도 경을 의심하는 것이 되고 만다. 내가 어찌 감히 그런 일을 할 수 있겠는가. 지난날 대간의 말은 본래 사리에 근사하지도 않으니, 변론할 가치도 없다.

경은 마음을 가라앉혀 직무를 수행하고 다시 개의치 말라." 하였다.

율곡의 이러한 계사가 있고 그에 대한 왕의 비답이 알려지자 성상소 (城上所) 지평 이경율이 나서서 병조판서가 대신과 여러 대부에게 물어서 그의 죄의 경중을 헤아려주기를 청한 것은 언관인 자신을 업신여긴 것이므로 죄를 담당하겠다며 사직서를 냈다. 집의 홍여순, 지평 조인후도 사직을 청하며 사헌부에서 논핵할 때에 쓴 천롱권병 교건만상(擅弄 權柄 驕蹇慢上)이라는 말은 이경율이 쓴 것이지만 대간(臺諫)은 강개하게 말하는 것이 귀중하므로 차라리 과격한 실수가 있을지라도 무기력한 습성은 기르지 않아야 하며, 병무행정의 중요한 일은 먼저 행하고 뒤에 아뢸 것이지만 이미 내조에 들어와서도 끝내 명을 받지 않았으니, 현저하게 교만한 형적이 있는 것이라고 하고 자신들의 과실도 이경율과 별 차이가 없는 것이니 자신들의 직을 갈아달라고 하였다.

이들의 상소가 있자 이번에는 양사에서 합계하여 그 시비를 또 논하였다. 이징은 율곡을 탄핵할 때 자신도 그 의논에 참여하였으니 그 과실은 동료들과 차이가 없으므로 직책을 파면하라고 했고, 홍여순·이경율·조인후도 재차 사임하여 격앙된 어조로 계사하였다. 여기에 송응개 유영경·정숙남이 왕에게 불려가 재차 사임하면서 율곡이 전후에 올린 상소에서 매번 대간을 나무라고 꾸짖는 말을 쓰고, 심지어는 대간의 말을 좌우 신하와 대부들에게 물어서 그 죄의 경중을 헤아리라고 하니, 그 시비와 곡직을 논쟁하는 것이 마치 송사하는 사람들과 같다고 하고, 대간들이 이처럼 수모를 당하는 것은 참으로 평소에 직무수행이 모두 형편없었던 소치이므로 인책하고 사면해야 하는데, 왕이 도리어 대간들을 그릇되었다고 나무라니 더욱이나 직책을 수행하는 것이 온당치 못하므로 체직시켜달라고 하였다.

그러자 홍문관에서도 계사하였다. 내용은 앞의 양사의 것과 거의 비슷하였다. 말하는 것으로 책임을 삼는 대간의 입을 제어하여 다시는 입을 열지 못하게 하니 이는 대간을 업신여기고 공론을 가볍게 여김이 심한 것이니 파직하라는 것이었다.

왕은 이 문제를 주변의 의견을 들어 처리하지는 않겠다고 하였으나 결국 삼공에게 또 의견을 구하면서 병조의 사무가 매우 급하니, 우선 체직시킴이 어떻겠는가를 물었다. 이때 영의정 박순이 잠시 동안 체직시키는 것이 마땅하다고 했고, 김귀영은 율곡이 진퇴 문제를 어렵게 여긴다면 체직시키는 것이 좋겠다고 했으며, 정지연도 같은 뜻을 주달하였다. 삼공이 모두 율곡의 체직을 권하니 왕은 마침내 체직의 명을 내렸다. 그러면서 "아, 이이는 향리로 돌아가 흰 구름 속에 도도하게 잘 살겠구나. 그 누가 붙들어 놓을 수 있겠는가." 하였다. 율곡은 즉시 파주로 내려갔다.

23일 양사가 율곡을 의논하기를 전과 같이 하다가, 26일에 이르러서야 탄핵하는 것을 그쳤다. 왕은 심수경으로 병조판서를 삼고, 정철로 형조판서를 삼았다. 28일에 적호가 방원(防垣) 동관(潼關) 건너편에 나타났다가 물이 깊은 관계로 물러갔고, 니탕개가 29일에 회령 건너편까지 왔다가 넘어오기를 꺼리고 돌아갔다.[85]

### 1583년 7월

왕은 이달 3일 하삼도에 있는 사찰의 종을 거둬들여서 총통(銃筒)을 만들라고 명하였다. 군비강화를 위한 비상수단의 하나였다. 6일에는 왕이 전교를 내려 병조판서 심수경(1516-1599)[86]이 노쇠하니 북방이

---

85    1583년 7월 12일자 순찰사의 보고
86    심수경은 호가 聽天堂이다. 식년문과에 장원으로 급제. 대사헌과 8도 관찰사를

평정될 동안까지 영상 박순(1523-1589)이 병조판서를 겸임하여 군무를 참결(參決)하도록 하라고 했다. 당시 심수경은 67세의 나이였다.

8일의 저녁경연에서 정희적[87]이 "이이가 젊어서 중이 되었던 일로 시의(時議)가 과거를 못 보게 하는 것을 논의하니, 심의겸이 그를 해제하게 하고 그 후 발신한 것은 모두 심의겸의 힘이었으니 신과 같은 광패한 사람을 등용하시면 반드시 듣지 못할 말을 들으실 것입니다" 하였다. 또 홍적[88]이 "상앙(商鞅)은 경감(景監)으로 인하여 출세하고[89], 이이는 심의겸으로 인하여 출세하였으니, 그 무엇이 다르겠습니까." 하였다. 기원전 362년 진나라 효공 때의 환관 경감이 위나라의 상앙을 여러 차례 진 효공을 만나게 하여 부국강병책을 건의하게 함으로써 그를 비중 있게 쓰도록 하고 변법의 정책을 펴게 했다. 율곡과 심의겸의 관계를 상앙과 경감에 비유하였으니 성리학의 나라에서는 모욕 중의 모욕이다.

7월 15일. 호군 성혼이 휴가 중에 있으면서 아들을 시켜서 사직소를 올렸다. 소를 읽은 왕은 "소의 내용에 충성과 의분이 격렬해서 간사한 무리가 듣는다면 그 간담이 서늘해지겠다. 참으로 군자의 말 한 마디가

---

역임하였으며, 청백리에 녹선되었다. 1592년 왜란이 일어나자 삼도체찰사가 되어 의병을 모집하였으며, 이듬해 영중추부사가 되었다가 1598년 벼슬길에서 물러났다. 『聽天堂詩集』·『聽天堂遺閑錄』등이 있다.

87   정희적은 1573년 사헌부지평을 거쳐 사간원헌납에 서임되었다. 1592년 안동부사로 재임중 왜란이 일어났는데, 勤王을 빙자하고 처자를 거느리고 길주로 달려가 길주부사가 되어 정문부와 호응하여 왜적과 싸웠다.

88   홍적의 호는 養齋·荷衣子. 이황의 문인이다. 1580년 예조정랑이 되고, 이듬해 병조정랑, 경기암행어사, 교리·수찬을 지내고, 1583년 정언이 되었다. 경학에 밝고 論思를 잘하여 홍문관에서 '學士全才'라 불렸다. 저서로는 『하의집』·『荷衣詩什』이 있다.

89   景監은 환관으로 秦 孝公의 총애하는 신하였다. 기원전 362년에 진 효공이 현능한 인재를 구할 때 부국강병책을 제시하는 빈객이나 군신들을 찾았는데 위나라의 상앙을 진 효공에게 소개하여 발탁되게 한 인물이다.

국가를 위하는 것이 이렇듯 크다는 것을 알겠도다." 하고, 이어 대신들에게 "이제 성혼의 상소를 보건대, 대신들의 왕 섬기는 도리도 과연 이와 같은가. 당시에 이이를 배척한 것이 비록 간사한 것을 밝히는 사람들이라 하나 그는 또 누구인지 구별해서 아뢰고, 다시 모호한 말을 해서 국가에 수치를 끼치지 말라." 하였다. 이에 대신들이 면대하기를 청하였다. 영상 박순은 당초에 대간(臺諫)을 갈지 않은 것이 잘못이었다고 하고, 송응개와 허봉은 이이와 혐의가 있어 함께 그 의논에 참여하지 못할 터이온데 피하지 않았으니 매우 잘못이라고 하였다. 왕은 율곡이 언관들이 말하듯이 과연 소인인가를 대신들에게 물었다. 이때 좌상 김귀영은 사람 알기가 참으로 어려워서 율곡을 소인으로 지목할 수도 없고, 감히 군자라고 칭찬할 수도 없다고 하였다. 좌상의 말에 왕의 심기가 몹시 상했다.

하루가 지난 16일. 왕은 좌상을 몹시 비난하는 내용의 전교를 정원에 내렸다. "김귀영이 갑은 옳게 여기고 을은 그르게 여기는 데에 꺼려서 감히 아첨하고 잘 보이려는 태도를 취하고 있으니, 예부터 이 같은 대신이 있었던가. 만일 어질고 간사한 것을 알지 못하면 이는 지혜가 없는 것이고 바른 대로 아뢰지 않는다면 이는 충성되지 못한 것이니, 어떻게 여러 사람이 우러러보는 지위에 있단 말인가." 하였다. 이에 놀란 정원에서 좌상을 변호하려고 "김귀영이 아첨하고 남에게 잘 보이려고 마음을 먹는다면 전하의 뜻을 받들어 따르려고 애쓸 것인데, 어찌 외롭고 위태로운 선비들에게 아첨하고 잘 보이려 하겠습니까 (…) 전하께서는 위엄과 노여움을 조금 거두시고, 평심으로 생각하시면 거의 원망이 풀릴 것입니다." 하였으나 이 일로 김귀영은 교체되었다.

송응개가 박순의 계사로 인하여 사직서를 제출하며 말했다.

"보잘것없는 신이 외람되게 대사간이 되어 지난번 이이의 잘못된 행동을 논하면서 끝까지 그 원인을 밝혀 논하지 못했으니, 너무도 큰 죄를 지었습니다. 이이는 일찍이 불문(佛門)에 몸을 담고서 왕과 어버이의 관계를 끊어버려 인륜에 죄를 얻었는데, 변신하여 세속에 물러나와서는 권문의 보호를 받았으므로 한 시대의 청의(淸議)가 용납하지 않았습니다.[90] 그러다가 출신한 뒤에는 심의겸의 추천으로 발탁이 되어 청환(淸宦)·현직(顯職)에 진출했는데, 그와 심복 관계를 맺어 생사를 같이하기로 하였으니, 평소에 마음먹은 바를 알 수가 있습니다. 다만 중간에 학문을 한다고 자칭하면서 사조(詞藻)로 꾸며내는가 하면, 당시의 소위 사류에 스스로 영합하여 영상 박순의 무리와 생사를 같이하는 사이가 되고는 속마음을 긴밀하게 체결하여 시대의 논의를 주장하였습니다. 이러한 때를 당하여 심의겸은 외척의 권세를 등에 업고 왕량(王梁)의 세력을 가탁하여 입에는 하늘의 법을 물고 손에는 나라의 명을 잡고 있었는데, 이이가 산림으로 자처하면서 실제로는 주모자 노릇을 하며 안과 밖으로 서로 도와주었습니다. 따라서 심의겸으로서는 이이에 대해 자기를 성취시켜준 잊기 어려운 은혜가 있게 되었고 이이로서는 심의겸에 대해 세력을 형성하여 서로 후원해준 공이 있게 되었는데, 이는 온 나라 사람이 다 아는 사실입니다. 다만 이이는 산림 사이에 출입하며 쉽게 나서지 않는 자처럼 하였으므로 명예가 헛되게 높아져 사람들이 많이 믿고 현혹되었습니다. 이에 이이는 나아가거

---

90 여기서 지적한 부분은 훗날 율곡을 비난할 때의 상투적 인용거리가 되어 있다. 이를테면 인조 13년 을해(1635) 5월 11일 채진후 등이 올린 글에 다음의 내용이 들어 있다. "소싯적에 도학을 찾았으나 학문의 방향을 몰라서 諸家를 다 섭렵하여 보았지만 귀착지는 잡지 못하고, 불교에 빠져들어 산속으로 달려가 불교에 종사, '옛날부터 釋氏의 해독에 빠진 사람치고 그만큼 깊이 빠진 사람은 없다.'고 하였고, 上舍에 선발되어 謁聖을 할 적에 그가 일찍이 異敎에 물들었기 때문에 聖廟의 通謁을 허락하지 않았는가 하면, 廟庭의 통알마저도 허락하지 않았다 한다."

나 물러남에 있어 걸핏하면 선현의 언행을 인용하면서 스스로 당세에 우뚝 홀로 서 시비에 초연한 자처럼 행동하였습니다. 그래서 심의겸이 청의(淸議)에 버림받았을 적에 이이는 마음속으로 억울한 뜻을 품고 있으면서도 서로 상관이 없는 것처럼 하고서 우선 시골로 물러가 시세를 관망하였습니다. 그러다가 마침내 팔을 걷어붙이고 여론을 환기시키면서 조제(調劑) 보합(保合)하고 동심(同心) 협공(協恭)해야 한다는 말로 온 세상을 현혹시켰습니다. 그리고는 상소하여 심의겸의 단점을 언급하면서 동시에 김효원의 장점을 거론함으로써 지극히 공정하다는 명성을 얻으려고 하였습니다. 이렇게 했기 때문에 이이가 아래로 세상을 속이는데도 사람들이 깨닫지 못하고 위로 전하를 속이는데도 전하께서 깨닫지 못하신 것입니다. 아, 그 마음은 속일 수 있어도 대중은 속이기가 어렵고 전하는 속일 수 있어도 귀신은 속이기 어려운 법입니다. 그래서 이이의 뜻이 한 번 행해지자 나라 사람들이 이미 그 속마음을 알게 되었습니다. (…) 이뿐만이 아닙니다. 이이는 시골에 있을 적에도 염치 있는 행동을 보여주지 못했습니다. 그리하여 여러 고을에서 뇌물이 그의 문으로 모여들었는데 이익을 추구하고 재물을 다툼에 있어 세세한 것까지 빼놓지 않았으므로 원근에서 듣고 비웃었으며 침을 뱉고 꾸짖는 말이 도처에 가득하였습니다. 그가 제멋대로 법을 무시하고 형편없이 행동한 것이 한결같이 이 지경에 이르렀는데도 박순은 입이 닳도록 칭찬하며 전하를 속이고 있으니, 그 뜻을 진실로 헤아릴 수가 없습니다. 이이의 본 마음이 오직 이와 같았으므로 총애를 받고 등용되어 숭반(崇班)에 올랐는데도 보답할 생각은 하지 않고 제멋대로 기극(忌克)하는 태도를 지닌 채 속이고 자기 뜻을 이루면서 못하는 짓이 없었습니다. 크건 작건 간에 온갖 기무(機務)를 처리하면서 꼭 자기의 계책대로만 하여 일 처리 과정에서 걸핏하면 사람들의 마음과 어긋나기 일쑤였습니다. 그리하여 국사를 맡은 지 반년 만에 백성들까지 원망하게 되

었고[91] 전조를 맡은 지 일 년 만에 벼슬길이 어지러워졌으니[92], 정말 이른
바 매국적인 간신이라 하겠습니다. 어떤 이는 왕안석에게 비교하고 있습
니다만, 왕안석이라고 해도 어찌 이런 일이 있었겠습니까.[93] (…) 그리고
성혼의 경우는 박순 등의 추천으로 발탁되었는데, 실제로 심의겸과 대대
로 우의가 돈독하였으며 또 박순과도 교분이 매우 친밀할 뿐 아니라 이이
와는 골육보다 더한 정이 있는 관계입니다."[94]

17일에는 헌납 유영경, 정언 이주가 사직하였는데 그 뜻이 대간 송
응개의 말과 일치하였다. 집의 홍여순, 장령 윤승길·이징, 지평 이경
율·조인후도 사직서를 올려 "상신의 뜻에 저촉되어 거슬렸고 심지어는
초야에서 온 성혼까지도 상소하여 죄주기를 청하니 이는 반드시 삼사
의 사람들을 모두 쫓아내려는 것입니다." 하였다.
이날 정언 이주가 율곡과 심의겸을 비판하며 올린 차자에는 다음의
내용이 들어 있다.

"이이가 사류에게 의심을 받은 지는 이미 오래된 일입니다. 그러나 지난날
논의했던 것은 공사장(公事場)에서의 잘못으로 인하여 논핵했던 것에 불
과했는데 그후 이이가 사양하고 거절하여 피할 즈음 자기가 먼저 의심하
고 시샘하여 불평하는 말을 많이 함으로써 말한 사람과 그 곡직을 다투려

---

91    율곡은 41세 초에 낙향하여 파주 율곡과 해주 석담에서 지내다가 45세 되던 해
12월에 대사간에 제수되어 조정에 나왔으며, 46세 6월에 대사헌에 특진되었다.
92    율곡이 이조판서를 맡은 것이 47세 되는 정월이었다. 이해 8월 형조판서에 임명
되었고 이어 우참찬 우찬성에 승진하였으며, 12월에 병조판서에 임명되었다.
93    율곡을 왕안석에 비유한 것은 홍문관에 있던 허봉이었다. 유성룡『雲巖雜記』朋黨
94    『宣祖修正實錄』16년 계미(1583) 7월, 대사간 송응개가 사직하며 이이와 성혼 등
을 비난하니 체차시키다.

들었기에 그것을 본 삼사가 격분하기 시작하여 사전 모의 없이도 이구동
성으로 그의 심적(心迹)의 의심스러운 점을 비로소 약간 말했던 것이지
당초 어떤 사건을 들어 그를 꼭 공격하여 내치려는 것은 아니었습니다. 그
런데 지금 성혼의 상소를 보고 또 박순이 경연에서 아뢰었던 말을 듣건대,
혹은 떼를 지어 참소하여 모함을 꾀한다느니, 혹은 원한을 끼고 부회한다
느니 하여 언자(言者)에게 죄를 가하려고 하였고 또 온 조정을 사(邪)로
지목하고 있으니, 이는 일시의 명류들을 일망타진하려는 것입니다. 그리
고 동서의 설도 처음엔 근거 없는 말이었는데 필경에는 사림의 화태(禍
胎)가 되고 말았습니다. 심의겸은 서인의 영수인데, 이이와 박순은 의겸에
대하여 잊기 어려운 은혜가 있는 사이이고 성혼 역시 의겸의 평생 친구여
서 이 몇 사람들이 서로 붕비(朋比)가 되어 이들의 기미와 의논이 마치 한
사람의 것인 양, 언제나 일치하고 있는 것은 나라 사람들이 다 아는 사실
입니다. 지금 이이가 논핵을 당하자 성혼으로는 그의 억울함을 호소하게
하고 박순으로는 사실을 증명하도록 하였습니다. 이것을 과연 공정한 것
이라고 할 수 있겠습니까. 대간(臺諫)이 한때의 말이 혹 지나쳤다고 하더
라도 자연 공론이 있기 마련인데, 박순 등이 감히 현란한 말을 늘어놓아
주상의 귀를 의혹되게 하였으니, 기회를 이용하여 죄에 걸리도록 상대를
끌어들여 계략을 꾸며 사람을 함정에 빠뜨리려 한 뜻이 참혹합니다. 신들
은 이미 휘척(揮斥)을 당하였고 또 전 대사간 송응개가 언젠가 완석(完
席)[95]에서 근원을 추궁하자는 논의를 제시했을 때 신들이 사태를 진정시
키려고 애써 그를 말렸으니 신들의 나태한 죄 더욱 큽니다. 파척하소서."[96]

---

95  完席은 臺諫들이 업무 처리를 위해 쭉 둘러앉았던 모양에서 유래한 용어이다. 이
자리에서 좌우를 물리친 뒤 風憲에 관계되는 일과 탄핵하는 일이나, 관직에 임명된 사
람의 서경 등을 의논하였다.
96  『宣祖實錄』16년 계미(1583) 7월 17일, 정언 이주가 이이와 심의겸을 비판하는
차자를 올리다

18일에는 사간 성낙과 정언 황정식 등이 사간원에서 율곡을 탄핵한 이유를 아뢰며 대간의 출사를 청했다.

"지난날 이이가 병조판서로서 망령되이 한 일이 많았으므로 대간이 그 일을 들어 규정(糾正)하였는데 그것은 바로 일반적인 탄핵이었습니다. 그런데 이이 자신이 먼저 의혹하여 언자(言者)와 옳고 그름을 다투기 위해 많은 말을 하다가 결국 공론을 더욱 격렬하게 만들었습니다. 더구나 이이의 사람됨이 소통한 듯하면서도 주견이 편협하고 고집스러워 시끄러움을 일으키기에는 과감하나 지중(持重)은 잘못하므로 모든 일을 시행함에 있어서 하는 일마다 물정과는 괴리되었습니다. 그 자신은 천하의 일이 담소 사이에서 다 정해질 수 있다고 생각하지만 자기에게 있는 역량이 이 세상을 담당해 나갈 수 없다는 것을 모른 소치입니다. 그가 국사를 맡은 지 얼마 안 되어 중외의 사람들이 모두 평소에 가지고 있던 마음을 상실하고 말았는데 오늘날의 이러한 논의가 있게 된 것도 모두 이이가 자취한 것입니다. 성혼은 (…) 온 나라가 모두 인정하는 공론을 가지고 원한을 품었다거나 기관(機關)을 만들었다는 것으로 돌렸습니다. 박순도 그가 면대했을 때의 말은 비록 화평을 위한 것이라고 하였다지만 한쪽으로 치우친 나머지 도리어 언자들을 재단하고 억제하려는 뜻에서 그들 이름을 들어 배척하기까지 하였으니 역시 대신으로서 국가를 위한 일은 아닙니다. 또 송응개가 근원을 추궁하자는 논의를 제시했을 때 최영경 등이 말렸는데, 이는 역시 모든 일을 신중히 다루어 허물이 있는 자리에서 허물이 없게 되기를 바라는 뜻이었습니다. 대간(臺諫)이 잘못한 것은 별로 없으니, 대사헌 이기, 집의 홍여순, 장령 이징·윤승길, 지평 이경율·조인후, 헌납 유영경, 정언 이주 등을 모두 출사하도록 명하소서."[97]

우성전은 이들 계사의 내용에 완곡한 말이 많으니, 가히 화란(和鑾)[98]을 울리고 절주(節奏)를 맑게 한 것이라 했다.[99] 이날 우상 정지연과 대사헌 이기가 재차 사직서를 내었고, 수찬 홍적과 한효순이 사직상소를 올렸다.

19일에 양사에서 합계하였다. 그 골자는 영상 박순이 원래 편협한 국량이며, 마음 씀이 간사하고 행동이 교활하며 득실에 급급하여 염치도 불고한다는 것, 심의겸과 서로 복심(腹心)이 되어 조정의 모든 일과 인물의 진퇴에 있어서도 하나같이 의겸의 지시를 따르면서 국가권력을 제멋대로 휘두르고 있다는 것, 율곡과 성혼 역시 의겸의 문객이자 친밀한 벗이므로 박순은 그 사람들과도 함께 사생을 결탁하고 서로 표리가 되었다고 하고, 율곡의 무리들과 어두운 밤을 이용하여 미복으로 서로 찾아다니며 사림을 모함하고 의겸의 실권을 회복시키기 위하여 할 수 있는 방법을 다했다고도 하고, 전후해서 탑전에서 아뢴 말들은 너무나도 음흉하고 교묘하다는 것, 성혼을 내세워 머리를 감춘 말을 아뢰게 하여 그 음흉하고 참혹한 꾀를 부릴 대로 부렸다는 것 등을 열거하며 박순을 파직하라고 하였다.[100]

7월 19일에는 대사성 김우옹이 대간의 율곡 비판과 성혼의 상소를 논하면서 조정하는 상소를 올렸다. 그는 율곡이 명민한 학문과 해박한 지식으로 밝은 시대를 만나 전하께서 마음 깊이 그를 기대고 맡겨 그와 함께 난국을 타개해보려 하였고, 이이 역시 스스로 세도를 책임겨서 어

97  『宣祖實錄』 16년 계미(1583) 7월 18일, 사간 성낙 등이 이이를 탄핵한 이유를 아뢰며 대간의 출사를 청하다
98  和와 鑾은 모두 황제의 마차에 달려있는 방울로, 그 방울 소리가 맑고 깨끗하다 한다.
99  우성전 『계갑일록』 1583년 7월 18일 참조.
100 『宣祖實錄』 16년 계미(1583) 7월 19일

수(魚水)의 사이같이 한 조당에 앉아 계책을 내면 실현되고 말만 하면 다 들어주시는 참으로 천년을 두고도 만나기 어려운 지우였다고 하고 "애석하게도 그는 뜻만 컸지 재주가 소략하고, 도량이 얕고 소견이 편협하여 자기에게 후한 사람에게 가리우고, 또 자기 소견에만 얽매여서 일국의 공론을 모아 천하를 위한 일을 해내지 못하고, 다만 자기 개인의 견해를 내세워 온 나라의 인정을 거슬렀고 선비들에게 인심을 잃은 지 오래인데도 깨닫지 못하고 오히려 빈번히 장주(章奏)를 올려 강변(强辯)으로 상대를 이기려고 하였으며, 하는 일들도 경솔하고 조급한 데가 있어 거의 사람들의 기대에 부응하지 못하였으므로 선비들 마음이 비로소 이이에 대하여 실망을 느끼게 되었으니, 그것은 역시 어느 개인의 사론은 아니었습니다"라고 하였다. 또한 "삼사에서 서로의 사이가 어그러질 만큼 논의가 격렬하였고 그를 탄핵하는 글월 역시 준엄하고 심각하여 자못 듣는 이를 놀라게 하였다"고 하고, 율곡에 대하여 "그의 본심을 이해하시되 반면 소류(疎謬)의 병이 있음"을 알고, 삼사에 대하여는 "그들의 부조(浮躁)함을 억제하되 반면 사류들의 근본 심정을 살피시어 정성껏 깨우치시고 막힘 없이 마음을 활짝 열어 너무 꺾지도 막지도 말고 너무 날카로운 점만 슬며시 잘라버리면" 잘 되어갈 것이라고 하였다. 그는 근본 원인의 제공이 율곡의 조심성 없이 가볍고 소홀함으로 인한 인심의 이반이라고 하였다.[101]

그런데 21일에 양사에 이어 홍문관에서도 차자를 올려 박순·이이·성혼이 서로 결탁해서 서인을 구원하려 한다고 논핵하였다. 차자에서 박순과 성혼·이이는 평소 교제가 주밀하여 모든 크고 작은 논의에 있어 서로 간여하지 않은 적이 없어 이이가 곧 성혼이며 성혼이 곧 박

---

101  『宣祖實錄』 16년 계미(1583) 7월 19일, 대사성 김우옹이 대간의 이이 비판과 성혼의 상소를 논하면서 조정하는 상소를 올리다

순이므로 다른 사람으로 구별이 안 된다고 하고, 박순과 성혼은 '우리는 대신(大臣)이요 또 산인(山人)이니 한 사람은 상소를 하고 한 사람은 지명을 하면 전하는 틀림없이 공정한 말이라 생각하고 믿을 것이다.' 하였을 것이라 하며 대신과 산인의 형세를 이용하여 저들의 사욕을 달성하려는 것이니 너무 심하지 않느냐고 하였다. 또한 이이 한 사람 때문에 전후 물리침을 당한 자가 대체 몇 사람이냐고 하며, 지금 대간·시종으로서 외직에 보직당한 자가 줄을 잇고 조정에 있는 신하들도 모두 조심조심 불안을 느끼고 물러갈 뜻을 가지고 있어 기상이 처참하고 망할 위험의 징조가 보이는데 차마 한마디 말도 없이 전하를 저버릴 수 없기 때문에 감히 죽음을 무릅쓰고 우러러 호소한다고 하였다.[102]

양사는 다시 박순이 심의겸과 당을 이뤄 성혼을 사주하였다는 이유로 파직시킬 것을 청하며 그 죄목을 열 개로 나열하여 왕에게 제시하였다. 1. 원래 간사한 사람으로서 진취하기에 바빠 심의겸에게 붙어서 그와 결탁하여 심복(心腹)이 되었다. 2. 연이어 척리(戚里)와 혼인함으로써 권세를 굳혔다. 3. 여러 대의 명상이요 선조(先朝)의 직신(直臣)을 사적인 유감을 가지고서 함부로 헐뜯었다. 4. 과거시험 문제에 사정을 써 공도(公道)를 크게 무너뜨리고 자급(資級)과 차례 순서를 무시한 채 자기 당 사람을 세우기에 급급하였다. 5. 재상의 지위에 있는 몸으로 이이의 무리들과 밤을 이용하여 상종하면서 궤비(詭秘)한 행동을 하였다. 6. 경박하고 조급한 무리들을 사주하여 그들로 하여금 상소를 하게 하고 왕과의 면대(面對)를 하게 하여 시비를 현란시켰다. 7. 한 평생 죽기를 맹세한 벗을 보통 서로 알기만 하는 사이라 하여 감히 왕을 속였다. 8. 전조(銓曹)의 추천은 윤원형·이양도 감히 혁파하지 못했던 것인

---

데 자기 당여를 다시 앉히기 위하여 옛 규정을 혁파할 것을 청하였다. 9. 자기를 논한 사람 또는 차사를 쓴 신하의 이름을 들어 죄를 내리도록 청함으로써 사람들 입에 재갈을 물리려 하였다. 10. 간계를 부릴 수 없게 되자 성혼의 손을 빌어 음참(陰慘)한 말을 올리게 함으로써 기어코 사류들을 일망타진하려 하였다.[103]

양사에서는 또 앞서의 김우옹의 상소 중에 경박한 자로 지목된 것을 가지고 혐의를 피하여 물러가 기다리고 있었다. 김우옹의 상소에 대하여 같은 당이라고 기대를 가졌던 동인들은 모두 서운하게 생각하고 시비를 걸었는데, 이는 서인측의 정철 역시 그런 생각을 가졌던 것 같다. 그는 성균관 윤차(輪次)[104]에서 부(賦)의 제목을 '난초를 책한다[責蘭]'라고 내고 '나는 난초가 믿을 만하다고 여겼는데 실제는 없고 모양만 아름답네'라는 뜻[105]이라고 했다. 그 뜻은 김우옹이 율곡을 감싸지 않음을 가리킨 것이라고 한다.[106]

7월 23일에 사간 이희득이 "김우옹의 상소문 내용이 황잡하여 옳기도 하고 혹은 틀리기도 하여 결국 무엇인가 하나를 가리킨 주론이 없다"고 하고는, 이어서 "이이 같은 사람은 암매(暗昧) 회휼(回譎), 곧 간사스럽고 속임수가 많아 부끄러워할 줄 모르는 망극한 죄상을 이루 형언하기 어려울 정도"라고 하였다.[107]

7월 19일에 니탕개와 율보리 등이 2만여 기병을 이끌고 방원(防垣)

---

103   『宣祖實錄』 16년 계미(1583) 7월 22일. 양사가 박순이 심의겸과 당을 이뤄 성혼을 사주하였다고 파직을 청하다

104   輪次는 돌려가며 차례로라는 말로, 문관의 높은 지위에 있는 사람이 돌려가며 성균관에 강사나 시관으로 가는 것을 말한다.

105   이 원문은 전국시대 말년에 楚나라의 屈原이 지은 離騷經에 나오는 말이다.

106   우성전 『계갑일록』 이날 자 참조.

107   『宣祖實錄』 16년 계미(1583) 7월 23일. 사간 이희득이 김우옹의 상소가 황잡하다며 양사의 출사를 청하다

을 포위하여 새벽부터 오후까지 진퇴를 거듭하며 접전하다가 적이 퇴각했다고 한다. 이는 순찰사의 보고이다.[108]

### 1583년 8월

이달 초3일에 사헌부에서 안민학(安敏學, 1542-1601)[109]·이배달(李培達)[110]을 논핵하였다. 이배달과 안민학은 둘 다 율곡과 성혼의 문하생들이다. 사헌부의 논핵에서 이배달에 대해서는 "성균관에 있을 때에는 동학들을 모함하였고, 관리가 된 뒤에는 동료들을 업신여긴다." 하였으며, 안민학에 대해서는 "본래 효도도 못하고 우애도 없는 사람으로 감히 벼슬길에 나올 생각을 하고 실정을 숨기고 거짓을 행하고 시세에 좇아 세력에 아부하며 재주가 과거에 응시하기에 부족하면서도 스스로 말하기를, '과거 급제를 좋지 않게 여긴다' 하면서, 구변이 있어서 사람을 헐뜯으며 또 스스로 '기절을 숭상하기를 좋아한다'고 하면서 권력 있는 요인들을 따라붙으면서 시정(時政)을 평론하는 것으로 일을 삼다가, 첫 벼슬을 하여서는 벼슬이 낮은 것을 얕보아 맡은 직무에 태만하여 유의하지 않고, 제조(提調)도 만족하지 않고, 무리한 일로 헐뜯으니 그 마음 쓰는 것과 행하는 것이 극히 형편없습니다. 처음에는 재주

---

108　우성전의 『계갑일록』 1583년 8월 1일

109　안민학은 자는 習之, 호는 楓崖이다. 25세에 朴淳에게 나아가 사제관계를 맺은 뒤, 李珥·정철·이지함·성혼·고경명 등과 교유하였다. 1580년에 이이의 추천으로 禧陵參奉이 되었다. 1583년에 사헌부감찰이 된 뒤, 관례에 따라 외직으로 나아가 大興·아산·현풍·태인 등지의 현감을 두루 거치고, 왜란에 召募使로 임명되었다. 『풍애집』이 있다.

110　이배달은 목은 이색의 후손이고, 李之菡의 계부이며, 율곡의 문인이다. 1583년 의금부도사로 있을 때 예전에 동료를 모함한 일 등으로 사헌부의 탄핵을 받아 파직되었다. 이후 다시 의금부도사로 임명되어 1589년 기축옥사 때 정언신을 체포하였다.

와 행실로 벼슬을 얻고 나중에는 부지런하고 성실함으로 계급을 뛰어넘었으나 사람들이 분하게 여기지 않는 이가 없습니다. 파직을 명하옵소서." 하였다. 왕은 이미 재주와 행실로 계급을 뛰어 승진한 사람을 이제 악명으로 파직을 논핵하며 그를 옳으니 그르니 하는 조처가 괴이하다고 하였다. 그에게 천박한 행실이 있었다면 애초에 처음 천거할 때 언관이란 자가 어찌 논핵하지 않고 승서한 지 수년이 지난 오늘에서야 탄핵하여 파직시키려고 하느냐는 것이다. 그를 파직해야 한다면 그를 공천하고 천거한 유사도 마땅히 중하게 치죄해야 한다고 하였다. 그러자 이번에는 사헌부에서 왕의 신임을 받지 못하고 있으니 사임한다고 하였다.

내용이 다분히 추상적일 뿐, 구체적 사안이 아님을 보면 당파적 관점에서 이루어진 논핵이라 할 수 있다.

5일에 왕자 사부(師傅) 하락이 율곡을 옹호하는 소를 올렸다.

"그의 사람됨이 성현의 글 읽기를 좋아하고 뜻을 돈독히 하고 실천을 힘쓰며 몸가짐과 마음 검속에 있어 오직 고인을 사모하다가 급기야 세상에 등용되어 성상이 마음을 기울이고 소민들이 크게 기대하게 되자, 그는 몸을 나라에 바칠 생각으로 마음과 힘을 다하여 위로는 왕의 직책을 돕고 아래로는 창생을 구제하기 위하여 모든 시책에 있어 폐단을 없애기에만 힘써 시속과 저촉되는 것도 불고하였고, 백성의 노고를 덜어주기 위하여 구습을 따르지 않았다고 합니다. 때마침 북방 변경의 급한 상황을 당하여 병조판서로서 군마 조발과 군량 운반을 동시에 하지 않으면 안 되었는데, 요컨대 변방을 튼튼히 하여 북쪽 오랑캐를 제어하는 일로서 이는 이이가 자신이 배운 것을 실천하고 또 성상의 인정과 각별한 대우에 보답하고자 했던 것입니다. 그러는 동안 비록 소루(疏漏)와 과오를 범한 일이 혹 있기도 하였겠지만 그의 본심이야 어찌 고의적으로 뒤집어 엎고 변란을 일으킴으로써 나라를 그르치고 백성을 병들게 하려는 것이었겠습니까. 그런데 언관들은 번갈아 상소하여 논핵하되 처음에는 그의 실책만을 조금 거론하다가 끝에 가서는 날이 갈수록 점점 더 중한 말들을 하였으며, 옥당의 차자와 간원의 사장(辭章)에서는 간흉한 형상과 궤휼의 태도를 수많은 말로 횡설수설 못하는 소리가 없었는데, 그 말들이 모두 분하고 질시하는 데서 나오지 않은 것이 없었습니다."

이어서 그는 언관들이 없는 사실을 캐내어 서로 야합하여 남에게 큰 악을 가하려 하고 있다면 잘못이라고 하면서 '다투다가 사람을 죽였다', '뇌물로 1백 석을 받았다'는 것들은 과연 그런 사실이 있다면 이는 마땅히 그 죄를 분명히 바로잡아 왕법(王法)을 보여야 할 것이라 하였다. 그는 삼사의 공론 외엔 반드시 또 하나의 다른 공론이 없으리라고 보장하기는 어려운 상황이라고 하였다.[111]

이를 보고 승정원에서 계사하였다. 하락이 이이·성혼과 가장 친하였는데, 감히 이이의 사람됨을 알지 못한다고 말하여 마치 공정한 논의인 것처럼 하였다는 것과 그가 이전에 이익을 취하고 의리를 배반하여 수령들을 위협하고 선비들을 해쳐 사람들로부터 눈흘김을 당했으며, 상소 끝에 야비하고 거만한 말이 많고, 아첨하고 음흉한 죄상은 피하기 어렵다고 하였으며, 국가가 망하는 화가 조석에 박두한 것을 눈으로 보았다고 하였다.[112] 정원의 이 계사에 대하여 왕은 "너희들은 남의 말을 막고 나의 총명을 가리려는 것인가"라며 분노를 표하고 수용하지

111　『宣祖實錄』16년 계미(1583) 8월 5일, 왕자 사부 하락이 이이의 군정이 정당한 일이었으며 삼사가 지나쳤다고 상소하다.『혼정편록』에 원문이 실려 있다.
112　우성전『계갑일록』8월 5일

않았다.

유공진 등 성균관 생원 4백 62명이 상소하여[113] 이이와 성혼을 옹호하였다. 왕이 "충성되고 곧은 말이 격렬하다. 그대들의 의기가 이러하니 내가 국사에 무슨 걱정이 있으리오" 하였다.

6일에는 유생들의 상소에 대한 왕의 전교가 온당치 못하다고 도승지 박근원, 우승지 김제갑, 우부승지 이원익, 동부승지 성낙 등이 상주했다. 요지는 성균관이나 4학에서 상소를 할 때는 조용히 회의를 하고 가부를 확정지은 다음에 하는 것이 관례였는데 이번에는 그렇지가 않았다고 하며 절차적 문제를 지적하고, 참여하지 않은 사람도 많다는 것을 거론한 다음 비답의 내용에 "충당(忠讜)과 의기가 있다고 인정해" 주기까지 하니 선비의 기풍이 더욱 무너져 내키는 대로 망령된 행동을 하여 마침내 나라를 다스려갈 수 없게 될까 두렵다고 한 것이다. 왕은 "변방의 경보가 자주 놀라게 하여 국가에 일이 많은데, 승정원은 중요한 지위에 있으면서 기무를 잘 살피지 못하니, 비록 인재의 장단점이 있다 할지라도 밤낮으로 게을리 하지 않는다면 이렇게는 하지 않을 것이니, 잡된 말을 하지 말고 우선 직책에 부지런히 힘쓰라." 하였다.

양사에서 정원에 내린 왕의 비답이 온당치 못하다고 피혐하였다. 왕은 양사에서 논계한 이후로 한 마디 말도 하지 않은 것은 말로 인하여 군신 사이에 상하는 일이 많기 때문이라 하고 "오직 대신과 공경들이 모두 한때에 어깨를 나란히 하는 형제 같은 자인데, 어찌하여 공적인 일을 먼저 하고 사적인 일을 뒤에 하여 자기의 고집을 말끔히 없애고 화합하는 일념으로 나라에 힘쓰지 못하는가. 너희들 양사는 오늘이라도 즉시 정계(停啓)하여 지금까지 한바탕 분주히 소란 피우던 것을 일

---

113  안방준 『혼정편록』 8월 5일

소(一笑)에 부치는 것이 좋겠다"고 하였다. 그러나 양사는 물러서지 않고 왕이 정계하라는 명을 내렸으니 파직시켜 달라고 하였다. 정원에서도 다시 논계하여 유생의 상소는 공의(公議)에서 나온 것이 아니니 믿을 것이 못 된다고 하였다. 이에 왕은 크게 분노하여 승정원의 관리들을 모두 내보내고 새로 이인·박숭원·유영립·김우옹·이식을 승지로 임명하였다.

양사가 승지들을 축출한 일이 온당치 못하다고 차자를 올렸다. 이에 왕은 "태학은 선을 숭상하는 곳으로 공론이 나오는 곳이다. 조정의 시비는 한때에 어지러울 수 있으나 태학의 공론은 폐할 수 있겠는가." 하였고 또한 제생들의 상소에 대하여 싫어하는 기색을 보인 적이 없는 것은 국가의 원기가 거기에 있기 때문이라 하고, 조정의 신하는 죄줄 수 있지만 제생의 기절은 꺾을 수 없다고 하였다. 9일에 양사에서는 어제 올린 차자에 대한 왕의 비답 중에 온당치 못한 말이 많이 있다 하여 사직서를 내고 물러나서 기다렸고, 정원에서도, "어제와 오늘 연이어 내린 비답이 온당치 못합니다." 하였다.

10일 유학 신급(申礏, 1543-1592)[114]이 상소하였다.

"이이는 본래 동·서의 당에 참여한 사람이 아닙니다. 바야흐로 심의겸이 뜻을 얻었을 때에 병을 핑계 대고 모든 관직을 사면하고 시골로 물러났으니 그의 마음을 캐어보면 이 어찌 척리와 결탁한 자이겠습니까. 그리고 동인들이 국권을 잡은 후에는 더욱 서인을 억제하는 것이 심하여 자기에게

114  신급은 조부가 기묘명현인 申鏛이고, 아버지는 申華國이다. 품성이 강직하여 의론이 준엄하였으며, 총명이 남보다 뛰어났고, 특히 史學에 밝았다고 한다. 1583년 幼學의 신분으로서 율곡에 대한 탄핵을 사림의 화를 불러 일으키는 것이라고 하였다. 재야에서 處士로 생활하다가 왜란 때 강원도 이천에 노모와 함께 피하였다가 어머니가 왜적에게 희생당하였다는 소식을 듣고는 절벽에서 투신하였다.

따르는 자는 올려주고 자기와 다른 자는 배척하였으므로 새로 벼슬한 경박한 자들이 갈림길에서 권세의 경중을 살펴서 향배를 정하고 때를 타서 사리를 탐하고 공격하는 것으로 일을 삼아 어진 이를 방해하고 나라를 병들게 함이 이르지 않는 것이 없었습니다. 이이와 백인걸이 같은 때에 상소로 그 폐단을 극구 진술한 일이 있었으니, 이이의 본심은 공평하게 협력하는 뜻이 아님이 없었습니다. 그러나 동인은 함사사영(含沙伺影) 곧 물여우가 모래를 물고 사람의 그림자를 쏘려고 노리듯이 음흉한 수단으로 남을 해치려고 한 지가 오래되었습니다. 한 번 병조의 판서가 되어 마침 다사다난한 때를 당하여 마음과 힘을 다하여 알고서는 하지 않는 것이 없었사오니, 그 많은 일을 계획하다가 비록 한두 가지의 엉성하고 오활한 과실이 있었사오나 이것이 어찌 나라를 망치는 함부로 한 죄라 할 수 있겠습니까. 그러므로 처사 성혼이 이와 같은 망국의 징조를 보고 박양(剝陽)[115]의 통탄을 견디지 못하여 진정을 다하여 상소하고 호연히 돌아갔으니, 그 말이 곧고 옳을 뿐 아니라 지공무사함에도 불구하고 언관들은 도리어 거짓으로 날조하는 데 조금도 기탄이 없어 혹은 귀역(鬼蜮)[116]으로 지목하고 혹은 음험하다고 하며 얽어서 죄를 만들어 사지에 넣으려고 하였습니다. 어찌 이 같은 악인들이 전하의 조정에 발을 붙이고 있을 줄 알았겠습니까 (…) 안으로는 박근원이 시종의 지위에 있으면서 소장을 들이지 않아 전하의 총명을 가리고, 밖으로는 김응남·우성전·홍혼·김첨·김수의 무리가 권세를 부리며 사사로 당파와 응원 부대를 만들어 뱀이나 지렁이처럼 얽혀 있고, 매나 개처럼 부리는 자가 몇 명인지 모르겠사오며, 군부를 협박

---

115  剝陽은 『周易』 剝卦와 관련된 말이다. 주석에 박은 흩어져 떨어진다는 말이라 하였다. 陽은 밝고 길한 것인데, 剝陽이라 하면 밝고 길한 것이 헐어지고 떨어진다는 말로 여기에서는 국가의 운수가 박양이 되었다는 말이다.
116  귀역은 귀신과 불여우, 요괴로 음험하게 남을 해치는 놈이라는 뜻이다.

하고 견제하기를 어린애 다루듯이 하여 사슴을 가리켜 말이라 할 형세가 이미 이루어졌는데, 전하께서는 위에 고립되어 있으니 지금의 국사를 가히 알겠습니다 (…) 전하는 급박하게 여기지도 마시고 의심하지도 마시고 성스러운 마음으로 결단하시어 후일에 서제(噬臍)[117]의 후회가 없기를 바라나이다."[118]

이번에는 성균관 유생 이정우 등이 상소하여 전일에 있었던 상소는 모두 율곡과 친한 사람들의 문도들이므로 공론이 아니라고 하였다. 홍문관에서 양사의 출사를 청하였는데, 그 내용에 박순에 대한 비난이 들어 있었다. 그러자 이번에도 왕의 비답이 매우 엄준했다. 영상 박순의 사람됨은 "송죽(松竹) 같은 절조와 수월(水月) 같은 정신으로 충성스럽고 용맹스러운 도량과 맑고 근신하는 덕이 있다"고 하였으며, 홍문관원들에 대하여 "지금 너희들은 전부터 그를 분하게 여기고 미워하는 뜻을 품고 근거 없는 말을 날조"하고 있다고 하였다.[119] 양사에서는 또 하락과 성균관 유생들의 소에서 배척당하였다 하여 사직하고자 하니 왕은 "사직하지 말라"고 하였다.

하항(河沆, 1538-1590)[120]이 이이의 5가지 죄를 세어 '오국(誤國)'이라고 지목하는 소를 올렸다.[121] 왕은 상소에 공사 간에 뚜렷한 일이 사

---

117  噬臍는 사향노루가 사람에게 잡혀 죽게 될 때에 제 배꼽의 향내 때문이라 하고 배꼽을 물어뜯는다는 말로, 일이 잘못된 뒤에는 후회해도 소용없다는 말이다.

118  우성전의 『계갑일록』 8월 16일에 의하면 舒仲이 와서 "신급의 상소는 송익필이 지은 것이다"라고 했다고 한다.

119  『宣祖實錄』 16년(1583) 8월 18일

120  하항은 하락의 아우이다. 관직에 나가지 않고, 수우당 최영경과 교유가 깊었다. 『覺齋集』이 있다. 형제가 당시 상황에 대하여 상반되는 태도를 보이고 있다. 조식의 문인이다.

121  그가 꼽은 다섯 항목이 무엇인지는 그의 문집에도 드러나 있지 않다.

실과 어긋나는 것이 많다고 하고, 썩은 선비의 말이 우습다고 했다.

14일. 정원에서 신급의 상소에 대한 비답에 대하여 왕이 그의 상소로 많이 속임을 당하셨으면서도 도리어 칭찬하셨고, 조정 신하의 이름을 두루 들추어 붕당을 지어 전하의 총명을 가려 사슴을 가리켜 말이라고 하는 사람에게 비유했으며, 이 소는 하락의 상소의 전말과 자못 뜻이 같아 왕의 뜻을 엿보고 살펴 기이하게 맞추려는 계교에 지나지 않는다고 하였다.

17일. 전주의 변사정(邊士貞, 1529-1596)[122]이 소를 올려 삼사를 비판하였다. 이양원으로 대사헌을 삼고, 김우옹으로 대사간을 삼았다.

22일. 호남에서 초시에 합격한 유생 16인이 소를 올렸다. 동·서인의 말에 있어서는 김효원의 이름만 거론하였고 이이에 대해서는 현인과 성인의 학문에 뜻을 두었고 마음은 경국제세에 있었으며, 몸은 세도의 책임을 자임하여 유속(流俗)에 동요되지 않았다 하고, 또 성혼과 더불어 두 사람은 일세 유학의 종장으로 일국의 중망을 지니고 있어 사람들이 우러러보기를 태산과 북두성보다도 더한다 하였다. 더불어 이들을 논핵하는 사람들은 "성부(城府)[123]가 매우 깊어 지극히 보기 어려우나 악행을 한 지가 이미 오래되어 그들 수족이 모두 드러났기로 거리에 사는 사람에 이르기까지 꾸짖지 않음이 없어서 혹은 6간(奸)이라 하기도 하고 혹은 10간이라 하기도 한다." 하였다.[124]

---

122  변사정은 一齋 李恒과 玉溪 盧禛의 문하에서 수학, 1583년 學行으로 천거되어 慶基殿參奉이 되었다. 이때 율곡과 성혼이 동인의 배척을 받자 장계를 올려 그 억울함을 호소하였다. 1592년 왜란이 일어나자 남원에서 2,000여 명의 의병을 모집, 정염, 양사형 등에 의하여 의병장에 추대되었고 이때 체찰사 정철이 비장 李潛을 보내어 변사정의 副將이 되게 하였다.

123  城府는 마음속에 쌓은 성으로 남에 대한 경계심이 강한 것을 이른다.

124  우성전 『계갑일록』 8월 28일자 참조

이때 영상은 논핵을 당하였고, 좌상과 우상의 자리가 모두 비어 있었다. 왕은 좌상은 전 좌상 노수신을 후보로 의중에 두었고, 우상은 장례를 지낸 뒤에 차출하는 것이 예로 되어 있으나 시국이 어려우므로 통상의 규정만을 고수함이 불가하다는 판단에서 바로 임명하기로 하였다.

19일에는 양사가 율곡 등에 대한 논핵의 결과 얻은 비답이 만족스럽지 않자 "위로 하늘이 부끄럽고 아래로 땅이 부끄러워 몸 둘 곳이 없으니 속히 파척을 명하소서" 하니, 왕은 "이렇게 다사한 때 그렇게 번거롭게 사직하는 것으로 직무를 삼으려거든 차라리 그대로 사직하고 나가라." 하였다.[125]

20일 왕이 양사를 모두 체직하라고 명하고는 이양원을 대사헌, 김우옹을 대사간으로 임명하였다. 21일 양사를 모두 체직하니 홍문관에서 그 부당성을 들어 차자를 올려 사직하였다. 왕은 "내가 이유 없이 체직시킨 것이 아니고 양사에서 사직하여 나라에 대간이 없어진 까닭에 체직한 것이니, 너희들은 안심하고 직무를 수행하라." 하였다.

23일에는 성균관 박사 한연[126]을 옥에 가두었다. 그가 관학 유생의 상소에 분심을 품고 진사 유공진 등에게 과거를 못 보게 조치하고 간사한 마음을 품고 사심을 함부로 하며 왕을 무시한 무도의 행실을 문제삼은 것이다.

24일 장령 정유청과 헌납 홍인서가 양사의 합계를 정지시켰다. 전시 책문 문제에 '변별현사(辨別賢邪)'가 제시되었는데 신응시가 출제하고 정철이 윤색하였다.

28일. 왕이 정이품 이상을 선정전으로 불러 심의겸과 김효원 두 사람을 귀양보내는 것이 어떤지를 물었고 다시 "박근원·송응개·허봉 세

---

125 『宣祖實錄』 16년(1583) 8월 19일
126 韓戩은 송응개의 조카이다.

사람은 그 간사함을 나도 아니 멀리 귀양보내는 것이 어떠하냐?"고 물었다. 송응개를 회령, 박근원을 강계, 허봉을 갑산으로 귀양보낸다고 하고 친히 교서를 지어 내렸다. 이우직을 대사헌으로 임명했다.

## 1583년 9월

대사간 김우옹, 사간 황섬, 헌납 홍인서, 정언 박홍로가 송응개에 대한 꾸짖음이 너무도 무거웠다고 하고 귀양의 명을 도로 거두어달라고 하였다. 왕은 "구제하려고 나서지 말라. 그들에게 도움이 되지 않고 도리어 해가 될 것이니, 그들에게 징계를 받게 하는 것이 좋을 것이다. 나라가 망할망정 이 세 간흉은 단연코 용서할 수가 없다"고 하였다. 김우옹 등이 또 김응남·송응개 등의 일을 구제하려고 하였으나 왕은 여전히 완강하게 거부하였다.

3일 이조좌랑 김홍민이 상소하여 "신이 경연에 들어와 그의 언론을 들어보니 이이는 사실 성품이 경솔하고 너무 자신에 차 있게 적용(適用)의 재주가 아니었으며 모든 제도를 바꾸고 고치려고만 애썼으니, 그 뜻은 크다 할지라도 일에야 무슨 도움이 되겠느냐 싶었습니다. 이에 그는 실득보다 헛된 명예가 지나치고 말과 행동이 같지 못함을 비로소 알게 되었습니다. 비록 그의 장점도 없는 것은 아니지만, 만약 그가 하는 대로 맡겨둔다면 반드시 나라를 그르칠 염려가 없지 않습니다. (…) 더구나 이조판서로 있으면서 마침 일이 많은 때를 만나 그가 하는 짓은 모두 시의(時宜)와는 맞지 않았고 오히려 시끄러움을 야기시키는 폐단만 있었으므로, 언관이 그때그때 그를 규정하여 옳고 그름을 서로 도우려고 했던 것은 역시 언관으로서의 당연한 직분이었던 것입니다. 또 그가 부름을 받고 오지 않은 데 대하여는 병이 발작하여 오지 못했다고 하였으니 참으로 그러했는지의 여부까지 꼭 캘 것은 없겠으나, 납마(納馬) 건에 관하여 사전에 아뢰지 않았던 것은 그것이 전천(專擅)의 시초가 되고 있음이 현저히 드러난 것입니다. 그런데도 그는 자송(自訟)의 글을 올려 언자(言者)와 대적하려 하였고 심지어는 경중을 헤아려보라는 말까지 하였습니다…"라고 하였다. 왕은 김홍민의 상소가 마치 삼사의 계사를 옮겨 적어 놓은 듯하다고 하며 그가 사당(邪黨)의 부류이니 이런 말을 하는 것이 이상할 것도 없다고 하고, "이이를 일러 당을 만들었다고 했는데 그러한 말로 내 뜻을 움직일 수 있겠는가. 아아, 참으로 군자라면 당이 있는 것을 걱정할 것이 아니라 오히려 당이 적을까를 걱정해야 할 것이다. 나도 주희의 말을 본받아 이이·성혼의 당에 들어가기를 바란다. 지금부터 너희들은 나를 이이·성혼의 당이라고 부르도록 하여라. 그래도 너희들은 다시 할 말이 있는가? 이이·성혼을 헐뜯는 자는 반드시 죄를 내리고 용서하지 않겠다. 그러나 내 비록 어둡고 용렬하지만 이 썩은 선비 하나야 용납 못하겠는가. 나무라지 말고 그냥 두어라. 그리고 그가 사퇴한 본직은 체차하라." 하였다.[127] 간원에서 그를 변명하여 구원했으나 윤허하지 않았다.

9월 6일에 왕은 성혼을 이조참의에 특명으로 제수하고 "그대는 이미 부름을 받고 서울에 왔다가 한번 들어와 만나보지도 않고 왜 나에게 하직도 않은 채 마치 도망이라도 가듯 지레 시골로 가버렸는가? 이는 내가 그대를 성의 있게 대우하지 못하여 남들이 말을 하도록 만들었기 때문이니 내 허물이 크다. 그대는 잡된 말들을 마음에 두지 말고 속히 역말을 타고 올라와 나의 뜻에 부응하도록 하라."[128]고 하교하였다.

127  『宣祖實錄』16년 계미(1583) 9월 3일
128  『宣祖實錄』16년 계미(1583) 9월 6일

7일 정원에서 유생 박제(朴濟)[129]의 상소에 대해 논하고, "지금부터 는 이런 종류의 상소들을 만약 허심탄회하게 받아들인다면 명확하고 공정한 판정으로부터 벗어나기가 어려울 것입니다." 하였다. 박제의 상소에는 김귀영, 정지연, 송응개, 허봉, 박근원, 김효원, 서인원, 김응 남, 김첨, 홍진, 이산해, 김응남, 박승임, 이기, 김우굉, 홍혼, 홍여순, 정희적, 우성전, 이경율, 이징, 김신원, 우준민, 유대정, 한연, 김우옹 등을 비난하였다.

8일(병술) 율곡을 이조판서에 임명했다. 참판 안자유가 "판서는 반 드시 대신이 천거해야 하는데 이제 대신이 아무도 천거하지 않았으니 참작하시기가 어려울 것입니다." 하였으나 왕은 "이이와 이산해가 모 두 합당하나 이이를 임명하겠다"고 했다.

왕은 이조판서를 임명한 율곡에게 연달아 전지를 내려 독촉해 불렀 다. 율곡은 사양하다가 마침내 부름에 응하였다. 그는 해주에서 올라와 사은한 뒤에 중책을 차지할 수 없는 이유가 네 가지가 있다 하였다.

"신은 타고난 기질이 경박하고 학문이 졸렬한 데다가 재주는 오활한데 뜻 은 크기만 하고 지식은 없으면서 큰소리만 칩니다. 그래서 그 계획을 들어 보면 충실한 것 같으나 정작 시행하고 보면 소활하기 짝이 없습니다. 이

---

**129** 박제는 유생이었다는 것 이외의 신상이 드러나 있지 않다. 우성전 『계갑일록』 9 월 5일자. 朴濟가 일찍이 명함을 가지고 이황을 뵈려 하였는데 이황이 찡그리면서, "이 사람이 또 왔구나." 하며 마침내 사절하고 만나지 않았으니, 대개 그 행동이 매우 괴상하였기 때문이다. 일찍이 김취려와 더불어 매우 친밀하였는데 얼마 안 가서 극구 훼방하고 허봉에게 말하기를, "네가 이정과 절교하지 않으면 나는 너와 절교하겠다." 하니 허봉이 대답하기를, "내가 그대와 애당초 사귄 일이 없는데 무엇을 끊을 것이 있 는가." 하였는데, 같은 연배들이 서로 전하여 웃었다. 봄 여름 사이에는 박제가 상소 를 지어서 일시 명사들의 미덕을 극구 찬양하니 유성룡과 김우옹이 모두 그 가운데에 들어 있었는데, 이때에 와서는 이런 상소가 있었다.

때문에 많은 사람들이 마음에 승복하지 않고 여러 사람의 책망이 집중되고 있는 것입니다. 오늘날 신을 흠잡는 사람이 어찌 다 원한 때문에 그런 것이겠습니까. 역시 시론(時論)이 그르다고 여기기 때문이니, 이것이 첫 번째 이유입니다. 세도와 인심이 이미 허물어지고 파괴되었는데 옛 습관을 그대로 따르는 자는 책망을 받는 일이 없고 이를 바로잡아 고쳐 보려는 자는 비방을 받는 형편입니다. 지금 그대로 두고 가만히 보고 있으려니 위태로움이 반드시 이를 것이고, 의견을 건의하여 기강을 바로잡으려니 많은 사람의 노여움이 불길처럼 일어납니다. 따라서 아무리 호걸스러운 선비와 충성스러운 신하라도 손을 쓰기가 어려운데, 더구나 신처럼 소활하고 잡된 자가 감히 홀로 서성거리며 무엇을 해보려고 하는데 말할 것이 있겠습니까. 이것이 두 번째 이유입니다. 신은 본래 어리석어 형세를 살피는 능력이 부족한데 여러 번 상소를 올렸다가 곧바로 시대의 꺼리는 바에 저촉되어 선비들이 따라주지 않으므로 고립되어 협심하는 자가 없습니다. 오늘날 한 차례 소요가 일어난 것도 신이 동료들에게 신임을 받지 못한 소치입니다. 어찌 꼭 사람들이 재앙을 일으켜 모함해서 그렇게 된 것이겠습니까. 친구에게 신임받지 못하고서도 윗사람에게 인정을 받았다는 말은 들은 적이 없습니다. 그런데 지금 신이 뻔뻔스럽게 전형의 자리를 차지하고 인물을 진퇴시킨다면 누가 믿고 승복하겠습니까. 이것이 불가한 세 번째 이유입니다. 신은 젊어서부터 병이 많았는데, 노쇠해지면서 더욱 심해져 혈기가 소모되고 정신이 감소되어 잠시만 노동해도 바로 현기증이 발작합니다. 지금 지혜와 생각을 다 짜내어 위로 상의 일을 보필하고 싶지만 정신력과 생각이 미치지 못하고, 힘을 내어 조정의 반열에 나아가 미력이나마 바치고 싶지만 체력이 따라가지 못하니, 이것이 네 번째 이유입니다."

이에 왕이 답하였다.

"경의 상소를 보니, 아, 하늘이 우리나라를 평치(平治)하려 하지 않으시려는가 보구나. 어찌하여 경과 같은 인물이 시대에 뜻을 얻지 못한단 말인가. 생각건대 이는 하늘이 경의 심성(心性)을 단련시켜 능하지 못한 점을 더 보충하게 함으로써 장차 후일에 주즙(舟楫)과 임우(霖雨)의 책임[130]을 맡기려고 함일 것이니, 하늘이 경에 대해 곡진하게 이루어줘 옥처럼 다듬어 완성시킬 뜻이 있는 것이라 하겠다. 따라서 오늘의 일이야말로 하늘이 특별히 경에게 후하게 대하는 것이니, 경에게 무슨 손실이 있겠는가. 사람들이 떠들어대는 말은 한번 웃어넘길 가치도 없는데, 경은 어찌하여 이를 마음에 꺼림칙하게 생각하여 성급히 사직하겠다고 하는가."

9일. 사간원에서 차자를 올려 동서로 갈라진 근원을 논하고, 또 "정철이 일을 얽어 화를 만드는 데 하지 않는 일이 없었사오니, 그 전후에 유생들이 상소한 것도 모두 정철이 시켜서 한 일이옵고 실상 공론이 아니옵니다." 하며 정철을 집중하여 탄핵하였다. 왕은 "이 글을 보니, 그 의논이 그르다. 내가 진정시키고자 힘쓰는데 너희들은 나의 의심을 격발하게 만드니 이는 필시 조정의 운수가 좋지 못한 까닭이로다. 올린 글 뜻을 내 마땅히 유념하겠노라." 하였다.

황해도 유생이 상소하였다. 그 내용이 송응개의 계사에 대한 해명, 변무였다.

"신들이 삼가하여 살펴보니, 송응개의 계사에 '뇌물이 모여 들었다', '곡식 1백 섬을 받았다', '공서(公署)에 다른 사람 이름으로 문서를 제출하여

---

130    舟楫과 霖雨는 신하가 왕을 보필하여 나라의 어려움을 해결하도록 부탁할 때 쓰는 말. 『書經 說命』에 "큰 강을 건너게 되면 그대를 배와 노[舟楫]로 삼을 것이며, 큰 가뭄을 당하게 되면 그대를 장마[霖雨]로 삼을 것이다."라고 한 데서 온 말이다.

땅을 떼어 받았다', '어염(魚鹽)의 이익을 독차지했다', '선세(船稅)를 받았다', '쟁송(爭訟)을 하였다', '그의 형이 살인했다'는 등등의 말이 있었는데, 어찌 그럴 리가 있겠습니까. 참소자가 망극하게도 교묘하게 입을 놀려 죄를 덮어씌우려고 한다면 무슨 말을 못하겠습니까. 아, 이이는 고향에 있을 때 사양하고 받고 취하고 주는 데 있어서 도리에 부합하지 않는 것이 없었으며, 사람을 가르침에 있어서도 구차스럽게 얻는 것을 경계하지 않은 적이 없었습니다. 일찍이 책을 하나 지었는데, 그 이름은 『격몽요결』입니다. 자신의 몸가짐과 사물을 대하는 요체가 갖추 실리지 않은 것이 없는데, 그 한 조항에 '선비로서 수령이 주는 물품을 받으면 이는 금법(禁法)을 범하는 것이다'라고 하였습니다. 어찌 그런 식으로 다른 사람을 권면하면서 자신은 힘쓰지 않을 리가 있겠습니까. 그렇다면 뇌물이 모여들었다는 말은 매우 근거 없는 이야기입니다. 이이의 집 옆에 정사(精舍)가 있는데, 이는 학도들이 재목을 모아 창건한 것입니다. 그런데 여럿이 모여 생활하며 수업하는 데 필요한 물자가 없으니 그 당시 감사가 선세(船稅)로 거둬들인 어염(魚鹽)을 지급하여 아침저녁으로 제공토록 하였습니다. 이는 풍기 백운동의 법규를 모방한 것입니다. 어찌 선비를 기르는 물건을 가지고 이이가 스스로 점유했다고 무함할 수 있단 말입니까. 그렇다면 배의 세금을 함부로 점유했다는 말도 터무니없다 하겠습니다. 부당하게 억압하여 약탈했다는 것도 그렇습니다. 이이의 형 이번(李璠)이 배천(白川) 바닷가의 공한지를 얻어 이미 입안(立案)을 받았는데 봉흔(奉訢)에게 빼앗겼습니다. 이에 이번이 소송을 하여 이겼으나 봉흔이 이 때문에 원망을 하자 이이가 형에게 권하여 포기하게 하였습니다. 이것이야말로 자기 땅을 사양한 미덕이라 할 것인데 도리어 억압하여 약탈했다는 이름을 덮어씌운단 말입니까. 더구나 형이 한 것을 가지고 이이의 소행으로 돌린 것은 참소하는 자의 교묘한 수단이라 하겠습니다. 관청에 다른 사람 이름으로 문서를 제출하여 땅을 떼어 받았다는 것은 이렇습니다. 개성부 혜민국 밖에 빈 터가 있었는데, 이이의 형 이번이 고문서를 호조에 제출하고 떼어 받으려 하였으나 호조에서 허락하지 않았으므로 이번 또한 얻지 못했습니다. 이 일은 이이와는 아무 관계도 없는데, 이름을 대신하여 받아냈다고 하는 것은 더욱 사리에 맞지 않습니다. 나아가 곡식 1백 섬을 받았다느니 그의 형이 사람을 죽였다느니 바다의 이익을 도모했다느니 하는 말이 근거가 없다는 것은 더 말할 나위도 없습니다. 모두 송응개가 조작해낸 말에 지나지 않습니다. 공론이 있어 허위와 진실은 절로 밝혀지게 마련인데, 송응개의 말이 과연 사실이 아니라면 군주를 속인 죄에 대한 형벌이 당연히 따라야 할 것입니다. 일개 간신을 용납하여 어진 이를 해치는 화를 끼쳐서야 되겠습니까."[131]

왕은 "너희들의 소는 충의가 분발하고 말이 늠름하니 죽지 않은 간신의 뼈가 이미 서늘해질 것이다. 어떻게 하면 너희들을 조정에 둘 수 있겠는가. 송응개 등은 이미 죄를 감해서 견책하는 벌만을 보이도록 하였노라." 하였다.

9일에 이어 11일에도 사간원에서 정철의 파면을 청하였다. 이날의 요구에는 이경율·이징에 대한 파직요청도 함께 들어 있었다. 지평 이경율은 경망하게 처신하여 병조판서를 탄핵하는 계사를 올릴 때에 동료와 의논도 하지 않고 제 마음대로, '왕을 업신여기고 권력을 휘두른다' 는 등의 말을 첨가해 넣어 망령되게 실정이 아닌 일을 말하여 쟁론의 실마리를 열었다는 것과 장령 이징은 계사 가운데 역시 사정을 잘 헤아리지 못하고 지나친 말을 구사했다는 것이다. 이 두 사람의 논의가

---

131    『宣祖修正實錄』16년 계미(1583) 9월 1일, 황해도 유생 등이 상소하여 이이·성혼을 변론하다

사실에 맞지 않아 사단이 생겼는데, 송응개와 허봉이 경솔히 날뛰고 격
분하여 나중에 또 일을 그르쳐 오늘날의 소요가 있게 되었으니, 이 사
람들은 모두 죄가 없을 수 없다는 것이었다. 이어서 정철이 모략을 행
하고 분란을 선동하여 사류들이 분열되게 하고, 또 때를 타서 사람을
모함하여 도무지 꺼리는 바가 없으며, 진신(縉紳)들 사이에 화를 일으
켜 사적인 언짢은 감정을 마음껏 풀려는 것이니 그가 조정에 있으면서
몰래 교묘한 계략을 꾸미며 어지러운 사단을 야기시켜 오로지 화란(禍亂)
의 계제를 만들고 있으므로 파직시키라고 하였다.

　왕은 이에 대하여 이는 목적이 정철을 제거하려는 것으로서 한두 사
람의 전 대간까지 논급하여 마치 화평의 논의를 하는 것으로 보이게 하
려는 것에 지나지 않는다고 하고는 "이경율과 이징은 모두 사악한 무
리이므로 계사대로 파직할 것이지만, 정철은 그 마음은 정직하고, 그
행실은 방정하나 오직 그 혀가 곧아서 시류에 용납되지 못하고 사람들
에게 미움을 받게 된 것이며, 그가 직책을 맡아 있는 힘을 다하는 점과
충성과 청렴과 절개와 의리를 지닌 점은 초목들도 그 이름을 알고 있으
니, 참으로 이른바 백관 중의 한 독수리[鵰行之一鶚]이고 전상의 맹호
[殿上之猛虎][132]이다. 만약 정철을 죄준다면 이는 주운(朱雲)[133]을 베어
야 한다는 것과 같은 것"이라고 하였다.

---

132　殿上之猛虎는 어전에서 직간하는 사람을 가리킨다. 송의 劉安世가 언관으로서
황제의 노여움 앞에서도 굽히지 않고 자기의 정당한 주장을 끝내 관철시켜 당시 사람
들이 '전상의 호랑이'라 한 데서 유래했다.
133　주운은 한 나라 성제 때 사람으로, 승상 장우를 아첨꾼이라고 탄핵하였다가 황
제의 노여움을 사서 참수형을 집행하려 끌고 가려 하자 궁정의 난간을 잡고 계속 버티
는 통에 난간이 끊어지고 말았는데, 이후 황제가 그의 충정을 깨닫고 난간을 고치지
말게 했다. 이는 '곧은 신하를 본받으라'는 것이었다. 이후 '折檻'은 군왕에게 바른
말을 할 줄 아는 강직한 신하를 상징하게 되었다.

12일에는 홍문관의 부제학 홍성민(洪聖民, 1536-1594)[134]이 숙배하고 사직을 청하면서 조정을 화평케 해야 함을 골자로 말하고, 전날의 세 사람의 귀양은 중도(中道)를 지나친 것이라 했다. "이조판서 이이가 동·서 양인의 화평의 의론을 강력히 주장하여 위로 왕에게 알려서 이것을 사림에게 유시하게 된 것은 사실은 나라를 위한 것이지 다른 아무 것도 아니었습니다. 그러나 도리어 서인을 도와주고 동인을 억누른다고 의심을 받게 되어 그 결과 의논이 분분하게 되어 바야흐로 동·서 양인이 대립하여 싸우게 된 것입니다. (…) 여태까지 조정에서의 병폐는 모두 의심[疑]이라는 한 단어에 있는 것입니다"라고 했다. 홍성민의 차자에 대하여 왕은 "말한 뜻을 다시 유념하겠노라." 하였다. 18일에 헌납 홍인서와 정언 박홍로가 홍성민의 상소를 의식하여 사직하면서 "사람이 의심을 갖게 되는 것은 어찌 이유가 없는 것이겠습니까. 반드시 여색을 좋아하기 때문에 음탕하다는 의심을 받게 되는 것이고 재물을 탐내기 때문에 도적이라고 의심받게 되는 것입니다." 하였다.

다시 간원이 사퇴하며 율곡에 대한 탄핵은 공론에서 나온 것이라고 하고, 또 왕이 정철을 충성스럽고 청렴하며 바르고 곧다고 하여 전상의 맹호에 비유하기까지 했으나, "당초 심의겸과 결탁한 자도 이 사람이고, 세력을 잃자 불평하여 고관을 모략한 자도 이 사람이고, 이이가 힘써 변명하였으나 사류가 서로 등지는 데에 이르게 된 것도 이 사람 때문입니다." 하였다. 그러나 왕은 "시끄럽게 사직하지 말고 물러가 직책을 다하라" 하였다. 대사간 김우옹, 사간 황섬, 헌납 홍인서, 정언 박홍

---

134    홍성민은 호가 拙翁이다. 1564년 식년문과에 병과로 급제, 정자·교리 등을 지냈다. 1583년 부제학·예조판서·대사헌·경상감사 등을 역임하였다. 세자 세우는 문제로 정철 일당으로 몰려 북변인 부령으로 유배되었다가 1592년 왜란이 일어나자 복관되어 대제학을 거쳐, 호조판서에 이르렀다. 저서로『졸옹집』이 있다.

로가 피혐하고 아뢰었다.

"신들의 생각으로는 이이는 이미 소류(疎謬)하여 크게 물정을 잃은 사람이므로 삼사가 이이를 그르다고 한 것은 바로 일국의 공론이니 실로 어진 선비를 배척했다는 죄를 줄 수는 없는 것이나 그 논의가 너무 지나쳐서 공격으로까지 가게 되었던 점에 대하여는 죄를 받아야 마땅하다고 여겼습니다. 그래서 그 점에 대하여 두 사람을 거론했던 것이지 감히 무슨 딴 뜻이 있었겠습니까. 전하께서 정철을 청백하고 충성스러우며 정직하다고 하시면서 전상의 맹호라고까지 말씀하셨는데 성상의 뜻을 상정(常情)으로는 헤아릴 수는 없는 일이지만, 애당초 심의겸과 결탁했던 자가 그였고, 세력을 잃고 나서 불평불만을 품고 진신(縉紳)을 이리저리 죄를 얽었던 자도 그였으며, 이이가 마지못해 조목조목 해명하며 결국 사류들이 대립되게 만들었던 것도 역시 그가 한 것입니다. 이제 사사로운 감정을 품고 그것을 풀기 위한 마음으로 기회를 이용하여 모함하려는 계책을 꾸미고 있으니, 모르겠습니다만 정직한 사람 훌륭한 군자도 차마 그러한 일을 할 수 있는 것입니까. 이러한 그의 정상은 훤히 나타나 있어 누구나 쉽게 알 수 있는 일인데, 성상의 선입견이 정철이 시배(時輩)들을 대놓고 잘 배격한다 하여, 그것을 좋아하시기 때문에 그 사람 심술이 바르지 못한 점은 보지 못하신 것입니다."

그러나 왕은 "번거롭게 사양하여 거절하며 피하지 말고 물러가 직분이나 다하라"고 하였다. 이들이 다시 아뢰자 "번독(煩瀆)한 일이니 물러가 여론을 기다리라." 하였다.

20일 전에 성혼의 상소에 왕이 비답을 내렸다. "군자가 처세하는 데는 뜻밖의 횡역(橫逆)으로 뭇사람의 입에 오르내리게 되는 것은 진실로

면할 수 없는 일이다."라고 하였고, "조정에 와서 벼슬하기를 원치는
않는다 하더라도 와서 나를 한 번 보고 글을 올려서 사직하는 것이 예
의에 맞는 것이 아니겠나. 내가 자리를 편히 하지 못하고 기다리고 있
으니 그대는 힘써 길을 떠나 빨리 올라오"고 하였다. 홍문관에서 양
사를 교체할 것을 청하니 왕은 이를 받아들여 이우직·정유청·유격만
남기고 모두 교체하였다. 새로 임명된 사람은 집의 이산보, 사간 황정
식, 장령 윤선각, 대사간 이해수, 지평 권협·허감, 정언 송순이었다.

24일. 율곡이 사직소를 올리니 왕은 이조판서는 율곡이 아니면 되지
않는다고 하고, 목마르고 배고픈 사람 이상으로 기다리고 있으니 부디
다시는 사직하지 말라고 하였다.

이무렵 율곡은 황주에 있는 누이를 찾아갔다가 관기 유지를 만났다.
28일 율곳 강마을에서 이른바 「유지사(柳枝詞)」를 썼다.

## 1583년 10월

3일 집의 성영(成泳, 1547-1623)[135]이 혐의를 피하여 "전일 장령이 되
었을 때 대간을 갈자고 말하지 않았기 때문에 후일의 시끄러운 일이 생
겼습니다." 하였다. 대간이란 이이를 지적해 논핵한 대관을 말함이다.

8일 율곡이 '주상의 뜻이 곡진하시므로 진퇴의 의리는 돌아보지 않
고 무릅쓰고 상경하지만 이조판서와 대제학의 자리는 체직시켜 달라'
고 하였다.

---

135  성영은 호가 苔庭이다. 1583년 사헌부의 장령·집의였다. 1592년에 여주목사로
왜란을 맞았고 경기도 순찰사가 되어 3,000명의 군대를 이끌고 참전하였다. 1597년
정유재란 때는 군량미 조달을 맡아보았다. 광해군이 즉위하자 유영경의 당인으로 몰
려 파직, 유배되었다가, 1623년 유배지에서 죽었다.

9일 사헌부에서는 서자들도 벼슬길에 나아갈 수 있도록 한 품목이 상세하지도 못할 뿐만 아니라 품목 가운데 전처·후처의 소생을 논하지 않았으며 또 그 어머니를 논하지 않은 것과 서경(署經)을 거치지 않고 곧장 시행하자는 것을 논핵하여 당상관은 추고하고, 그 일을 맡은 낭관은 파직시키도록 청하였으나 윤허하지 않았다. 서자들도 벼슬길에 나아갈 수 있도록 한 것은 율곡의 건의였다.

13일. 송한필이 가평 학생이라 하고 상소해서 군자와 소인을 논하고, 율곡·성혼·이산해·정철·정여립을 크게 쓰기를 청하였다.

17일 율곡이 "한 시대의 사람들은 모두 일을 같이 할 수 있다. 그러나 모두가 자기의 소견에 구애되어 자신이 옳다고 고집하며 반드시 남에게 이기려고 하기 때문에 이렇게 되고 말았다. 이것은 모두 내가 남에게 신용을 받지 못하기 때문이다." 하였다. 또 "정철의 사람됨이 비록 좋지 못한 일을 하더라도 반드시 여러 사람 앞에서 드러내고 할지언정 남 모르게 슬그머니 하지는 않을 사람이다."라 말하고, 또 "김우옹의 주장은 모두 억측에서 나온 것이니 사람이 사람을 잘못 봄이 이렇게도 심한가." 하였다.[136]

22일 율곡이 다시 이조판서와 대제학을 사직하면서 말했다. "관직이 높은 자가 시론(時論)을 주장하고 보면 권간의 혐의가 있고 또 비부(鄙夫)들은 나이 젊은 무리들에게 붙어 그것을 벼슬을 얻으려는 발판으로 삼으려 하여 그것이 정사가 아래로 돌아가는 원인이 되고 있습니다. 반드시 중망이 있고 사람들의 여론을 진정시킬 만한 인재를 얻어야만 조정을 맡길 수 있을 것인데, 그러한 인재를 얻기란 어려운 일입니다. 신은 인심을 얻지 못하였고 또 저들이 틀림없이 마음으로 수긍도 아니할

---

136   우성전, 『계갑일록』 1583년 10월 17일 자 참조

것입니다. 성혼이 만약 올라온다면 잘잘못을 서로 도와서 나갈 수 있겠지만 그 사람을 오게 하기가 어디 그리 쉽겠습니까?" 하였다.

## 1583년 11월

14일 비변사로 하여금 문관 무관을 막론하고 기발한 재주와 뛰어난 재략이 있는 사람을 뽑아서 군막에서 방비할 만한 사람을 뽑도록 하여 김여물·서익·유극량·이억복을 뽑았다.

15일 율곡이 독서당에 뽑힌 사람들 외에 다시 나이 적은 사람 열 명을 뽑아 자기 문하에서 학업을 받도록 하려 하였는데 왕이 이것을 정부에 의논하라 하니, 홍섬은 매우 당연한 것이라 하고, 영의정과 우의정의 의논도 그와 같아 그 의논을 따르기로 하였다.

22일 성혼이 이조참판이 되고, 안자유가 대사헌이 되었다.

27일 해주 유생 박추가 상소하여 "동인이란 사람들은 오직 사람을 해칠 생각만 하고, 서인이란 사람들은 다만 남의 논박만 받을 뿐입니다." 하고, 또 "이이는 충성되고 믿을 수 있는 신하"라고 하였다.[137] 그는 김성일, 우성전, 홍혼, 정희적, 이경율, 이징, 송응개 등 여러 사람을 거론하면서 신랄한 말로 비판하였다. 또한 성혼과 정철에게 대사헌을 위임한다면 풍속을 좋게 바꿀 수가 있을 것이라고 했다.

30일. 정탁을 대사헌으로, 안민학을 아산현감으로, 정인홍을 사축(司畜)으로 삼았다.

---

137  『宣祖實錄』16년 계미(1583) 12월 11일

## 1583년 12월

4일에 홍문록을 하였다. 모두 28명이 이름을 올렸다.

11일 사간원에서 한연을 논죄하는 일을 정지하였다. 안자유가 대사간이 되었다.

12일 율곡이 대제학으로 시관이 되었는데 정시의 제책(制策) 문제에 '나라를 안전하게 다스리는 요점'을 물으면서 "나라의 문란한 형태가 이미 드러났으며 위험한 징조가 바야흐로 싹트려 하고 있는 것은 조정이 안정되지 못하여 서로 공경하는 미덕이 없어서 그러한 것인가. 아니면 선비들의 습성이 사치에 기울어져서 서로 격려하고 진작시키는 미풍이 없어서 그렇게 된 것인가"를 물었다.

14일 이증을 대사간으로 임명하였다.

19일 이우직이 대사간이 되고, 서익이 종부시 첨정(宗簿寺僉正)이 되었다. 비변사에서 북도의 사변을 조사하기 위하여 어사를 보내야 하는데 재략이 서익보다 나은 사람이 없다고 하므로 제수하였다.

22일 이우직이 자신의 이름이 박추의 상소문에 올라 있다는 이유로 사직하였다.

## 1584년 1월

이해 정월 초사흗날 율곡은 병이 발생하였다.

9일 비변사에서 서익(徐益, 1542-1587)을 북도로 가 순무하고 돌아오라 하였다.

11일 율곡의 질병이 위중하였다. 왕이 내의원을 파견하고 약을 보냈다.

14일 율곡은 서익이 순무사의 명령을 받아 함경도로 갈 것이라는 말을 듣고는 병든 몸을 추스려 방략(方略) 여섯 조목을 입으로 불러 아우 이우(李瑀)에게 받아쓰게 해서 서익한테 주었다. 그 여섯 조목은 1) 주상의 인덕(仁德)을 선양할 것, 2) 번부를 안무할 것, 3) 왕의 위엄을 신정할 것, 4) 배반한 오랑캐를 제압할 것, 5) 사신들의 비용을 줄여 민폐를 줄일 것, 6) 장수들의 재략을 미리 살펴 위급한 일에 대비할 것 등이었다.[138] 이로 인하여 병이 더욱 위중해졌다고 한다.[139] 이날 이증(李增)이 대사간이 되었다.

16일 이날 밤 율곡이 서울 대사동의 집에서 별세했다. 나이 49세였다. 왕은 제문에서 "나라 위해 온 힘을 다한 뒤에야 그만두었으니 경이야 무엇이 슬플 것이 있겠는가만 큰물 가운데서 노를 잃었으니 나는 못내 슬퍼하노라." 하였다.

율곡이 병사하니 일각에서는 누군가 그를 무고(巫蠱)했다고 했고 이를 공개적으로 문제 삼아 확인하려는 시도가 문인들 사이에 있었다. 그러나 성혼은 이를 만류했다. 율곡 같은 바른 기운의 사람이 한갓 음사에 의한 무고로 생명을 잃는다는 것을 인정할 수 없었던 것이다.

## 5. 율곡 강마을의 밤 – 도학자와 유지(柳枝)

### 가. 1583년 9월 율곡 강마을

1583년 9월에 율곡은 거센 풍우의 조정을 떠나 해주로 내려갔다. 그

---

138    『栗谷全書』卷14, 六條方略與徐御史益
139    『栗谷全書』卷34, 附錄 2 연보 1584년 조 참조

리고 누님[140]을 뵙기 위하여 황주에 갔다가 거기서 기녀 유지를 다시 만났다.

유지와의 처음 만남은 1574년 10월에 황해도 관찰사로 임명되어 그해 12월에 황주에 순시차 갔다가 거기서였다. 그때 유지는 동기였다. 이듬해 정월 그에게 시를 써주었고 3월에 체직되어 파주로 돌아갔다.[141] 1582년 10월에 율곡은 명의 사신 황홍헌과 왕경민을 맞이하는 원접사가 되어 의주로 가는 길에 황주를 지나게 되었고, 11월에는 이들 사신의 귀국을 배웅하게 되었다. 유지는 율곡이 오가는 길에 묵는 지방 관아의 숙소에서 시중을 들었다. 유지와 율곡이 함께한 기간은 사신을 맞이하고 보내느라 관서지역에 머무는 기간 동안이었을 것이니 길게 잡아야 한 달 남짓이었을 것이다. 이해 12월에 율곡은 병조판서에 임명되었다.

그러다가 1583년 9월 하순 정치적 풍우를 피해 해주에 물러나 있던 율곡은 황주에 있는 누이 집에 문안을 갔다가 유지를 만나게 되었으니 거의 10개월 만이다. 앞서의 만남에서 율곡의 신분은 감사, 원접사의 직무를 수행하는 고위직 관원이고 유지는 침소 시중을 드는 관기의 관계였다고 한다면, 이번의 만남은 자연인 율곡과 관기 신분의 유지였다. 유지는 여전히 관기이지만 신분적 의무감에서가 아니라 정인을 찾아나선 젊은 여인의 처지에서 평소 존모하는 사람과의 만남이라고 할 수 있다. 그 둘은 여러 날 동안 주변의 풍광 수려한 지역을 유람하며 함께 술도 마시고 다정하게 지냈다.

---

140  율곡의 둘째 누이 매화인 것 같다. 큰 누이 매창의 남편은 조대남이고 둘째 누이 매화의 남편은 충의위 소속 尹涉으로 僉使를 지냈다. 집안에서 전해오는 이야기로는 둘째가 황주에 살았고 그 묘소도 황주에 있다고 한다. 윤섭의 묘는 파주 율곡의 산소 곁에 있다가 파평 윤씨 집안에서 2008년에 평택으로 이장했다.

141  율곡은 1574년(39세) 10월에 황해도 관찰사가 되었고, 이듬해 3월에 병으로 체직되어 파주 율곡리로 돌아갔다.

애초에 율곡의 이번 황주 여행은 그곳에 사는 누님을 찾아뵙는 목적
으로 나선 것이며, 마냥 그곳에 오래 머물러 있을 수 없었다. 여행 일정
이 정해져 있었을 것이며, 가족은 물론 문인들이 해주 석담에서 기다리
고 있었을 것이기 때문이다.

율곡이 수양(首陽)[142] 곧 해주로 돌아가야 했기에 유지는 어느 절까
지 따라와 아쉬운 작별을 하였다. 길을 떠난 율곡은 그날 저녁 무렵 재
령의 밤곶[율곶(栗串)][143] 나루터 강마을[144]에 숙소를 정했다. 그런데 밤
중에 누군가가 문을 두드렸다. 뜻밖에 아까 절에서 작별했던 유지였다.
율곡은 순간 갈등했다. 깊어 가는 밤에 도학자의 방에 처첩 아닌 젊은
여인을 맞아들이는 것은 의에 어긋나고, 문을 닫고 돌려보내는 것은 인
에 어긋난다고 보았기 때문이다. 그러나 갈등도 잠깐, 율곡은 유지를
안으로 맞아들였다.

늦은 밤 율곡의 숙소를 찾아온 유지의 연유는 이제 이별하면 다시 만
나기를 기약하기 어렵고, 또 여색을 보고도 무심한 그 인격의 고아함에
감탄하였다고 하였다. 둘은 오랫동안 이야기를 나누었다. 그리고 병풍
은 걷어냈지만 각각 다른 이불과 다른 요를 깔고 덮고 잠을 청했다. 제
대로 잠을 자지는 못했던 것 같다. 새벽에 율곡은 지필묵을 준비하여
그 밤에 있었던 일을 적어 유지에게 주었다. 이를 「유지사(柳枝詞)」라
고 한다.[145] 이날이 1583년 9월 28일이다.

---

142  여기서 수양은 해주 동쪽에 있는 산 이름으로 해주를 지칭하는 여러 개의 별명
중의 하나이다.
143  이곳을 율곶·율관 등으로 표기한다. 대동여지도에는 율관으로 나오고 『신증동
국여지승람』 제42권, 황해도 재령군 조에는 栗串津이라 하고 재령에서 북쪽 63리에
있다고 했다.
144  율곶에는 나루터가 있고 주변에 마을이 있다. 鎭과 院이 있었다.
145  이는 현재 이화여자대학교박물관이 소장하고 있다. 「유지사」에 관한 연구는 이종
문의 「栗谷과 柳枝, 「柳枝詞」의 전승 과정에 관한 고찰」에서 비교적 상세히 다루고 있다.

## 나. 「유지사(柳枝詞)」

「유지사」에는 서문이 있다. 다음과 같다.

"유지는 사류(士類)의 딸인데, 황주의 기적에 들어 있다. 내가 황해도 관찰사였을 때 시중드는 기녀로 섬세하고 예뻤으며 자태가 수려하고 지혜로웠다. 내가 그를 다독이고 가엽게 여기었으나 애초에 정욕을 느끼지는 않았다. 그 후 원접사가 되어 관서지역을 오르내릴 때 유지는 꼭 숙소에 있었지만 하루도 서로 몸을 가까이 하지는 않았다. 그러다가 계미(1583)년 가을, 내가 해주[146]에서 황주에 계시는 누님[147]을 찾아뵈었을 때에 유지와 더불어 술잔을 함께한 것이 여러 날이었고, 해주로 돌아갈 때는 유지가 절(蕭寺)[148]까지 따라와서 전송해주었다. 그리하여 마침내 작별을 하고 율곡이라는 나루터가 있는 강마을에서 하룻밤 묵게 되었는데, 밤중에 누군가 문을 두드리기에 나가 보니 바로 유지였다. 웃으면서 방으로 들어오기에 이상해서 어쩐 일인지 그 연유를 물었더니 유지는 '선생님의 존함은 온 나라 사람들이 모두 흠모하는데, 하물며 저 같은 기생이야 말할 나위가 있겠나이까. 게다가 여색을 보고도 무심하시니 더욱 탄복하는 바입니다. 이번에 떠나가면 다음을 기약하기가 어렵겠기에 이렇게 감히 멀리 찾아왔습니다' 하였다. 그래서 촛불을 켜놓고 밤 늦도록 이야기를 나누었다. 아아!

---

146　해주는 원문에서 首陽으로 표기되어 있다.
147　원문에 女弟를 찾아뵙는다고 되어 있다. 이규경의 『오주연문장전산고』 경사편 5 – 논사류 2 인물 – 기타 인물 湘君과 女弟에 대한 변증설에 女弟에 대한 변증이 있다. 이규경은 장황한 변증 끝에 누나[姊]로 풀이한다. 율곡의 후학들도 누이로 풀이한다.
148　원문에 蕭寺라고 되어 있는데 이는 절을 말한다. 양나라 무제가 불교를 신봉하여 절을 짓고 그의 姓 蕭를 따서 '蕭寺'라고 써 붙이게 함에서 유래했다. 이를 쓸쓸한 절이라고 함은 잘못된 풀이이다.

기생들은 다정하게 구는 한량들만 좋아하는 법이니, 그 가운데 어느 누가
존함을 사모할 줄을 알겠는가. 사랑받지 못하는 것을 부끄럽게 여기지 않
고 오히려 감복하는 것은 참으로 어려운 일이다. 아, 이 여인이 천한 사람
들에게 곤욕을 치를 것을 생각하니 안타깝기만 하다. 또 지나는 사람들이
내가 유지와 동침하지 않았을까 하여 돌아보지 않게 된다면, 나라 제일의
미인에게 더욱 안타까운 일이다. 마침내 글을 지어 정(情)에서 시작되어
예의(禮義)에서 그쳤음을 서술해 놓았으니, 보는 사람들은 상세하게 살펴
주기 바란다."[149]

서문에 이어지는 글 「유지사」는 다음과 같다.

| | |
|---|---|
| 若有人兮海之西 | 여기 한 사람 있네, 해서에 |
| 鍾淑氣兮稟仙姿 | 맑은 기운 엉기고 신선 자태 타고났네 |
| 綽約兮意態 | 가냘프고 아름답구나 그 마음씨와 태도가 |
| 瑩婉兮色辭 | 맑고 예뻐라 그 얼굴과 목소리 |
| 金莖兮沆瀣 | 금경[150]에 맺힌 새벽이슬 같은 사람이 |

---

149  「柳枝詞」 서문. "柳枝士人女也. 落在黃岡妓籍. 余按海西時, 以丫鬟爲侍妓, 纖細
妖冶, 貌秀而心慧. 余撫憐之, 初非有情欲之感也. 厥後, 余以遠接使, 往來關西, 柳枝必
在閣, 而未嘗一日相昵. 癸未秋, 余自首陽, 省女婁于黃岡, 又與柳枝同杯觴者數日. 還首
陽時, 追送余于蕭寺. 旣別, 余宿于栗串江村, 入夜有人扣扉, 乃柳枝也. 一笑入室, 余怪
問其由, 則其言曰, 公之名義, 國人皆慕, 況號爲房妓者乎. 且見色無心, 尤所歎服. 此別,
後會難期, 故玆敢遠來耳. 遂明燭夜話. 噫, 娼家只愛浪子之多情, 孰知有名義之可慕者
乎. 且不以不見親爲恥, 而反服焉, 尤所難得. 惜乎女士, 困于賤隷也. 且過客疑余有枕席
之私, 莫之顧眄, 則國香尤可惜也. 遂製詞以敘其發乎情止乎禮義之意, 則觀者詳之"
150  金莖은 이슬을 받는 쟁반 받침용 구리기둥이다. 한 무제가 建章宮 神明臺에 큰
구리 쟁반인 承露盤을 설치하여 그 가운데에 구리기둥을 세우고 그 위에 선인장을 두
어 이슬을 받아 이를 마셨는데 이를 불로장생의 영약이라고 했다 한다.

| | |
|---|---|
| 胡爲委乎路傍 | 어쩌다 길가에 버려졌는가 |
| 春半兮花綻 | 봄이 한창이라 꽃은 피는데 |
| 不薦金屋兮哀此國香 | 금옥[151]에서 같이 살자 말 못하니 이 미녀가 슬프구나! |

| | |
|---|---|
| 昔相見兮未開 | 그 옛날 만났을 땐 미처 피지 않았지만 |
| 情脈脈兮相通 | 정은 말없이 은근히 서로 통했네 |
| 靑鳥去兮蹇脩 | 파랑새[152]도 떠나고 중매쟁이[153]도 떠났으니 |
| 遠計參差兮墜空 | 먼 계획 어긋나 허공에 떨어졌네 |

| | |
|---|---|
| 展轉兮愆期 | 이럭저럭 혼기를 놓쳤으니 |
| 解佩兮何時 | 패옥의 띠를 풀어[154] 어느 때를 기약할까 |
| 日黃昏兮邂逅 | 황혼에야 다시 만나니 |
| 宛乎昔之容儀 | 완연하구나 예전의 그 모습이 |

| | |
|---|---|
| 曾日月兮幾何 | 지난 세월이 그 얼마인가 |
| 悵綠葉兮成陰 | 푸른 잎이 그늘을 이뤘으니 한이로다[155] |

---

151 金屋은 사랑하는 사람과 함께 사는 집을 비유하는 말이다. 한 무제가 궁녀 아교를 보고는 "만일 아교에게 장가들면 황금으로 지은 집에 살게 하겠다"고 한 데서 유래하였다.

152 靑鳥는 편지, 심부름꾼, 선녀를 뜻한다. 西王母가 한무제를 찾아올 때 파랑새가 와서 그 소식을 전한 데서 유래하였다.

153 蹇脩는 중매쟁이로서 굴원의 離騷가 그 출전이다. "吾令豐隆乘雲兮 나는 풍륭에게 명하여 구름을 타고, 求宓妃之所在 복비의 소재를 찾으라 하였네. 解佩纕以結言兮 패옥의 띠를 풀어 언약을 맺고 吾令蹇脩以爲理 건수에게 명하여 중매를 서라 하였네."

154 굴원의 이소가 그 출전이다.

155 綠葉成陰은 당나라 시인 杜牧의 시어로서 기약했던 여인을 뒤늦게 찾아가니 이

| | |
|---|---|
| 矧余衰兮閟閤 | 하물며 나는 쇠하여 여색을 멀리해야 하고 |
| 對六塵兮灰心 | 온갖 욕정은 사그라진 재와 같아 |
| | |
| 彼姝子兮婉孌 | 저 아름다운 사람, 젊고 곱구나 |
| 秋波回兮眷眷 | 고운 눈빛 돌리며 나를 못 잊네 |
| 適駕言兮黃岡 | 황주에서는 수레 몰며 말을 했는데 |
| 路逶遲兮迢遠 | 길은 구불구불 더디고 멀었지 |
| | |
| 駐余車兮蕭寺 | 수레는 절에서 멈추었고 |
| 秣余馬兮江湄 | 강가에서 내 말에 여물 주었지 |
| 豈料粲者兮遠追 | 어찌 짐작했겠나, 멀리까지 쫓아와 |
| 忽入夜兮扣扉 | 밤에 홀연히 들어와 문 두드릴 줄을 |
| | |
| 逈野兮月黑 | 달도 캄캄한 먼 들판 길 |
| 虎嘯兮空林 | 빈 숲에서는 호랑이 울음소리도 들리는데 |
| 履我卽兮何意 | 내 길을 바짝 밟아옴은 무슨 뜻인가 |
| 懷舊日之德音 | 지난날의 덕스러운 말씀이 그리워서라네 |
| | |
| 閉門兮傷仁 | 문을 닫아걸면 인을 상하고 |
| 同寢兮害義 | 잠자리를 같이 하면 의를 해치니 |
| 撤去兮屏障 | 병풍을 걷어 치워 놓고는 |
| 異牀兮異被 | 요도 이불도 달리했네 |

---

미 여인은 결혼하여 자녀를 둔 것이 마치 붉은 꽃을 다 떨구고 무성한 푸른 잎이 그늘을 만들어 그 가지에 열매가 가득함과 같다고 하였다.

| 恩未畢兮事乖 | 일이 어긋났으니 사랑 다 못하고 |
| 夜達曙兮明燭 | 새벽에 이르도록 촛불은 밝혀두었네 |
| 天君兮不欺 | 마음은 속일 수 없는 것 |
| 赫臨兮幽室 | 환하게 보고 있네 어두운 방을 |

| 失氷泮之佳期 | 얼음 풀린 좋은 때 놓치고 |
| 忍相從兮鑽穴 | 차마 남모르는 관계를 하겠는가 |
| 明發兮不寐 | 잠 못 든 채 날이 밝으니 |
| 恨盈盈兮臨岐 | 헤어져야 하니 한이 가득 차 |

| 天風兮海濤 | 하늘엔 바람 불고 바다엔 파도치는데[156] |
| 歌一曲兮悽悲 | 한 곡조 노래가 처량하고 슬프구나 |
| 繫本心兮皎潔 | 본마음에 잇대어 밝고 깨끗함이 |
| 湛秋江之寒月 | 맑은 가을 강에 찬 달빛 같네 |

| 心兵起兮如雲 | 욕망이 구름같이 일어나는데 |
| 最受穢於見色 | 색정에 가장 더러워지네 |
| 士之耽兮固非 | 선비의 탐욕은 참으로 옳지 않고 |
| 女之耽兮尤惑 | 여인의 탐닉은 더욱 곤혹스러워 |

| 宜收視兮澄源 | 마땅히 눈길 거두어 근원을 맑게 하고 |
| 復厥初兮淸明 | 맑고 밝은 본연의 상태로 돌아가야지 |

---

156 　宋詞의 天風海濤曲 幽怨縹緲音은 송대의 전문가 대가의 대표작을 뽑아 모아 만든 것으로서 명가의 것은 아닌 것도 약간 있으나 질과 양이 매우 뛰어난 작품도 포함되어 있다.

倘三生兮不虛        다음 세상 있다는 것 빈말 아니라면
逝將遇爾於芙蓉之城    가서 부용성에서 너를 만나리라


흔히 그러하듯 율곡도 굴원의 『이소경』 등 중국고전에서 전거를 많이 취하여 자신의 사정과 심회를 비유적으로 드러내고 있다. 유지의 마음과 자태의 아름다움을 묘사하고 그런 유지가 마치 길가에 버려진 꽃 같은 처지임을 안타까워한다. 사(詞)도 시(詩)의 일종이니 사실적 기록이라기보다는 은유에 따른, 상상력에 의한 해석이 필요할 것이다. 「유지사」 뒤에는 3편의 시가 붙어 있다.


天姿綽約一仙娥    하늘이 낸 아리따운 한 선녀
十載相知意態多    10년 동안 서로에 대해 아는 것이 많네
不是吳兒腸木石    내 속이 목석은 아니지만
只緣衰病謝芬華    쇠약하고 병이 들어 예쁜 사람 사양하네


含悽遠送似情人    먼 길 보냄을 안타까워함이 연인들 같은데
只爲相看面目親    다만 서로 얼굴 보고 눈빛만 가까이 했을 뿐
更作尹邢從爾念    더욱이 사이 좋은 첩이 되려는 네 뜻을 따르련만
病夫心事已灰塵    병든 사내 마음은 이미 재처럼 사그러졌네


每惜天香棄路傍    아름다운 꽃이 길가에 버려짐이 매양 안타까운데
雲英何日遇裵航    운영은 어느 날에 배항이를 만날까
瓊漿玉杵非吾事    경장과 옥저의 사랑은 우리 일이 아니기에
臨別還慙贈短章    이별에 부끄럽게 짧은 글이나 써주네

> – 계미(1583년) 9월 28일 병든 사내 율곡이
> 밤곳 강마을에서 쓰다

유지에게 준 율곡의 글에는 언뜻 보아도 남녀 간의 정감에 대한 솔직한 묘사가 있다. 뜨거운 열정과 지극한 존모심을 갖고 어둡고 어렵고 무섭고 위험한 길을 찾아와 눈앞에 앉아 있는 정인의 뜻을 들어주지 못하는 안타까운 사내의 마음을 숨기지 않았다. 그렇게 하지 못하는 상황 속에 있는 자신에 대한 용서를 비는 마음도 있었을 것이다. 율곡은 훗날 있을 수도 있는 세간의 구설수를 의식하지 않고 자신과 상대에게 진실했다.

율곡이 유지에게 준 글들과 두 사람의 사랑에 대해서는 일찍부터 그의 문하생들과 후인들 사이에서 알려져 있었다. 그러나 이런 일들과 율곡이 쓴 글들은 후학들이 율곡의 문집을 간행할 때 어디에도 수록하지 않았다. 여러모로 적절하지 않다는 판단이 우세하였기 때문이다.

대중에게 알려진 것은 1958년 이관구(李寬求)가 경향신문에 처음 소개한 뒤 이은상(李殷相)이 1966년에 다시 역주하였고, 이후 호사가들과 관심을 지닌 사람들이 여러 형태로 윤색하고 해석을 붙인 글들이 많이 나돌고 있으나 이에 관한 깊은 연구는 이종문의 지적과 같이 별로 없었다.[157]

---

**157**   율곡과 유지에 대한 글들 가운데 학술지에 실린 것으로는 조남국(1993)「栗谷이 柳枝에게 준 詩」, 박종수의 「율곡이 유지에게 준 애정시」, 정우봉의 「조선시대기생 시첩의 존재양상과 문화사적 의미」, 그리고 이종문의 「栗谷과 柳枝,「柳枝詞」의 전승 과정에 관한 고찰」(『韓國漢文學硏究』 51輯)이 있다.

다. 율곡과 유지의 사연에 대한 평가

유지와 관련하여 현행 『율곡전서』에는 문인 이유경(李有慶)[158]의 유사에서 발췌한 다음의 짧은 글이 수록되어 있다.

"선생이 일찍이 황해감사가 되었을 때 순시차 황주에 갔더니, 어린 기생 유지가 있었는데 선비의 딸이었다. 나이가 아직 16살도 되지 않았는데, 자태와 용모가 아름다웠다. 방기(房妓) 곧 수청 드는 기생이었으나 정욕을 느낀 적이 없었다. 그 후 선생이 혹 원접사로 혹은 누이를 찾아뵈려 황주를 왕래할 때 유지는 반드시 방기 노릇을 했는데 그녀가 시침 들기를 원했지만 촛불을 밝히고 가까이 하지 않았다. 사(詞)를 지어 정을 알려 주었으니 그 '조화를 이루되 잘못된 방향으로 흘러가지 않았음'이 이와 같았다"[159]

이 글은 이유경이 「유지사」서문을 보고서 또는 자세히 그 사정을 듣고서 정리한 것 같다. 어린 기녀를 '아직 열여섯 살이 채 되지 않았다'고 표기한 것은 통상 성년이 되지 않은 계집아이를 나타내는 것으로 보인다. 굳이 15세라고 특정할 필요가 없다는 말이다. 여기에서 눈길을 끄는 것은 제자의 스승에 대한 평가 곧 '화이불류(和而不流)'이다.

율곡 스스로 황해감사 시절에 황주관아에서 유지를 만났다고 했지만

158  이유경은 율곡의 문인으로 그의 자는 天休이다. 牧使를 지냈고 율곡을 위하여 辨誣하였다.

159  『栗谷全書』卷38, 附錄「諸家記述雜錄」"先生曾爲黃海監司時, 巡到黃州. 有少妓柳枝者, 士人女也. 年未二八, 有姿色. 以房妓來侍, 而未嘗有情欲之感. 其後, 先生或以遠接使, 或以省姊 往來黃州, 柳枝必在房, 有侍寢之願. 先生明燭不近, 製詞喻情, 其和而不流如此."(出李有慶 所撰遺事)

이희조(李喜朝, 1655-1724)는 1700년 그가 해주목사로 재직할 때 율곡의 방손 이신(李紳) 등의 집에서 「유지사」를 비롯 율곡의 시고 친필본을 얻어[160] 살펴보니 그 가운데 1575년 정월 초이튿날 황주에서 지은 시와 서문이 있었다고 하였다. 그가 수록한 서문은 아래와 같다. "어린 기생 유지가 있었는데 자태가 매우 아름다웠다. 앞으로 다가오라고 불렀더니, 고개를 숙이고 들지 못했다. 물어보았더니 선비의 딸이었으나 그 어머니가 기적에 있었기 때문에 황주 소속의 기생이 되었다고 한다. 내가 가엾게 여겨 시를 지어주었다." 그는 그 내용을 기이하게 여겨 김창협에게 한 본을 베껴 보낸 일이 있다. "근래 율옹이 직접 쓴 시고(詩稿) 한 책자를 얻었는데, 모두 다시 없는 보배들입니다. 또 「유지사」 초본 친필을 얻었는데, 참으로 기이합니다. 그 가운데 과연 '문을 닫아걸면 인을 상하고 함께 자면 의를 해친다' 는 등의 구절이 있어 한 부 베껴 보내겠습니다."[161] 이희조가 소개한 율곡의 시는 다음과 같다.

弱質羞低鬌　　몸은 연약하고 부끄러워 고개 숙이고
秋波不肯回　　고운 눈길 주지 않네
空聞海濤曲　　해도곡 헛되이 듣고 있을 뿐
未夢雨雲臺　　운우대에 오르는 것 꿈꾸지 못하네

爾長名應擅　　너는 자라면 이름 응당 날리련만

---

160　이희조 『芝村集』 卷20, 題跋 「書栗谷柳枝詞草本後」 "盖先生詩稿及柳枝詞草本, 皆先生手筆, 而余於庚辰牧海陽時, 得之於先生傍孫李紳等家" 율곡의 수고본 등을 보관한 것은 김장생이고 이로부터 다시 이어받은 것은 우암 송시열이다. 이희조는 송시열이 애중히 여긴 문인이다.
161　이희조 『芝村集』 卷8, 書 「與金仲和」 近得栗翁自書詩稿一冊子, 儘是絶寶. 又得柳枝詞草本親筆, 誠可奇也. 其中果有閉門傷仁 同寢害義等句, 欲模一本以去耳.

吾衰閣已開　나는 쇠약해 가까이 할 수 없네[162]

國香無定主　이 나라 최고의 미녀가 주인도 없이[163]

零落可憐哉　마르고 시들게 되었으니 가련하구나

 

율곡이 황해 관찰사로 부임한 시기가 1574년 10월이고 순시차 황해에 들렀다가 유지를 만났다고 했으니 이듬해 정월이라고 하는 것과 시의 내용이「유지사」의 내용 등과 대조할 때 여러 정황상 전후가 부합된다. 그러니 율곡은 1583년 9월에 처음으로「유지사」를 썼고 이어서 절구를 써준 것이 아니라 이미 처음 황해관찰사 시절에 만났을 때 시를 써주었고 또 이후에도 연이 닿은 대로 시를 써준 것으로 보인다.

그런데 사에 나오는 대로 유지가 어리다는 이유 또는 율곡의 건강이 좋지 못하여 둘의 육체적 결합이 이루어지지 않은 것은 아닌 듯하다. 그가 8년 후 즉 47세 10월에 원접사로 나갔다가 다시 황주에서 유지를 만났을 때 역시 그녀는 율곡의 방기(房妓) 노릇을 했는데 그때도 둘은 육체적 관계를 맺지 않았다. 그때는 유지의 나이가 이미 23-4세는 족히 되었을 때이다. 율곡이 건강이 나쁘다는 이유를 들었지만 그가 관찰사의 책무를 맡고 있었을 뿐 아니라 율곡은 그때 첩을 두어 이미 아들을 얻었으니 순전히 건강만이 이유가 아님을 짐작할 수 있다. 또한 거절의 가장 우아한 핑계가 칭병임은 모두가 아는 사실이다.

이와 관련된 사항을 짐작하게 하는 글이 박세채의 글에 있다.[164] 박

---

162　晉의 王敦(266-324)이 평소 많은 기녀들을 데리고 살다가 건강이 약화되자 閤門을 열고 기녀들을 모두 내쫓았다는 고사가 있다.

163　'國香'은 북송의 시인이자 서예가인 黃庭堅(1045-1105)이 아끼던 기녀의 이름이다.

164　朴世采『南溪集』卷57,「記少時所聞」"栗谷以遠接使到黃州. 州使一妓薦枕, 名曰

세채의 글 내용은 「유지사」의 서문과 비교할 때 매우 성글고 문맥상 누락된 부분이 보이지만 율곡이 유지와의 육체적 관계를 거절한 이유가 드러나 있다. 일단 한 번 관계를 맺으면 의리상 소실을 삼아야 하는데 이는 간단한 일이 아니므로 일시적 욕정으로 관계를 맺을 수 없다고 여긴 것이다. 앞서 기술한 것처럼 그때 율곡은 본부인에게서 자식이 없어 소실을 둘이나 거느리고 있었고,[165] 둘째 소실에게서 첫 아들 경림을 얻었다.[166] 첩을 둘이나 두고 있고 자식도 있는 상황에서 기생첩을 두는 일을 하지 않으려 했던 것이다.

　그런데 율곡의 태도를 이해할 수 있는 자료가 있다. 이현익(李顯益, 1678-1717)[167]이 소개한 기녀와 관련한 율곡과 성혼의 일화이다. 정철이 아들 출생을 축하하는 모임에 율곡과 성혼을 초대했는데 문 앞에서 집 안에 줄지어 선 기녀들을 보고 성혼이 못마땅하여 '저 기녀들은 오늘의 모임에 마땅하지 않은 것 같소.'라고 하였다. 이때 율곡이 웃으면서 '검은 물을 들여도 검어지지 않는 것도 한 가지 도'라고 말하니 성혼이 마지못해 자리에 올랐다는 것이다.[168] 율곡의 말은 『논어』「양화

<hr/>

柳枝. 才姿出衆. 栗谷語之曰看汝才姿, 殊可玩愛. 但一與之私, 義當率畜于家. 此擧甚重, 故不爲也. 遂却之. 及後寓居海州, 柳枝乘夜遠訪, 栗谷遂製柳枝詞一関. 申以却之之意, 終無所汚"

165　율곡은 정실부인 노씨와의 사이에 아들은 없고 딸만 하나 있었으나 어려서 죽었다. 그래서 소실 이씨를 얻었으나 그에게서도 아들을 얻지 못하자 다시 소실 김씨를 취했는데 여기서 1남 1녀를 얻었다. 뒤이어 이씨도 아들을 낳았다.

166　율곡이 황해감사로 유지를 만나기 이전인 1574년 6월에 첫 아들 景臨을, 그로부터 5년 후에 景鼎을 얻었다.

167　이현익은 호가 正菴이며, 농암 김창협의 문인으로 주자설의 異同處를 분석하는데 많은 노력을 기울였다.

168　李顯益,『正菴集』卷14, 雜著「自警說」"牛溪先生入城日, 適赴松江懸弧之會. 先生及階, 見紅粉在列, 語主人曰, 彼紅粉, 恐不宜於今日之會也. 栗谷先生笑曰, 涅而不淄, 亦一道也. 牛溪遂陞座"

편」에 나오는 공자의 말이다.[169] 율곡의 평소 태도는 이유경이 평한 '화이불류'와 같은 맥락이라고 할 수 있다.

밤곳 강마을에서의 일이 있은 지 넉 달이 지나지 않아 율곡이 세상을 떠났다. 이때 유지는 3년 동안 상복을 입었다고 하며, 이후에도 율곡에 대한 애틋한 정을 이어나갔다. 그는 서도를 지나가는 명사들에게 「유지사」를 보이고 화답시를 얻어 보관하곤 했다는 것이다. 율곡과 성혼을 종유했고 직접 가까이에서 가르침을 받은 최립(崔岦, 1539-1612)[170]이 율곡이 유지에게 써준 시에 대한 차운시[171]를 남기고 있다.

距將文字重纖娥    어찌 문자로 미인을 중히 여겼을까
一笑前頭當少多    한 번 웃는 자리 얼마큼에 해당할까
最是先生名義感    중요한 것은 선생의 명의에 감동하여
新粧不復攬菱華    청동거울 들고 다시는 화장하지 않았으리[172]

이 시의 운이라 함은 娥 多 華인데 이 운은 율곡이 지은 두 번째 절구

---

169    『論語』「양화」 "不曰堅乎, 磨而不磷. 不曰白乎, 涅而不淄. 我豈匏瓜也哉, 焉能繫而不食?"

170    최립은 1581년 재령군수로 굶주린 백성들을 구제하는 것에 힘썼다. 1584년에 호군으로 吏文庭試에 장원을 했다. 1592년 공주목사, 이듬해에 전주부윤을 거쳐 승문원제조, 1606년 동지중추부사, 이듬해에 강릉부사를 지내고 형조참판에 이르러 사직하고 이후 평양에 은거했다.

171    崔岦『簡易集』卷8, 「次韻栗谷公黃州妓柳枝卷中絶句 第二首, 蓋公有自敍」 "距將文字重纖娥, 一笑前頭當少多. 最是先生名義感, 新粧不復攬菱華"

172    新粧不復攬菱華 전국 시대 晉의 刺客 豫讓이 智伯으로부터 國士의 대접을 받자 그에게 보답하려 하면서 "선비는 자기를 알아주는 사람을 위하여 목숨을 바치고, 여인은 자기를 기뻐하는 사람을 위하여 화장을 한다.[士爲知己者死 女爲說己者容]"고 하였다. 史記 卷86 刺客列傳 豫讓 능화는 뒷면에 마름꽃[菱花]이 새겨져 있는 고대의 청동거울을 가리킨다.

가 아니고 첫 번째 절구이다.[173] 이는 그가 「유지사」를 알고 있었음을, 그리고 그가 유지를 만났다는 것으로 추정된다. 신흠(申欽, 1566-1628)도 「유지사」에 대한 화답시와 그 관련 전후 이야기를 쓴 것이 있다. 곧 "선생이 세상을 떠나자 유지가 선생을 추모하기를 마지않다가 이 사(詞)를 첩(帖)으로 만들고 사대부들이 관서 쪽으로 오면 찾아가 만나 화답해줄 것을 요구하지 않음이 없었다. 기유(1609)년 겨울, 내가 연경으로 가다가 황주를 지날 때 유지가 또 찾아와서 화답을 청하기에 내가 절구를 지었다."[174]가 그것이다. 신흠이 화답시를 지었다는 해가 1609년이니 이미 율곡이 죽은 지 상당한 시간이 흘렀고 유지의 나이는 이미 50 안팎이었을 것이니 늙은 관기일지 이미 퇴기일지 어떤 신분이었는지 전하지 않으니 알 수 없으나 기이한 일임에는 틀림 없다.

그가 화답시를 청했다면 그 대상은 율곡의 지인이나 문인이었을 것이다. 그는 지혜롭다고 율곡이 말했으니 율곡이 생전에 정적들의 혹독한 모함에 시달렸음을 잘 알고 있었을 것이며, 따라서 율곡에게 흠이 될 수도 있을 「유지사」를 아무에게나 보여주었을 리 없다. 그는 율곡에게 사랑받은 '여자'임을 알리고 싶었을 것이며, 그것으로 일생의 보람을 삼았을 것이다. 이것이 그 자신을 보호하고 자신의 삶을 소중히 보존하는 지혜로운 방편이라고 생각했을 것이다.

율곡과 유지의 사연은 당시 호사가들에게 좋은 소재가 되었을 것이다. 율곡이 밝혔듯이 그가 쓴 「유지사」는 이러한 세간의 억측으로부터

---

173  「유지사」 뒤에 붙어 있는 율곡의 세 편의 절구 중에 娥 多 華 운은 첫 번째 절구이다. "天姿綽約一仙娥 十載相知意態多 不是吾兒腸木石 只緣衰病謝芬華"
174  申欽 『象村稿』 卷19, 「題柳枝詩帖 幷小序」"…及先生歿, 柳枝追慕先生不已, 持是詞作帖, 薦紳之西行者, 無不求見而續之. 己酉冬, 余赴燕經黃, 枝又來侍言, 余題絶句. 春蠶絲盡燭成灰, 舊事悠悠夢幾回. 一曲丁香歌自苦, 傍人那解有餘哀".

유지를 보호하고자 하는 의도도 있었다. 그럼에도 이 일화에 대한 논란
이 문하에서 있었다. 유지에 대한 율곡의 처신이 문인들 또 후학들 사
이에서 시비의 논란이 되었다.

　이희조는「유지사」를 비롯 율곡의 시고는 간행하여 후세에 전하더라
도 선생에게 누가 되지 않을 뿐만 아니라 선생의 드높은 경지를 더욱더
살펴볼 수 있다고 생각하였다. 그는「유지사」에서 '문을 닫아 걸면 인
을 상하고 함께 자면 의를 해친다'는 등의 구절에 깊은 느낌이 있었던
것 같다. 앞에서 소개했듯이 이유경은 율곡의 처사를 '화이불류(和而不
流)'라고 하였으니 기조는 이희조와 같다. 그런데 당시 율곡집의 증보
를 맡고 있던 박세채가 속집(續集)과 외집(外集) 어디에도 수록하지 않
은 까닭이 무엇인지를 고민했다. 어쩌면 박세채가 해주 사람에게 유지
와의 일화를 전해 듣기만 하고 초고본을 직접 보지 못했기 때문에 기록
한 내용도 다르고, 보지 못했기 때문에 율곡문집에 수록하지 못했던 것
이 아닌가 했다. 그래서 그는 일단 기록해 놓고, 뒷날의 군자를 기다리
겠다고 하였다.[175]

　박지계(朴知誡, 1573-1635년)[176]가 여색으로 인한 실수의 경우를 율

175　李喜朝『芝村集』卷20,「題跋書栗谷柳枝詞草本後」"玄石南溪記聞曰 (…) 愚按栗
谷手書詩稿中 (…) 且考柳枝詞 其序曰 (…) 據此, 柳枝之爲先生房妓, 始在乙亥按海西
巡到黃州之日, 則玄石所記以遠接使却之云者, 未免差誤. 且壬午遠接使時, 亦在閤而先
生未嘗近之. 癸未自海州往來黃岡時, 柳枝來訪先生於栗串江村, 故先生遂作詞以與之.
然玄石所記只云, 寓居海州, 柳枝乘夜遠訪云, 此亦似欠詳備. 盖先生詩稿及柳枝詞草
本, 皆先生手筆, 而余於庚辰牧海陽時, 之於先生傍孫李紳等家. 竊意此詩與詞, 雖刊以
傳後, 不但不足以爲累, 益足以見先生之高, 而玄石於續外集中, 並不入錄, 何也? 豈玄
石只傳聞於海人, 而不及見此詩與詞, 故所記旣有少差, 而亦未能收入於集中耶? 姑識
之, 以俟後之君子"그 초고본 뒤에다「書栗谷柳枝詞草本後」이라는 다소 긴 글을 남겼
는데, 그는 이 글에서 남계 박세채의 유지 관련한 글을 소개하고 박세채의 글에 약간
의 착오가 있음을 지적하였다.
176　박지계의 호는 潛冶이다. 인조반정 후 사헌부지평으로 당시의 과거제도의 폐단

곡과 성혼을 대비하여 평한 일이 있다. 성혼이 일찍이 창가에다가 '아무 해, 아무 달, 아무 날'이라고 써 놓았는데 누군가 보고 그 의미를 물으니 "이날 우연히 시비와 관계를 가졌는데, 훗날 진실을 어지럽히는 폐단에 이르게 될까 염려되어 기록해둔 것"이라고 했다. 박지계는 성혼의 이 일과 율곡의 유지 일을 비교하여 "우계는 변소에 가다가 실족한 것이고, 율곡의 경우는 비록 발을 잘못 디딘 적은 없으나 똑같이 더러운 것을 책상에서 가지고 노는 도구로 삼았으니 그 잘못이 적지 않다"고 평하였다. 원두추(元斗樞, 1604-1663)[177]는 박지계의 논평이 옳은 것 같은데 김집(1574-1656)의 견해가 박지계와 상반되니 과연 누구의 논의가 정론(定論)인지는 모르겠다고 했다.[178] 김집이 구체적으로 어떤 의견이었는지는 전해지는 것이 없다.

박지계처럼 유지의 일이 율곡의 덕에 손상이 된다고 생각한 사람은 이지렴(李之濂, 1628-1691)[179]이다. 그는 박세채가 율곡집을 재편집할

---

을 논해, 주자의 德行科, 조광조의 賢良科, 이이의 選士法 등이 폐단을 시정하기 위한 제도라고 진언하였다. 이괄의 난 때 공주로 내려가 왕을 호종하였고, 수복 후 김장생과 같이 養民治兵의 계책을 상소하였고, 이이와 성혼의 문묘종사를 주창하였다. 李芳淑·趙光善·金克亨·權諰·元斗樞 등이 그의 제자들이다. 저서로는 『四書近思錄疑義』·『周易乾坤卦說』 및 『潛冶集』 등이 있다.

177  원두추의 본관은 원주. 형 두표와 함께 산림인 朴知誡에게 수업하였다. 1623년 아버지와 형을 따라 인조반정에 참여하였다.

178  朴世采 『南溪集』 卷57, 「記少時所聞」 "元聘君嘗言潛冶論栗谷牛溪二先生色失輕重, 以爲牛溪勝. 其說曰, 牛溪如如廁而偶失一足, 栗谷雖無失足之事. 有若以糞穢爲几案玩戲之具者, 恐其失不細也. 蓋牛溪嘗書窓邊曰某年某月某日, 客或見而問之, 牛溪答曰此是偶與侍婢有私, 致異日亂眞之弊, 故記之. 後生子曰文潛. 此則絶無而僅有也. 栗谷以遠接使到黃州, 州使一妓薦枕, 名曰柳枝, 才姿出衆. 栗谷語之曰看汝才姿, 殊可玩愛, 但一與之私, 義當率畜于家. 此擧甚重, 故不爲也. 遂却之. 及後寓居海州, 柳枝乘夜遠訪, 栗谷遂製柳枝詞一闋, 申以却之之意. 終無所汚. 潛冶所論爲是也. 然愼齋之見, 又與潛冶相反, 未知果孰爲定論耳"

179  이지렴은 호가 恥菴이고 金集의 문인이며, 송준길 송시열 등과 교우가 깊었다. 문인에 이기홍 등이 있다. 청산현감, 歙谷 현령(강원도 통천지역)으로 교학과 풍속의

때 유지와의 관련 시고(詩稿)는 빼는 것이 옳다고 하였다. 그는 율곡집
의 보정 편찬에 있어서 요긴하거나 한만하게 주고받은 시문들을 모두
수록해도 무방하지만 "유지에게 준 사(詞)와 율시 한 수 및 화암부수
(花巖副守)[180]에게 준 절구 한 수는 모두 수록하지 않아야" 한다고 하고
그 이유로 이러한 글들이 율곡의 성대한 덕에 누가 된다고 말할 수는
없으나 또한 후세에 가르침을 남길 수 있는 일도 아니니 후인들이 선현
의 글을 '살펴서 결정하고 편집하는 뜻'이 아닐 것이라고 하였다.[181] 박
세채가 증보본 율곡문집의 초고본에 이미 「유지사」와 유지에게 준 율
시 한 수를 수록하려 한 것을 알고 반대한 것이다. 결국 박세채는 이지
렴의 요구를 받아들였다.[182]

　이현익은 여색의 일에 있어서 조광조, 서경덕, 율곡을 대비한다. 조
광조가 젊은 날 어느 밤 책을 읽고 있었을 때 한 처녀가 담장을 넘어왔
는데 조광조는 의리를 들어 질책을 하고 회초리를 쳐서 내보낸 일이 있
다고 한다. 송도의 기녀 황진이는 서경덕을 사모하여 한밤중 그의 침소
로 들어왔는데 3일간이나 함께 자면서도 끝내 유혹에 넘어가지 않았다
고 한다. 그는 황주의 유지의 경우도 거론한 다음 율곡의 태도는 서경
덕과 흡사하고 이것이 보통 사람보다는 뛰어나지만 조광조의 태도가

---

순화에 노력하였다.
**180**　화암부수는 종친부의 李億歲를 가리킨다. 부수는 종친부의 일을 맡아보는 종4품
관직을 말한다.
**181**　李之濂 『恥菴集』 卷2, 「與朴和叔」 "栗谷集, 謹受而畧閱之, 已知尊兄訂定之意矣.
並爲收載, 本非不可, 而如贈柳枝詞一律及如贈花巖副守一絶, 則並不當載. 何者? 雖不
敢謂有累於先生之盛德, 亦非所以垂訓於後世者, 則收載此文, 恐非後人審定纂集之意
也. 竊望更加商量如何? 第正本旣是先輩所爲, 則其後所輯, 似當爲續別, 別爲纂定, 似
穩矣. 且其中緊慢酬唱"
**182**　李之濂 『恥菴集』 卷2, 「與朴和叔」 "柳枝詞, 旣蒙俯採刪去, 幸甚. 戱贈松溪一絶,
雖使刪去, 何關於人皆傳誦. 顧正集難改則未易議耳. 如何如何"

가장 훌륭하다고 한다. 배우는 사람은 눈으로 간사한 빛을 보지 말고 귀로 음란한 소리를 듣지 말아야 한다는 성현의 밝은 가르침을 지켜야만 실수가 없다는 것이다.[183]

주목할 것은 김장생, 송시열, 그리고 권상하의 문집에는 유지와의 일화나 「유지사」에 관한 언급은 보이지 않는다. 정황상 이들이 유지의 일화를 몰랐다고 할 수는 없다. 그럼에도 언급이 없음은 이를 논란하는 것을 피했다고 할 수 있다. 송시열이 박세채가 주도한 율곡문집 보정에 대하여 「태극문」이나 그밖에 사실일지라도 덕이 되지 못한다고 여기는 부분에 대해서는 수록하지 않는 것이 옳다는 태도를 취한 일이 있는데, 후인이 선인의 문집을 찬정하는 기본 태도와 취지는 이지렴의 제안과 흡사하였다는 것을 생각하면, 또 박세채가 주변의 뜻을 헤아려 수록하지 않은 것으로 보면 송시열의 의견이 이지렴 등과 같았던 것으로 짐작된다.

## 6. 비방 무고에 대한 율곡의 대응

율곡이 33세경 주변의 참언과 비방에 대한 소견과 대응의 자세에 대하여 쓴 글이 있다. 표숙 홍호를 이별하면서 쓴 서문이다.[184]

---

183　李顯益, 『正菴集』 卷14, 雜著, 「自警說」 "靜菴少時, 嘗夜坐讀書, 有一處子踰墻而來. 靜菴據義理責之, 撻楚而送云. 松都妓眞, 慕徐花潭, 投寢三夜, 終不能動得云. 栗谷爲黃海監司, 巡到黃州, 有妓柳枝者 (…) 按此可見諸先生之中, 惟靜菴資品最高處, 學者所可法者, 其惟靜菴乎! 至如花潭栗谷所爲, 則其操守尤可謂過人遠甚. 然學者工夫, 旣未及此, 而遽以此爲法, 則其不駸駸然入於其中者, 幾希矣. 目不視邪色, 耳不聽淫聲, 自有聖賢之明訓, 只當謹守而勿失也"
184　『栗谷全書』 卷13, 序 「別洪表叔浩序」 이 글을 어떤 이는 율곡이 금강산에서 하산한 직후 강릉에 갔다가 쓴 글이라고 하는데 글의 내용과 여러 정황상 33세 때 쓴 것으로 판단한다.

이 글에서 그는 세상 사람들의 훼손과 예찬을 하나의 조화(造化)로 본다. 어떤 행위가 그의 자의에 의한 것이 아니라 천지 또는 조물주의 조화에 속한다면 그에 대하여 불평을 하거나 원망하는 태도를 취하면 안 된다. 사람들의 비난 공격을 받는 것은 기와와 칼이 사람을 해치는 것과 같다. 바람에 날려온 기와가 몸을 해칠지라도 기와에 잘못을 물을 수 없고, 막야(鏌鎁)같은 명검이 사람을 찌를지라도 칼의 잘못을 물을 수 없다. 대장장이가 집게와 망치로 기물을 부수고 또 만드는데, 기물은 집게와 망치에 대하여 기뻐하지도 않고 노여워하지 못한다. 세상 사람들은 자기 한 몸도 스스로 주재하지 못한다. 그가 남을 헐뜯거나 칭찬하는 것은 그가 하는 것이 아니다.

율곡은 세상에서 가장 큰 물건인 천지도 스스로 주재하지 못한다고 한다. 그러니 하물며 사람과 그밖의 존재에 대해서는 말할 나위가 없다는 것이다.[185] 따라서 세상 사람들이 하는 모든 행동은 자의로 그리하는 것이 아니라 그렇게 시키는 것이 있다. 남이 나를 헐뜯거나 칭송하는 것도 결국의 그의 자의적 행위가 아니다. 그것은 마치 집게와 망치가 그릇을 부수고 만드는 것과 다르지 않다고 한다.

그는 뭇사람들의 입에서 나오는 악한 말에 대하여 매우 심각하게 인식한다.

"처비(萋斐)의 작은 무늬[186]를 능히 패금과 같은 화려한 문양을 이룰 수 있

---

185    『栗谷全書』卷13, 序「別洪表叔浩序」"以此推之, 主我者, 造物也. 成我而何喜於 彼, 毀我而何怨乎彼哉. 世人之毀譽者, 亦造化之所使耳. 被人之所擊者, 不怨飄瓦者, 擊 人者非瓦之罪也. 爲人之所刺者, 不怨鏌鎁者, 刺人者非劍之罪也. 是故, 冶者以鉗鎚毁 器, 亦以鉗鎚成器, 而器不喜怒之者, 非二物之所爲故也. 彼世人之一身, 尙不能自主, 奚 暇毁譽人耶. 天地之大, 尙不免有主, 則況乎人與物耶"
186    『詩經』小雅, 巷伯章 "萋兮斐兮" 여기서 萋斐는 간사하게 남을 慘害하는 자들을

는 것이 참언을 좋아함의 과실이다. 균일(勻鎰)의 쇳덩이도 수량(銖兩)[187]
으로 부서뜨리는 것이 뭇 입들의 녹임이다. 나는 능히 과실을 뉘우칠 줄
알아 그 본성을 회복할지라도 세상 사람들이 나를 훼손함을 어찌하랴!"[188]

　뭇 사람의 참언과 입놀림은 보잘것없는 무늬를 눈에 확 띄는 화려한
문양으로 만들고 한 덩어리의 쇳덩이를 분말처럼 잘게 부스러지게 한
다. 율곡은 악인과 범인의 참언과 입놀림이라 했지만 공적인 언관들의
말도 마찬가지이다. 공론을 형성해야 하는 삼사 관원들이 시기와 모함
과 무고로 점철된 언사를 생성하기도 한다. 그리고 그들의 무고와 비방
과 참언은 사람들의 바른 의지를 무력하게 만든다.
　율곡은 참소, 무고, 부당한 탄핵 등의 사회적 문제 역시 조화(造化)
의 한 부분으로 인식한다. 그 만들어진 것이 훼손되지 않으리라 기필할
수 없고, 그 훼손된 것이 또한 완성되지 않을 거라고 확신할 수 없다.
이러한 생각이 결국 그를 『노자』의 화복(禍福)론, 곧 '화는 복이 기대어
있는 것이고, 복은 화가 의지하고 있는 것이다' 로 나아가게 했다. 율곡
은 『논어』와 『중용』에 있는 가르침으로 자신의 대응 자세를 삼기로 다
짐한다. 그것은 '하늘을 원망하지 않고 사람을 원망하지 말자. 어찌할

---

풍자한 말이다.
**187**　勻鎰은 24량의 쇠를 말하고 銖兩은 24분의 1냥이다. 한대 이후 쇠는 24냥을 기
본으로 계산하였다.
**188**　『栗谷全書』卷13, 序「別洪表叔浩序」"旣而復喟曰, 衆人之同於聖者, 性也. 異於
聖者, 氣也. 性同一理, 修之則皆至於聖, 氣分淸濁, 蕩之則或陷於狂. 吾之至此者, 氣之
所使也. 夫且聞不可益者, 亦不可損者, 不可成者, 亦不可毀者. 聖極於善, 而性不增毫末
焉. 狂極於惡, 而性不減毫末焉. 千變萬化而性固自如也. 吾之所失雖大, 而若夫不可損
益, 不可成毀者, 則必無增減也. 前行之失, 如鏡之塵, 如水之泥, 塵去而鏡體本明, 泥盡
而水性元淸, 吾之所恃在此而已. 雖然, 萋斐之文, 能成貝錦者, 善讒之過也. 勻鎰之金,
消爲銖兩者, 衆口之鑠也. 吾能悔過, 雖復其性, 奈世人之毀我何"

수 없음을 알기에 스스로를 닦으며 명을 기다릴 뿐이다'였다.[189] 『중용』 14장의 내용은 다음과 같다.

"탁월한 사람은 현재의 지위에서 처신하고 그 밖의 것을 원하지 않는다. 부귀가 주어졌으면 부귀한 자가 행할 도리를 행하고 (…) 환난이 닥쳤으면 환난을 당한 처지에서의 도리를 다한다. 군자는 어디에서든 도리를 얻지 못함이 없다. 자기를 바르게 하고 남 탓을 하지 않으니 원망이 없다. 위로 하늘을 원망하지 않고 아래로 사람을 탓하지 않는다. 그러므로 군자는 평이한 데 거처하면서 천명을 기다린다."[190]

율곡은 해주 석담에 낙향하여 지내던 시기인 42세 때 지은 『격몽요결』 제9장 접인(接人)장에서 남들로부터 폄훼를 당하는 경우의 대응법을 말했다. 누가 자신을 폄훼하거든 반드시 돌이켜 자신을 살펴보아 참으로 폄훼를 받을 만한 행동을 한 적이 있었다면 스스로 허물을 고치기를 꺼리지 말고, 만일 나의 과실이 매우 적은데 그가 보태어 말했다면 그의 말이 지나쳤더라도 폄훼받을 근거가 나에게 있었으니, 또한 전날의 잘못을 철저하게 끊어 털끝만큼도 남기지 말아야 한다고 한다. 이는 우리가 통상 실천하지는 못할지라도 자주 듣는 교훈이다. 그런데 율곡은 한걸음 더 나아가 다음과 같이 말한다.

---

189　『栗谷全書』卷13, 序「別洪表叔浩序」"彼之一動一靜, 皆有使之者, 則毀譽我者, 非其所爲也. 無異於鉗鎚之成毀器矣. 且也金之在鑪者, 不知冶者之心. 人之在世者, 不知造化之心. 其成也未必非毀也. 其毀也未必非成也. 禍倚於福, 福倚於禍, 吾將奈何. 不怨天, 不尤人, 知其無可奈何. 而自修以俟命而已"

190　『中庸章句』제14장 "君子素其位而行, 不願乎其外. 素富貴, 行乎富貴; 素貧賤, 行乎貧賤; 素夷狄, 行乎夷狄; 素患難, 行乎患難. 君子無入而不自得焉. 在上位不陵下, 在下位不援上, 正己而不求於人則無怨. 上不怨天, 下不尤人. 故君子居易以俟命, 小人行險以徼幸"

"만일 나에게는 본래 허물이 없는데, 헛된 말을 지어낸 것이라면 그는 망령된 사람일 뿐이니 망령된 사람과 어찌 허실(虛實)을 따지겠는가. 헛된 비방은 바람이 귓가를 스치고 구름이 허공에 떠 있는 것과 같으니 나와 무슨 상관이 있겠는가. 이러고 보면 비방이 생겼을 때 내게 허물이 있으면 고치고 없으면 허물을 안 짓도록 더욱 힘쓸 것이니 나에게 유익하지 않은 것이 없다. 만일 그런 비방을 듣고 시끄럽게 자신을 변명하여 자기가 허물이 없는 사람이 되려고만 한다면, 그 허물은 더욱 깊어지고 비방은 더욱 많아질 것이다."[191]

이처럼 율곡은 33세 그리고 42세에 이미 비방자 참소자 무고자의 행위가 갖는 의미를 나름대로 규정하였고 단단한 자기 규제와 검속을 하였다. 그가 46세에 다시 조정에 나왔을 때 각오하고 예상하였겠지만 그 비방과 참소는 그의 예상을 넘어섰는지도 모른다. 그리고 1583년의 혹독하고도 집요한 참소는 조선왕조 500년간 달리 유례가 없을 정도였다. 이때 그는 근거없는 비방에 대해서는 일체 대응을 하지 않았다.

율곡은 선조에게 자신이 '고근약식(孤根弱植)'의 사람이라고 스스로를 규정하였다. 그는 뿌리도 외롭고 깊이 단단히 심기지도 못한 나무이다. 쉬 뽑힐 수 있는 처지였다. 그러나 주변에서 볼 때 그는 왕의 절대적 신임을 받는 몸이었다. 게다가 영상 박순이 위에서, 정철과 성혼이 조정과 산림에서 그를 보호하고 후원했다. 그럼에도 삼사 언관들의 공세는 집요하고 끈질겼다. 병조판서 이조판서로서의 그는 언관들의 발언과 문자의 허실을 따지지 않았다고 할 수는 없고 과실이 없었다고 하기도 어렵다. 그가 소탈하다든가 바꾸기를 좋아했다든가 차분히 하지

---

191  『栗谷全書』卷27,「擊蒙要訣」제9장 接人

않아 경탈했다는 평가는 정적들의 입에서뿐만 아니라 동료친구, 곧 성혼과 송익필에게서도 지적되는 것이었다. 벗들에게는 변명을 하기도 하였으나 정적들에게는 이 부분에 대해서는 변명이 별 소용이 없었다. 그렇다고 침묵으로만 대응하기도 어려웠다. 전혀 근거없는 악의성 무고에 대해서 변명을 하지 않았다. 오해라고 생각한 부분에 대해서는 자신의 입장을 밝히고 이해를 구하려 한 부분은 있다. 그런데 말과 문자는 어떤 경우에도 상대방에 의하여 악마적 편집이 가능하기도 한 것이기에 변명을 하는 것마다 새로운 쟁단으로 변하곤 했다.

그를 비판한 무리를 모두 다 소인이나 악인이라고 할 수 없다. 비판을 넘어 비난과 무고(誣告)라 할 정도로 언사가 지나친 경우가 많았지만 언관들에게는 용납될 수도 있는 부분이다. 율곡도 사헌부나 사간원에 있을 때 가열찬 언사를 구사하기도 했었다. 율곡의 정적들도 이후의 국란에서 또는 정사의 다른 영역에서 가언(嘉言)과 선행(善行)을 남긴 사례가 많다. 순국한 인물도 여럿이고 청백리에 녹선된 인물도 적지 않다. 율곡과 건전한 게임을 즐기듯 시비를 논할 만하고 필적할 만하다 싶어 논란을 벌인 자들도 있는 듯하다.

철학적 진리는 대화 논증 언쟁을 수단으로 하여 추구된다. 말하기가 협상이라는 거래의 수단이 되기도 하고 상대방을 해치는 무기로 사용하기도 한다. 치우친 말, 함정에 빠뜨리는 말, 해치는 말, 논리도 정당성도 없어 도망가는 말들을 잘 분별하라고 맹자가 말했지만 때로는 칼보다 무서운 흉기로 변하곤 하는 것이 조선조 언관들이 구사한 상소요, 계사요, 차자요, 봉사였다.

상대의 참소나 탄핵도 환란의 일종이며, 그것은 조화(造化)에 속하는 것이라는 인식에 더하여 '환란에 처했다면 그 환란의 상황에서 취할 수 있는 최선의 도리를 다하라[素患亂 行乎患亂]'는 『중용』의 가르침이 탄핵과 무고에 대응하는 율곡의 지침이었다.

## 7. 심통원 심의겸과 율곡의 관계

1583년의 탄핵자들 일부는 율곡이 젊은 날 심통원의 집안에서 컸다고 주장한다. 송응개가 그렇게 말했고 훗날의 율곡 탄핵자들도 그리 말했다. 송응개와 양사의 주장은 다음과 같다.

> "변신하여 속세로 돌아온 다음에 권세가의 가문에서 환양(豢養)되었던 것을 이 세상의 청의(淸議)는 용납하지 않고 있습니다. 그가 처음 상사(上舍)에 뽑혀 문묘에서 알성(謁聖)할 때에 성균관에 있는 많은 선비들은 그와 동렬이 되는 것을 수치로 여겨 뵙기를 청하는 것을 불허했는데 마침 심통원이 자기의 심복을 보내 앞뒤에서 분주히 소통의 길을 열어 놓음으로써 비로소 행할 수 있었습니다. 급기야 출신한 후에는 심의겸의 추천과 발탁을 받아 맑고 드러나는 관직에의 길이 트였으므로 그와 심복(心腹) 관계를 맺어 생사를 함께하게 되었으니 그가 일생 동안 가진 마음을 더욱 알 만합니다."[192]

> "이이의 마음 씀과 행한 일이 홍문관의 차자와 송응개의 계사(啓辭)에 이미 다 드러나 있어 전하께서도 이미 통촉하고 계실 것이므로 지금 다시 진달할 필요조차 없겠습니다만 그가 평일 심통원의 집에서 길러졌던 것이나 의겸을 통하여 자취를 드러낸 것만 보더라도 그의 사람됨을 알 만하지 않습니까."[193]

---

192　『선조실록』16년 계미(1583) 7월 16일, 대사간 송응개
193　『선조실록』16년 계미(1583) 7월 19일, 양사

율곡이 상사에 뽑힌 것은 29세 때이다. 그러니 하산한 이후 20세에서 29세 사이에 심통원의 집안에서 후원했다는 것이다. 현재 이를 뒷받침할 만한 자료는 보이지 않는다. 율곡이 처음 생원으로 성균관에서 선성(先聖)을 배알할 때에 통례(通禮) 민복(閔輻)이 장령이 되어 율곡은 중이었기에 응시를 허락할 수 없다고 헐뜯은 일이 있었다고 한다.[194] 이때 다른 유생들과 어울릴 수 있도록 주선했다는 심통원의 심복은 『계미기사』에는 "심통원이 그 아들 심화(沈鏵)를 보내서 앞뒤로 분주히 주선해 일을 이루었다"로 되어 있으니 심화이다.

심통원(沈通源, 1499-1572)[195]은 장령 심순문의 4형제 중 막내아들이다. 첫째 형은 심연원이며 그 아들은 명종의 장인 심강의 자식으로 명종 비가 된 인순 왕후와 8명의 아들을 두었는데 그중에 심의겸과 심충겸이 있다. 둘째 형은 기묘명현에 책록된 심달원이고, 셋째 형은 동지돈령부사 심봉원이다. 셋째 형의 아들은 심건인데, 그 아들이 좌의정 심희수이다. 심통원의 아들은 심뇌와 심화이다. 심통원의 형제들은 모두 학문이 탁월했다. 형 연원, 달원, 봉원과 더불어 모두 문과에 합격하였다고 한다. 심연원은 중시(重試)[196]에, 심봉원은 탁영시(擢英試)[197]에 각각 합격하였고, 심달원은 일찍 죽었으나, 그 아들 심전이 또 중시에 합격하였으니, 드문 경우에 속한다. 또 장원 급제한 이로 의정부에 참

---

194   송시열 『宋子大全』 卷130, 雜著 「栗谷別集訂誤」 "栗谷初以生員詣泮宮, 謁先聖. 閔通禮輻爲掌令, 訾以爲沙門不許. 日至晚, 榜中皆失色. 公神采自若, 未嘗少變. 乙亥蔡振後疏中所誣實本於此. 此條刪去似當"

195   심통원의 호는 勖齋·晩翠堂이다.

196   重試는 현직 관리들을 위하여 시행한 문과 특별 시험으로, 문과에 급제한 뒤 당하관에 머물러 있는 이가 이 시험에 합격하면 정3품 당상관의 품계로 올려주었는데 이는 10년에 한번씩 실시하였다.

197   1538년(중종 33) 9월 문무 현직관리를 대상으로 실시하였던 임시 과거.

여한 드문 경우로 꼽힌다.[198]

1537년(중종 32) 별시 문과에 김안로가 시관이었는데 심통원이 답
안지에 "충성스러운 당(黨)이 분기하매, 정론이 당당하다"는 말을 담았
다고 한다. 이는 김안로에 대한 아부였던 것인데 시험에서 심통원은 장
원을 하였다. 1546년 그는 중시에 병과로 급제하여, 부응교로 등용된
뒤 경연 시강관으로 있다가 홍문관 직제학이 되어 조정의 공문서를
책임졌다. 이후 병조참지·승정원 동부승지, 우부승지·좌부승지·우승
지 등을 역임하였다. 1549년 승정원 좌승지로 있다가 경상도 관찰사,
이듬해 예조참판, 대사헌, 형조참판, 한성부, 판윤을 거쳐서 공조판서,
예조판서, 의정부 우찬성, 좌찬성, 이조판서, 우의정, 좌의정에 이르렀
다. 왕의 외척으로 또 다른 외척인 윤원형 등과 경쟁하면서 권세를 누
렸다.

그런데 율곡은 그의 『경연일기』에서 심통원에 대하여 다음과 같이
기록하였다.

1565년 9월에 그는 죄로 관작을 삭탈당하고 시골로 쫓겨났다. 심통원은
심연원(沈連源)의 아우이며, 왕대비에게는 종조[從季祖]가 된다. 젊을 때
누차 과거에 응하였으나 붙지 않아 몹시 의기를 잃었다가 김안로가 나라
일을 맡자, 심통원이 궐에서 대책을 쓰며 김안로를 충직하다 하여 장원에
합격하였다. 중종이 이것을 매우 옳지 못하게 여겼기 때문에 좋은 관직을
얻지 못하다가 명종이 즉위하자 왕비의 인척으로 발신하여 별안간 청요직
을 거쳐 드디어 정승에까지 올랐다. 사람됨이 용렬하고 나약하며 행실이
방정하지 못해 처사가 흐리멍텅한 데다 탐욕이 한이 없어 뇌물이 폭주하

---

198  沈守慶 『遺閑雜錄』

여 집이 마치 저자와 같았다. 큰아들 유(鑮)와 막내아들 화(鏵)가 이익만
을 일삼아 남의 종과 재산을 빼앗아가는 것이 도적과 다름이 없었다. 동복
(童僕)들도 이것을 본받아 백성들을 해롭게 하였다. 이양(李樑)이 방자한
것도 실은 심통원과 서로 협력하여 명예와 권력을 함께 누린 때문이다. 이
양이 패하니 공론이 일어나려 하였으나 그 뿌리 깊이 박힌 세력이 두려워
일어나지 못한 것이다. 윤원형이 패하자 심통원이 스스로 선비들에 용납
되지 못함을 알고, 마침내 사직하고 울울히 뜻을 펴지 못하였다. 심통원은
비록 두려워할 존재는 아니나, 선비들은 간인(奸人)이 몰래 통원을 지지
하여 술책을 부릴까 하여 매우 걱정하였다. 이러다가 이때에 공론이 발동
되어, 삼사가 일제히 일어나고 세 정승이 백관을 거느리고 대궐 뜰에서 귀
양보내자고 청하여 달포가 지나서야 관작을 삭탈하고 시골로 쫓아내도록
명령이 내렸다.[199]

1565년 12월의 기록에서도 심통원에 관한 내용이 보인다.

"12월. 좌의정 심통원이 삼공의 직책에서 물러나려고 사흘 동안 열 번을
아뢰니, 체직하라 명령이 내렸다. 심통원은 본시 명망이 없고 외척으로 입
신하여 벼슬이 좌의정에 이르니, 오로지 뇌물만을 일삼았으며, 윤원형과
명성과 세력을 서로 의지하였다. 그러다가 윤원형이 패하자 통원은 스스
로 불안을 느껴 사직을 청한 것이다."[200]

**199** 『栗谷全書』卷28,「經筵日記」一, 明宗大王 20년
**200** 『石潭日記』卷上 明宗大王 20년(1565) 12월, "左議政沈通源請免三公之職, 三日
十啓, 乃命遞職, 通源素無名望, 以外戚發身, 位至左相, 惟以貨賄爲事, 實與元衡聲勢相
依, 乃元衡敗, 通源不自安, 懇乞辭職"

심통원은 윤원형 등과 함께 권력 남용과 뇌물을 받은 혐의로 삼사의 탄핵을 받아 좌의정을 사직하고 영중추부사로 옮겼다. 이후 약방 도제조를 겸임하며 명종 사후 후사를 세우는 일까지 관여하였다. 명종이 후사가 없이 죽자 영상 이준경과 좌상 심통원이 인순왕비의 숙부 겸 약방 제조로 궁궐 안에 있었는데, 이들은 이의가 있을까 두려워하여 비밀히 그 문을 잠근 뒤 계책을 정하고 선조를 맞았다고 한다. 그러나 선조가 즉위한 1567년 그는 과거의 행실로 인하여 삼사의 탄핵을 받아 관직을 삭탈당하여 하향했다.

율곡은 이로부터 2년 후 1567년 9월에 심통원을 논박하였다. 당시 그는 이조좌랑으로 6조(曹)의 낭관을 대표하여 소를 작성했다. 이 논조는 이날 자의 『경연일기』에 있는 것과 거의 같다.

"심통원의 죄는 이미 극에 이르렀고 그 정상은 이미 드러났습니다. 나라 안의 사람들이 하나같이 멀리 유배 보내야 한다고 말합니다. 이목을 맡은 신하들은 피를 쏟으며 말하기를 시간이 갈수록 더욱 격렬한데 전하가 듣지 않기 때문입니다 (…) 통원의 죄악이 뇌물 받음에 그칠지라도 공론이 거부하기를 이와 같이 하면 전하는 그가 외척이기에 불가하다는 것인지 아니면 공론을 눌러 인심을 잃으려는 것인지요? 하물며 그 죄악이 꽉 차서 용서가 불가하기 때문입니까? 이 사람을 내쫓지 않으면 언로가 막히고 관료들이 흩어질 것이며 인심이 흉흉하고 두려워하며 뭇사람이 틈이 벌어질 것입니다. 이와 같으면 기강이 끝내 펼쳐지지 않고, 공도가 행하여지지 않으며, 사습이 떨쳐지지 않고 풍속이 바로잡히지 않으며 탐욕과 비루한 행습이 날로 위에서 타오르고 도탄의 백성이 아래에서 원망을 쌓게 됩니다. 나라꼴을 알 수가 없게 됩니다. 전하는 어찌 삼대의 늙은 도적을 긍휼히 여기며 200년 종사가 위망의 지경에 떨어지는 것을 참으려 하십니까?"[201]

그는 김안로가 독을 뿜는데 아첨을 한 것도 심통원이고 윤원형이 악을 쌓았는데 거기 매달린 것도 심통원이며, 이량(李樑)이 화를 얽을 때 음으로 주도한 것도 심통원이라 하고, 이미 세 흉한이 이미 처벌을 받았는데 이 늙은 도적만 홀로 면할 수는 없다[202]고 하였다.

율곡은 심통원의 아들 심화에 대해서도 '이익만을 일삼아 도적과 다름없이 남의 종과 재산을 빼앗아갔다'고 기록하였다. 심화는 1561(명종 16)년에 전강(殿講)의 유생으로 김규(金戣), 홍성민, 허사흠, 이윤희 등과 함께 낙점되어 합격하고 다시 제술 시험을 보아 홍성민이 1등을 하고, 심화와 김규가 합격되었는데 대간에서 그 불가함을 논하였다. 3명 중 화(鏵)와 규(戣)가 모두 후비(后妃)의 친척이었기 때문에 의혹이 있기 때문이었다. 이는 『동각잡기』에 있는 기록이다. 명종 19년 곧 1564년에 화(鏵)가 경전을 풀이하는 시험에서 입격은 되었으나 점수가 모자라자 초시에서 얻은 점수를 회시에서 쓰려 하여 승정원에 소(疏)를 올린 일이 있다. 역시 『동각잡기』에 있는 기록이다. 심화는 사류들 사이에서 이미 부정적 평판이 있었음을 보여준다.

율곡과 심의겸의 관계도 탄핵에서 거의 매번 거론되었다. 심의겸이 추천하여 율곡이 청요직에 올랐다거나 심의겸의 말을 대변한다거나 같은 당을 결성하여 골육지간보다 더 친근하다거나 이해관계를 하나로 한다는 등이었다. 심의겸(1535-1587)[203]은 명종의 비인 인순왕후의 동

---

201    『栗谷全書』卷3,「六曹郎官論沈通源疏」丁卯(1567)년
202    『栗谷全書』卷3,「六曹郎官論沈通源疏」丁卯(1567)년
203    심의겸은 호가 巽菴, 艮菴, 黃齋이다. 할아버지는 영의정 심연원이고, 아버지는 심강이다. 그는 족부인 감찰 심홍에게 입양되었다.

생이니 외척이다. 심통원은 그의 종조부가 된다. 심의겸은 이황의 문인이며, 1562년 별시문과에 을과로 급제하였다. 1563년 이해 그의 외숙 이량(李樑)이 이감(李戡) 등과 서로 결탁하여 기대승, 이문형, 박소립, 허엽 등을 모함하여 관직을 빼앗고 내쫓으니, 조야의 인심이 흉흉하였다. 이때 심의겸은 부제학 기대항으로 하여금 논핵하게 하여 이량과 그 무리들을 조정에 몰아내고 앞서 쫓겨난 사람들이 다시 서용되었다. 이 일이 있은 뒤부터 심의겸은 사림에 이름이 높았다. 1564년 지평을 시작으로 하여 1569년 대사간, 1572년 이조참의 등을 지내는 동안 이른바 청환요직을 거치면서 척신 출신으로서 사림들 간에 명망이 더욱 높아졌다.

이때 김종직 계통의 신진세력인 김효원이 이조정랑으로 천거되자 그가 권신 윤원형에게 아부했다는 이유로 이를 반대하였으니 이를 옳게 여기는 사람이 많았다. 그러나 1574년 김효원은 결국 이조정랑에 발탁되었다. 그런데 1575년에는 심의겸의 아우 심충겸이 이조정랑에 추천되었는데 김효원은 전랑의 직분이 척신의 사유물이 될 수 없다 하여 반대하였고, 이로부터 두 사람 사이에 대립이 생겼다.

정인홍이 장령이 되어서 '일찍이 친상을 할 때에 상중(喪中)에 출사를 꾀하였다'고 심의겸을 비난하였다가 결과가 없게 되자 다시 탄핵하려 했다. 대사헌 율곡이 '결코 그럴 리가 없다'고 하였으나, 정인홍이 듣지 않았다. 율곡이 '심의겸이 외척으로서 오랫동안 사류의 마음을 잃었다'는 요지의 소 초안을 작성하였는데 정인홍이 여기에 '사류를 끌어들여 붙였다.'는 등의 말을 첨가하였다. 왕이 '사류는 어떤 사람이냐?'고 묻자, 정철 외의 여러 사람을 낱낱이 들어 '서로 더불어 조직을 체결하여 형세를 몰래 엿보았다'고 하였다. 정철은 율곡을 보고 책망하며 우리가 율곡 손에 죽을 줄 짐작도 못했다고 하였다. 이이의 상소로 심의겸은 무사하여 전주부윤이 되었다. 1585년 이발·백유양 등이 일을 꾸며 동인과 합세하여 그를 공격했고 그의 가까운 사람들에게까지 미치게 하였다. 병으로 1587년 9월에 죽었으니 향년 53세이다. 관직은 대사헌에 이르렀다.

심의겸은 효성이 지극하고 검소하였다. 그러나 그의 날카롭고 비타협적인 성격은 당쟁의 실마리를 만들었다. 선조는 심의겸을 좋아하지 않음을 나타낸 일이 누차 있었다. 이를 아는 자들 가운데 강경한 자는 명성을 좋아하고 나약한 자는 비위를 맞추어 다투어가며 서로 심의겸을 탄핵하고 해치려고 했다. 송시열은 그가 명종, 선조의 시기에 밝혀지지 않은 억울함을 깨끗이 씻어주었고 뛰어난 인재는 끌어올려서 맑고 밝은 정치를 펼쳤다고 하였다.[204]

율곡이 심의겸을 논박한 것은 분란을 진정시키고 파당이 다른 이들을 안정시켜 화합하도록 함이었는데, 김장생은 항시 "이 발상은 비록 한층 더한 정성스러운 마음에서 나왔겠으나 또한 그 어떻게 판단해야 할지 모르겠다."고 하였다. 송시열은 심의겸과 김효원의 한때의 다툼은 모두 깊은 뜻이 없었으나 종말에 가서는 물고기가 썩어 문드러지고 하수(河水)가 터져 넘쳐흐르듯 되자 율곡과 성혼이 모두 심의겸을 옹호하였다고 하였다. 김효원도 깊이 탄식하며 심의겸에게 "우리 두 사람이 비록 화란의 단계를 만들었으나 실상은 서로 마음을 아는 벗이 되었다"고 하였으며, 김효원의 손자인 김세렴은 "남들은 우리 두 가문을 세수(世讐)라고들 하나 실은 세교(世交)이다."라고 하였음도 소개하고 있다. 심의겸의 스승이었던 이황은 서찰로 "외척 출신 신하 가운데 훌륭한 사람이 있으니 국가의 복이다"라고 하였고, 율곡은 "심모(沈某)

---

204 송시열이 지적하는 이 부분이 심의겸과 율곡의 좋은 관계의 출발을 의미하는 것일 수 있다.

는 외척 중의 아름다운 자", "그의 사람됨이 선행을 좋아한다" 하였다.[205]

율곡이 대사헌의 위치에서 정치적 상황에 따라 심의겸을 탄핵한 일은 있지만 그와 친근하게 이해하며 지냈다. 그것이 상대 당으로서는 공격의 빌미로 삼을 만큼 파당적 이해에 따른 행동이었는지에 대한 판단은 별개이다. 다만 1583년은 말할 나위 없고 당시 선조는 심의겸을 좋아하지 않았다. 선조가 그를 좋아하지 않음이 상대방이 적극적으로 파고든 빌미가 되었다. 율곡과 심의겸이 친근한 사이였을지라도 선조는 율곡과 심의겸을 별개로 다루었다.

## 8. 율곡의 사후에 일어난 비방과 엽등(獵等) 논란

율곡의 사후 율곡을 문묘에 종사하자는 논의가 있을 때 반대가 있었다. 그 가운데 1650년 2월 유직 등 9명의 유생이 올린 상소[206]에 담긴 불가 사유는 다음의 다섯 가지로 정리할 수 있다.

— 천륜을 끊고서 공문(空門)에 도망하여 숨은 것은 참으로 유교에 죄를 얻었다. 그가 사마시에 뽑힌 다음 성묘(聖廟)에 배알하는 것을 동료들이 허락하지 않았다.

— 충현(忠賢)을 공교히 헐뜯고 사사로운 편당을 곡진하게 옹호하며, 걸핏하면 경제를 일컬어 제멋대로 하는 것을 실무(實務)로 삼았으며, 언론과 풍지(風旨)는 장황하고 진요(震耀)하기 그지없고, 시행하는 일과 말과

---

205    송시열『宋子大全』卷156, 碑, 靑陽君沈公神道碑銘 幷序
206    율곡과 성혼의 문묘종사를 두고 비방하는 상소를 올린 유생은 1635년 5월의 蔡振後, 6월의 權蹟, 1650년 2월의 洪有阜, 李象震, 柳㮨 등이다.

행동은 편벽되고 엉성하고 어긋난 것이 있다.

― 일찍이 이교(異敎)를 섬겨서 그 구습을 벗어버리지 못하고 엽등(躐等)하기를 좋아하여 실지(實地)를 답습하지 못했다. 신기루 같은 허환(虛幻)된 학설을 주창했다.

― 그의 학(學)은 오로지 기(氣) 자만을 주장하여 기를 이(理)로 알았다. 이와 기를 같은 것으로 여겨 다시 분별함이 없었으며, 마음이 바로 기이고 사단과 칠정이 모두 기에서 생긴 것이라고 했다. 도(道)와 기(器)를 변별하지 않은 육구연의 견해에서 나온 것으로 폐해는 작용을 성(性)의 체(體)라고 한 석씨의 주장과 같다.

― 이황이 죽은 뒤에 그 학문을 있는 힘을 다해 공격하였다. 이황의 말을 지적하여 이(理)를 해친 것이라 하는가 하면 이황의 말은 성(性)을 모른 것이라고 하였으며, '주자가 참으로 이와 기가 호발(互發)하여 각기 상대해서 나오는 것이라고 하였다면 주자도 잘못한 것이니 어찌 주자라 하겠는가?' 라고 하는 등 편견과 착각으로 감히 전현을 헐뜯었다.

첫 번째와 두 번째 조항은 이미 1583년 송응개 등에 의하여 당쟁에서 거론된 것이고 3, 4, 5번째는 학술과 관련된 새로운 문제로 문묘종사와 관련되어 있다. 이른바 그의 도학이 지닌 순수함과 흠결이다.[207] 이 세 가지 가운데 4, 5번은 이른바 율곡학파·퇴계학파 또는 기호학파·영남학파 사이에 줄곧 치열한 논란이 반복적으로 빚어진 것이다. 그러나 세 번째, 곧 율곡이 '이교에 물들어 엽등을 좋아하였고 따라서 또 실지의 공부가 없었다'고 한 부분은 이후의 논의에서 상대적으로 거론이 많지 않았다. 많지 않은 것은 논쟁거리가 되지 않는다는 판단이

---

207  송시열 『宋子大全』 卷21, 疏「擬兩賢辨誣疏」. 송시열은 유직의 소에 담긴 비방의 내용 가운데 큰 것이 세 가지로 出處의 시비, 事業의 득실, 道學의 醇疵를 들었다.

었을 것이며 따라서 이후의 공격자도 방어자도 의미를 부여하지 않은 것이라 여겨진다. 여기서의 이교(異敎)는 불교이고 엽등(獵等)은 선불교에서 말하는 돈오(頓悟)와 같은 것을 가리킨다. 공부에 선후가 있음을 알아 단계적으로 한걸음씩 나아가는 공부가 아니라 훌쩍 뛰어넘기를 좋아한다는 것이다.

『대학』에서 "물건에는 본말(本末)이 있고, 일에는 선후(先後)가 있다. 먼저 할 것 나중 할 것을 알면 도에 가깝다"고 했다. 그리고 팔조목을 선후로 제시하였다. 치지(致知)와 성의(誠意)에 대해서 '그 뜻을 성실히 하고자 한다면 먼저 그 앎을 지극히 해야 한다'고 하였고, '앎이 지극한 뒤에 뜻이 성실해진다'고 하였다. 주희는 이에 대하여 다음과 같이 말했다.

"심체(心體)의 밝음이 다하지 못한 바가 있으면 그 발동하는 것이 반드시 실제로 그 힘을 쓰지 못하여 구차하게 스스로 속이는 일이 있게 된다. 그러나 혹 이미 밝게 알았다 하더라도 이것을 삼가지 않으면 그 밝힌 것이 또 자기의 것이 못 되어서 덕에 나아가는 기초로 삼을 수가 없다. 그러므로 이 장(章)의 뜻은 반드시 위의 장을 이어서 통틀어 상고한 뒤에야 힘을 쓰는 처음과 나중을 볼 수 있으니, 그 순서를 어지럽힐 수 없고, 그 공효를 빠뜨릴 수 없음이 이와 같다."[208]

주희의 이 말에 대해 옥계(玉溪) 노효손(盧孝孫)은 치지(致知)로 말

---

[208]  주희 『大學章句集註』 제6장 "經曰 欲誠其意. 先致其知. 又曰 知至而后意誠. 蓋心體之明 有所未盡 則其所發 必有不能實用其力, 而苟焉以自欺者. 然或已明而不謹乎此, 則其所明又非已有, 而無以爲進德之基. 故此章之指, 必承上章, 而通考之然後 有以見其用力之始終. 其序不可亂而功不可闕 如此云"

미암아야 성의(誠意)에 이를 수 있으니, 이는 순서를 어지럽힐 수 없는 것이고, 이미 치지가 되었다면 또 성의에 이르지 않을 수 없으니, 이는 공효를 빠뜨릴 수 없는 것이라고 했다. 순서와 공효를 아울러 언급함이라는 것이다. 그는 '성의'에서 '평천하'까지 모든 경우에 있어서 순서를 어지럽혀서도 안 되고 공효를 빠뜨려서도 안 된다고 한다. "순서를 어지럽힐 수 없다면 엽등(獵等)하여 나아갈 수 없으며, 공효를 빠뜨릴 수 없다면 중도에 그만둘 수 없다"[209]라고 했다. 유자의 공부는 엽등하면 안 된다는 것이다.

율곡에 대한 이해와 존숭의 도가 깊었던 송시열은 율곡이 이황을 공격했다는 유직의 소에 의한 변명의 글에서 "이황은 침착한 마음가짐과 빈틈없이 주밀한 학문(學文)으로 핵심을 계발한 다음에야 정주의 학문이 세상에 크게 밝아졌고, 이이는 고명(高明)하고 매우 탁월한 자질로 곧바로 이락관민(伊洛關閩)의 학문을 연구하여 환하게 도체를 궁구하였기 때문에 일생 동안 이황을 높이 믿고 그 학문을 강명하였으니, 이 두 현자가 아니었다면 우리나라의 성리학을 누가 천명할 수 있었겠습니까. 다만 이기(理氣)의 분리되고 합침에 대한 주장에서 조금 다른 점이 있었습니다"라고 하였다.[210] 그의 말대로 율곡의 고명 초탁으로 곧바로 이락관민의 학문을 연구하여 환하게 도체를 궁구하였다면 주변 사람들의 눈에는 그가 엽등했다고 할 수 있을 것이다.

유학자에게 엽등의 공부는 안 된다는 것을 이상정(李象靖, 1711-1781)[211]도 강조하였다. 상달(上達)에 마음을 쏟기보다는 평이하고 실

---

209   주희『大學章句集註』제6장 玉溪 盧氏 小註 "由致知方能誠意 此序之不可亂 旣致知 又不可不誠意 此功之不可闕 誠意至平天下 序皆不可亂 功皆不可闕 序不可亂則不可獵等而進 功不可闕則不可半道而廢云"

210   송시열『宋子大全』卷21, 疏「擬兩賢辨誣疏」, 신묘년.

211   이상정은 호가 大山이다. 그는 李滉 이후 이현일·이재로 이어진 영남학파의 중

질적인 하학에 힘을 써야 하며, 도의 은미함에서 먼저 구하는 것보다는 쉽게 알 수 있고 근거할 수 있는 드러난 것에서 구하는 것이 낫다는 것이다. 머리를 낮추고 마음을 내려서 단계를 차근차근 밟아 올라갈 때에는, 느리고 둔하며 민망하고 답답하여 남의 마음에 들지 않게 된다. 그러니 두루 돌아보면서 고담준론을 일삼는 것이 매우 흡족하고 통쾌한 것처럼 보일 수 있다. 단계를 차근차근 밟으면 근거가 있고 평이하고 가득 차게 되고, 고담준론을 일삼으면 비어 있고, 험하고 치우치며 근거가 없다. 축적된 것이 오래되고 공부가 깊어져 마치 활시위가 완전히 당겨지고 웅덩이에 물이 가득 찬 것처럼 된 상태에서, 마치 계절의 하지(夏至) 때가 도래하기를 기다리듯 하면 성취가 있게 된다. 그러면 예전에 고개 들어 높이 쳐다보던 것들이 하루아침에 자기의 것이 된다. 이때가 되면 엽등하려는 사람들은 여전히 허장성세가 텅 비어서 하나도 얻을 것이 없다는 사실을 알게 된다. 따라서 그는 느리거나 둔한 것을 달게 여기고 엽등을 사모하지 말라고 한다. 『논어』에서 '일관(一貫)'을 말하고 또 성과 천도에 대하여 말한 것을 알아듣지 못했다는 것이 있는데 빼어난 제자는 인정을 받기는 하지만 이들 역시 성실함이 쌓이고 오래도록 힘을 쏟은 나머지 장차 터득하는 바가 있게 되었을 즈음에 겨우 말해 준 것이지, 아무에게나 깨우쳐 주고 아무 때나 알려 준 것은 아니라고 한다.

이상정은 당시의 폐단으로 고인의 소학(小學) 공부에 힘을 쏟지 않고 입을 열어 말을 토할 때마다 걸핏하면 성명(性命), 이기(理氣)의 의론을 인용하여 심오하고 지극한 이치를 일반적인 담설(談說)의 자료로 삼는 바람에, 마음의 단서가 항상 황매(荒昧)하고 미묘하여 헤아릴 수

추적 인물이다. 그는 性命理氣에 대한 논의보다는 덕성을 배양하는 실천적 공부를 강조하였다. 일용평상의 도리인 유학의 본지로 돌아가자는 것이었다.

없는 영역으로 내달려 날마다 공상과 억측으로 수고롭기만 하고 전혀 실제에 의거하거나 이면을 찾는[靠實貼裏] 맛이 없게 된다고 한다. 그는 이것이 근세 학술의 고질적인 병폐라고 하였다.[212] 그는 또 "생각도 하지 않고 묻는 것이 바로 엽등이며, 요즘 사람들의 병통은 대개 이것과 관련되어 있다"고 했다. 의심이 생기면 입을 열어 토로해야 하며, 깨달은 내용을 꼼꼼히 서로에게 묻고 절실하게 받아들인다면, 엽등의 병폐가 없겠지만 제목만 취해서 대충 예의만 갖춘다면 이익은 없고 해만 있을 뿐이라 했다.[213]

정조도 초계문신들과 엽등의 문제를 두고 담론을 벌인 일이 있다. 김이재는 주돈이의 태극도에 대하여 두 정자가 조금도 언급하지 않은 것 자체에 은미한 뜻이 담겨 있다고 한다. 학문 진전의 순서는 응당 일상 생활 중 비근한 데로부터 시작하여 실사(實事)에 나아가 이치를 찾고 기물(器物)에 나아가 도를 구하여야 비로소 엽등의 우려가 없는 법이라 하고, 태극도는 본원(本源)을 곧바로 가리키고 두뇌를 먼저 보여주었은 즉 비록 분명히 이 이치를 안다 하더라도, 혹 불가의 무리들이 한갓 소이연만 가슴속에 걸쳐두는 것과 같을까 염려되니, 비근한 데 소홀하고 고원한 데로 치달리는 폐단이 없을 수 없다고 하였다.[214]

이상의 논의에서 알 수 있듯이 유직이 율곡에 대하여 엽등을 말한 것은 그가 불교에 몸담았다는 것에서 연계하여 말한 것임을 알 수 있다. 육상산 및 불교와 연결하여 비판함도 같은 맥락이다. 다만 율곡이 지닌 탁월성과 명민함은 주변에 있는 사람들의 시각에 엽등으로 비쳤을 수 있고 그러한 비판이 있었을 수 있다. 그러나 그의 교육과 성학에 대한

---

212   이상정 『大山集』 卷10, 1746년, 「答李天牖」
213   이상정 『大山集』 卷22, 「答李學甫」
214   정조 『弘齋全書』 卷132, 故寔 4, 朱子大全 3, 1794.

각종 글에서 엽등의 필요성을 말한 부분은 찾을 수 없다.

율곡이 초기에 세운 이론이 만년까지 별다른 수정 없이 견지되는 점과 퇴계가 임종 가까이까지 자신의 이론을 수정하고 있는 점은 선명한 대조를 이룬다. 율곡은 학문적 경지뿐만 아니라 관직도 엽등 곧 승초했고 이것이 주변의 질시의 요인이 되었던 것을 의식한다면 그가 학문적으로 엽등을 좋아했다는 것은 이후 큰 논란거리가 되지 않았던 것으로 보인다.

# 2장
# 성리학적 진리의 담지(擔持)

## 1. 성리학적 진리 사회의 담지(擔持)

조선의 사대부 가문에 태어난 이들은 현실에 대한 꿈을 접는 경우가 아 닌 한 표면적으로는 성리학 이외의 길에서 안심입명(安心立命)과 입신 양명(立身揚名)의 길을 찾을 수 없었다. 이들은 주자학을 정학(正學)으 로 받들고 그 정치적 학문적 권위를 유지하고자 하는 의도와 정적(政 敵)의 위치에 있는 학자집단의 이단(異端) 또는 위학(僞學)이라는 공격 을 방어할 필요, 그리고 자파 내에서 갈라져나온 학술 논쟁을 종식시키 기 위한 동기에 의하여 이루어졌다. 예를 들면 송시열에게서 시작된 『주자대전차의(朱子大全箚疑)』나『주자언론동이고(朱子言論同異攷)』이 의철에게서 완성된 『주자어류고문해의(朱子語類考文解義)』같은 저서 가 이런 유형에 속한다. 한편 퇴계학파 내에서도 종주로 받드는 퇴계의 이론과 위상을 지키기 위해 주희를 연구하고 율곡의 이론을 비판하는

데 상당한 노력을 기울였다.[1]

사문난적(斯文亂賊)의 파동도 있었다. 공자학 또는 주자학과의 정합
성 또는 부합 여부를 따지지만 실제에 있어서는 이황 이론과 일치하냐
율곡의 지향과 부합하냐의 여부가 그 판단의 기준이었다고 할 수 있다.
사문(斯文)이 사문(師門)이 되어 이황 문하의 난적, 율곡 문하의 난적
이 보다 실상에 가까웠다고 할 수 있다. 따라서 집안 단속이라 할 수 있
는 차원에서 후인들의 학설에 대한 통제와 그들 문집에 대한 교감이 엄
정하게 진행되었다. 조선 후기 오랜 기간 정국을 담당한 노론집단에서
는 통치적 필요에 따른 학문적 관용을 보이기도 했지만 어떤 경우에도
주희에 대한 학문적 도전은 용납하지 않았다. 한편 퇴계학파 내에서 이
황의 이론과 노선에 어긋나는 학자에게는 여러 형태의 압력이 가중되
었다. 학파 내부의 결속을 통하여 어려운 국면에 있는 당파의 이익을
지키기 위한 목적이기도 하였다. 어쨌든 조선에서의 주희철학 연구는
이들 퇴계, 율곡 그리고 그들의 후학에 의하여 선도되었다거나 또는 이
들에 의하여 주자학적 진리가 담지되었다고 해도 지나친 말이 아니다.[2]

대체로 주희는 신유가 철학을 완성하고 발전시킨 것, 신유학의 도통
을 건립한 것, 사서의 집주를 완성했다는 평가를 받는다. 주희가 신유학
의 체계를 수립하고 완성 발전시켰다는 내용으로는 신유가의 방향 확
정, 이와 기의 관계 정리, 태극 관념, 그리고 인 관념의 발전이 꼽힌다.[3]

1   한 예로 김경호는 「尊退攘栗 – 퇴계학의 첨병으로서의 이구」라는 논문을 통하여 이
러한 사정을 잘 드러내었다. 『율곡사상연구』 14집(2007년), 69–96쪽 참고
2   이러한 점은 「16세기 성리학파의 역사의식에 관한 연구」로 1975년 이동준 교수가
정리하여 비교한 바 있다. 이 논문은 근래에 『16세기 한국성리학파의 철학사상과 역
사의식』이란 제목으로 도서출판 심산에서 2007년 11월 출간되었다. 이 논문의 결론에
서 이동준은 퇴계학을 수교적 정향의 도학적 내면화, 율곡학을 진리와 현실의 연계와
구체적 대응으로 대비하고 있다.
3   陳榮捷『朱學論集』「朱熹集新儒學之大成」 1–23쪽 참조

율곡은 자신이 주희 뒤에 태어나 학문에 어긋남이 없게 된 것을 천행으로 여긴다고 했고, 내가 원하는 바는 주자를 배우는 것이라고 했다.[4] 율곡의 후학들이 "공자를 배우려면 주자로부터 출발해야 하고 주자를 배우려면 율곡을 배워야 한다"는 것은 조선조 17세기 이후 기호지역 일단의 사대부 가문의 학자들에게 있어서 당연시되는 지침이었다. 그만큼 율곡은 주희를 존신(尊信)하였다. 한때 불교와 노장의 가르침에 관심을 갖고 출입을 하였지만 그가 활동할 수 있는 현실세계는 그의 관심과 활동을 제약하였다. 금강산 입산 경력이 그의 정치적 위상을 오랫동안 심각하게 흔들었던 것에서, 또한 그의 저작 『순언(醇言)』이 오랫동안 드러나지 못했던 것에서 이런 사정을 확인할 수 있다.

율곡은 여러 차례 과거에 응시하였다. 과거시험의 과제는 주로 주자학에 대한 이해의 수준을 평가하는 것이었고, 거기서의 탁월한 성적은 자신의 정치적 학문적 위상을 우월하게 확보하는 방법이었으며, 실제로 그러했다. 당시 조선사회를 진리 사회로 끌고 갈 수 있는 화두는 주희의 명제들이라고 보았다. 주희와 율곡은 무엇이 같고 무엇이 다른가? 율곡은 주희의 학문 가운데 무엇을 받들어 지키고 무엇을 바꾸어 통용되게 하였는가?

## 2. 필부성인(匹夫聖人)과 사대부 도통론(道統論)

율곡은 도통이 옛날에는 성인에서 성인으로 전해졌으나 시대가 내려오면서 전승되지 못했고, 마침내 도통이 골목의 보통 사람 곧 필부(匹夫)

---

4　『栗谷全書』卷2, 詩, 「고산구곡가」 "高山九曲潭. 世人未曾知. 誅茅來卜居. 朋友皆會之. 武夷仍想像. 所願學朱子" 고산구곡가는 율곡이 한글로 쓴 것을 송시열이 한문으로 옮겼다.

에게 돌아갔다고 하였다. 그는 공자를 필부의 처지에서 세상을 구하려
한 인물로 묘사하고,[5] 도통이 군주와 재상에게 있지 않은 것은 참으로
큰 불행이라고 하였다. 이는 바른 통치와 세상의 안전이라고 하는 면에
서 적절한 지적일 것이다. 그가 『성학집요(聖學輯要)』를 편찬하여 바치
게 된 일차적 목적이 군주로 하여금 도통을 이으라는 것이다. 「성현도
통」 마지막 부분에서 "반드시 우리 도를 크게 밝혀서 크게 행하여 도통
의 전승에 닿는다면 영원히 크게 다행일 것이다"라고 한 것이 그것을
드러낸다.

그는 맹자 이후 도통이 골목에서조차 끊어졌고 아득히 길고 깊은 밤
이 되었다고 탄식하고 있다.[6] 통상 필부와 성인은 대립되는 개념인데
율곡은 이 두 개념을 도통으로 연결시킨 것이다. 이는 사상사적으로 매
우 심대한 의미를 갖는다. '길거리의 사람도 모두 요순 같은 성인이 될
수 있다'거나 '만인이 모두 성인'이라는 명제가 일찍부터 등장했지만
이들 명제를 사회에 다시 환기시키고, 그 의미를 체계적으로 되새김하
여 사회변화에 기여한 공을 평가해야 한다. 다른 한편 도를 전수해야
할 책무가 황궁이 아닌 뒷골목에 사는 선비에게도 주어졌다고 하는 것
은 세속 왕권과 달리 또 하나의 권위체계가 형성되는 것의 의미를 제시
한 것이 된다.

율곡은 도통이 황궁에 사는 황제에게서가 아니라 골목에 사는 필
부에 의하여 이어졌다고 하였지만 이는 실상 주희의 생각이기도 하

---

5  『栗谷全書』卷6, 疏箚 「應旨論事疏」 "昔者春秋之時, 世衰道微,, 諸侯擅制, 大夫專
政, 天下淆亂極矣. 而孔子以匹夫之力, 猶且欲救一世, 轍環四國, 而其言曰, 天下有道,
丘不與易也. 蓋聖人之心, 不以無道必天下而棄之也. 今日世道之降, 雖下於春秋之時,
無列國戰爭之患, 而殿下居得治之位, 非孔子匹夫之比, 欲治則可治矣. 殿下豈可以無道
必一國而棄之耶"
6  『栗谷全書』「聖學輯要」「聖賢道統」

다.[7] 주희는 『중용장구』 서문에서 공자가 비록 군주나 재상의 지위를 얻지 못했으나 도통을 이었다고 했기 때문이다. 주희 때에 공자는 이미 거리의 학자라는 위상을 넘어 신성(神聖)의 위치에 올라 있었다. 공자는 율곡의 표현과 같이 필부의 힘으로 일세를 구하고자 했던 것이다.[8] 사실 공자 이후 진리의 담지자는 사류(士類)라 불리는 집단이었다. 주희가 여동래와 함께 편집한 『근사록(近思錄)』에서 맹자에서 끊어진 도통을 잇는 인물로 주돈이, 장재, 정호, 정이 등을 꼽고 있는데, 이들은 모두 군주도 재상도 아닌, 사대부 신분들이다.[9]

주희에게서 이미 성인은 타고 나거나 하늘이 특별히 선택하는 존재가 아니라 누구나 다 배워서 성취할 수 있는 존재로 그 개념이 바뀌었다. 그는 세상 사람들이 성인은 너무 높고 멀리 있으며 자기는 비천하다고 여겨 나아가려고 하지 않는 성향이 있음을 지적하고, 안연이 '순은 누구며 나는 누구냐'라고 하였는데 노력하는 사람은 또한 이와 같다고 하였다.[10] 이는 성인 개념의 변화이기도 하고, 도통의식의 변천이기도 하다. 한편 유교사회 안에서 이제 가치의 체계가 분화되었음을 나타내는 것이기도 하다. 비록 이념적으로 내성외왕(內聖外王)이라고 하

---

7    朱熹 『中庸章句集註』 序文 "若吾夫子, 則雖不得其位, 而所以繼往聖開來學, 其功反有賢於堯舜者, 然當是時, 見而知之者, 惟顏氏曾氏之傳得其宗, 及曾氏之再傳, 而復得夫子之孫子思, 則去聖遠而異端起矣"

8    『栗谷全書』 卷26, 「聖學輯要」 "於是, 在下之賢聖, 不能自立於朝, 深藏不售, 蘊寶終身, 而棄義趨利者, 相排競進, 上下交征, 道統之傳, 始歸於閭巷之匹夫. 道統之不在君相, 誠天下之不幸也. (…) 道統在於匹夫, 則道不能行於一世, 而只傳於後學, 若道統失傳, 竝與匹夫而不作, 則天下貿貿. 不知所從矣, 周公歿, 百世無善治, 孟軻死, 千載無眞儒, 此之謂也"

9    『近思錄』 卷14.

10   『栗谷全書』 卷20, 『聖學輯要』 「修己」 2상 "凡人須以聖賢爲己任. 世人多以聖賢爲高, 而自視爲卑, 故不肯進, 抑不知稟性與常人一同, 安得不以聖賢爲己任. 顏淵曰, 舜何人也, 予何人也, 有爲者亦若是"

고 내외가 일치해야 한다는 것을 표방하지만 실제로 내성(內聖)의 길과 외왕(外王)의 길이 분화되었음을 인정하는 것이 된다. 그리고 사대부가 성인의 칭호를 얻을 수 있는 길을 활짝 열어 놓았다.

율곡은 선명한 필치로 필부가 성인이 될 수 있고 도를 전할 수 있게 된다는 주장을 펼친다. 그는 20세경 쓴「자경문(自警文)」에서 스스로를 격려하여 성인을 기약하였다. 그리고 털끝만큼의 부족함이 있다면 자기의 일은 끝나지 않은 것이라고 다짐하였다.[11] 이런 생각은 자기만의 다짐과 계획으로 멈춘 것이 아니고 모든 배우는 사람의 목표가 되어야 한다고도 생각했다. 그래서 47세 때 지은「학교모범」에서도 모름지기 배우는 사람의 입지를 강조하고 또 그 기약의 목표를 성인으로 선명히 제시했던 것이다.[12] 『대학』의 궁극목표가 치국·평천하라면 이는 제왕이나 현명한 재상과 같은 사람에게나 해당되는 사항이지 일반 필부로서는 무관한 것 아닌가 하는 물음이 있을 수 있다. 필부에게 무관하다면 수기(修己) 등이 목적이 분명해지지 않는다. 이에 대해 주희는『대학혹문(大學或問)』에서 치국·평천하는 천자와 제후의 일이므로 경대부 이하의 사람들과는 무관한 것이 아니냐고 하는 물음을 던지고 다음과 같이 대답하고 있다.

"군자의 마음은 탁 트여 관대(寬大)하고 공평(公平)하다. 세상의 어떤 물건도 내 마음이 마땅히 사랑해야 할 것 아님이 없고 어떤 일도 내 직무에

---

11 『栗谷全書』卷14, 雜著「自警文」"先須大其志, 以聖人爲準則, 一毫不及聖人, 則吾事未了"

12 『栗谷全書』卷15,「學校模範」"一曰立志, 謂學者先須立志, 以道自任, 道非高遠, 人自不行. 萬善備我, 不待他求, 莫更遲疑等待, 莫更畏難趑趄, 直以爲天地立心, 爲生民立極, 爲往聖繼絶學, 爲萬世開太平爲標的. 退託自畫之念, 姑息自恕之習, 不可毫髮萌於胸次, 至於毀譽榮辱利害禍福, 一切不動其心, 奮發策勵, 必要作聖人而後已"

서 하지 않을 일이 없다. 혹 형세가 필부와 같은 미천한 지위에 있다고 하여도 그 군주를 요순처럼 그 백성들을 요순시대 백성처럼 되도록 노력하는 것이 자신의 분한에 부응하는 일이다. (…) 배우는 자가 세상의 일을 자기 일처럼 한다면 군사 재정 제사와 같은 낮은 직무를 맡는다고 해도 모두 위기지학이 되는 것이다"[13]

윗글에서 주희는 세상을 구제할 담당자로서의 군자는 경대부와 같은 신분 개념을 넘어서는 것으로 설정하고 있음을 다시 확인할 수 있다. 즉 군자는 필부와 같은 미천한 지위에 있을 수도 있고 요순 같은 제왕의 신분에 있을 수도 있으며, 따라서 크게 일할 수도 있고 낮은 위치에서 작게 일할 수도 있지만 모두 자기를 위하는 것이 될 수 있고 세상의 어떤 물건도 마음이 사랑하고 어떤 일도 내 직분이 담당하는 일로 삼는 것임을 분명히 규정하고 있다.

이 부분에 상응하는 내용을 율곡에게서 찾을 수 있다. 율곡은『중용』의 머릿장에 나오는 '중(中)과 화(和)를 극진히 하면 천지가 제자리를 잡고 만물이 육성된다[致中和 天地位 萬物育]'를 해석하는 가운데 중(中)·화(和)의 공효에는 넓고 좁음의 차이가 있음을 말하고 그 공효가 한 집에 미치면 한 집의 하늘과 땅이 제자리에 위치하고 한 집안의 만물이 번창한다고 하였다.

"고대 중국의 삼대 이후에 한 집안이 제자리를 잡고 번성한 경우는 세상에

---

13　朱熹『大學或問』"君子之心豁然大公, 其視天下無一物而非吾心之所當愛, 無一事而非吾職之所當爲 雖或勢在匹夫之賤, 而所以堯舜其君堯舜其民者 亦未嘗不在其分內也. (…) 大抵 以學者而視天下之事, 以爲己事之所當然而爲之, 則雖甲兵錢穀籩豆有司之司, 皆爲己也"

간혹 있었지만 한 나라와 온 세상이 제자리 잡고 번성했다는 것은 전혀 듣지 못했습니다."[14]

율곡은 덧붙여서 "한 집 안에 어찌 따로 하늘과 땅 만물이 있겠는가? 다만 부모와 자녀, 부부, 형제가 각각 자기 분수를 바르게 하는 것이 하늘과 땅이 제자리를 잡는 기상이고, 자애와 효도, 우애와 공경, 이끌고 따르는 것이 저마다 그 실상대로 움직이면 이것이 바로 만물이 생육하는 것이다"라고 하였다. 주희는 치(治)·평(平)의 문제로 풀이하였고 율곡은 중(中)·화(和)의 문제로 접근하였으나 두 사람의 지향과 문제의식은 같음을 알 수 있다. 이는 한 개인이 이루어내는 중화의 공효가 어떻게 천지만물에서 나타나는가에 대한 물음을 예상하고 내놓은 답변이기도 하고 또 처음부터 그것이 너무 높고 멀며 실천하기 힘든 것이라는 지레짐작으로 포기하려는 것을 막기 위한 동기에서 나온 답변이다.[15]

이는 천지만물에 대한 탄력적 해석이기도 하다. 통상 천지 만물은 제왕 군주 제후의 몫이었지만 이제는 일개 사대부나 필부도 그의 중화(中和)를 통하여 하늘과 땅이 제자리 잡고 만물의 생육 번성하는 효과를 갖게 된다는 해석이 가능하게 되었다. 이미 율곡은 『성학집요』가 성인 제왕만의 학문이 아니라고 했다. 그러므로 제왕이라면 천지 만물의 차원에서 논의할 수 있지만 그가 필부라면 한 집안의 천지와 한 집안의

---

14   『栗谷全書』卷19,「聖學輯要」統說 1, "三代之後, 一家之位育者, 世或間出, 而一國天下之位育者, 寂寥無聞, 以是深有望於殿下焉"

15   『栗谷全書』卷19,「聖學輯要」統說 "蓋天地萬物, 本吾一體, 吾之心正, 則天地之心, 亦正矣. 吾之氣順, 則天地之氣, 亦順矣. 故其效驗至於如此, 此學問之極功, 聖人之能事, 初非有待於外, 而修道之教, 亦在其中矣"

만물에 적용하여 논의해도 무방하다는 뜻이 배려된 해석이다.[16] 율곡이
『격몽요결』에서 학생들에게 뜻 세우기[立志]를 강조하면서 '반드시 성
인을 기약해야 한다' 고 강조한 것은 이 필부성인론과 연결되어 있다.
조정에서 큰 정치를 담당하면서 그가 주장한 필부성인론은 학교교육
등 구체적 시행을 통하여 조선의 유교적 지식인들에게 체화(體化)되어
갔다.

　주희의 공헌 가운데 하나로 꼽히는 것이 도통의 확정이다. 이론적으
로뿐만 아니라 실제로 사람들이 이를 수용하고 본보기로 삼았다는 점
에서 그 공적을 높이 평가한다. 도통의 확립은 학술의 정체성 확립에
있어서, 또 집단의 결속력 강화의 차원에서 매우 의미 있는 일이다. 주
희가 확립한 도통론을 율곡은 그대로 수용한다. 율곡은 선비가 조정에
나아가면 한 때에 도를 행하여 그 백성으로 하여금 희호의 즐거움을 노
래하게 하고, 물러서게 되면 연구와 교육으로 만세에 가르침을 드리워
서 후학들로 하여금 깊은 잠에서 깨어나게 해야 하는데, 나아가서 도를
행한 것도 없고 물러서서 가르침을 드리운 것도 없다면 남들이 아무리
진유(眞儒)라고 해도 그는 믿지 않겠다고 하였다. 이런 시각에서 그는
조선 유학의 도통과 유자론(儒者論)을 전개한다.

　조선 유학에서 도통을 정립하려는 여러 시도가 있었다. 포은 정몽주
를 이학의 조종으로, 정암 조광조를 도학의 태두로 받드는 데 학파 사
이에 큰 이견이 없다. 그런데 율곡은 조선 이학(理學) 조종의 위치에 포
은 정몽주를 두지만 그는 사직을 지킨 신하일 뿐이라고 다소 폄하한다.

---

16　이런 해석은 「誠策」에서도 나타난다. 『栗谷全書』拾遺 卷6,「誠策」 "數子之誠, 可
謂格天地動鬼神之一驗也. 然而不得全體之誠, 而只有一端之誠, 則滅火而回日者, 只是
一時之效耳. 其安能極其中而位天地乎. 筍生而魚躍者, 只是一事之應耳. 其安能極其和
而育萬物乎 蓋揮戈扣頭之誠, 未若聖人與天地合其德之誠也. 泣竹扣氷之誠, 未若聖人
俾萬物得其所之誠也. 其與誠明之誠, 位育之盛, 不可同日而語矣"

대신 조광조를 도학의 태두(泰斗) 위치에 두고 드러내어 빛낸다. 이는
그가 보는 진유론과 관련을 갖는다. 그리고 그 후학들이 지녀야 할 자
세를 제시한 것이다. 이러한 전통은 이후 그의 문하에서 문묘종사를 논
의하고 결정함에 허형(許衡)을 출향(黜享)한다거나 양명학 계통을 배
제하는 등의 형태로 나타난다.

　율곡은 중국 유학의 도통을 논함에 있어서도 다소 특이점을 보인다.
즉 소옹을 내성외왕이 갖추어진 학자로 평가하며 도의 정통에 닿아 있
다고 평가하는 것이다.[17] 또 그는 기자(箕子)에 대한 관심을 갖고 그를
높이 평가하였으며[18] 「기자실기」를 편찬하기도 했다.[19]

## 3. '속임 없기[毋欺]'의 철학 – 실리(實理)와 실심(實心)

율곡의 철학은 마음의 진실성을 기초로 한다. 학문이 지향하는 것, 그
리고 그 결과가 실리(實理)여야 하며, 한갓 세상의 귀와 눈을 속이는 것
이 아닐 뿐 아니라[無欺人] 자신의 마음을 속임 없는 상태로 유지한다
는[無自欺] 점에서 실심(實心)의 철학이다.

　율곡은 "『주역』이 표방하는 것은 실리(實理)일 따름이다. 진실의 이
치는 휴식이 없으니 상천(上天)이 문왕·주공·공자 세 성인을 내지 않
을 수 없고, 세 성인은 역을 확대하지 않을 수 없었다"고 하였다.[20] 그

---

17　『栗谷全書』 卷26, 「聖賢道統」 "臣按. 康節邵氏, 內聖外王之學, 安且成矣, 而先賢
未嘗以道統正脈許之. 故不敢載于此"
18　『栗谷全書』 卷4, 「代白參贊論時事疏」 "我國邈在海隅, 文獻無徵, 箕子以後, 寥寥
千載, 不聞儒者之作"
19　『栗谷全書』 年譜, 庚辰八年, 先生四十五歲, 五月, 撰箕子實記.
20　『栗谷全書』 「易數策」 "大易之義, 實理而已. 眞實之理, 不容休息, 則上天安得不生
三聖, 三聖安得不衍大易哉. 若六十四卦, 則伏羲已畫其象, 不待三聖然後乃成也"

는 '하늘에는 실리가 있기에 기화(氣化)가 유행하여 멈추지 않고, 사람에게는 실심이 있기에 공부가 밝아 쉬지 않는다'고도 말하고, 만일 사람으로서 실심이 없다면 천리에 어긋난다고도 하였다.[21] 그는 실심이 없는 경우의 현상을 다음과 같이 말한다.

"사사로이 아부하는 것을 좋아하며 벼슬하는 사람은 염치와 정의를 말하면서도 일을 처리할 때는 의롭지도 않고 청렴하지도 않으며 백성을 다스리는 자는 입으로는 기른다. 가르친다 하면서도 막상 행정에서는 기르지도 않고 가르치지도 않는다. 또 혹 억지로 인을 행하고 의에 힘써서 겉으로는 볼 만한 것이 있지만 중심에 즐기는 것은 인의(仁義)에 있지 않고, 거짓을 고치는 일이 오래가지 못하고, 처음에는 날카로우나 나중에는 나태하다. 이 같은 것들이 모두 실심이 없는 까닭이다."[22]

그는 도교에서 주장하는 어떤 내용들, 이를테면 사람이 영원히 살고 늙지 않는다고 하는 것, 시력이 오랫동안 유지된다는 것 등은 사람을 속이는 사특하고 근거 없는 주장에 지나지 않는다고 하였다.[23] 그가 말하는 실리와 실심은 결국 성(誠)이다. 성자(誠者)와 사성자(思誠者) 또는 성지자(誠之者)로 하늘과 인간을 구별했다.[24]

---

21　『栗谷全書』卷21,「聖學輯要」修己 2. "臣按, 天有實理, 故氣化流行而不息, 人有實心, 故工夫緝熙而無間. 人無實心, 則悖乎天理矣"

22　『栗谷全書』卷21,「聖學輯要」修己 2. "而私愛其納媚, 居官者, 說廉說義, 而做事不廉不義, 莅民者, 曰養曰敎, 而爲政不養不敎, 又或强仁勉義, 外似可觀, 而中心所樂, 不在仁義, 矯僞難久, 始銳終怠, 如是之類, 皆無實心故也"

23　『栗谷全書拾遺』卷5,「神仙策」"對. 天地之理, 實理而已. 人物之生, 莫不依乎實理, 則理外之說, 非格物君子之所可信也."

24　『栗谷全書拾遺』卷6,「誠策」"對. 天以實理而有化育之功, 人以實心而致感通之效. 所謂實理實心者, 不過曰誠而已矣. 純乎天理而得, 誠之全者, 聖人也. 實其一端而得誠

율곡은 성(誠)에 각별히 주의한다. 『대학』에서는 '그 뜻을 진실되게 할 것[誠其意]'이라 했고, 『중용』에서는 '진실무망한 것은 하늘의 도[誠者 天之道]'라 했으며, 『맹자』에서는 '자신을 돌아켜 보아 진실무망하면[反身而誠]'이라 했다. 『논어』에서는 성을 직접 말하지 않았지만 자신의 최선을 다하는 것과 남과의 약속을 지키는 것을 가장 우선시하라[主忠信]고 했는데, 충(忠)이 망령됨이 없음이고 신(信)이 남을 속이지 않음이어서 성(誠)을 말한 것이라고 할 수 있다. 나누어서 말하면 그 뜻이 각각 있지만 이를 합쳐서 말하면 결국 천도와 인도일 따름이다. 저절로 그래서 그런 것은 천도이고 힘써 행하여 그런 것은 인도이다. 진실무망한 것은 천도이고 진실무망하려고 하는 것은 인도이다. 율곡이 말하는 '성자(誠者)'로서의 천도는 실리이고, '성지자(誠之者)'로서의 인도는 실심이다.[25]

"실리의 성(誠)은 성인은 기품이 청명하고 천리가 혼연한데 이것을 체득하여 태어나면서부터 알고 편안하게 실천하는 것이 진실무망함으로부터 밝아짐이다. 『맹자』에서의 '만물이 모두 나에게 갖추어져 있다'가 이것이다. 그러니 『중용』의 성(誠)이 어찌 실리의 성이 아니겠는가? 실심의 성은 대현 이하의 기품이 아직 완전히 청명하지 못하고 천리가 혼전하지 못하며 성정(性情)이 혹 인욕에 얽매여 모든 행위가 다 참되지는 못하므로 선을 밝히려 하고 그 마음을 진실하게 하려고 하는 것이니 이것이 『중용』의 이른바 '자명성자(自明誠者)'이며 '성신(誠身)'이다. 그러니 『대학』의 '성기의(誠其意)', 『논어』의 '충신(忠信)', 『맹자』의 '몸에 돌이켜 진실되

之偏者, 賢者也. 其體甚微, 而其用甚顯, 故天地而以格, 鬼神可以動, 人心可以服矣. 然而或有不能格, 不能動, 不能服者, 因其理數之變耳, 非誠之未至也"

25  『栗谷全書拾遺』卷6,「四子言誠義」

면'과 『중용』의 '성지자(誠之者)'의 어느 것이 실심의 성이 아니겠는가?"[26]

주희는 『대학』의 '스스로 속인다[自欺]'는 말에 대하여 '의와 이(理)를 알지 못하면서 나는 의와 이를 안다'라고 말하는 것, 또 '절반은 알고 절반은 모르는 것이 자기를 속이는 것'이라고도 하였다.[27] '뜻을 성실하게 하는 것'이 '자기를 속이지 않는 것'이라는 말에 대하여 '한 덩어리의 물건에서 바깥쪽은 은인데 속은 쇠라면 자기를 속이는 것이며, 표리가 일치하는 것이 자기를 속이지 않음'이라고도 하였다.[28] "이른바 스스로를 속인다는 것은 이 사람이 본래 선을 행하고 악을 제거하려는 마음이 없는 것이 아니나 이런 생각이 일어남에 따라 항상 한 생각이 속에서 막아서 안팎이 하나가 되게 하지 못하는 것이 바로 스스로를 속임이다"[29]라고 한다. 또 "다만 털끝만큼의 불쾌한 마음이 있으면 이는 스스로를 속이는 것이다"라고 했다.[30] 자겸(自慊)에 대해서 사람이 선

---

26  『栗谷全書拾遺』卷6,「四子言誠義」"天道卽實理, 而人道卽實心也. 實理之誠則聖人氣稟淸明, 道理渾然. 體此而生知安行, 此乃自誠明者. 而孟子所謂萬物皆備於我, 是也. 然則中庸之誠者, 豈非實理之誠乎. 實心之誠則大賢以下, 氣稟未純乎淸明, 而不能渾全其天理, 性情或牽於人欲, 而不能百行之皆實. 故明善而實其心, 此乃自明誠者, 而中庸所謂誠身, 是也. 然則大學之誠其意, 論語之忠信, 孟子之反身而誠, 與夫中庸之誠之者, 何莫非實心之誠乎"

27  『朱子語類』卷16, 71조목 問劉楝 看大學自欺之說如何? 曰 "不知義理, 卻道我知義理, 是自欺." 先生曰: "自欺是箇半知半不知底人. 知道善我所當爲, 卻又不十分去爲善; 知道惡不可作, 卻又是自家所愛, 舍他不得, 這便是自欺. 不知不識, 只喚欺, 不知不識卻不喚做'自欺.'" 道夫

28  『朱子語類』卷16, 72조목 或問 "誠其意者毋自欺". 曰: "譬如一塊物, 外面是銀, 裏面是鐵, 便是自欺. 須是表裏如一, 便是不自欺" 祖道

29  『朱子語類』卷16, 75조목 "所謂自欺者, 非爲此人本不欲爲善去惡. 但此意隨發, 常有一念在內阻隔住, 不放教表裏如一, 便是自欺"

30  『朱子語類』卷16, 76조목 "只今有一毫不快於心, 便是自欺也."

을 행함에 모름지기 100% 진실하게 선을 행하여야 하는데 만약 60-70%만 선을 행하고 20-30%는 악한 생각이 있으면 표리가 서로 견제하게 되는데 이것은 자겸(自慊)이 아니라고 했다.[31] 또한 자기를 속이는 것과 남을 속이는 것에 대한 물음에서 남을 속이는 것이 바로 자기를 속이는 것이라고 했다.[32]

　이처럼 자신과 남을 속임이 없는 마음과 이치로 일생을 깨끗하게 살아간 것이 주희이고 율곡이다.

## 4. '고궁(固窮)'의 진유(眞儒)

주희의 시대는 남송, 즉 송조가 이미 쇠망기에 접어들고 있었다. 금과의 전쟁이 있어 항시 위기의식이 억누르던 상황이었다. 또한 새로 학문의 체계를 수립해가는 간고(艱苦)한 상황이었다. 주희에게는 논적도 많았고 스스로 가다듬고 정리하고 선택하고 정합성을 찾아야 하는 엄청난 노력과 재능이 요구되었다. 율곡의 경우는 이미 체계화되어 있고 국교화되어 있는 주희학을 연구하기만 하면 되어 사상적 방황의 여지가 별로 없고, 학문적 논적도 별로 없었다. 그가 이황에 대하여 다소 비판적 견해를 피력했고 성혼과도 논전을 펼쳤지만 그것은 주자학 체계 안의 제한된 문제였다. 율곡에게는 육구연, 진량 같은 논적이 없었다. 성혼이 장식(張栻) 같은 위치에 있었고 송익필이 여조겸(呂祖謙) 같은 역할을 하였을 뿐이다.

---

31　『朱子語類』卷16, 81조목 "問自慊. 曰. 人之爲善, 須是十分眞實爲善, 方是自慊. 若有六七分爲善, 又有兩三分爲惡底意思在裏面相牽, 便不是自慊. 須是 '如惡惡臭, 如好好色' 方是."

32　『朱子語類』卷8, 125조목 "因說自欺·欺人, 曰. 欺人亦是自欺, 此又是自欺之甚者. 便敎盡大地只有自家一人, 也只是自欺, 如此者多矣"

율곡은 타고난 특별한 재능과 성실성 그리고 왕의 특별한 예우를 얻어 조정에 서는 날이 많았고 또 유학적 치평(治平)을 위한 저술도 많다. 관직에서 물러나 있을 때에는 교육에 힘썼으며, 향약 등의 제정과 사창법의 실시 등 향촌을 위한 일과 또 동료 학우 등과 더불어 성리학적 개념에 대한 이해와 설명에 많은 공력을 들였다.

주희는 일생 관직생활보다는 학문에 종사했다. 그는 전후 10여 년 관직에 있었고 조정에 선 것은 불과 40일 남짓이었다. 지방관직은 남강군(南康軍) 지사(知事)나 절동제거(浙東提擧) 등이 돋보이지만 대부분의 시간을 자신의 집에서 거처하는 생활로 보냈고, 명예직이나 다름 없는 사록관(祠錄官)으로 생계를 유지했다. 사록관 제도는 당나라 때 시작되었는데 송대에 성행했고 이후에는 별로 보이지 않는다. 이는 도교의 궁관을 돌보게 하고 녹봉을 주는 것으로서 도교의 숭봉과 겸하여 현명한 어른에 대한 예우의 성격을 갖는 제도였다. 주희의 사록관 생활은 전후 22년 7개월에 이른다. 이처럼 오래 사록관 생활을 한 사람은 송대에 주희 이외 달리 없다. 그가 사록관에 매달리다시피 한 것은 몹시 빈한했기 때문이다. 그러나 성학(聖學)에 대한 의지가 독실하여 관직생활보다는 공부에 전념하고자 했고 생활의 방편상 그리고 안심하고 교학생활을 하기 위한 방편으로 사록관을 희망하여 얻었다는 것이다.[33] 실제로 그는 벼슬이 제수되었음에도 이를 사양하고 사록관을 원했다.[34] 주희의 학문적 큰 성취에는 여러 요인이 있겠으나 그 중의 하나는 사록관 제도의 힘을 입은 것이라고 할 수 있다. 생계를 위한 일에 그의 시간과 힘을 사용했다면 그의 학문적 집대성은 어려웠을 것이다. 주희는 71

---

33    陳榮捷『朱學論集』「朱子固窮」207쪽
34    49세 때 남강군 지사에 임명되었는데 주희는 이를 사양하고 사록관을 청했다. 그러나 나중 지사에 부임했다.

세에 죽었다.

주희의 50세 전까지 주로 이학의 향방을 정하는 데 결정적인 학문적 성취가 이미 이루어졌다. 그것은 창조적이면서 동시에 선유의 학설을 조술하는 것이었다. 『태극도설』·『통서』·『서명』의 해의를 저술한 것, 그리고『근사록』의 편찬은 구체적으로 선유의 학설을 승계하고 발전시킨 것이며, 여타 사서와 관련된 것은 향후 그의 학문이 글자 그대로 신유학이 될 수 있는 결정적 토대를 제공한 것이 된다. 주희의 50대 이후 약 20년간의 저술[35]을 보면 그 관심이 4서 중심에서『주역』·『초사』·『의례』·한문 등 오경과 문학 등으로 확대되었음을 짐작할 수 있다. 이는 주희의 이학(理學) 분야에서의 학문적 성취는 이미 50세 이전에 거의 완성되었다는 것을 말한다. 물론 이 시기에는 탄핵도 있었고 위학(僞學)으로 지목되어 핍박도 받는 등 그의 신변에 번거로운 일이 많아졌기에 학문에 전념하기 어려운 측면도 있었을 것이다.

'군자고궁(君子固窮)'이라 한다. 여기서 '고궁(固窮)'은 정자가 '군자는 궁핍함을 고수(固守)한다'로 풀이하였지만 궁핍한 상황에서도 의연할 수 있다는 뜻이다. 진영첩이 「朱子固窮」이라는 논문에서 지적한 것과 같이 주희는 참으로 궁핍함을 견딜 줄 아는 학자였다. 아니 주희만큼 참으로 곤궁[36]한 학자가 중국 역사상 드물다고 할 수 있다.[37] 그는 이 논문에서 주희의 세가, 봉사, 봉록, 가난, 인물, 주고받음 등의 항목

---

[35]  50세『태극도설』·『통서』재차 교정, 57세『역학계몽』완성, 58세 육상산과 무극태극논쟁, 59세『태극도설해』·『서명해』간행, 60세「대학장구서」·「중용장구서」씀 『중용집략』완성, 61세『주역본의』완성, 65세『의례경전통해』완성, 68세『한문고이』·『주역참동계고이』완성, 70세『초사집주』·『후어』·『변증』완성

[36]  『論語』「衛靈公」에 '君子固窮'이 있다. "衛靈公問陳於孔子, 孔子對曰. 俎豆之事, 則嘗聞之矣. 軍旅之事, 未之學也. 明日遂行, 在陳絕糧, 從者病, 莫能興. 子路慍見曰. 君子亦有窮乎? 曰. 君子固窮, 小人窮斯濫矣"

[37]  陳榮捷『朱學論集』「朱子固窮」205쪽 참조

으로 상세히 기술하였다. 그는 주희의 이 문제를 다루는 까닭을 두 가지로 들고 있다. 하나는 그의 상소문이나 편지글에 자주 궁핍함을 말하고 있는데 이는 종래의 중국철학자들에게서는 없는 현상이다. 궁핍함을 말했으나 궁핍함에 신음한다고는 하지 않았는데 이는 주희가 궁핍함에 어떤 원망을 하지 않았음을 의미한다. 그런데 황간의 「주자행장」이나 대선(戴銑)의 「주자실기(實記)」, 송사의 「주자본전(本傳)」, 왕무굉(王懋竑)의 「주자연보」 등에서 이 문제를 거의 다루지 않았다. 참으로 주희의 빈궁한 상황이 어느 정도였는지 무엇이 곤궁했는지 알 수가 없고 일본이나 한국의 학자들 가운데도 이를 다룬 글이 보이지 않는다. 이러한 곤궁한 처지가 그의 품격에 어떤 영향을 미쳤는지, 출처에 또는 학풍에 어떤 영향을 주었는지 소홀히 할 수 없는 문제이다.

둘째는 중국문인들이 지주(地主)라는 주장들이 있는데 주희가 지난 800년 동안 중국에서 최대의 영향력을 행사한 문인이지만 과연 그가 지주계급에 속하는지 냉정히 분별해야만 한다. 주희는 빈한한 가정에서 태어났다. 부친은 그가 아직 기반을 잡지 못했을 때 죽었다. 그런데 주희는 관직에 관심을 크게 두지 않았다. 사록관이라는 명예직 성격의 도교 사당 관리인 자리를 신청하여 오랜 기간 누렸는데, 그것은 생계를 도모하기 위한 방편이었다.

당시 사록관은 진영첩의 해석에 따르면, 현대의 국가장학금 또는 재단의 후원금 성격에 해당하는 학자에 대한 재정 지원책이었다. 이 제도를 주희는 지혜롭게 이용했다. 너무 오랫동안 이 제도에 매달리자 비난하는 사람도 있었다. 주희는 남강군 지사에 임명되었을 때 이를 사양하면서 사록관을 청했다. 사록관은 특별히 행정적 부담을 주지 않았다. 그러니 주희는 집에서 머무는 생활을 하면서 학문에 전념할 수 있었다. 그가 그렇게 많은 문인을 거느렸고 또 많은 사람과 만나 학술담론을 즐길 수 있었던 것도 이 사록관 제도의 덕이었다고 할 수 있다.

주희가 관직에 있었을 때 한때 상당히 혹독한 탄핵을 가하여 상대를 곤궁에 처하게 한 일이 있고, 이것이 훗날 주희의 흠결로 지적되곤 한다. 이는 그의 성격 탓도 있지만 행정관으로서 세련되지 못함을 반증하는 것이기도 하고, 또 학문과 덕으로 드러난 명성에 걸맞지 않은 미숙한 행정의 한 사례일 수도 있다.[38]

율곡 역시 곤궁했던 사람이다. 그 또한 사대부 가문에 태어났지만 가세는 넉넉하지 못했다. 그가 혼인했을 때 일가의 곤궁함으로 인하여 장인으로부터 얻은 집도 유지하지 못하고 이를 팔아서 도와주어야만 했을 정도로 곤궁했다. 이런 사정을 잘 아는 성혼은 그럼에도 불구하고 왜 과거에 자꾸 응시하느냐는 질의성 충고를 하였다. 물론 과거 때문에 건강을 잃으면 안 된다는 따뜻한 충고가 바탕에 있었다. 그때마다 그는 가계를 돕기 위해서라고 변명했다.[39] 성혼은 당시 율곡에 비교하면 명문가의 후손이다. 의리를 존중하는 가풍을 지닌 품격 높은 집안 출신이다. 어느 면에서 성혼은 율곡의 빈번한 과거시험 응시가 유자의 품격을 손상하는 것으로 보았던 듯하다. 당시 조선은 시각에 따라서는 유학자가 적극적으로 조정에 나서는 것이 그리 당당한 명분이 되지 못할 수도 있는 정황이었다. 그럼에도 율곡은 일찍부터 과거를 통하여 재능을 드러냈고 적극적으로 조정에 나아갔다. 앞서 보았듯이 그는 권세가의 도움을 받아 조정에서 요직을 받았다는 비난이 있기도 하였다. 비교적 일찍부터 상당한 정도의 성리학적 식견이 갖추어진 것은 그의 천재성 못지않게 과거를 통한 입신에 대한 그의 집념과 노력도 한몫을 했을

---

38  速景南이 『朱子評傳』을 저술했는데 이를 김태완 박사가 완역출간(역사비평사, 2015년)했다. 주자의 생애에 관한 상당한 지식을 우리는 이 책을 통해 얻을 수 있다.
39  『牛溪集』 續集 卷3, 簡牘, 與李叔獻

것이다.

율곡은 조정의 고위 관직을 두루 역임하면서 그 역할 수행에 혼신의 노력을 기울였고 그로 인하여 건강이 더욱 악화되기도 했다. 그는 이른바 '크게 행세하여도 덧붙여지지 않음[大行不加]'의 삶으로 일관했고, 비록 '궁핍하게 살게 되어도 평상시 지닌 소신이 손상되지 않음[窮居不損]'으로 일관했다. 나아가서는 도를 행하려 했고 물러서서는 수교에 전념하였다. 항시 무거운 책무를 지고 있는, 그리하여 그 자신이 규정한 바와 같이 진유의 길을 걸었다. 그럼에도 그는 송응개 등으로부터 뇌물이 집에 쌓였다든가 각종 이권에 개입하였다는 탄핵을 받기도 하였다. 송응개 등의 주장은 이후 아무런 증거도 드러나지 않았고 다른 정적들도 이를 재론하지 않았다.

주희는 말년 위학(僞學)으로 지목되는 어려움을 겪었다. 여기에는 학문적인 것 외에 인격적 비난도 더해졌다. 그는 초년에 부친의 유지를 받들어 유면지(劉勉之)를 스승으로 섬겼는데 유면지는 그를 사위로 삼았다. 그런데 비난하는 무리는 "유공의 딸을 취하여 그가 죽었을 때 거만금의 재산을 가로챘다"거나 "비구니 둘을 꼬여서 첩으로 삼고 관직에 나갈 때마다 동반했다"거나 "문도를 받을 때 반드시 부귀한 집 자제를 받아들였고 학생이 선생에게 드리는 예물[束脩]의 많고 적음을 따졌다"[40]고 공박했다. 유면지의 가문이 부유했던 것은 사실이나 비난자들이 거론한 유공은 유자우의 아들로서 면지가 아니다. 심계조의 비난은 정치 공세의 일환으로 한 번 웃고 말 가치도 없다는 것이 진영첩의 판단이다.

율곡 역시 정적들로부터 초년 입산의 일로 오랫동안 혹독한 정치적

---

40　沈繼祖가 논핵한 주희의 여섯 가지 罪. 심계조가 말한 珙은 勉之가 아니라 羽之이다.

공세에 시달렸다. 그런 경우에도 그는 오롯한 처신, 꼿꼿한 자세, 겸손한 언행을 견지하였다. 그는 나아가 조정에서는 행도에 전념했고, 물러서 향리에서는 수교(垂教)에 소홀히 함이 없었다. 그는 그것이 진유의 길이라고 생각했다.

주희와 율곡 두 사람은 모두 일생 성인을 목표로 학문을 하였다. 그들은 이제 골목에서조차 끊어져버린 성인의 맥을 이어가야 한다는 사명감으로 충일한 삶을 살았다. 그들의 이러한 필부성인론은 만인성인론으로 확산되었다. 궁극적으로 두 사람의 학문은 무기(毋欺)의 철학, 실리(實理)와 실심(實心)을 지향하는 것이었다. 그들이 추구한 성인의 학문은 이를 바탕에 두는 것이기 때문이다.

# 3장
# 주돈이 본원(本源)론의
# 이해와 추존

## 1. 성리학의 비조(鼻祖) 찾아가기

『주역』「계사전」에서 공부법으로 '원시반종(原始反終)' 또는 '원시요종 (原始要終)'을 말했다. '원시'는 물의 흐름을 탐구할 때 발원지를 찾아 가는 것과 같다. 시(始)는 시간적으로는 이미 지나간 것이다. 그래서 아직 오지 않은 종(終)에 비하면 탐구가 용이하다.

성리학의 비조로서 주돈이(周惇頤, 1017-1073)를 꼽는다. 그의 위상 은 중국에서 형성되었으나 조선 성리학자들에게서도 흔들리지 않았다. 그러나 그는 비조 이상이 아니었다. 이학의 집대성자로 주희를 존중하 고 절대시하는 데서 나타난 현상이다. 한국 유학자들 가운데 그에 대한 독자적 연구와 언급 또한 많지 않다. 그의 『태극도설(太極圖說)』과 『통 서(通書)』 등에 담긴 내용은 사실상 거의 대부분 주희의 『해의(解義)』 에 의존하여 해석되었다. 이것 이외의 다른 해석체계는 수용되지 않았다.『태극도설』『통서』등에 담긴 주돈이의 이론 체계 외에도 '공자와 안연이 즐긴 것이 무엇이냐'고 하는 물음에 나타난 그의 학문적 태도나 「애련설(愛蓮說)」 같은 것에 담긴 인품은 학자들에게 자주 거론되었고 또 본보기가 되었다.

조선에서 두드러지게 주돈이를 높이 평가한 학자는 앞에서는 이색(李穡, 1328-1396)이고 뒤에서는 율곡이다. 여말 선초의 이색은 주돈이를 주희 이상으로 존중했다. 16세기의 율곡은 주돈이를 천민(天民)의 기상을 지닌 인물로 규정하였고, 도학의 은미함을 드러내고 오묘한 것을 밝혔다고 하였다. 율곡은 후학들로부터 주돈이를 닮았다는 평가를 받았다. 그리고 그의 후학들은『태극도설』에 근거하여 '태극본원론'을 활발하게 펼쳤다.

주돈이를 추존하는 이색과 율곡은 재야 또는 산림학자가 아니라 조정에서 상당 기간 고위관직을 역임하며 정치적 갈등을 겪었고, 현안 문제 해결의 경험을 가졌다. 또한 두 사람은 유학자이면서 불교를 이해하고 있었다. 많은 사람들이 주돈이의 불교에 대한 태도에 긍정과 부정의 평가가 극단으로 엇갈리고 있는데 이런 현상은 이색과 율곡에게도 해당한다. 이색이 주희보다 주돈이를 더 높이 평가하고 도의 정통에 놓았다면, 율곡은 이에 더하여 그를 천민(天民)으로 분류할 만큼 극진하게 그의 인격과 학문을 추존하고 있다.

## 2. 본원(本源)적 사고, 『태극도설(太極圖說)』

주돈이에 의하여 본원에 대한 철학적 담론 첫머리에 오른 태극은 조선의 유학자들에게서도 도리의 핵심처였고, 이학(理學)의 본원처였으며, 이(理)의 존호(尊號)였다. 율곡은 그의『성학집요』「수기(修己)」편 천지·인물의 이치를 논하는 부분 머리에 「계사전」의 태극장을 배치했다. 모든 물건에는 반드시 이(理)가 있으니 다 궁리하고 격물하여야 할 것인데 그 바탕이 되는 주장이 「계사전」의 태극장이라는 것이다.[1] 이어서 그는 주돈이의 『태극도설』 전문을 10단락으로 만들고 그에 대한 기존 학자들의 주석을 모아 친절히 설명했다.[2] 그 역시 『태극도설』을 이학(理學)의 지남(指南)으로 삼은 것이다.

여기서 율곡은 단순히 태극장과 『태극도설』을 배치하는 것으로 끝나지 않고 선유들의 학설 가운데서 미진하다고 여기는 부분에는 본인의 견해를 곁들였다. 이를테면 『태극도설』의 "태극이 동(動)하여 양을 낳으니 동이 지극하면 정(靜)하여지고, 정하여 음을 낳으니 정이 지극하면 다시 동한다. 동과 정이 서로 그 뿌리가 되어, 음으로도 나누어지고 양으로도 나누어져 양의가 성립된다"는 부분에 대하여 그는 다음과 같이 본인의 의견을 제시하였다.

"생각하니, 동(動)하고 정(靜)하는 기(機)는 누가 시키는 것도 아니요, 이(理)와 기(氣)도 앞뒤를 말할 수 있는 것이 아니다. 그러나 기가 동하고, 정하는 데에는 반드시 이가 근본이 된다. 그러므로 태극이 동(動)하여 양을 낳고 정(靜)하여 음을 낳는 것이다. 만일 이 말에 집착하여 태극이 음과 양 이전에 홀로 있으며 음과 양은 무(無)에서 생겨난 것이라고 한다면

---

1    『栗谷全書』卷20, 「聖學輯要」二 修己 第二 上 천지인물의 이치를 논하는 부분. 그는 먼저 『주역』 「계사전」에서 다음의 구절을 인용하고 있다. "易有太極 是生兩儀 兩儀生四象 四象生八卦", "一陰一陽之謂道" "繼之者 善也 成之者 性也. 仁者見之 謂之仁 知者見之 謂之知 百姓日用而不知 故君子之道鮮矣. 是故 形而上者 謂之道 形而下者 謂之器 化而裁之 謂之變 推而行之 謂之通 擧而措之天下之民 謂之事業"
2    『태극도설』의 설 부분을 열 개의 단락으로 나누어 해설하는 것은 주희의 『태극해의』가 그 출발이라고 할 수 있다. 주희, 곽신환 외 옮김, 『태극해의』 소명출판 2014년.

'음양은 처음이 없다'고 말할 수 없을 것이다. 말의 의도를 살려서 보고 깊이 탐구해야 한다."[3]

율곡은 음이 정(靜)하고 양이 동(動)하는 것은 기(氣)가 스스로 그러 한 것이고, 음이 정(靜)하고 양이 동(動)하는 소이(所以)는 이(理)라고 하였다. 즉 주돈이가 "태극이 동하여 양을 낳고 정하여 음을 낳는다"고 한 말은 '아직 그렇게 되지는 않았지만 그 근원을 추구하여 말한 것'이 요, 주희가 "동정은 (태극이) 타는 기기(機器)이다"라고 한 말은 그 이 미 그렇게 된 것을 보고서 말한 것이라고 생각한다. 태극은 음양 동정 을 통하여 그 존재양상을 드러낸다. 세상에 음양 동정 이외의 다른 것 이 없다는 것은 태극의 존재양상이 이 둘을 벗어나지 않는다는 것이다. 나아가 그는 "천지의 조화(造化)와 우리 마음의 발동이 모두 기가 발하 면 이가 타지 않는 것이 없다"고 하였다.[4]

율곡은 '유교경전에는 천지가 생기기 이전에 대해서는 말한 곳이 없 다'는 박순(朴淳, 1523-1589)의 주장에 대하여 「계사전」의 태극장과 『태극도설』을 천지가 이미 생긴 이후로 돌리는 것이 타당하지 않다고 하였다.[5] 이 말은 『주역』 이후 주돈이가 현재의 천지 이전의 단계를 논

---

3   『栗谷全書』卷20,「聖學輯要」二 修己 第二 上 천지인물의 이치를 논하는 부분 "臣 按 動靜之機 非有以使之也 理氣亦非有先後之可言也 第以氣之動靜也 須是理爲根柢 故 曰太極動而生陽 靜而生陰 若執此言 以爲太極獨立於陰陽之前 陰陽自無而有 則非所謂 陰陽無始也 最宜活看而深玩也"
4   『栗谷全書』卷10, 書 二「答成浩原」, "… 陰靜陽動 其機自爾 而其所以陰靜陽動者 理也 故周子曰 太極動而生陽 靜而生陰 夫所謂動而生陽 靜而生陰者 原其未然而言也 動靜所乘之機者 見其已然而言也 動靜無端 陰陽無始 則理氣之流行 皆已然而已 安有未 然之時乎 是故 天地之化 吾心之發 無非氣發而理乘之也"
5   『栗谷全書』卷9, 書 一「答朴和叔」, "… 台諭所謂經傳所論 未嘗及天地之先者 最爲 未安 夫子曰 易有太極 是生兩儀 周子曰 無極而太極 未知閤下以此等說話 皆歸之於天 地已生之後乎"

한 첫 사람이라고 인식하고 있음을 뜻한다. 그는 또 태극이 조화의 추뉴(樞紐)이고 품휘(品彙)의 근저임을 다음과 같이 말한다.

"음이 다하면 양이 생기고 양이 다하면 음이 생겨서 일음일양이 되는데, 태극은 있지 않은 곳이 없다. 태극이 모든 조화의 중심축이며 만물의 뿌리가 되기 때문이다. 그런데 태극은 음양의 근저가 되어 음에도 있고 양에도 있어 두 군데 모두 있어서 헤아릴 수 없으므로 이를 표현하여 신(神)은 방소(方所)가 없고 역(易)은 정체(定體)가 없다고 하는 것이다. 이제 만약 음기를 음양의 뿌리라고 한다면 이는 신이 일정한 위치가 있고 역(易)이 일정한 형체가 있는 것이 된다."[6]

율곡은 『중용』 「귀신(鬼神)」 장의 '體物而不可遺'를 풀이하면서 "음양의 기는 하나가 아니면 순환할 수 없으므로 사이가 벌어지거나 끊어짐[間斷]이 있을 것이요, 둘이 아니면 홀로 운행할 수 없으니 주재하고 완성하는 기능이 없을 것이다. 둘인 까닭에 양이 운동하고 음이 이를 따르어서 만물이 화육 생성하는 것이요, 하나인 까닭에 만물의 본체가 되어 남김이 없으며 그 오묘한 작용이 일정한 장소에 국한됨이 없다."[7] 라 하였다. 사실 이 말은 주돈이의 『통서』에 있는 다음의 표현을 상기하게 한다.

---

6   『栗谷全書』卷9, 「答朴和叔」, "大抵陰陽兩端循環不已 本無其始 陰盡則陽生 陽盡則陰生 一陰一陽而太極無不在焉 此太極所以爲萬化之樞紐萬品之根柢 (…) 且太極爲陰陽之根柢 而或陰或陽 兩在不測 故曰神無方 易無體 今若曰陰氣爲陰陽之根柢 則是神有方易有體矣."

7   『栗谷全書』卷31, 「語錄」上, "陰陽之氣非一則不能循環而有所間斷 非兩則不能獨運而無主成之功矣 兩故陽變陰合而萬物化生 一故體物不遺而妙用無方也."

"움직이니 고요함이 없고 고요하니 움직임이 없는 것은 물이다. 움직이나 움직임이 없고 고요하지만 고요함이 없는 것은 신이다. 움직이지만 움직임이 없고 고요하나 고요함이 없는 것은 움직이지 않거나 고요함이 없는 것은 아니다. 물은 서로 통하지 않지만 신은 만물에 오묘하게 작용한다."[8]

율곡은 일원기를 신이라 하고, 이는 모든 사물의 골간이 되며, 음양이 변역하게 되는 오묘한 작용이라 한다. 또한 일원기를 본체의 기라고도 하였다. 그는 "유행과 순환으로 말하면 하나의 기라 하고, 대대(對待)로 말하면 두 개의 기라 한다"[9]고 하였다. 이처럼 그는 '易有太極, 是生兩儀'의 '生' 자가 출생의 생이 아니라 추뉴 근저의 의미임을 분명히 한다.[10]

율곡은 태극에 대하여 "하늘에 있어서는 도라 하고 사람에 있어서는 성이라 한다"[11], "지선은 태극의 다른 이름이다"[12]라고 하여 주희와 그 문인들 사이에서 이미 정리된 견해들을 수용하면서 그것이 자연에 있어서는 음양 현상의 원인이 되고 인간에 있어서는 본성이며 하늘의 명령이고, 지선 그 자체라고 본다. 곧 자연과 인간을 포괄하여 통용되는 근원자 개념으로 이해하고 있다.

---

8    주돈이 『通書』「理性命」
9    『栗谷全書』卷3, 「語錄」上, "以循環言之 則謂之一氣, 以對待言之 則謂之二氣也."
10   『栗谷全書』卷10, 「答成浩源」, "周子曰太極動而生陽靜而生陰 此二句豈有病之言乎 若誤見則必以爲陰陽本無 以太極在陰陽之先 太極動然後陽乃生 太極靜然後陰乃生也. 如是觀之 大失本意 而以句語釋之 則順而無礙."
11   『栗谷全書』卷20, 「聖學輯要」2, "太極在天曰道, 在人曰性."
12   『栗谷全書』卷33, 「附錄」, "至善, 太極之異名."

## 3. 영명(靈明)한 존재의 주재성과 기질 변화

주돈이는 인간은 음양오행 가운데 가장 **빼어난** 기를 품수하여 만물 가운데 '가장 영명(靈明)하다'고 했는데 율곡은 이 명제를 수용한다. 인간이 만물의 영(靈)이라는 명제는 『서경』「태서(泰誓)」편의 "하늘은 만물의 부모이고, 사람은 만물의 영(靈)이다"[13]라고 한 것이 그 최초의 전거이다. 사람과 만물의 관계에서 사람이 만물의 영이라고 했으니 여기서 영은 주재자의 뜻을 갖는다.

인간이 만물 가운데서 최령(最靈)하다고 했다 해서 주돈이가 인간 이외 존재들의 영성을 부정한 것은 아니다. 주돈이의 이 명제는 이후 성리학자들의 인간과 만물의 관계를 설정하고 해명하는 데 가장 중요한 바탕이 되었다. 주희는 "음양과 오행이 기질로 서로 움직일 때 사람이 홀로 빼어난 것을 받았다. 그러므로 그 마음은 가장 영명하여 그 온전한 성(性)을 잃지 아니하였으니, 이른바 천지의 마음이요, 사람의 극치이다."[14]라고 했다.

인간이 만물 가운데 가장 영명(靈明)한 존재라고 하여도 스스로를 온전히 주재할 수 있는지에 대해서 율곡은 의문을 갖는다. "사람이 스스로 주재하지 못하고 천지가 주재한다면 한 몸은 나의 한 몸이 아니고 천지에 맡겨진 몸이다. 천지가 스스로 주재하지 못하고 조화(造化)로써 주재한다면 천지는 천지의 천지가 아니고 조화에 맡겨진 기이다. 세상에서 스스로 그 몸을 소유로 한다고 하는 자는 그 도에서 분리됨이 멀다."[15]

---

13   『尙書』「泰誓」, "惟天地. 萬物父母. 惟人, 萬物之靈. 亶聰明作元后, 元后作民父母"
14   『栗谷全書』 卷20,「聖學輯要」2 修己
15   『栗谷全書』 卷13, 序「別洪表叔浩序」, "物之最大者 天地也. 天地果有主乎. 最靈

율곡은 학문을 하는 가장 큰 유익은 기질을 변화시킴에 있다고 하고, 기질을 변화시켜야 본성을 회복할 수 있다고 하였다.[16] 『성학집요』「교기질」 편에서 그는 주돈이의 『통서』에 있는 구절을 우선 인용한다. 강유(剛柔) 선악(善惡)에 관한 부분이다.

"강선(剛善)은 의롭고, 곧고, 단호하고, 엄하고, 굳세며, 줄기가 굳은 것이요, 강악(剛惡)은 사납고, 비좁으며, 강경한 것이고, 유선(柔善)은 자애롭고, 순하며, 부드럽고, 유악(柔惡)은 나약하고 결단이 없는 것이며, 간사하고 아첨하는 것이다. 중(中)이란 것은 성인의 일이다. 그러므로 성인이 가르침을 세울 때에 사람들로 하여금 그 악을 바꾸고 그 중에 이르러서 멈추게 하였다"[17]

그는 성혼과의 논변에서 천지는 지극히 바르고 왕래하는 기를 받았으므로 정해진 성품이 있어 변함이 없고, 만물은 편벽되고 막힌 기를 받았으므로 또한 정해진 성품이 있어 변함이 없기에 천지와 만물은 다시 닦고 수행할 방법이 없다고 한다. 그런데 인간은 바르고 왕래하는 기를 받았는데, 개인에 따라서 맑고 탁하고 순수하고 잡박함이 만 가지로 달라서 천지의 순일함과는 같지 않다고 한다. 그러나 그 마음이 기

者 吾人也. 吾人果有主乎. 人不能自主 主之以天地 則一身非我之一身. 而天地之委骸也. 天地不能自主, 主之以造化, 則天地非天地之天地, 而造化之委氣也. 世之自有其身者, 其分於道也遠矣"
16 『栗谷全書』卷21,「聖學輯要」三 修己 第二中 矯氣質章第六, 臣按 旣誠於爲學 則必須矯治氣質之偏 以復本然之性 故張子曰 爲學大益 在變化氣質 此所以矯氣質 次於誠實也
17 『栗谷全書』卷21,「聖學輯要」三 修己 第二中 矯氣質章第六, "剛善 爲義爲直爲斷 爲嚴毅爲幹固 惡 爲猛爲隘 爲强梁 柔善 爲慈爲順爲巽 惡 爲懦弱爲無斷爲邪佞 惟中也者 聖人之事也 故聖人立敎 俾人自易其惡 自至其中而止矣"

본적으로 허령(虛靈)하고 통철(洞徹)하여 온갖 이치가 구비되어 있기
에 탁한 것을 맑은 것으로 변하게 할 수 있고 잡박한 것을 순수한 것으
로 변하게 할 수 있다고 한다.[18]

## 4. 학성(學聖)의 선배 뒤꿈치를 좇아

율곡은 겸선(兼善)하는 부류로 대신(大臣)·충신(忠臣)·간신(幹臣)을,
자수(自守)하는 부류로 천민(天民)·학자(學者)·은자(隱者)를 구별하였
다. 그가 말하는 대신은 몸에 도와 덕을 지니고 자기를 미루어 남에게
미치게 하며 자기 왕으로 하여금 요순이 되게 하고 왕을 섬기고 자기를
실천함에 있어 한결같이 바른 도리로 하는 사람이다. 천민은 세상 사람
이 추구하는 보배가 아닌, 시대를 구제할 수 있는 도구를 안에 지니고
있으면서 도를 즐기며 이를 사줄 사람을 기다린다. 이런 천민이 때를
만나면 세상 사람이 모두 그 은택을 입는다.[19] 그는 역사적 인물 가운데
서 고(皐), 기(夔), 직(稷), 설(偰)과 중올(仲虺), 주공(周公), 소공(召
公)을 대신이라 하고, 이윤, 부열, 태공 세 사람은 천민 가운데 때를 얻
은 자라고 했다. 그리고 천민의 도는 곧 대신의 도라고 하였다. 주돈이,
정호, 정이, 소옹, 장재, 주희는 모두 도덕을 회포(懷抱)하였으나 때를
만나지 못했다. 곧 천민으로서 행도하지 못한 경우이다.[20]

　율곡이 주돈이를 천민으로 분류한 것은 그의 사람 분류에서는 최고
의 부문에 주돈이가 속한다고 평가한 것이 된다. 율곡은 도학의 관점에

18　『栗谷全書』卷10,「答成浩原」(1572년)
19　『栗谷全書』卷15, 雜著 二「東湖問答」(己巳, 月課) 論臣道
20　『栗谷全書』卷15, 雜著 二「東湖問答」(己巳, 月課) 論臣道, "天民之道 卽大臣之道
也 濂溪徜徉于南康 明道祿仕于河南 伊川編管涪陵 康節躬耨洛陽 橫渠講禮于關內 晦菴
奉祠于閩中 斯數人者 懷抱道德 不遇於時 此天民之不得行道者也"

서 볼 때 '한 이래로 수천 년 동안 적막하고 쓸쓸하며 하나의 긴 밤일
따름' 이었는데 맹자 이후 천여 년 만에 주돈이가 나와 비로소 도학의
은미함을 드러내고 그 오묘한 것을 밝혔다고 하였다.[21] 이는 이미 있는
평가를 그대로 수용한 것이지만 그의 깊은 동의를 볼 수 있다.

그는 주돈이의 유학사적 위상을 이렇게 정립하는 일면 그 인품에 주
목하였다. 그는 주돈이의 도의 정통성을 거론하는 한편 그 인품에 대하
여 쇄락(灑落)함이 광풍제월(光風霽月)같다고 하고 이것이 도를 지닌
자의 기상을 아주 잘 나타낸 것이라는 평에 주목하였다.[22] 그는 광풍제
월을 연상케 하는 '풍월루(風月樓)'에서 한 여름 저녁 빗방울이 연꽃에
떨어지는 정경을 즐기면서 시를 지었다. 그 마지막 연이

"내 어찌 염계의 뒤를 좇아/ 한평생 돌아갈 때를 잊으리"[23]

이다. 주돈이의 「애련설」을 읽은 율곡였음이 드러난다.

율곡의 후학들은 그들의 선생이 주돈이를 닮았다고 평했다. 1635년
관학유생 270여 명의 연명상소에서 율곡이 동방에 일찍이 없던 인물이
라 하고는 "주돈이의 '안연의 배운 바를 배우고, 이윤이 뜻한 바를 뜻
하라' 고 한 것에 가깝다"고 하였다.[24] 또한 "스승을 거치지 않고도 도체
와 말없이 일치함이 마치 염계와 같다"[25]거나 이에 더하여 "도의 극치

21  『栗谷全書』 卷15, 雜著 二「東湖問答」 己巳, 月課, "孟子之後 眞儒不作 千載之下 始有濂溪周子 闡微發奧 繼之以程朱 然後斯道大明於世 如日中天"
22  『栗谷全書』 卷26,「聖學輯要」八 聖賢道統 第五(單一章) "周茂叔 人品甚高, 胸中 灑落, 如光風霽月. (黃庭堅濂溪詩序) 延平李氏曰 此言, 善形容有道者氣象"
23  『栗谷全書』 拾遺 卷1, 詩「風月樓 雨中賞蓮 次韻」, "安得踵濂溪, 卒歲忘歸期"
24  『栗谷全書』 卷38, 附錄 六「前後辨誣章疏」, "太學生宋時瑩等 乙亥疏 略曰 (…) 自 東方以來未有也 (…) 周子所謂學顏子之所學, 志伊尹之所志者, 珥實庶幾焉也."
25  『宋子大全』 卷171, 碑「紫雲書院廟庭碑銘 幷序」, "故諸老先生嘗論之曰 不由師傅,

를 드러내 밝히고 이면을 꿰뚫고 쇄락(灑落)함이 정호와 유사하며, 박
문(博文)과 약례(約禮)를 나란히 하여 집대성함은 주희와 같다"는 평들
도 있었다.[26]

　율곡과 그 문파의 태극론은 본원(本源)을 지극하게 탐구하는 것으로
서 또는 그것이 진정 조화(造化)의 중심축이 되며 만물의 뿌리 역할을
하는지에 대한 해명으로 모아졌다. 율곡의 적통으로 평가되는 송시열
과 그 문하에서 활발하게 전개된 『태극도설』과 주희의 『태극해의』에
대한 논변은 정미(精微)롭다. 그리고 이후 인물성동이 논쟁은 태극의
보편성과 특수성, 그 일원성과 분수성에 대한 논의에서 파생한 것이며,
미발심체선악(未發心體善惡)의 문제 역시 『중용』의 중화(中和)론과 함
께 『태극도설』의 '기선악(幾善惡)'과 관련이 있다. 이항로는 기학(器
學)에 대한 도학의 우위성을 입증하는 견지에서 태극을 이해하고 있다.
전우에게 있어서 태극은 우주 자연 만물의 조화(造化)의 뿌리로서보다
는 도덕과 인륜과 문화의 바탕으로서의 성선(性善)과 지선(至善)으로
이해되었다.

---

默契道體, 似濂溪"
26　『栗谷全書』卷38, 附錄 六「前後辨誣章疏」, "海州儒生朴蕃等癸卯疏略曰 (…) 故
先輩嘗論之曰 不由師傳 默契道妙 似濂溪 發明極致 通透灑落 似明道 博約齊頭 集而大
成 又似乎晦翁"

# 4장
# 소옹 선천역학의
# 이해와 수용

## 1. 소옹 – 하늘의 시민

소옹 역학에 관심을 보인 조선 유학자들 가운데 그 첫 번째 주요 학자
가 서경덕이라면 다음으로는 율곡을 꼽을 수 있다. 이황은 소옹의 학문
이 기본적으로 수학(數學)이기에 도학의 정통이 되지 못한다는 의견을
갖고 있었다.[1] 이황에게 있어서 수학은 일종의 이학(異學)이고, 한 대
이래의 술수학(術數學)을 의미했다. 소옹철학에 대한 이황의 비판은 이
후 그의 문인과 후학들에게로 이어졌다. 서경덕의 문인들이 스승의 추
증이나 그밖의 현창(顯彰)에 관한 건의를 할 때마다 반대하는 사람들은
그가 수학에 기울어져 있음을 들어 논쟁이 일곤 했다.

---

1  李滉 『退溪全書』 25卷, 「答鄭子中別紙」 "康節之術. 二程不貴. 非獨指推算知來之
術. 只數學亦不以爲貴. (…) 然則學者欲學堯夫主數而能該理, 固難矣. 如晦菴主理而兼
明數. 又安可不務哉"

율곡은 소옹에 상당히 깊은 관심과 애정을 갖고 있었다. 『성학집요』, 「역수책」, 「만언봉사」, 「동호문답」, 『경연일기』와 같은 곳에 소옹에 관한 그의 긍정적 평가와 판단이 언급되어 있다. 그는 소옹이 수학으로 비판을 받고 있기는 하지만 실제로는 내성외왕(內聖外王) 도통의 정맥에 속한다고 하였다. 또한 성리학의 기본 개념을 설명하거나 논변하는 경우에 소옹의 발언을 종종 인용하고 있고, 그의 경세 사상이 유가의 기본 흐름과 같다는 주장을 펼쳤으며, 특히 역학에 있어서는 복희·문왕·주공·공자를 이어나간 인물로 분명한 자리매김을 하고 있다. 나아가 소옹은 어느 왕조에 매이거나 어느 특정한 사상가나 문파에 매인 인물이 아니라[2] 하늘에 대해서 책임을 지고 하늘의 명에 따라 사는 사람, 즉 천민(天民)으로 그 위상을 정립하고 있다. 율곡은 소옹의 철학과 인격을 예찬하는 두 편의 부, 곧 「획전유역부(畫前有易賦)」·「공중누각부(空中樓閣賦)」를 짓기도 하였다.

율곡은 『성학집요』의 성현의 도통을 논하는 곳에서 소옹이 공·맹의 정맥임을 말하기도 하고, 소옹이 도통에 속함에도 불구하고 선현들에게서 인정받지 못하고 있는 현실을 지적한다.

"강절 소씨는 내성외왕의 학을 편안하게 여기고 성취하였으나, 선현들이 일찍이 그를 도통의 정맥으로 인정하지 않았습니다. 그러므로 감히 여기에 싣지 않았습니다."[3]

---

2    高懷民 『邵子先天易哲學』 結論 제3절, 「不落家門 亦儒亦道」 荷美印刷設計有限公司, 1997년, 349쪽.
3    『栗谷全書』 卷26 「聖學輯要」 「聖賢道統」 "臣按, 康節邵氏, 內聖外王之學, 安且成矣, 而先賢未嘗以道統正脈許之, 故不敢載于此"

소옹을 '내성외왕'으로 평가하고 규정한 첫 인물은 정호이다.⁴ 율곡
이 소옹에 대하여 이렇게 표현한 것이 본인의 자발적 평가인지 정호의
표현을 빌린 것인지 확실하지 않고, 소옹의 학문이 왜 내성외왕에 속하
는지에 대한 보다 상세한 자료를 제시하고 있지 않다. 어쨌든 그가 개
인적으로 소옹이 도통의 정맥에 속한다는 신념을 피력하고 있음이 주
목을 끈다. 한편 그는 도통이 주희에게서 이어진 다음에 뚜렷한 인물을
꼽을 수 없지마는 주희의 사우(師友) 가운데 장식과 채원정이 있음을
거론하고 있다. 즉 채원정의 부친 채발이 아들 원정에게 정호·정이의
어록과 소옹의 『황극경세서』와 장재의 『정몽』을 주면서 '이것이 공·맹
의 정맥이다'라고 말했음을 들어⁵ 주희와 절친한 관계에 있는 채원정
이 소강절에 닿게 된 연원을 밝히고 있다. 도통을 논하는 자리에서 주
희에게 영향을 끼친 채원정에 대하여 소상하게 거론하는 데서 소옹과
또 수학에 대한 그의 태도를 짐작할 수 있다.

　율곡은 성리학적 개념의 소개나 설명에 있어서 자주 소옹의 명제를
끌어온다. 주희의 사유와 학문 틀 속에서 얼마든지 찾을 수 있는 개념
에 대한 규정도 종종 소옹에서 취하여 온다. 예를 들면 "소자는 '성(性)
은 도의 형체요, 마음은 성을 보호하는 성곽이며, 몸은 마음의 집이요,
물(物)은 몸이 사용할 수 있는 배와 수레이다'라고 하였다"⁶ 등이다. 그
가 소강절을 그만큼 비중 있게 읽고 있었고, 개인적 선호도가 높았다는

---

4　『宋元學案』「百源學案」"明日 悵然謂門生周純明曰, 昨從堯夫先生遊, 聽其論議, 振
古之豪傑也, 惜其老矣. 無所用于世. 純明曰 所言如何 明道曰 內聖外王之道也"
5　『栗谷全書』卷26,「聖學輯要」聖賢道統 第五 "蔡元定字季通, 生而穎悟, 父發, 博覽
羣書, 號牧堂老人, 以程氏語錄, 邵氏經世, 張氏正蒙, 授元定曰, 此孔孟正脈也. 元定深
涵其義, 旣長, 辨析益精"
6　『栗谷全書』卷20,「聖學輯要」二 修己 第二 上 "邵子曰, 性者, 道之形體也, 心者,
性之郛郭也, 身者, 心之區宇也, 物者, 身之舟車也"

이야기가 된다. 물론 말할 나위 없이 『황극경세서』의 「관물내외(觀物內外)」편에서 이와 관련된 내용을 발췌한 것이다.

이학(理學)의 집대성자는 주희이고, 성리학적 개념들이 주희에 이르러 체계가 구축되었는데 왜 율곡은 군이 소옹의 표현을 가져다 썼을까? 물론 여러 학자들의 발언을 나열하는 가운데 나온 것이지만 이것은 적어도 그가 소옹의 글을 널리 이해하고 있었음을 증명한다. 그는 소옹이 '성이 이이고[性卽理], 마음은 이 이를 갖추고 있다[心具此理]'라는 이학적 사고방식을 갖고 있다고 믿고 있었다. 이러한 생각은 소옹의 글에서 확인된다.

"『역』에서 '이(理)를 궁구하고 성(性)을 다 구현하여 명(命)에 이른다' 라고 한 것은 이는 만물의 이이며, 성은 만물의 성이며, 명은 이와 성에 거처하기 때문이다. 이와 성에 거처할 수 있는 것이 도가 아니고 무엇인가?"[7]
"마치 만물이 하늘로부터 품부하여 각각 자신의 성을 삼음과 같으니, 사람에게서는 인성이 되고, 금수에게서는 금수의 성이 되며, 초목에게서는 초목의 성이 된다."[8]

소옹에게 이미 성리학의 기본 개념들, 예컨대 명(命)·성(性)·이(理)·심(心)과 같은 것들에 대한 공유하는 인식이 있다. 그의 사상이 『주역』이나 4서와 같은 성리학적 바탕 경전에 나와 있는 내용과 유사하다는 것은 그가 어떤 흐름 속에 있는 학자인지를 분명히 보여준다. 이

---

7    邵雍, 『皇極經世書』 「觀物內」 "易曰窮理盡性以至於命, 所以謂之理者 物之理也, 所以謂之性者 天之性也, 所以謂之命者 處理性者也, 所以能處理性者 非道而何"
8    邵雍, 『皇極經世書』 「觀物外」 "如萬物受於天而各爲其性也. 在人則爲人性, 在禽獸則爲禽獸之性, 在草木則爲草木之則."

밖에도 소옹은 스스로가 유학자임을 천명한 일이 종종 있고 또 그의 저
술에서 드러나는 가장 존숭하는 인물이 공자로 나타나고 있어서 그를
유학자로 보는 데에 큰 무리가 없다.

　한편 율곡은 수신(修身) 등의 항목에서도 말보다는 행동을, 행동보
다는 마음을 바르게 하라는 소옹의 주장을 가져오고 있다.[9] 그가 소옹
을 존숭하고 있음을 읽을 수 있는 부분은 이외에도 많다. 이를테면 공
자가 요·순보다 뛰어나다는 것을 군이 소옹의 말을 근거로 삼고 있기
도 하다.[10] 한편 우주 자연에 대한 현상을 해명할 때 소옹의 주장에 의
존하기도 하고,[11] 나라를 잘 다스리는 방책을 내놓음에 있어서 말보다
는 실천을 중시해야 한다는 소옹의 말을 인용하기도 하였다.[12]

　율곡은 내성외왕의 도통에서는 소옹을 정맥에 두지 못함을 안타까워
하였지만 역학과 관련하여서 소옹을 그 정맥으로 정립하는 데 전혀 망
설임이 없다. 그는 역학의 발전 과정을 밝히는 가운데 복희 문왕 주공
공자를 차례로 거론한 다음 한·당의 수많은 역학자를 건너뛰어 바로
소옹으로 연결시키고 있다.

　"천 년 뒤에 태어나서 네 성인의 마음과 닿고, 하늘과 사람의 도를 궁구하

----

9　『栗谷全書』卷21,「聖學輯要」修己 第二中 "邵子曰, 言之於口, 不若行之于身, 行
之于身, 不若盡之于心"
10　『栗谷全書』拾遺 卷6, 雜著「化策」"以予觀於夫子, 賢於堯舜, 遠矣. 邵子曰, 堯舜
以九州爲土, 孔子以萬世爲土. 嗚呼. 此其所以爲孔子歟"
11　『栗谷全書』卷14, 雜著「天道策」"愚聞之邵子焉. 不聞物精之爲星也. 且夫盈天地
間者, 莫非氣也. 陰氣有所凝聚, 而陽之在外者不得入, 則周旋而爲風. 萬物之氣, 雖曰出
於艮入於坤, 而其陰之聚者無定所, 則陽之散也. 亦無方焉. 大塊噫氣者, 豈可拘於一方
耶. 起於東者爲長養之風, 則其可以東方爲始耶. 起於西者爲肅殺之風, 則其可以西方爲
始耶. 枳句來巢, 空穴來風, 則其可以空穴爲始耶"
12　『栗谷全書』卷5, 疏箚「萬言封事」"古人有言曰, 言善非難, 行善爲難, 邵雍曰, 治
世尙德, 亂世尙言, 古今天下, 安有大言競進而能使風淳政擧者乎"

여 성리에 통할 수 있는 사람은 오직 소자인가 합니다. 소자의 학문은 진
희이로부터 나왔는데 자기 혼자서 터득한 오묘한 경지는 스승보다 낫습니
다."[13]

「역수책」에 있는 이 글은 이어서 소옹의 선천역(先天易)에 대한 소개
를 곁들이고 있다. 소옹이 복희씨의 괘를 미루어 방도(方圖)와 원도(圓
圖)를 지었다는 것을 소개하고 있다.[14] 그는 소옹은 이미 역학의 이(理)
에 밝고, 또 역학의 수(數)에 정통하여, 복희씨 선천의 학과 문왕 후천
의 수(數)를 정밀히 분석하되 솜씨가 능통하여 막힌 것이 없었다고 하
였고, 천지의 시작과 끝이나 만물 조화의 감응함을 지극히 궁리하여,
능히 미래를 알고 지혜를 이끌기를 신과 같이 하였으니, 쉽게 말할 수
있는 것이 아니라고도 하였다.[15]
　　한편 율곡은 소옹이 신명한 덕을 지니고 상황을 파악하고 미래를 예
견하는 능력을 지녔다고 판단한다. 소옹이 하늘의 기운이 남으로부터
북으로 가는 것을 보고 곧 소인이 권력을 잡을 것을 안 것은, 이치로써
때를 관찰하여[以理觀時] 그 닥쳐올 것을 미리 안 것이며, 마른 나뭇가
지가 바람도 없는데 저절로 떨어지는 것을 보고 장석(匠石)이 와서 벌

---

13　『栗谷全書』卷14, 雜著「易數策」"若其生于千載之下, 得契四聖之心, 學究天人,
通乎性理者, 其惟邵子乎, 邵子之學, 出自陳希夷, 而其獨知之妙, 則靑出於藍而靑於藍
者也"
14　『栗谷全書』卷14, 雜著「易數策」"推伏羲之卦, 作方圓之圖, 圓於外者, 爲陽動而
爲天者也, 方於中者, 爲陰靜而爲地者也, 天地之理, 皆在是矣, 圓圖之中, 乾盡午中, 坤
盡子中, 姤卦則陰之始生者也, 復卦則陽之始生者也, 乾陽極而生陰, 故置姤新乾後, 坤
陰極而生陽, 故置復於坤後, 皆可以理推也, 冬至爲復, 一陽初動, 夏至爲姤, 一陰初萌,
豈不與此圖相應歟"
15　『栗谷全書』卷14, 雜著「易數策」"邵子旣明易理, 又精易數, 於伏羲先天之學, 文
王後天之數, 剖析精微, 遊刃無礙, 盡天地之終始, 盡物化之感應, 能知未來, 運智如神,
夫豈易言哉,"

목할 것을 안 것은 수로써 사물을 미루어[以數推物] 장차 그렇게 될 것
을 안 것이라고 하였다.[16] 즉 그는 이치로써 미루어 아는 것과 수로써
미루어 아는 것을 구별한다.

"이치로써 추론하면 점을 치지 않아도 알 수 있으니 어찌 천진교에서 두견
새가 우는 것을 들어야만 국운이 어려워질 것을 알겠습니까? 수로써 미루
어본다면 점이 아니면 알 수가 없으니 반드시 사물에 붙여 괘를 이룬 다음
에야 그 사물의 수가 다 되었다는 것을 알게 됩니다. 성인이 『역』을 지은
것은 무궁한 작용을 한 권의 책에 붙인 것일 따름이니, 어찌 반드시 어떤
일을 위하여 어떤 괘를 그린 것이겠습니까? 그 이치는 매우 은미하고 그
상은 지극하게 드러났습니다. 오직 궁리하는 사람만이 그 변화를 다 알 수
있습니다."[17]

'수(數)로써 아는 것은 반드시 점에 의하여 괘를 얻어야만 가능하
다'는 율곡의 견해가 소옹의 수에 대한 견해와 완전히 부합하는지는
알 수 없다. 애초에 물음 자체가 역수(易數)이므로 역수의 수로 제한하
여 견해를 밝힌 것이라고 할 수 있다. 그리고 여기서는 소옹이 점술에
만 의존하는 인물이 아님을 밝히려는 의도에서 나온 것으로 보인다.

소옹이 개진한 경세론은 다른 유학자와 다른 점이 있다. 경세에 남다
른 관심을 가졌던 율곡이었고 소옹의 경세론은 율곡으로서는 개인적으

---

16  『栗谷全書』卷14,「易數策」"天氣自南而北, 則便知小人之用事, 此則以理觀時而
逆見其未然也, 枯枝無風而墜, 則便知匠石之來伐, 此則以數推物而預知其將然也, "
17  『栗谷全書』卷14,「易數策」"以理而推, 則不待占而可見矣, 何必天津鵑叫, 然後乃
知國步多艱耶, 以數而推, 則非占不可也, 必待寓物成卦, 然後乃知物數當盡也, 聖人作
易, 寓無窮之用於一簡編耳, 豈必爲某事而畵某卦哉, 其理至微, 其象至著, 惟窮理者, 可
以盡其變耳"

로도 매력을 가질 만한 요소가 충분하다. 소옹은 특유의 황(皇)·제(帝)·왕(王)·패(伯)론을 전개하는 가운데 "삼황은 똑같은 성인이지만 덕화가 다르고, 오제란 똑같은 현인이지만 교화가 다르며, 삼왕은 똑같은 인재이지만 공업이 다르고, 오패는 똑같은 술가(術家)이나 통솔함이 다르다"[18]라고 하여 동급의 통치자라고 해도 그 시대 상황에 따라서 다른 접근이 있었음을 밝힌 바가 있다. 삼황에 대해서는 성인과 화(化), 오제에 대해서는 현인과 교(敎), 삼왕에 대해서는 인재와 공(功), 오패에 대해서는 술(術)과 솔(率)이라는 차별화된 개념으로 평가하고 있다. 지도자마다 같은 점과 다른 점을 지니고 있다는 것이다. 앞선 지도자의 행적이 훌륭하다고 해도 자신이 처한 상황이 다른 만큼 그 처지에 맞게 변통할 필요가 있음을 암시하고 있는 것이며, 따라서 율곡이 강조하는 경장이나 변통론과 같은 기조라고 할 수 있다. 율곡이 많은 사람들이 소옹을 비판하고 있음을 의식하면서도 소옹을 도통의 정맥에 두려 한 이유의 하나가 바로 소옹의 경세론적 관심 때문이라고 할 수 있다.

한편 율곡은 주돈이에 대한 평가와 마찬가지로 소옹도 천민으로 분류한다. 그는 천민(天民)·학자(學者)·은자(隱者)를 다음과 같이 구별한다. 그에 다르면 천민은 불세출의 재능을 품고 한 시대를 구제할 만한 능력을 가지고 있으면서도 홀로 도를 즐기어 마치 보옥을 상자 속에 감추어두고 살 사람을 기다리는 것과 같이 하는 자다. 학자는 스스로 학력의 부족함을 헤아려 학문의 진취를 추구하고 스스로 재간이 우수하지 못함을 알아서 재능의 향상을 추구하고 수양하면서 때를 기다리되 경술하게 나서지 않는 자이다. 은자는 고결하고 청렴하며 절개가 있어 천하의 일을 탐탁하게 여기지 않고 초연하게 숨어버려 세상의 잡다

---

18 邵雍, 『皇極經世書』「觀物內」"三皇同意而異化 五帝同言而異敎 三王同象而異勸 五伯同數而異率."

한 것을 잊고 사는 자이다.

이 가운데 천민은 때를 만나면 천하의 만민이 모두 그 혜택을 입게되고, 학자는 좋은 때를 만나더라도 도에 자신감이 부족할 때에는 감히경솔히 나아가지 않는 것이요, 은자는 은둔에만 치우치게 되니 중도(中道)를 가는 것이 아니라고 한다.[19] 천민은 도를 행한 경우도 있고 도를행하지 못한 경우도 있다. 도를 행한 경우에는 대신도 있고 충신 또는간신(幹臣)도 있다고 한다.[20] 율곡은 소옹을 천민 중에서도 때가 주어지지 못하여 도를 행하지 못한 경우로 분류한다.

맹자가 천작(天爵)과 인작(人爵), 곧 하늘의 벼슬과 사람의 벼슬을구별한 일이 있다.[21] 소옹은 사람이 주는 벼슬, 제왕이 주는 경·대부의벼슬을 얻지 못했다. 그가 이를 얻기 위해 노력했다는 흔적도 별로 없지만 그렇다고 주어지는 벼슬을 굳이 마다했다고 할 수도 없다. 주어진일이 없기 때문이다. 그러나 그는 사람이 주는 벼슬을 그리 높이 평가하지는 않았던 것으로 보인다. 한편 그는 하늘이 준 작위는 잃지 않았다고 할 수 있다. 인의(仁義)와 충신(忠信)에 대한 그의 추구와 실행은

---

19  『栗谷全書』卷15, 雜著「東湖問答」"退而自守者, 其品有三, 懷不世之寶, 蘊濟時之具, 囂囂樂道, 韞櫝待賈者, 天民也, 自度學不足而求進其學, 自知材不優而求達其材, 藏修待時, 不輕自售者, 學者也, 高潔清介, 不屑天下之事, 卓然長往, 與世相忘者, 隱者也, 天民遇時, 則天下之民, 皆被其澤矣, 學者雖遇明時, 苟於斯道, 有所未信, 則不敢輕進焉, 若隱者則偏於遯世, 非時中之道也"

20  『栗谷全書』卷15, 雜著「東湖問答」天民으로서 도를 행한 사람 가운데 대신의 경우: 皐·夔·稷·契·仲虺·周公·召公. 충신의 경우: 嶲武子·諸葛亮·狄仁傑·司馬光, 幹臣의 경우: 農政에 능한 趙過·理財에 능한 劉晏, 융적 방어에 능한 趙充國·수리에 능한 劉彝, 伊尹·傅說·太公. 천민으로서 도를 행하지 못한 경우로서 도덕이 깊으나 때를 만나지 못한 경우: 濂溪·明道·伊川·康節·橫渠·晦菴

21  『孟子』「告子上」"孟子曰, 有天爵者, 有人爵者. 仁義忠信, 樂善不倦, 此天爵也; 公卿大夫, 此人爵也. 古之人修其天爵, 而人爵從之. 今之人修其天爵, 以要人爵; 旣得人爵, 而棄其天爵, 則惑之甚者也, 終亦必亡而已矣."

어느 누구와도 비견할 수 없을 높은 수준이었다. 그의 삶은 그의 표현대로는 거두어들임 권(卷)과 펼침 서(舒), 나아감과 물러섬을 자재롭게 하면서 그 속에서 근심을 잊고 안락하게 살았던 것이다.

## 2. 「획전유역부(畫前有易賦)」[22]의 역학

'획전유역'은 소옹의 표현으로 전해온다. 현행 『황극경세서』나 『격양집(擊壤集)』에는 소옹이 직접 '획전유역(畫前有易)'을 말한 것은 보이지 않는다. 이 표현은 문인들의 어록에 보이는데, 최초의 것은 정호의 말이다. 그에 따르면 소옹은 "뉘라서 8괘를 그리기 전에 원래 역이 있었다는 것을 믿겠는가? 괘를 그리기 전에 어찌 천지 음양이 없었겠는가?"[23]라고 했다고 한다. 후학들은 이 '괘를 그리기 전에 역이 있었다'라는 말은 그 이치가 매우 은미하여 왜 이런 말을 했는지 모르겠다고 하였다.[24] 이 구절에 대한 구구한 억측들이 나왔다. 이를테면 어떤 사람은 「계사상」 1장의 "하늘은 높고 땅은 가깝고, (…) 하늘에서는 상(象)을 이루고 땅에서는 형(形)을 이루는데, 이렇게 하여 변화가 나타난다"[25]가 바로 '획전유역'을 말한 것이라고 추정하기도 한다.[26] 일부 사람들은 '황하에서 도(圖)가 나오고 낙수에서 서(書)가 나왔다'는 공자의 말을 존중하여야 하며, 이것이 바로 '획전역'에 해당한다는 것이

---

22 『栗谷全書』卷1, 賦「畫前有易賦」
23 『擊壤集』附錄 "邵堯夫曰, 誰信畫前元有易, 畫之前豈無天地陰陽乎"
24 『擊壤集』附錄 "或曰畫前有易. 其理甚微, 不知何故有此語"
25 『周易』「繫辭傳」上 1章 "天尊地卑, 乾坤定矣. 卑高以陳, 貴賤位矣. 動靜有常, 剛柔斷矣. 方以類聚, 物以羣分, 吉凶生矣. 在天成象, 在地成形, 變化見矣"
26 御纂 『周易述義』卷8, "此明畫前有易也. 天確然處上而尊, 地隤然處下而卑, 不待奇耦之畫, 而乾坤已定矣. 天地萬物由卑至高以序而陳, 不待六畫之次而貴賤已位矣"

다.[27] 정호의 제자인 양시(楊時)는 「계사전」에서 신농씨가 쟁기와 보습을 만든 것, 시장을 열어 교역을 시도한 것 등 13개의 괘를 말한 것이 이에 해당한다고 말하고, 신농씨 때는 아직 64괘가 그려지지 않았으나 이런 이치는 이미 갖추어져 있었다고 하였다.[28] 이 부분에 대하여 황진은 "「계사전」은 이미 13괘가 갖추어진 다음에 나온 말이니 요순이 비록 성인이라 하나 어찌 이런 괘도 없는데 어떤 괘를 지칭하여 거기서 상을 취했다고 하겠는가? 요순의 때는 이미 팔괘가 그려진 다음이나 아직 64괘가 있은 이후라고 할 수 없다"고 하였다. 획전역이란 그저 소옹이 이런 이치가 평소에 이미 있었다는 것을 말한 것에 지나지 않는다는 것이다.[29]

'획전역'이라는 소옹의 이 명제는 훗날 역학자들에게 상당한 자극을 주었다. 이는 『역』에 대한 이해에 있어서 새로운 세계를 열어주었기 때문이다. 『주역전의』에 실려 있는 「역서(易序)」라는 글에서 괘도로 드러난 것만이 역이 아니라 이른바 아직 그 모습을 드러내지 않고 형태를 갖추지 않은 역의 개념이 나왔고,[30] 기존의 도형에 한정되지 않고 향후

---

27    任啓運『周易洗心』「讀易法」"讀易之法, 莫備于繫辭傳. 孔子大聖且韋編三絶, 況未學乎. 故讀易而不循聖人之法, 未有能得焉者也. 讀易須先從河圖洛書探玩. 孔子曰河出圖洛出書, 聖人則之, 圖書者, 卦畫所從出, 讀易不從圖書探玩, 全不見畫前有易意思"
28    納喇性德『大易集義粹言』卷76, "龜山楊氏曰. 或問邵堯夫云誰信畫前元有易, 自從删後更无詩, 畫前有易, 何以見. 答曰, 畫前有易其理甚微, 然即用孔子之已發明者言之, 未有畫前, 蓋可見也. 如云神農氏之耒耜蓋取諸益, 日中為市蓋取諸噬嗑, 黃帝堯舜之舟楫, 蓋取諸渙, 服牛乘馬蓋取諸隨, 益噬嗑渙隨重卦也. 當神農黃帝堯舜之時, 重卦未畫, 此理已具. 聖人有以見天下之賾, 故通變以宜民, 而易之道得矣. 然則非畫前元有易乎"
29    黃震『黃氏日抄』卷41, "堯夫言畫前有易, 龜山以十三卦爲證言 此時十三卦未畫也 按繫辭作於十三卦已具之後 所云蓋取諸乾坤云者殆謂其義合於此耳 蓋者非定辭也 堯舜雖聖 豈能未有此卦而預指定名以取象之乎 且堯舜之時 八卦已畫 亦不可言畫前之易 而十三卦乃演卦 非畫卦也 畫前有易 堯夫不過言此理素具耳 何以證爲"
30    「易序」는 저자 미상이지만 程頤의 「易傳序」와 함께 가장 탁월한 易序의 하나로

얼마든지 여러 형태의 역이 다시 나올 수 있다는 논리적 가능성을 제시했기 때문이다. 그래서인지 많은 학자들이 '획전유역'이란 제목으로 철학시를 쓰곤 했다.[31] 율곡은 몇 줄의 시가 아니라 장문의 부를 지었다.

「획전유역부」의 서두에서 율곡은 우선 태허의 세계를 고요한 성곽[寥廓]이라고 한다. 그것은 '비어 있는 것 같으나 결코 비어 있는 것이 아니다'로 묘사된다.[32] 적요(寂廖)하다는 이 표현은 장재가 태허 선천의 세계를 묘사한 것과 같다는 느낌을 준다. 적요는 소리가 없다는 것만을 의미하는 것에 그치지 않는다. 이른바 소리도 냄새도 빛깔도 형상도 모두 없다는 것으로, 감각으로 접근할 수 있는 세계가 아님을 의미한다. 이치는 상(象)을 통하여 밝게 분석된다. 상이 없으면 이치를 드러낼 길이 없다. 이 태허의 세계는 접근 가능한 아무런 상이 없으니 표현의 수단이 없고 생각의 단초가 없다. 그러니 생각만 아득할 뿐이다. 그래서 율곡은 괘상을 그리기 전의 상태를 '고요히 사유[冥思] 해보니 자연의 변역을 볼 수 있었다고 묘사하였다.[33] 물론 여기서 말하는 자연은 이른바 대상적 자연이 아니다. 저절로 그렇게 전개된다는 의미이다.

---

꼽힌다. 여기서 말미에 '未形未見易' 곧 아직 드러나지 않고 형체를 갖추지 않은 역을 거론한다. 이 '未形未見易'이 畫前易과 상응한다고 할 수 있다.

31 정몽주나 서경덕, 김창흡 등이 그 대표적인 경우에 속할 것이다. 『圃隱集』 卷2, [詩], 讀易, "石鼎湯初沸, 風爐火發紅, 坎离天地用, 卽此意無窮" "以我方寸包乾坤, 優游三十六宮春, 眼前認取畫前易, 回首包羲迹已陳" 『三淵集』 卷9, 「講易吟示士敬」 "昨夜水聲洞, 今日城南社, 高哦微酡氷雪中, 天機與之俱上下, 聞君讀易已鼓舞, 欲把韋編作講話, 須知圖書是筌蹄, 天馬何異賣兎者, 眼中無物不是卦, 畫前有易會者寡, 頭頭三十六宮春, 滿旦氤氳不盈把, 伏羲頂上須去來, 邵翁脚下休徘徊, 若推明年何處雷, 君其問諸南枝梅"

32 『栗谷全書』 卷1, 賦 「畫前有易賦」 "繄太虛之寥廓兮, 運妙有而不測, 諒厥虛之不虛兮"

33 『栗谷全書』 卷1, 賦 「畫前有易賦」 "理假象而昭晣, 畫前而冥思兮, 覤自然之變易"

아무런 매개체나 대상이 없이 사유하는 상태를 '고요한 사유'로 표현한 것이 주의를 끈다. '획전역'의 세계는 곧 '명사(冥思)'의 세계이고, 무상(無象)의 세계이다.

율곡은 8괘의 생성 과정을 홍몽(鴻濛)의 세계, 곧 천지가 생겨나기 이전의 상태에서 질서가 들어서는 과정으로 본다. 8괘에서 건·곤괘는 음양이며, 양의인데, 남은 여섯 괘로 대변되는 만물의 창고이고, 그 대문이다. 여섯 괘 가운데서 간괘와 태괘는 서로 통기(通氣)하고, 진괘 손괘는 어울려 시너지 효과를 한껏 높임의 모델이고, 감괘 이괘는 견제와 조화의 관계를 뚜렷하게 보여준다는[34] 것은 모두 「설괘전」에 나오는 8괘의 상호 관계를 수용한 것이다.

율곡은 8괘는 크게는 천지의 광대함을 표현하지만 그것은 동시에 쉽고 간단하다는 뜻의 이간(易簡)의 덕을 지니고 있고, 작게는 새나 짐승의 무늬도 들어 있다는 「계사전」의 기술을 그대로 수용하고 있다. 광대(廣大), 정미(精微), 이간(易簡)의 덕을 모두 지니고 있다는 것이 율곡의 8괘관이다. 「계사전」의 언급들 가운데서 복희 8괘에 해당한다고 판단하는 구절들을 가져다가 획전역이 아니라 획역의 의미를 기술하고 있다.[35]

그는 형상을 지닌 것들 속에서 형상과 무형상을 함께 본다. 어떤 것이 형상을 가지면 이치는 저절로 드러난다는 것이다. 그는 소리도 없고 냄새도 없는 것이 이른바 『역(易)』의 실체이고, 태극의 본체라고 표현한다. 아무런 조짐도 없는 곳에서는 아무런 생각도 할 수 없기 때문이

---

34  『栗谷全書』卷1, 賦「畫前有易賦」"邈鴻蒙之肇剖兮, 定尊卑於乾坤 包六子而爲蘊兮, 拓二儀而爲門, 升爲雲而降爲泉兮, 驗通氣於山澤, 動莫疾而撓莫舒兮 鼓風雷而相薄, 懸兩曜而著明兮. 水與火其不相射"

35  『栗谷全書』卷1, 賦「畫前有易賦」"大而覆載之器兮, 示易簡於玄黃, 細而鳥獸之文兮, 亦粲然而成章"

다. 태극은 이미 사려가 끊긴 곳이다. 그러나 동정(動靜)은 『역』의 오묘한 작용이며, 합벽(闔闢)의 기관이 장치되어 있다.[36]

형상을 통하여 드러나는 이치를 알아내는 것은 바로 인간이다. 즉 천지 사이에서 가장 영험(靈驗)한 존재인 인간이 형상 속에 담겨 있는 그 이치를 드러낸다. 이치를 드러낸 인간은 그 이치를 실천하고 자연의 부족한 부분을 보충한다. 그리함으로써 천지의 작업을 돕는다. 결국 인간의 그 영험성이 그로 하여금 천지와 더불어 삼재(三才)가 되게 한다. 이미 인간이 삼재적 존재가 되었다면 사실 괘획 같은 도상은 필요 없다. 한 포기 풀과 한 그루의 나무조차도 모두가 다 지극한 이치의 소재이다.[37]

삼재적 인간은 『중용』에서 구체적으로 규정하고 있다. 즉 오직 세상에서 가장 지극한 성실을 지닌 사람이 능히 자기의 본성과 타인의 본성과 만물의 본성을 다할 수 있으며 그런 다음에라야 천지의 화육을 도울 수 있고 천지의 화육을 도울 수 있어야만 천지와 더불어 셋이 될 수 있다고 하였다.[38] 주희는 여기서 다한다는 말의 뜻이 그 아는 것이 밝지 않음이 없고 그 행하는 것이 마땅하지 않음이 없는 것이며 천지와 더불어 셋이 된다는 것은 천지와 병립하여 셋이 되는 것이라고 하였다.[39] 곧

---

36 『栗谷全書』卷1, 賦「畫前有易賦」"形無形於有形兮. 理何隱而不彰. 無聲無臭 是易之實體兮. 絶思慮於太極. 一動一靜 是易之妙用兮. 設機關於闔闢"
37 『栗谷全書』卷1, 賦「畫前有易賦」"位最靈於兩間兮, 誕彌縫其罅隙, 固三才之自備兮, 奚有待於卦畫, 嗟慈易之前無始後無終兮, 孰覰本之能覩, 夫孰知一草與一木, 亶莫非至理之所寓"
38 朱熹『中庸章句集註』22장 "唯天下至誠, 爲能盡其性, 能盡其性, 則能盡人之性. 能盡人之性, 則能盡物之性. 能盡物之性, 則可以贊天地之化育, 可以贊天地之化育, 則可以與天地參矣"
39 朱熹『中庸章句集註』22장 "能盡之者, 謂知之無不明而處之無不當也. 贊, 猶助也. 與天地參, 謂與天地並立爲三也".

삼재를 말함이다.

이것이 삼재의 의미이니 삼재적 인간이 되면 도상이나 문자역이 필요 없다는 율곡의 견해는 마땅하다. 만일 이미 천지만물에 대하여 아는 것이 밝지 못함이 없고 그 실천하는 것이 마땅하지 않음이 없으면 그와 천지는 이미 일체가 되어 있다. 그러하니 달리 어떤 특별한 것에서 진리를 찾으려고 할 필요가 없다. 천지는 이미 대상이 아니다. 삼재는 하나의 이치에 의하여 포괄되는 체계이다.

그런데 왜 황하에서 도(圖)가 나왔는가? 성인이 본받았다는 하도(河圖)를 율곡은『역』의 거울에 비친 만물의 상(象)으로 본다. 그 상은 '하늘을 우러러보고 땅을 굽혀 살피고 가까이 몸에서 살피고 멀리 대상사물에서 살핀' 그 결론이며, 그것은 결국 천지, 강유(剛柔), 음양, 기우(奇偶)의 이치에 지나지 않는다는 것을 내보인 것이다. 율곡에 따르면, 『역』의 상이란 결국 이것이다.[40] 당연한 일이지만 율곡은 복희 팔괘를 언급함에 있어서 낙서(洛書)를 배제하고 있다. 이는 낙서에서 문왕 팔괘가 나왔다는 역학사의 흐름을 수용하고 있음이다.

성인이 깊은 곳에 있는 이치를 끌어올려 보이고, 어둠 속에 있는 실체를 밝은 곳에 노출시켜[41] 만물의 원리와 상이 뚜렷이 드러났건만 보는 사람마다 제각기 자기 안목으로 그 상을 해석한다. 누구는 사랑과 관용의 관점에서, 누구는 지적 분석을 중시하여[42] 각자 자기의 프리즘

---

40  『栗谷全書』卷1, 賦「畫前有易賦」"彼河中之負圖兮, 亦此易之鏡象, 仰可觀兮俯可察, 何必數天參而地兩, 健立剛兮順立柔, 何必著陰偶而陽奇, 噫本然之易道兮, 炳垂象兮若玆"

41  『栗谷全書』卷1, 賦「畫前有易賦」"然仁智各隨所見兮, 失全體而昧斯 矧百姓之蚩蚩兮 羌日用而不知 肆聖人運以獨智兮, 極鉤深而闡幽 爰立象而盡意兮, 理自此而可求"

42  『周易』「繫辭傳」"仁者見之 謂之仁, 知者見之 謂之智"

대로 8괘의 상을 해석한다. 현명한 사람들이 이러하다. 그런데 어리석은 사람들은 심한 경우 그 속에 있으면서도, 그것을 나날이 사용하고 있으면서도, 그것이 무엇인지조차 모른다.

여기서 다시『중용』의 지성(至誠)과 치곡(致曲)을 생각하게 된다. 주희는 '지극한 성실이 천도라면 곡진하게 이루어냄은 인도'라고 하였다. 지성에 이르지 못한 사람은 특정 부문이라도 극진하게 하는 자이다. 인의예지신의 오상을 다 완비한 사람이 못 된다면, 즉 인간의 모든 긍정적 가능성을 완벽하게 실천할 수 있는 경지가 못 된다면 어느 부분이라도 극진하게 하여야 한다는 것이 치곡의 이론이다.[43]

8괘의 상이 의미하는 바를 아무나 다 알 수 있는 것이 아니다. 율곡에 의하면『역』의 8괘상은 세상 사람들에 대한 하늘과 성인의 극진한 배려이고 우환이다. 그러나 여기서 말하는 세상 사람이란 성인도 아니고 일반인이 아니다. 현자들이다. 일반 백성은 이를 알지 못하고 살아간다. 성인은 팔괘로 알려줄 필요도 없는 존재들이다. 결국 장재의 말과 같이 '역은 군자를 위하여 도모하는' 책이다.[44] 성인은 괘상이 필요 없고 우매한 대중은 이를 이해하지 못한다. 결국 획전역은 성인의 경지를 도모하는 사람에게 의미 있는 개념이다.

율곡은 상을 세운 성인의 뜻이 흐려지고 역학이 혼란 속에 빠진 이유를 사람들이『역』을 공부하면서 오로지 단사 효사 즉 계사(繫辭)에 얽매이기 때문이라고 한다.[45] 장자(莊子)는 통발과 올가미의 비유를 들어 소통에 있어서 주요한 수단인 언어 문자에 얽매이는 폐단을 경계한 일

---

43  『中庸章句集註』23장 "其次致曲, 曲能有誠, 誠則形, 形則著, 著則明, 明則動, 動則變, 變則化, 唯天下至誠爲能化"
44  張載『張子全書』卷3,「大易篇」14 "易爲君子謀, 不爲小人謀. 故撰德於卦. 雖爻有小大及繫辭. 其爻必諭之以君子之義"
45  『栗谷全書』卷1,「畫前有易賦」"胡易學之漸晦兮. 惟象爻之是拘"

이 있다. 올가미와 통발로 토끼와 물고기를 잡지만, 잡은 다음에는 올
가미나 통발은 잊고 토끼와 물고기에 관심을 집중하여야 하듯 상을 통
하여 의미를 얻었거나 괘효사의 지시를 터득하였다면 이제는 상과 계
사에 더 이상 얽매이지 말아야 한다. 율곡은 소옹이 획전역을 말한 것
에서 그가 장자가 말한 '말을 잊은 자와 대화를 나누고 싶어 하는' 인
물임을 읽어낸다.[46] 그를 '바뀌지 않는 역을 조용히 찾고' '물건이 될
수 없는 물건을 진지하게 탐구하는' 사람으로 묘사한다.[47]

　여기서 다시 '명수(冥搜)'라는 단어에 주목하게 된다. 팔괘를 그리기
이전의 세계를 명사(冥思)하듯 이제 변역이 없는 변역을 말없이, 개념
에 의존하지 않고 모색하는 것이다. 이것은 사물일 수 없는 것에 온 마
음을 기울이는 것이다. 그것, 곧 변역 없는 변역과 사물일 수 없는 그것
은 무엇인가? 바로 태극일 것이다.

　이이는 여기서 한 걸음 더 나아가 소옹을 인간의 순연한 '성정을 노
래하고 오묘한 경지를 전파하는' 인물이며, 결국 '이전의 어떤 성인도
미처 밝혀내지 못한 것을 밝혀낸' 인물로 묘사하고 있다.[48] 획전역은
인간의 성정을 노래하는 것과 어긋나지 않는다. 획전역은 천지 자연의
역과 상치하지 않는다. 획전역은 8괘의 괘상을 가진 역과 정합성을 잃
지 않는다. 그리고 이런 것을 말한 사람이 일찍이 없었다. 소옹 이전의
어느 누구도 이것을 말하지 않았다는 것을 분명하게 확인하고 있는 것
이다.

　이이는 자기가 비록 성인보다 천 년 후에 태어났지만 마음만은 옛 성
인이 지닌 그 마음이 분명하니 참된 근원에 가 닿을 수 있음을 인지하

---

46　『栗谷全書』卷1,「畫前有易賦」"捨筌蹄而得魚兎兮. 竊有取於堯夫"
47　『栗谷全書』卷1,「畫前有易賦」"冥搜乎無易之易兮. 玩心乎不物之物"
48　『栗谷全書』卷1,「畫前有易賦」"詠性情而播妙兮. 發前聖之未發"

고 있다. 또한 어쩌다 나무에 부딪혀 죽은 토끼를 얻은 농부가 또 다시 그런 우연한 소득을 바라고 나무를 지키고 있는 것처럼 스스로가 어리석고 피곤한 존재임도 깨닫는다. 그는 여태까지 나타난 역학적 업적들은 어쩌다 나무에 부딪혀 죽은 토끼를 얻은 일에 지나지 않는지 모른다고 여기는 것이다. 현명한 사람이라면 그 자리를 벗어나 산야를 뛰노는 토끼를 잡을 궁리를 할 것이다. 스스로 창조적 생각을 통하여 실재하는 진리를 터득하는 것을 말하는 것이리라. 그는 '긴 말' 곧 노래의 형식을 빌려서 자신의 뜻을 보이며, 마음에 태극을 갖고 노는[弄丸][49] 부질없는 짓을 한다며 다음과 같이 노래한다.[50]

"천지의 역은 복희씨를 필요로 하지 않네
상은 지극히 드러나고, 이치는 지극히 은미하네
팔괘가 이미 그려지니 현기를 누설했네
도도하다! 말단을 추구하는 자들이여! 근본에 도달하는 자 드물도다
안락와가 비었으니 나는 누구와 더불어 돌아갈까?
네게 숨길 수가 없구나. 물고기가 뛰고 솔개가 나는 그 원인을"[51]

천지 자연의 역은 그 자체가 하나의『역』이기 때문에 굳이 팔괘를 가지고 이해하려 할 필요가 없다. 그런데 복희가 그린 팔괘는 매우 선명하게 자연의 역을 표현하고 있다. 그 상을 통해 드러나는 이치는 보통

---

49  『莊子』「徐无鬼」에 구슬던지기 놀이를 弄丸이라고 한다. 그런데 이 표현을 소옹이 즐겨 사용했는데 그는 이를 태극을 논하는 것의 의미로 사용하였다.
50  『栗谷全書』卷1, 賦「畫前有易賦」"嗟我生後千載兮. 心古人之方寸. 悟眞源之可兮. 知守株之自困, 假永言而示志兮. 瀆弄丸之餘論"
51  『栗谷全書』卷1, 賦「畫前有易賦」"天地之易 不待庖羲 象兮至顯 理兮至微 八卦旣畫 聿洩玄機 滔滔逐末 達本者稀 安樂窩空 吾誰與歸 無隱乎爾 魚躍鳶飛"

사람으로서는 알 수 없는 것이기에 지극히 은미하다고 표현하지만 그 은미한 이치를 8괘가 표현하고 있으니 8괘는 결국 천기를 누설하고 있는 셈이다. 세상에는 도도한 물결처럼 지엽 말단이나 현상을 좇는 자는 많지만 근본을 이해하는 사람은 별로 없다. 있다면 그것은 북송 시대 '안락와'의 주인 소옹일 것인데 그 역시 죽고 이제는 없다. 그러니 율곡은 이를 안타까워한다. 그러나 율곡은 자연 현상 속에서 다시 역을 본다. 『중용』의 표현을 빌면 '물고기는 못에서 뛰고 솔개는 하늘에서 날고 있는데' 이는 '도체(道體)가 상하에 환하게 드러나 있는 것'이라고 하였지만[52] 이것이 바로 '획전역'이다. 즉 획전역이 하늘과 못, 천지 상하 사이에 환하게 드러나 있다.

## 3. 광활(曠闊)한 마음과 사통팔달의 철학

소옹철학과 관련된 율곡의 또 하나의 부는 「공중누각부」[53]이다. '공중누각'이란 본래 정호가 소옹 철학의 사통팔달적 성격을 묘사한 용어이다.

"요부는 방임(放任)의 태도를 지니고 마음에 광활(曠闊)함을 품었으니 마치 공중누각(空中樓閣)과 같이 사방팔방으로 두루 통달했다"[54]

소옹철학에 대한 묘사이지만 동시에 소옹의 인간됨에 대한 표현이기

---

52   이것은 『中庸章句』 제12장에 나오는 표현이다.
53   『栗谷全書』 拾遺 卷1, 「空中樓閣賦」
54   『二程全書』 「河南程氏遺書」 『주자어류』 卷100 참조. "邵堯夫猶空中樓閣" "堯夫襟懷放曠 如空中樓閣 四通八達也"

도 하다. 그 표현이 적실(的實)하다고 하여 소옹철학에 관심 갖는 사람들이 주목하는 용어이다. 조선 유학자들 가운데 이를 제목으로 부(賦)를 짓거나 기(記)를 지은 사람은 율곡 말고도 몇 사람 더 있다.[55] 이항복은 율곡의 사람됨이 정호가 소옹을 일러 '공중누각'과 같다고 한 것에 해당한다고 하였다.[56] 이 부에서 율곡은 소옹을 세상을 초월한 사람, 홍진을 단호히 끊어버리고 하늘 높이 올라간 사람으로, 뿐만 아니라 더 나아가 하늘 거리에서 놀던 사람으로 평가한다.[57] 하늘의 거리에서 다닐 수 있는 사람이란 율곡의 또 다른 표현에 따르면 천민(天民)이다.

홍진에서 벗어난 사람, 하늘 거리에서도 용납되는 이 사람의 거처는 이 땅에 있지 않다. 그의 집은 저자의 시끄러운 소리가 들리지 않는 곳에 있다. 율곡은 이 고요한 누각이 있는 곳은 허공을 넘어 있는 곳이라 한다.[58] 또한 그 집은 보통 사람들이 사는 집과는 그 구조가 다르다. 구조만 다른 것이 아니다. 위로 이웃도 없고 아래로 의거할 곳도 없다. 그 집은 기술자에 의하여 다듬어진 나무로 지은 것이 아니다. 집 지을 터를 정하기 위해 일반인들처럼 거북에게 점쳐서 물어보지도 않는다. 그 집의 기둥은 세상의 최고 눈 밝은 기술자 이루(離婁)가 먹줄을 튕겨 자른 나무도 아니고, 노반(魯般)과 공수(工倕)같은 탁월한 장인에게 자문

---

55   張顯光의 『旅軒集』 卷1에, 河沆의 『覺齋集』 상권에, 李時發의 『碧梧先生遺稿』 卷1에 각각 「空中樓閣賦」가 있다. 그리고 朴英의 『松堂集』 卷1에 尹絅의 『雪峰遺稿』 卷23, 李尙馨의 『天默先生遺稿』 卷3에 각각 「空中樓閣記」가 있다.

56   『栗谷全書』 卷36, 神道碑銘, 李恒福 撰 "其立也猶蜃閣之浮于海. 無斤斧繩削之痕, 而不可窮其間架. 昔程子謂邵堯夫空中樓閣, 朱子謂張敬夫不歷階級而得之, 抑謂是者非耶. 不由知索 暗合道妙, 開闔啓鑰, 洞視本體"

57   『栗谷全書』 拾遺 卷1, 「空中樓閣賦」 "若有人兮超世, 絶塵氛而高擧, 溢埃風兮上征, 立天衢而容與"

58   『栗谷全書』 拾遺 卷1, 「空中樓閣賦」 "寥之樓閣兮, 謇憑虛而延佇"

을 받은 기법도 아니며, 그 누각의 재료는 호기(灝氣)이고 그 집의 기초
는 강풍(剛風)이라고 한다.[59]

공중누각은 누각은 누각이되 세상 사람이 사는 집과는 다르다. 비록
형상을 가진 것으로 비유는 하였으되 재료도 다르고 위치도 다르다. 소
옹은 낙양의 그의 집을 '안락와'라고 한다. 오랜 세월 '안락와'를 드나
든 정호가 소옹의 사는 집을 공중누각으로 비유하였다는 것은 무엇을
뜻하는가? '안락와'가 낙양성 모퉁이에 있었고, 누구나 다 드나들 수
있는 집은 아니었지만, 낙양성의 문인들이 즐겨 절로 찾아가는 집이었
다. 소옹이 그 사는 집을 '안락와'라고 이름 지은 것도 관심을 끄는 것
이지만 정호가 보기에 소옹의 인간됨이 마치 공중에 떠 있는 사통팔달
의 탁 트인 집으로 보였던 것이리라. 이것이 율곡의 공중누각에 대한
이해의 근간이다.

이이는 공중누각이 해와 달처럼 넘어서지 못할 만큼 높은 데 있어 사
람의 어깨 높이 정도의 담장에 견줄 수는 없기에 속인들이 엿볼 수가
없다고 하였다.[60] 이는 소옹의 경지가 범인들이 이해하지도 못하고 흉
내 내지도 못할 이른바 탈속의 경지임을 말한다. 율곡은 이 집에 들어
가는 방법으로 선불교의 표현을 빌어온다. 즉 백 척(百尺)이나 되는 장
대 끝에 매달려 전전긍긍할 것이 아니라 과감히 한 발 더 내밀어 의지
하던 것을 떨쳐버린 진정한 자유인이 되지 않고서는 구름길과 같은 소
옹의 철학에 동승할 수가 없다는 것이다. 긴 장대 끝에 올라서면 그곳
이 비록 높은 곳이기는 하나 여전히 장대에 의지하고 있는 것이요, 그

---

59   『栗谷全書』拾遺 卷1, 「空中樓閣賦」 "覽斯宇之結構, 異尋常之所處, 上冥冥兮無
鄰, 下杳杳兮無據, 求木不假於工師, 卜築奚問乎元龜, 繩不督於離婁, 巧豈資於般倕, 集
灝氣而爲材, 履剛風而止基"

60   『栗谷全書』拾遺 卷1, 「空中樓閣賦」 "玆突兀乎太淸, 豈俗眼之敢窺, 日月之不可
踰, 豈及肩之可比"

런 것에 의지하는 한 구름을 밟을 수는 없다. 진정한 평안과 자유는 이 장대 끝에서 한 걸음 더 내디딜 때 비로소 얻어진다. 그리고 이곳이야말로 참으로 편안하게 거처할 자유의 집이다.[61] 율곡은 공중누각을 안택(安宅)이라고 한다. 그렇다면 이것은 앞서 말한 집주인의 인(仁)을 설명한 것인가? 아니면 공중누각이 인을 설명한 것인가? 일단 두 설명이 다 가능할 것 같다.

이이는 다시 공중누각을 세속인이 사는 집과 비교하여 설명한다. 높은 곳에 있는 이 집에서 저 아래 세상을 내려다보니 참으로 어지럽기 짝이 없다는 것이다. 저 아래 인간의 세상에는 마치 나나니벌이 뽕나무 벌레를 업고 앵앵대며 날아다니듯, 옛 묵적이 굴뚝에서 연기를 낼 겨를도 없었듯이[62], 달팽이가 제 집에 몸을 숨기듯, 양주가 남을 위해서는 정강이의 털 한 올도 뽑지 않았으며, 똥냄새 맡고 쉬파리 꼬여들듯, 하나같이 권모술수에 공리(功利)를 숭상하는 자들이 어지럽게 오가고 있다고 묘사하고 있다. 이것들은 모두 마치 바다에 떠 있는 신기루같이 결국 허무와 적멸의 학문일 따름이라는 것이다. 그는 범인들의 삶의 모습이 한마디 웃음거리도 못 된다고 한다. 그곳은 보통 사람의 잣대로는 도무지 측량할 수가 없는, 이른바 초월의 세계이다.[63] 여기서 권모술수와 공리라는 표현에 주목할 필요가 있다. 공중누각의 주인은 권모술수와 전혀 거리가 멀다는 뜻을 함의하고 있기 때문이다. 권모술수와 공리를 한갓

---

61    『栗谷全書』拾遺 卷1,「空中樓閣賦」"洞八窓而去障, 絶遊氣之爲累, 乾之端兮坤之倪, 總軒豁而呈露, 非竿頭之闊步, 孰同昇於雲路, 夫孰云跲脆而無依, 寔攸寧之安宅"
62    班固『苔賓戲』. 墨翟은 兼愛의 도를 실천하느라 여기저기 바삐 다니느라 밥 짓는 연기를 피우지도 못했다고 한다
63    『栗谷全書』拾遺 卷1,「空中樓閣賦」"俯下界而遊目, 紛衆流之積億, 蜾蠃負蟲兮, 墨翟之不黔突也, 蝸牛閉殼兮, 楊朱之毛不拔也, 蒼蠅逐臭兮, 權謀功利之說也, 蜃樓浮海兮, 虛無寂滅之學也, 諒在上而辨下, 曾不滿乎一哂, 嗟玆閣之占高, 詎尋引之能準"

신기루쯤으로 보는 율곡 자신의 시각이 그대로 드러나 있다. 이런 집에 살 만한 사람으로 소옹을 꼽는 데 그는 전혀 이의를 제기하지 않는다.[64] 아니, 소옹의 철학을 이런 경지로 이해하고 존모하고 있는 것이다.

## 4. 허명(虛明)한 마음, 풍월(風月)의 정회(情懷)

이이는 소옹의 이러한 학문적 경지가 낮은 곳에서부터 높이 올라간 것이라고 평가한다.[65] 이는 『논어』의 '하학이상달(下學而上達)'의 의미도 될 것이고 『중용』의 "높은 곳에 오르는 자는 낮은 곳으로부터 시작하고, 먼 데 이르고자 하는 사람은 반드시 가까운 데서부터 출발한다"는 가르침을 떠올리게도 한다. 바꾸어 말하면 소옹은 결코 높고 멀어 실천하기 어려운 경지를 말하는 철학자가 아니라는 말이 될 것이다.

그런데 율곡은 다시 소옹을 일컬어 "애초에는 고요함을 기초로 삼았다가[66] 마음 밖의 세계로 내달려간 것이다. 무너진 것 맑히고 찌꺼기 없애니 하늘과 세상에 부끄러움 없다"[67]고 평가한다. 소옹철학의 출발점을 고요함이라고 한 것이다. 소옹은 무극의 앞 단계를 음, 고요함으로 설정한 일이 있다.[68] 이는 우주론이지만 동시에 그의 수양론이기도 하다. 100미터 달리기 하는 선수가 출발선에서 고요한 정지 자세를 취하듯 어떤 행동을 하기 전에 대부분 일단 정지하여 심호흡을 하면서 목표

---

64 『栗谷全書』拾遺 卷1,「空中樓閣賦」"諒在上而辨下, 曾不滿乎一哂, 嗟玆閣之占高, 詎尋引之能準, 聞取物而譬人, 美善喩之有得, 于以求乎前哲, 仰堯夫之通闢"
65 『栗谷全書』拾遺 卷1,「空中樓閣賦」"原地位之所蹟, 固登高之自卑, 始習靜而爲基"
66 『栗谷全書』卷9,「答朴和叔」"且邵子所謂無極之前, 陰含陽者, 亦截自一陽未動之前言之耳. 非謂極本窮源而實有陰陽之始也"
67 『栗谷全書』拾遺 卷1,「空中樓閣賦」"始習靜而爲基, 止方寸之外馳, 漸澄汰而去滓, 無愧怍而自持"
68 邵雍『皇極經世書』「觀物內篇」

에 전념하는 자세를 취한다. 소옹도 그리했을 것이다. 출발점이 고요함
이라 하는 것은 우주론적 인식의 의미도 있고 세상에 대한 권고의 의미
도 있는 것으로 보인다.

아무튼 그런 소옹은 무너져 내린 것을 추슬러 정리하고 찌꺼기들을
제거한다. 물론 세상의 물리적 찌꺼기가 아니라 그의 마음의 문제일 것
이다. 소옹이라고 해서 실패의 쓴잔이 왜 없었겠으며, 일을 하고 난 다
음에 남는 앙금이나 찌꺼기 감정이 왜 없었겠는가? 재능이 뛰어난 율
곡이지만 고위관직의 관리로서 각종 국가 대사를 수행하면서 그 과정
에서 생겨난 여러 가지 찌꺼기 감정들이, 무너진 산사태 같은 마음의
붕괴가 있었을 것이다. 따라서 율곡은 소옹의 저 깨끗이 정리하고 제거
할 줄 안 것, 그래서 마침내 하늘과 세상에 한 점 부끄러움 없는 그런
청명하고 정대한 경지에 서 있을 수 있었음을 부러워하고 목표로 삼고
싶었을 것이다.

소옹은 마치 장자가 텅 빈 방 안에 햇살이 비칠 때 아지랑이처럼 먼
지가 움직이는 것을 보았듯이 넓고 넓은 우주에 모두가 수용되는 것을
알았고 세상에 이루어지는 그 무쌍한 변화의 근원을 살피고 운행의 오
묘함을 생각하고 또 연구하였다. 그 결과 그는 음양의 도수(度數)를 탐
구하고 원회운세(元會運世)의 시종을 추리하였다. 그런 그는 마치 갑자
기 번개를 채찍질하고 바람을 몰며 아득히 끝없는 먼 곳을 유람하듯 하
였다. 그 마음의 눈이 환하게 열려 한 점도 가리는 것이 없는 경지에 이
르렀다. 그 결과 천근(天根)을 밟을 만큼 높은 위치, 월굴(月窟)을 더듬
을 만큼 멀리까지 가 닿았고, 은밀하게는 귀신과 소통하고 드러나게는
세상의 모든 까닭을 알 정도가 되었다.[69]

---

69  『栗谷全書』拾遺 卷1, 「空中樓閣賦」 "爱生白於虛室, 廓恢恢乎有容, 觀芸芸之化
源, 運玅思而硏窮, 究陰陽之度數, 推元會之始終, 倏鞭霆而駕風, 渺遊覽於無際, 瑩心眼

　　천근 월굴은 사람들이 소옹의 선천역을 논할 때 주목하는 개념이다. 이 용어는 소옹이 그의 철학을 드러내는 데 사용하였지만 소옹이 지어 낸 용어는 아니다. 그 의미는 음양 천지 일월의 쉼 없는 운행과 지속적 생성 소멸을 설명하는 개념으로 정착한 것이다. 나아가 율곡은 소옹이 귀신과 소통하고 세상의 모든 일을 알 정도에까지 이르렀다고 하였다. 이것은 소옹의 역학공부에 대한 최고의 찬사이며, 동시에 소옹의 자아 완성에 있어 최상의 경지를 이루었다는 칭송이 된다. 세상의 온갖 일들 이 생성 소멸하는데, 그 어느 것도 잔잔한 물과 밝은 거울 앞에서 그 형 상을 숨길 수 없다. 율곡의 시각에는 소옹에 의하여 드러나지 않은 것 은 아무것도 없는 것으로 보인다. 그는 '말만 한 작은 방'[70]에 앉아서 '북두칠성의 축을 잡고 있는' 인물이며 그런 사람은 세상에 오직 한 사 람뿐이다.[71] 소옹은 때로는 좁은 집 안락와에서 책을 읽고 술잔 기울이 며 시를 읊고 향을 피우다가도 낙양 시내로 나가 거리에서 아이들의 뛰 노는 것을 즐겨 보았다. 아이들의 뛰놀음을 좋아한다는 것은 그가 생기 (生氣)를 사랑하고 중시한다는 뜻이 될 수 있다. 그는 임종의 자리에서 괴로운 숨을 내쉬면서도 문인들을 보면서 해학을 잃지 않았다. 가슴에 는 언제나 태극을 갖고 놀면서 천지에 가득찬 호연지기를 토해내곤 하 였던 것이 그의 삶이었다.[72]

---

之洞明, 無一點之纖翳, 蹂天根而高蹈, 探月窟而遠鶩, 幽而達鬼神之情, 顯而通天下之 故"

70　소옹의 안락와를 지칭한다.

71　『栗谷全書』拾遺 卷1, 「空中樓閣賦」"爰生白於虛室, 廓恢恢乎有容, 觀芸芸之化 源, 運妙思而研窮. 究陰陽之度數, 推元會之始終, 倏鞭霆而駕風, 渺遊覽於無際, 瑩心眼 之洞明, 無一點之纖翳, 蹂天根而高蹈, 探月窟而遠鶩, 幽而達鬼神之情, 顯而通天下之 故, 彼萬象之起滅, 孰逃形於水鏡, 夫孰知斗大之室, 乃揭揭於斗柄"

72　『栗谷全書』拾遺 卷1, 「空中樓閣賦」"俯羣兒之走作, 默欹枕而看戲, 弄胸中之太 極, 吐彌天之浩氣"

이이는 소옹을 참으로 '명세(命世)'의 재능과 지혜를 지닌 인물이라 한다. 명세라는 표현은 소옹 나름의 규정이 있다. 그는 황·제·왕·패는 각각 천세, 백세, 십세, 일세의 사업을 담당하는 자라고 하고, 이를 명세(命世)의 재능과 지혜라고 한다. 소옹은 공자는 만세의 사업을 담당할 재능과 지혜를 소유하고 있기에 세(世)가 아니라고 하였다.[73] 그는 두견새의 울음을 듣고 세상에 일어날 일을 예견할 만큼의 능력을 지니고서도 한 번도 제대로 쓰이지 못했다. 그저 그의 가슴속에 봄기운을 가득 머금고 안락와에서 평안하게 지냈던 것이다. 율곡은 그 자신의 마음도 본래 비고 맑아 소옹과 전혀 다르지 않음을 알고 있었고, 소옹처럼 진리의 집에 승당(昇堂)하거나 입실(入室)하는 것이 모두 스스로의 문제임을 자각하고 독려한다. 소옹처럼 설(雪)·화(花)·풍(風)·월(月)의 정회(情懷)를 갖고 지내는 것이 바로 고명의 세계에서 노는 것임을 알고 있었던 것이다.[74]

훗날 조선의 유학자들 가운데 소옹에 우호적인 인물들은 대체로 기

---

**73** 邵雍 『皇極經世書』 「觀物內篇」 "所以自古當世之君天下者 其命有四焉 一曰正命 二曰受命 三曰改命 四曰攝命. 正命者因而因者也. 受命者 因而革者也. 改命者 革而因者也. 攝命者 革而革者也. 因而因者 長而長者也. 因而革者. 長而消者也. 革而因者. 消而長者也. 革而革者. 消而消者也. 革而革者. 一世之事業也. 革而因者. 十世之事業也 因而革者 百世之事業也 因而因者 千世之事業也 可以因則因 可以革則革者 萬世之事業 也 一世之事業者 非五伯之道而何 十世之事業者 非三王之道而何 百世之事業者 非五帝 之道而何 千世之事業者 非三皇之道而何 萬世之事業者 非仲尼之道而何 是知皇帝王伯 者 命世之謂也 仲尼者 不世之謂也 仲尼曰 殷因于夏禮所損益可知也 周因于殷禮所損益 可知也 其或繼周者 雖百世可知也 如是則何止於百世而已哉 億千萬世 皆可得而知之也"
**74** 『栗谷全書』 拾遺 卷1, 「空中樓閣賦」 "嗟先生之天挺, 實命世之才智, 惜天津之鵑 叫, 蘊經濟而未試, 只收春於肝肺, 付飮和於行窩, 眇余仰止兮彌高, 顧豐蔀而興嗟, 然吾 心本虛而本明, 非古今之殊科, 信升堂入室之由我, 冀九仞之功成, 契風月之情懷, 庶玩 弄乎高明"

호지역에 속한 학자들인데, 이러한 현상은 율곡의 소옹에 대한 태도와 무관한 것 같지 않다. 그 이유는 소옹이 지닌 인간적 매력과 학문적 성취와 성격에 따른 흡인력도 작용하였을 것이다. 상당수의 학자들이 율곡처럼 '획전역'이나 '공중누각'을 언급하였고, 또 소옹 철학의 주요 개념들을 논하고 소옹이 지은 격양시를 즐겨 읊곤 했다. 소옹이 지닌 안락의 철학, 돈세무민(遯世無悶)의 태도를 존모하였다. 그러나 이 이유들 외에도 소옹이 지닌 경세사상이 조선 후기 집권층의 학인들에게 관심을 끌었다. 황극이니 경세니 하는 용어가 정권을 담당하고 있는 자들에게는 관심의 대상이 아닐 수 없었다. 더구나 그 방법이 수학이었고, 때마침 서구에서 들어온 역법 등에 대한 관심과 연결되기도 하였다.

한편 소옹의 수학은 그의 철학에 대한 후인들의 연구에 심각한 장애요소도 되었다. 상당수 학자들은 소옹의 수학을 술수류(術數類)에 속하는 것으로 분류하였다.[75] 그런데 율곡은 소옹의 수학은 술수가 아니라 이수(理數)의 수학으로 본다. 그는 이 방법을 통하여 유학의 종지를 성공적으로 천명했다는 생각을 갖고 있다. 곧 소옹이 수학을 통해 경세론을 펼쳤다는 점을 적극 긍정하는 것이다. 「역수책(易數策)」에 나타나듯 그는 이 문제에 열린 마음을 갖고 있었다.

소옹은 역사에 많은 관심을 보였다. 실제로 그의 『황극경세서』에 나타난 글들은 그가 역사적 사실에 매우 해박하다는 것을 입증한다. 정치적 상황에 대한 평가와 기술은 그가 역사와 정치에 대해서 결코 무심하지 않다는 것을 입증한다. 황제왕패를 비롯한 선진시대에 대한 평가와 이후 진(秦)에서 5대까지의 역사에 대한 평가는 그의 경세적 관심, 역

---

75　四庫全書에서 소옹은 「術數類」에 분류되어 있다.

사철학적 안목을 드러내기에 부족함이 없다.[76] 그는 스스로 권(卷)과 서(舒)의 쌍 개념의 논리와 원칙을 지니고 있었으나[77] 정치 일선에 나아가지 않았다. 율곡의 입장에서 볼 때 그에게는 때가 주어지지 않은 것이다. 따라서 그는 그 누구에게도 소속되지 않았고, 어떤 좁은 방향의 의무를 지닌 사람이 아니었다. 오직 하늘에 대해서만 책임을 지는 천민, 곧 하늘의 시민으로 살았던 것이다.

율곡은 『석담일기』라는 주목할 만한 당대 역사의 기록과 평가서를 남겼는데 이는 그에게 있어서 『춘추』와 같은 의미를 갖는 것이었다. 평생 벼슬하지 않은 소옹이 상고시대부터 직전 왕조시대까지의 오랜 기간의 역사를 연구하여 분류하고 그 평가의 글을 남겼다는 것과 일생 대부분의 시간을 조정의 대관으로 실제 정치를 좌우하는 위치에 있었던 율곡이 자기 시대를 평가하는 사찬실록을 남겼다는 점에서, 양자는 서로 다름에도 불구하고 상통하는 점이 있는 것 같다. 그가 소옹을 그렇게 존모의 대상으로 삼았고, 그를 내성외왕의 정통으로 삼고자 한 것은 이런 점에서 어떤 납득되는 시사를 얻을 수 있다.

---

76  『擊壤集』 卷4, 『皇極經世書』 「觀物內篇」에 皇帝王覇 및 진왕조 이후 5대에 이르기까지 각 朝代에 대한 평가의 시가 있다.

77  "卷舒當要解, 取捨在須斯", "卷舒在我有成算, 用舍隨時無定名", "道須能卷又能舒", "卷舒萬世興亡手" 이상의 시 구절들은 모두 『격양집』에 보인다.

# 5장
# 주재자(主宰者)와 화복(禍福)

## 1. 주재(主宰) - 조화(造化)

궁극적 주재자가 누구냐 하는 문제로부터 누구도 벗어나기 힘들다. 주재자는 우주 천지만물을 창조하고 다스리고 이끌어가는 주재자, 길흉화복의 주재자, 우리 몸의 주재자인 마음 또는 의지, 사회 공동체 안에서의 주재자 등으로 구별할 수 있다. 만물의 창조주나 길흉화복의 주재자는 우리의 지극한 관심사이지만 대체로 인간의 능력 밖의 과제로 인식해 왔다. 그래서 그저 예배, 제사 등의 행위를 통하여 그의 호의를 기대하는 것밖에 다른 방법이 없었다. 한편 만물의 영장(靈長)으로서의 인간의 몸을 주재하는 마음과 의지가 매우 중요한 과제가 된다. 그것은 우주의 궁극적 주재자의 위치까지도 오른다. 사회적 주재자는 흔히 말하는 권력의 문제로 환원되어 정치철학의 주제가 된다.

천지만물의 궁극적 주재자에 대한 성리학적 해명은 주로 태극론, 음양론, 이기론으로 이루어졌다. 그러나 부분적으로 언급했을 뿐이지 전문적으로 다루지는 않았다. '태극을 조화의 추뉴(樞紐), 품휘(品彙)의 근저(根柢)'라고 함에서, 또는 '기로써 형체를 이루고 여기에 이를 부여하였다'는 명제에서 잘 드러난다. 이 조화의 추뉴로서의 태극에 대한 관심이 송대 이후 학자들에게서 폭발적이었다. 이에 대한 관심은 곧 내 몸의 주재자 곧 마음에 대한 문제로 이어졌고 '심성정론'으로 논구되었다. '마음이 태극이다[心爲太極]'는 명제가 그것을 보여준다. 성리학에서 심성정(心性情)의 문제는 그 개념 자체의 분석에도 집중되었지만 인심도심, 사단칠정 그리고 인물성동이 등의 문제로 지속적으로 탐구되었다. 그러하니 주재자의 문제라고 하였지만 결국 성리학의 이기론과 심성론 속에 이미 담겨 있는 것이다. 상제나 천명에 대한 의식이 남아 있지 않은 것은 아니지만 학술적으로는 그 논의가 이미 성이나 도, 태극, 이(理)로 대체된 것이다.

조화(造化)에 대한 관심은 화복(禍福)론으로도 연결되고, 마음의 주재는 타자와 외물에 대한 교화(敎化)로도 이어진다. 자신의 주재자인 마음의 전체(全體)와 대용(大用)을 온전히 갖추어서 만물 조화에도 개입하고 도우며, 타인의 교화에도 영향을 미치는 것이 궁극적으로 유학의 목표이며 수양을 통하여 도달코자 하는 종국적 지점이기도 하다.

16세기 중엽 조선의 사회적 구조의 정점에는 왕이 있다. 그 당시 왕은 모든 신민의 생사 영욕을 좌우했다. 따라서 신민의 왕에 대한 태도는 거의 종교인의 창조주 절대자를 대하는 동기나 태도의 동일선상에 있다. '또한 왕의 은혜입니다[亦君恩이샷다]'[1]와 같이 모든 것을 왕의

---

1   조선 명종 때의 악장. 왕의 은덕을 칭송한 가사의 일부분이다. 첫 장은 "스히 바닷 기픠는 닫줄로 자히리어니와, 님의 덕틱 기픠는 어닉 줄로 자히리잇고, 享福無彊ᄒ샤 만셰를 누리쇼셔, 향복무강ᄒ샤 만셰를 누리쇼셔. 一竿明月이 亦君恩이샷다"이다.

은혜라고 고백하거나 동서남북 어느 지점에 있든, 조정이나 유배지 등 어떤 상황에 있든 '사미인(思美人)' 곧 왕을 그리워하고 사모하는 태도를 보인 것이 왕조시대의 신민이다. 왕은 실제적으로 그들 삶의 주재자이기 때문이다. 신하인 율곡이 왕조시대 일반 신민이 지닌 이런 태도를 지닌 것은 말할 나위 없다. 그러나 그는 천지만물의 조화(造化), 화복의 문제에도 골똘했다. 또한 성인은 어떤 마음의 소유자인지, 자신과는 어떤 점에서 다른지도 그에게서 주요한 문제였다.

주재의 문제를 다룬 것이 율곡의 글 여러 곳에 산견되지만 가장 직접적인 자료로 그가 이모부 홍호와 만나 마음에 깊이 담아둔 생각을 꺼내 탄회(坦懷)한 대화를 나누고 이별에 즈음하여 그 시말을 적은 글을 들 수 있다. 바로 「표숙 홍호를 작별하는 서문[別洪表叔浩序]」[2]이다. 길지 않은 글이지만 율곡이 오랫동안 생각 끝에 정리하여 표명한 것이다. 강릉 외할머니를 근친하러 갔다가 마침 그곳에 온 이모부 홍호를 8년만에 만났고, 그로부터 자신의 내면을 깊이 있게 이해하고 들려준 교훈을 마음에 새기며 속에 품은 것을 모두 입으로 표출하고는 이별할 때 다시 마음에 품은 것을 풀어내어 드린 글이다.[3]

이 글은 율곡의 나이 33-34세 때의 것으로 추정된다. 길지 않은 그의 생애에서 이 나이는 그의 사상이 상당히 성숙해 있던 시점이다. 율곡의 글은 다음과 같이 시작한다.

---

2 「別洪表叔浩序」는 그동안 율곡 연구자들이 별로 주목하지 않았다. 이를 단독으로 연구하거나 또는 이 글을 활용한 연구가 보이지 않는다. 율곡의 글에서는 主라고 표현하였으나 여기서는 주재자로 표기한다.
3 『栗谷全書』卷13, 序「別洪表叔浩序」 "珥之蘊此言而不發者久矣. 適在臨瀛侍王母. 而值表叔洪上舍之來覲焉. 不面八九年矣. 倒蹝出拜, 不暇問無恙, 而表叔先責以珥之所失, 繼之以誨焉. 珥之平昔所蘊, 皆出於其口. 嗚呼, 非知己之切, 不能也. 詩云, 他人有心, 予忖度之, 此之謂也. 夫以運斤之手, 苟不遇郢人, 則難試其才. 珥不見表叔, 則無以發乎狂言. 於相別, 歷敍所懷奉贈焉"

"물건 가운데 가장 큰 것은 천지이다. 천지에 과연 주재자가 있는가? 가장 영험한 물건은 우리 사람이다. 우리 사람에게 과연 주재자가 있는가? 사람이 스스로 주재하지 못하고 천지로써 주재한다만 한 몸은 나의 한 몸이 아니라 천지가 위탁한 몸뚱이-형해(形骸)이다. 천지가 스스로 주재하지 못하고서 조화(造化)로써 주재한다면 천지는 천지의 천지가 아니고 조화가 위탁한 기(氣)이다. 세상에 스스로 그 몸을 가졌다고 하는 자가 있다면 그는 도에서 멀리 떨어져 있는 사람이다."[4]

가장 큰 물건인 천지와 가장 영험한 존재인 사람도 그 자체 주재자가 아니라고 한다. 사람은 천지의 영향을 받고 천지는 조화(造化)의 주재를 받는다. 따라서 어떤 사람이 자기 몸이라거나 스스로 주재할 수 있는 몸이 있다고 한다면 그는 이미 도에서 멀리 떨어져 있는 것이다. 천지도 조화(造化)의 주재대상이니 천지는 한갓 기에 지나지 않는다. 『주역』 「계사전」에서 '천지가 그 음양의 기운이 왕성하게 교감하고 만물이 변화하여 정밀순수하다[天地絪縕, 萬物化醇]'나 『중용』에서 '천지의 화육(化育)'이라 하듯 천지가 조화의 주체인 것처럼 표현되어 있다. 그러나 율곡에게 있어서 천지는 윗글에서 보듯이 조화의 객체이지 주체가 아니다. 그에 따르면 천지는 한낱 기일 따름이고, 조화의 주체는 따로 있다. 율곡은 그것이 무엇인지를 말하지 않았다. 그저 조화라고만 말했다. 천지마저 조화의 객체라면 사람은 말할 나위도 없다. 천지도 한갓 기라면 그를 주재하는 조화의 실체는 무엇이며 누구인가?

---

4    『栗谷全書』卷13, 序「別洪表叔浩序」"物之最大者, 天地也. 天地果有主乎. 最靈者, 吾人也. 吾人果有主乎. 人不能自主, 主之以天地, 則一身非我之一身, 而天地之委骸也. 天地不能自主, 主之以造化, 則天地非天地之天地, 而造化之委氣也. 世之自有其身者. 其分於道也遠矣"

조화에 관한 유가의 생각은 주로 『주역』과 『중용』에 언급되어 있다. 그것은 주돈이의 『태극도설』에서 다시 틀이 잡혔고, 주희가 『태극해의』를 통하여 상세히 해설하였으며, 이것이 이후 조화론의 근간이 되었다. 율곡의 생각도 이에서 벗어나지 않는다. 소리·색·모양·상을 갖고 천지 사이에 가득 차 있는 것이 만유 또는 만물이다. 그리고 이 물건이 있으면 이 물건이 되게 하는 것이 있고 그렇게 되지 않을 수 없는 까닭과 법칙이 있다.

만물의 본원(本源)적 위치에 있는 것을 태극이라고 한다. 태극은 만물의 뿌리나 모든 흐름의 원천 같은 것이다. 하늘이 부여한다는 것은 사람이 할 수 있는 것이 아니라는 뜻이다.[5] 천도의 유행은 '한 번 음이 되고 한 번 양이 되는 것'으로, 원형이정, 춘하추동으로 멈춤 없이 순환하여 마지않는다. 이는 누가 시켜서 그리되는 것이 아니라 저절로 그리되는 것이라고 한다. 저절로 그리되는 것이라 함은 따로 조화의 주체가 있는 것이 아니라는 뜻이다. 율곡은 '일원(一元)의 운화(渾化)는 멈추지 않는다'고 했다. 양은 물(物)을 낳고 음은 물을 이루는 것이 하늘의 이치라는 것이다.[6] 음은 움직이는 데에 뿌리를 박고, 양은 고요한 데에 근본하였는데, 움직이고 고요한 것이 한 덩어리로 되어 있다. 하늘과 땅의 기능과 역할이 다른데 이것이 하나로 꿰뚫려 있기에 신묘하고, 둘이기 때문에 물건이 화생(化生)한다. 없음 속에 묘하게 있는 것이 들어 있고, 있음 속에 참으로 없는 것이 붙어 있으며, 돈화(敦化)는 끝이

---

5   『栗谷全書』卷20, 「聖學輯要」二 修己第二 上, "朱子曰. 天道流行, 造化發育, 凡有聲色貌象, 而盈於天地之間者, 皆物也. 旣有是物, 則其所以爲是物者, 莫不各有當然之則, 而自不容已. 是皆得於天之所賦, 而非人之所能爲也"

6   『栗谷全書拾遺』卷5, 雜著 二「節序策」"對. 一陰一陽, 天道流行, 元亨利貞, 周而復始, 四時之錯行, 莫非自然之理也 (…) 竊謂一元渾化, 於穆不已. 陽以生物而陰以成物者, 天之理也"

없고, 천류(川流)는 쉬지 않는다. 이 기관(機關)을 맡은 것이 바로 태극이다.[7] 율곡은 이런 조화를 대장간에 비유한다.

"천지는 큰 화로이다. 조화는 큰 대장장이다. 만물은 용광로 속의 쇠이다. 큰 대장장이가 주조하는 것은 그릇이다. 모나고 둥글고 길고 짧은 것을 만들고자 하는 뜻에 따른다. 비록 좋은 쇠라도 위대한 대장장이의 손을 벗어나지 못한다. 쇠가 만약 스스로 뛰면서 말하기를 나는 반드시 어떤 그릇을 만들겠다고 하면 이는 매우 상서롭지 못한 쇠이다. 이런 까닭에 이것을 허물어 저것을 이루는데 쇠는 그 사이에서 근심하거나 기뻐하지 않는다. 스스로 만들지 못하는 까닭이다."[8]

조물주와 피조물의 관계를 설명하는 방법으로 대장간의 대장장이와 쇠로 만들어지는 도구와 풀무의 비유는 동서양의 공통이고 오래된 비유이다. 이와 유사한 비유는 토기장이의 비유이다. 흙으로 그릇을 빚는 토기장이는 자기 마음대로 각형 각색 각모 각양의 그릇을 빚는다. 그것이 흙이냐 쇠냐의 차이가 있을 뿐 비유가 뜻하는 것은 같다. 대장간에서 사용하는 가장 중요한 도구 중의 하나는 바람을 일으켜 숯불을 달구는 풀무이다. 이 풀무의 비유는 『노자』에서 먼저 보인다. "천지의 사이는 풀무와 같은 것인가"[9]가 그것이다. 율곡의 「이일분수부(理一分殊賦)」에서도 이 풀무 곧 탁약(橐籥)을 거론했다.

---

7  『栗谷全書』 卷1, 「理一分殊賦」
8  『栗谷全書』 卷13, 序 「別洪表叔浩序」 "言已. 復喟曰, 天地大鑪也. 造化大冶也. 萬物鑪中之金也. 大冶之鑄器也. 方圓長短, 隨意所欲. 雖良金, 不逃乎大冶之手矣. 金若自躍曰, 我必作某器, 則此不祥之金也. 是故, 毁此成彼, 毁彼成此, 而金無憂喜於其開者, 不能自主故也."
9  『道德經』 5章 "天地之間, 其猶橐籥乎"

"똑같이 탁약(橐籥)에서 제 모양대로 생김이여, 그 기운의 들어가고 안 들어간 것이 관계가 없는 듯하여라. 그러나 편정(偏正)이 이미 다름이여, 또 동물과 식물을 구별하는구나. 아무리 성명(性命)은 제각기 타고난다 하나, 도대체 어떤 것이 태화(太和)의 화순(化醇)이 아니며, 아무리 전체가 혼연(渾然)하다 하나, 또 어떤 것이 환하게 차례가 있는 게 아니냐."[10]

이른바 피조물은 조물주의 뜻에서 벗어날 수 없다고 한다. 피조물은 조물주를 원망할 수도 없고 원망해도 소용이 없다. 일체의 피조물은 천지라는 화로에 들어 있는 쇠를 다루는 조화라는 대장장이의 뜻에 의하여 그의 멋대로 주조된다. 조물주가 제멋대로 만들었다고 표현하기도 하지만 『노자』에서처럼 또는 「이일분수부」에 있는 것처럼 탁약에서 나온 것이라 해도 각각 제 모양대로 생기는 것인데, 거기에는 치우침과 바름의 차이가 있고, 동식물의 구별이 있고, 성명(性命)도 제각각이다. 전체가 혼연일체라고 해도 그 속에 부인할 수 없는 뚜렷하고 환한 조리의 차이가 있는 것 또한 부인할 수 없다. 문제는 어떤 피조물도 자신이 이루어진 것에 대하여 기뻐하거나 원망을 하는 것이 아무런 의미가 없다는 데 있다. 원망도 탓도 할 수 없는 세계, 인간의 한계 밖에 있는 것이 바로 조화의 세계라는 것이다.

## 2. 화복(禍福)과 소행(素行)

조화의 결과에 대하여 인간은 화복으로 판단한다. 화복은 통상 길흉과 함께 쓰이면서 재앙과 복록을 의미하는데 길(吉)과 복(福)은 나아가 가

---

10  『栗谷全書』 卷1, 「理一分殊賦」

지려는 것이고 흉화(凶禍)는 피하고 버리려는 것이다. 화복에 관한 언급으로 널리 사람들의 입에 오르내리는 것은 다음과 같다.

"화(禍)는 복(福)이 의지하는 것이요. 복은 화가 엎드려 있는 것이다."[11]
"화복은 문(門)이 따로 없으니 오직 사람이 부르는 것일 따름이다."[12]
"이제 국가가 한가한데 이때에 이르러 즐기고 나태하고 오만하니 이는 스스로 화를 구하는 것이다. 화복은 스스로 구하지 않음이 없다".[13]

위의 인용에 나타나 있듯이 사실 유가 경전에서는 화복을 많이 말하지 않는다. 『주역』에서는 화(禍)에 대한 용례가 없다.[14] 『논어』에서는 화나 화복이 단 한 차례도 사용되지 않았고 『맹자』에서는 위에 소개한 곳에서 단 한 번 사용되었고, 화(禍) 단독으로는 모두 4차례 썼다. 『중용장구』에서는 24장에서 한 번 사용되었고[15] 『대학』에서는 쓰이지 않았다. 주희의 『사서집주』에서도 정상(楨祥)과 요얼(妖孽)을 각각 복과 화의 조짐으로 해석하거나, 명을 해석하면서 화복으로 풀이하는 경우가 있었을 뿐이다. 길흉은 사서(四書)에서는 한 차례도 사용되지 않

<hr />

11   『道德經』58장 "禍兮 福之所倚 福兮 禍之所伏"이 구절을 의식하고 부연한 표현으로는 갈홍의 "화복이 기대고 엎드린 사이에 서로 交錯하고 흥망과 盈虛가 만나는 지점에 뒤엉켜 있다[晉 葛洪 抱朴子·任命, '禍福交錯乎倚伏之間, 興亡纏綿乎盈虛之會']", 진량의 "마음에 親疏가 있으면 禍福이 무궁 속에 의지하고 엎드리게 되니 비록 성인의 지혜를 지녔더라도 막을 수 없다[陳亮, 問答上, '心有親疏, 則禍福倚伏于无窮, 雖聖智不得而防也']"를 들 수 있다.
12   『左傳』襄公23年
13   『孟子』「公孫丑上」"今國家閒暇, 及是時, 般樂怠敖, 是自求禍也. 禍福無不自己求之者"
14   『周易』에서는 길흉으로 말하고 화복으로 말하지 않았다. 그러나 災는 자주 사용되었다. 화복의 문제를 다룬 논문들은 대부분 풍수학자들이다.
15   "禍福將至"

았다. 그러나 유학자들이 화복보다는 길흉을 더 친근하게 또 자주 사용한 것은 그것이 『주역』의 핵심 점사이기 때문이다. 『주역』 「계사전」 해석에 공력을 들인 성리학자들은 자연 길흉개념에 친숙하고 이를 깊이 있게 해석했다. 주돈이가 『태극도설』에서 "(천도를 닦으면) 길하게 되고 어긋나면 흉하게 된다"고 한 이래 유학자들은 이를 바탕으로 삼아 그들의 길흉론을 전개했다. 이처럼 화복이나 길흉이 유학자들의 주요 탐구과제가 아님을 짐작할 수 있는데 문제는 논의 중심에 들어 있지 않거나 소략하게 다루어졌다 해서 이 문제에 무관심한 것은 아니라는 것이다. 길흉화복은 넓은 의미에서 이해관계에 속하는 것으로서 대중들의 일상적이고 중핵적 관심사이다. 따라서 이 문제를 유가지식인들은 어쨌든 넘어서 있어야 했다.

『맹자』 「이루장」에 "사람은 반드시 스스로 모욕한 다음에 남들이 그를 모욕하며, 집안이 스스로 훼손한 다음에 남들이 그를 허물며, 나라는 스스로 친 다음에 남들이 그를 친다. 태갑에서 '하늘이 짓는 얼(孼)은 오히려 벗어날 수 있지만 스스로 짓는 얼은 살릴 수 없다'고 한 것이 바로 이를 말한 것이다"[16]라는 부분을 풀이하면서 주희는 "본마음을 지니면 득실의 기미를 살필 수 있고 보존하지 못하면 존망의 드러남을 판단하지 못한다. 화복은 모두 스스로 취하는 것"[17]이라고 하였다. 「진심장」의 "명 아닌 것이 없다. 순리대로 그 바른 것을 받는다"고 한 부분의 풀이에서도 주희는 길흉화복은 모두 천명이라고 하고, 부르지 않았어도 다가오는 것을 정명(正命)이라 하였다. 탁월한 사람은 몸을 수양

---

16  『孟子集註』 「離婁上」 "夫人必自侮, 然後人侮之; 家必自毁, 而後人毁之; 國必自伐, 而後人伐之. 太甲曰 '天作孼, 猶可違; 自作孼, 不可活.' 此之謂也."
17  『孟子集註』 「離婁上」 "此章言心存則有以審夫得失之幾, 不存則無以辨於存亡之著. 禍福之來, 皆其自取"

하여 명을 기다리는데 이는 정명을 순리대로 받아들이려는 때문이며, 그것은 주어진 도리를 다하고 죽는 것이라고 했다.[18] 또 「진심장」의 "군자는 법(法)을 행하며 명을 기다릴 따름이다"[19]라고 했다. 여기서의 법은 마땅히 그리해야 하는 천리이며, 군자는 이를 행하고 그 길흉 화복을 계산하지 않는다.[20] 『중용장구』 24장에서는 "지성(至誠)의 도는 앞날을 알 수 있다"고 하였으며, "화와 복이 올 때에 그 선과 악을 반드시 먼저 안다고 하며, 따라서 지성은 신과 같다"[21]고 했다. 여기서는 그 화복 길흉을 스스로 만든다고 하지 않았지만 그 단초를 미리 알 수 있다고 하였는데 여기서의 "정상(禎祥)은 복의 조짐이고 요얼(妖孽)은 화의 싹이며, 진실함이 지극한 경지에 이른 사람은 털끝만큼도 눈과 마음 사이에 사사로움과 거짓이 머물지 않으면 그 기미를 살필 수 있게 된다."[22]

화복의 의미에 대하여 율곡은 이미 있는 규정을 수정하거나 덧붙일 필요를 느끼지 않은 것 같다. 이를테면 율곡은 "행도를 하거나 재능을 감추는 일은 운에 말미암고, 화복은 정해진 때가 있는 것이니 구하여도 얻을 수 없고 버려도 버릴 수 없는 것이다. 끝내 사람이 취할 수 없는 것이라면 그것은 명이니 마땅히 조화의 하는 바를 따라야 할 것이다"[23]

---

18    『孟子』「盡心上」"孟子曰 人物之生, 吉凶禍福, 皆天所命. 然惟莫之致而至者, 乃爲正命, 故君子修身以俟之, 所以順受乎此也. 是故知命者, 不立乎巖牆之下"

19    『孟子』「盡心下」"孟子曰君子行法, 以俟命而已矣."

20    『孟子集註』「盡心下」"法者, 天理之當然者也. 君子行之, 而吉凶禍福有所不計"

21    『中庸章句』24장 "至誠之道, 可以前知. 國家將興, 必有禎祥. 國家將亡, 必有妖孽. 見乎著龜, 動乎四體. 禍福將至. 善必先知之. 不善必先知之. 故至誠如神"

22    『中庸章句』24장 "禎祥者, 福之兆. 妖孽者, 禍之萌 (…) 然惟誠之至極, 而無一毫私僞留於心目之間者, 乃能有以察其幾焉"

23    『栗谷全書拾遺』卷1「鏡浦臺賦」"行藏由運, 禍福有期. 求之而不可得, 捨之而不能遺. 已乎終非人力之可取, 命也. 當聽造化之所爲"

라고 하였다. 이는 "행장(行藏)은 결국 하늘이 정한 것, 화복은 누가 스스로 구하는 것이라 했나"[24]라거나 "수요는 종내 누가 담당하는가? 화복은 그 이치를 알기 어렵네"[25]라고 하였을 따름이다. 운에 달렸다거나 하늘이 정한 때가 있다, 또는 누가 주재자냐, 그 이치를 알기 어렵다 등의 진술은 결국 화복의 주재를 조화에게 넘긴 것이다.[26] 또한 그는 옛 은나라 때 반경이 귀(鬼)를 숭상하고 점을 이용하여 화복으로 사람을 일깨운 것은 성탕의 선정을 회복하려 함이었고, 주 무왕이 병에 걸리자 주공이 선대 삼왕에게 기도하여 수명 연장을 청할 때 죽은 사람 섬기기를 산 사람 섬기듯이 한 것은 모두 진실무망하고 순선무악한 천리를 따르려는 것이었다고 하며, '천리를 따르면 길하고 그렇지 않으면 흉하는 것이지 화복을 좌우하는 물건이 따로 있는 것이 아니라 한다.'[27]

이처럼 기존의 화복관에 새로운 견해를 드러내지 않지만 그는 화복에 임하는 태도에 대하여 깊고 심각한 관심을 보였다. 율곡에게 있어서 화는 세상 사람의 자신에 대한 비난 공격이었다. 좀 더 구체적으로는 그의 정적들이다. 율곡은 홍호와 이별하면서 쓴 서문(序文)에서 이를 드러낸다.

그는 세상 사람들의 훼손과 예찬 역시 하나의 조화로 본다. 그것이 하나의 조화에 속하는 것이라면 그에 대하여 불평을 하거나 원망하는

---

24　『栗谷全書拾遺』卷1, 詩「次李承旨 文楗 休叟吟韻」"行藏總是由天定. 禍福誰言自己求"

25　『栗谷全書拾遺』卷1, 詩「挽沈彦明妻」"壽夭竟誰司, 禍福理難知"

26　『栗谷全書拾遺』卷1, 詩「挽沈彦明妻」

27　『栗谷全書拾遺』卷4, 雜著 一,「死生鬼神策」"耳目之聰明者, 魄之靈也. 心官之思慮者, 魂之靈也 (…) 昔者, 商俗信鬼, 盤庚諭以禍福者, 不忘高后也. 武王遘疾, 周公請于三王者, 事死如事生也. 蓋天理者, 眞實無妄, 純善無惡者也. 君子順之則吉, 小人悖之則凶, 此皆自然之應也. 非有一物操其柄而禍福之也. 天之所以爲天, 人之所以爲人, 善之所以爲吉, 惡之所以爲凶, 莫非是理之所爲也"

태도를 취하면 안 된다는 것이다. 사람들의 비난 공격을 받는 것은 기와와 칼이 사람을 해치는 것에 비유된다. 바람에 날려온 기와가 몸을 해칠지라도 기와에 잘못을 물을 수 없고, 막야(鏌鋣, 명검)가 사람을 찌를지라도 칼의 잘못이라고 할 수 없다는 것이다. 대장장이가 집게와 망치로 기물을 부수고 또 그릇을 만드는데, 그릇은 집게와 망치에 대하여 기뻐하지도 않고 노여워하지 못한다. 세상 사람들은 자기 한 몸도 스스로 주재하지 못하는데 정녕 어느 겨를에 남을 헐뜯거나 칭찬할 수 있겠는가를 묻는다. 저 큰 천지에도 오히려 주재가 있음을 면하지 못하거늘 하물며 사람과 그밖의 존재에 대해서는 말할 나위가 없다는 것이다.[28] 즉 세상 사람들이 하는 모든 행동은 시키는 것이 있으며, 자신을 헐뜯거나 칭송하는 것은 결국의 그의 행위가 아니다. 그것은 마치 집게와 망치가 그릇을 부수고 만드는 것과 다르지 않다는 것이다.

　그는 뭇사람들의 입에서 나오는 악한 말에 대하여 매우 심각하게 인식한다. 보잘것없는 작은 무늬 처비(萋斐)[29]를 패금과 같은 화려한 문양으로 만드는 것은 참언을 좋아함의 과실이며, 한 덩어리의 쇠도 분말처럼 부서뜨리는 것이 많은 입들의 녹임임을 그는 알고 있다. 내 잘못이야 스스로 뉘우치고 고치면 되지만 남들이 나를 훼손하는 것은 어찌할 수 없다.[30] 이처럼 율곡은 참소, 무고, 부당한 탄핵 등의 사회적 문제 역

28　『栗谷全書』卷13, 序「別洪表叔浩序」"以此推之, 主我者, 造物也. 成我而何喜於彼, 毁我而何怨乎彼哉. 世人之毁譽者, 亦造化之所使耳. 被人之所擊者, 不怒飄瓦者, 擊人者非瓦之罪也. 爲人之所刺者, 不怨鏌鋣者, 刺人者非劍之罪也. 是故, 冶者以鉗鎚毁器, 亦以鉗鎚成器, 而器不喜怒之者, 非二物之所爲故也. 彼世人之一身, 尙不能自主, 奚暇毁譽人耶. 天地之大, 尙不免有主, 則況乎人與物耶"

29　『詩經』小雅 巷伯章 "萋兮斐兮" 처비는 작은 문채가 나는 모양이고, 貝는 조개인데 비단 무늬가 있어 貝錦이라 한다.

30　『栗谷全書』卷13, 序「別洪表叔浩序」"萋斐之文, 能成貝錦者, 善讒之過也. 勻銕之金, 消爲銖兩者, 衆口之鑠也. 吾能悔過, 雖復其性, 奈世人之毁我何"

시 조화의 한 부분으로 인식한다. 그 만들어진 것이 훼손되지 않으리라 기필할 수 없고, 그 훼손된 것이 또한 완성되지 않을 거라고 확신할 수 없다. 이러한 생각이 결국 그를 『노자』의 화복론으로 나아가게 한다. 곧 '화(禍)는 복(福)이 기대어 있는 것이고 복은 화가 의지하고 있는 것이다'. 그리고 율곡은 『논어』와 『중용』에 있는 가르침으로 다짐한다. 그것은 '하늘을 원망하지 않고 사람을 원망하지 말자. 평이한 마음으로 수양하며 명을 기다릴 뿐이다'였다.[31]

"탁월한 사람은 현재의 지위에서 처신하고 그 밖의 것을 원하지 않는다 (…) 환란이 닥쳤으면 환란을 당한 처지에서의 도리를 다한다. 군자는 어디에서든 도리를 잃는 법이 없다 (…) 자기를 바르게 하고 남 탓을 하지 않으니 원망이 없다. 위로 하늘을 원망하지 않고 아래로 사람을 탓하지 않는다. 그러므로 군자는 평이한 데 거처하면서 천명을 기다린다. 소인은 위험한 짓을 하면서 요행을 구한다."[32]

율곡이 지닌 이러한 생각과 태도는 이후 동료에게 충고를 하거나 학생들을 가르칠 때 근간이 되었다. 그는 1576년 41세 때 친구 정철에게 당부하기를 '지식인들이 평소 진리를 말하고 정의를 말할 때에 스스로 무엇인가 주견이 확립되어 있는 것처럼 하지만 막상 이해(利害)와 화복

---

31　『栗谷全書』卷13, 序「別洪表叔浩序」"彼之一動一靜, 皆有使之者, 則毁譽我者, 非其所爲也. 無異於鉗鎚之成毁器矣. 且也金之在鑪者, 不知冶者之心, 人之在世者, 不知造化之心. 其成也未必非毁也. 其毁也未必非成也. 禍倚於福, 福倚於禍, 吾將奈何. 不怨天, 不尤人, 知其無可奈何. 而自修以俟命而已"

32　『中庸章句』14장 "君子素其位而行, 不願乎其外. 素富貴, 行乎富貴; 素貧賤, 行乎貧賤; 素夷狄, 行乎夷狄; 素患難, 行乎患難. 君子無入而不自得焉. 在上位不陵下, 在下位不援上, 正己而不求於人則無怨. 上不怨天, 下不尤人. 故君子居易以俟命, 小人行險以徼幸"

에 닥쳐서는 눈동자는 흔들리고 마음은 두려워하여 그 통상의 도리를 잃곤 하는데, 마땅히 시비를 분별할 따름이며 화복에 흔들리지 말라'고 하였다.[33] 또한 1580년 이발(李潑)에게 '신하로서 왕에게 아뢸 적에는 마땅히 화복을 헤아리지 않고 한결같이 성실하게 하는 것이 옳을 것'[34]이라고 하였고, 자신은 '성품이 느슨하여 본래 화복에는 마음이 없으니, 도리가 굽지 않고 바르다면 설령 쇠바퀴가 정수리 위에서 구른다 해도 조금도 흔들리지 않을 것이니 하물며 온 세상이 막된 말로 비난하는 것이야 어찌 자신의 털끝이나마 움직이겠는가' 하였으며, 만약 '자신의 취하는 도리가 굽은 것이라면 비록 삼척동자가 머리에 진흙칠을 하고 가시나무를 등에 지게 할지라도 달가운 마음으로 사양하지 않을 것'[35]이라 하였다. 이때는 당쟁이 이미 극한 지경으로 내닫는 시절이었다. 또한 1582년 47세 때 지은 「학교모범(學校模範)」에서도 '배우는 사람들의 우선적 과제가 입지(立志)'라고 하고, 훼예(毀譽), 영욕, 이해(利害)와 화복 같은 것들이 마음을 흔들지 못하게 해야 하며 분발하고 힘써서 꼭 성인이 되어야 한다고 하였다.[36]

## 3. 몸의 주재 – 마음

순자는 마음을 천군(天君)이라 했다. 마음이 오관을 주재한다고 보았기

---

33   『栗谷全書』卷12,「答鄭季涵」丙子 "觀近日士大夫平時談道說義, 自謂有立, 而及臨利害禍福, 則駭目怵心, 失其常度. 兄亦不能無心於禍福, 至以爲後日之禍, 由珥而作, 故珥亦云云也. 爲士者, 當辨是非而已, 禍福何足道哉. 珥說欲吾兄不動於禍福. 此亦朋友切磋之道, 非欲各守所見而已也"

34   『栗谷全書』卷12,「書 答李潑」庚辰 "人臣告君, 當不計禍福, 而一以誠實可也"

35   『栗谷全書』卷12,「書 答李潑」(1580, 선조13)

36   『栗谷全書』卷15, 雜著「學校模範」

때문이다.[37] 천군은 세상 군주인 인군(人君)에 대한 대립개념이다. 이는 맹자가 천작(天爵)과 인작(人爵)을 구별한 것과 크게 다르지 않은 맥락이다.[38] 천군으로서의 마음이 지배하고 주재하는 것은 우선 그 마음이 깃들어 있는 몸이다. 마음에는 인의예지의 본성이 있고 이 성의 작용인 측은 수오 공경 시비의 정이 혼연히 그 속에 있어 감촉에 따라 반응한다. 각각 주재하는 바가 있어 혼란스럽지 않다. 우리 몸이 갖춘 것으로는 입·코·귀·눈·사지의 작용이 있다. 몸이 접촉하는 것으로는 군신·부자·부부·장유·붕우의 일상적인 것이 있다. 이들은 모두 당연의 법칙으로 스스로 그만둘 수 없다. 이것이 이(理)이다.[39] 마음은 이 모두를 통솔하고 또 겸섭(兼攝)한다.

자신의 성정을 잘 통솔하고 겸섭하여 천하의 대본으로서의 치우침도 없고 무엇에 기댐도 없는 중(中) 상태에 있게 하고, 달도로서의 무과불급인 화(和)의 상태에 있게 하여 천지가 제 위치에 바로 자리잡고 그 안의 만물이 제대로 생육하고 번성하게 하는 것이 『중용』의 이상이다. 거기서 천지의 조화를 돕는 사람을 삼재의 일원이라 하고 지성(至誠) 또는 성인이라고 한다.

율곡은 자신을 돌아보며 성인과 다른 점에 대하여 고민했다. 조숙하다는 소리를 들었지만 나태하여 학업에 전념하지 못했고, 학문과 무예를 닦았으나 끝내 이룬 바가 없었으며, 갈 바를 모르는 병폐가 안으로

37 『荀子』「天論」 “心居中虛, 以治五官, 夫是之謂天君”
38 『孟子』「告子上」 “有天爵者, 有人爵者. 仁義忠信, 樂善不倦, 此天爵也. 公卿大夫, 此人爵也.”
39 『栗谷全書』卷20,「聖學輯要」 二 修己 第二上 “心之爲物, 實主於身. 其體則有仁義禮智之性, 其用則有惻隱羞惡恭敬是非之情, 渾然在中, 隨感而應, 各有攸主, 而不可亂也. 次而及於身之所具, 則有口鼻耳目四肢之用, 又次而及於身之所接, 則有君臣父子夫婦長幼朋友之常. 是皆必有當然之則, 而自不容已, 所謂理也”

마음을 공격하여 불도에 몸을 맡기고 말았음과, 공리(孔鯉)의 뜰에 나
아가지 못하고 황향(黃香)의 부채를 잡지도 못했음을 탄식했다. 공자의
아들 리가 집 뜰에서 아버지의 가르침을 공순하게 받은 것과 같은 태도
를 율곡이 그 아버지 이원수에게 하지 못했다. 동한시대 강하(江夏) 사
람 황향은 아홉 살 때 어머니를 잃고 난 후, 여름에는 아버지의 베개와
이부자리에 부채질을 하였고, 겨울에는 이부자리에 먼저 들어가 그의
체온으로 따뜻하게 해드렸다고 한다. 어머니를 먼저 보낸 율곡이 아버
지에게 황향 같은 효도를 하지 못함을 뉘우치며 쓴 것이다.

　　그는 "나는 성인과 그 본성이 하나이고 형체가 같다. 성인이 한때에
수신하여 만세에 본보기를 드리웠는데 나는 그릇되고 망령되어 여기에
이르고 말았구나. 이것은 무슨 까닭이냐?"를 묻는다. 그가 품수한 자질
이 따로 잘못되고 망령된 것인지, 객기가 그의 진수에 몰려든 것인지,
조물주가 시켜서 그런 것인지 등 회의와 반문을 거듭했다.[40] 그는 선유
들의 학설을 읽었다. 그것은 보통 사람과 성인의 같은 점은 성(性)이고
다른 점은 기(氣)라는 것이었다. 성은 다 같은 이이며, 기는 청탁의 차
이가 있다는 것도 알았다. 그는 자신의 못난 점이 기에 원인이 있다는
선유들의 주장을 수용하였다. 그리고 다음과 같이 말했다.

　　"나의 실수가 비록 크더라도 만약 덜고 보탬이 불가하고 완성과 훼손이 불
　　가하다면 반드시 늘어남과 줄어듦이 없을 것이다. 전에 행한 잘못은 마치
　　거울의 티끌 같고 물의 진흙 같아서 티끌이 제거되면 거울의 본체는 본래
　　맑고, 진흙이 다 없어지면 물의 본성은 원래 맑다. 내가 믿는 것은 여기에

40　『栗谷全書』卷13, 序「別洪表叔浩序」"於是喟曰, 吾與聖人, 性一也, 形一也. 聖人
修身於一時, 垂法於萬世, 而吾之所以謬妄至此者, 是何故也. 吾之所稟, 別有謬妄之資
耶, 抑有客氣汨吾之眞耶, 抑爲造物之所使而然耶. 皆不可知矣"

있을 따름이다."[41]

그는 기질을 맑게 하는 것이 결국 마음의 문제임을 깨달았다. 그는 이 마음을 제대로 다잡는 공부가 경이라는 선유들의 주장도 수용했다. 무오년에 이황이 "경(敬)이란 주일무적(主一無適)인데, 혹 사물이 한꺼번에 몰려오면 어떻게 응접하겠는가"라고 묻자 율곡은 이를 반복 탐구하여 다음과 같이 정리하였다.

"주일무적은 경의 요법(要法)이고 만 가지 변화에 수작(酬酢)함은 경의 활법(活法)입니다. 만약 사물에서 하나하나 그 이치를 탐구하여 그 당연한 법칙을 알게 되면 때에 따라 응접함이 마치 거울이 사물을 비추는 것 같을 것입니다. 그 중심을 움직이지 않고 동쪽에 응하고 서쪽에 답할 것이나 마음은 저절로 변함없을 것입니다 (…) 무릇 고요함 가운데 주일무적은 경의 체(體)이고, 움직임 가운데 만변에 수작하여 그 주재자를 잃지 않음은 경의 용(用)입니다. 경이 아니면 지선에 멈출 수가 없습니다."[42]

여기서 그가 말하는 심의 주재는 결국 의지의 문제이며, 이것은 도덕적 선택의 문제와 연결되어 있음을 알 수 있다.[43] 그런데 그는 고요하다는 것이 말라죽은 나무나 타버린 재가 아니고, 움직임이 어지럽게 흔들리는 것이 아니라 한다. 움직임과 고요함이 하나 같고 체와 용이 서로

---

41  『栗谷全書』卷13, 序「別洪表叔浩序」
42  『栗谷全書』卷9, 書 一「上退溪李先生 別紙」戊午 "主一無適, 敬之要法, 酬酢萬變, 敬之活法. 若於事物上, 一一窮理, 而各知其當然之則, 則臨時應接, 如鏡照物, 不動其中, 東應西答, 而心體自如 (…) 蓋靜中主一無適, 敬之體也. 動中酬酢萬變, 而不失其主宰者, 敬之用也. 非敬, 則不可以止於至善"
43  이두찬, 「栗谷 心性論에 있어서 心의 主宰와 의의」, 『유교문화연구』 8집, 2006.

떠나지 않는 것을 경의 지선(至善)이라 한다. 그리고는 마음에 주재가 있다는 것을 '성인의 마음은 형연허명(瑩然虛明)하여 사물이 오는 것을 보면 크고 작음, 사방 팔면 모두 외물에 따라 반응하지 않음이 없다'는 것으로 이해하였다.[44] 그는 제자와의 문답에서 상제는 털끝만큼의 사사로움이나 거짓이 없으며, 사람이 경건하게 되면 또한 털끝만큼의 사욕과 거짓이 없게 되니 상제를 마주 대하여도 부끄러움이 없게 된다고 하였다.[45]

마음이 성정을 주재하는 것을 경으로 정리하는 일면 그는 성정(性情)론에서 이(理)와 기(氣) 두 글자에 통투하지 못하면 그 관계를 제대로 이해할 수 없다고 하면서 양자 사이의 주재 문제를 다룬다. 즉 '이는 기의 주재이고, 기는 이가 타는 것'[46]이라 한다. 그는 '사람이 말을 타고 출입하는 것으로 이가 기를 타고 유행하는 것을 비유한 것'이 아주 좋다고 한다. 이의 기에 대한 주재를 이해시키는 적절한 비유라고 보았기 때문이다.[47] 따라서 천리가 사람에게 부여된 것을 성이라 하고, 성과 기를 합하여 한 몸의 주재가 된 것을 심이라고 하며, 성은 심의 체이고, 정은 심의 용으로서, 심은 미발(未發)과 이발(已發)의 전체를 가

---

44  『栗谷全書』卷9, 書 一「上退溪李先生 別紙」戊午 "而於敬之中, 又有至善焉. 靜非枯木死灰, 動不紛紛擾擾. 而動靜如一, 體用不離者, 乃敬之至善也 (…) 若方氏所謂中虛而有主宰, 朱子曰, 聖人之心, 瑩然虛明. 看事物來, 若大若小, 四方八面, 莫不隨物隨應. 此心元不曾有這物事, 此之謂也"

45  『栗谷全書』卷31, 語錄 上「金振綱所錄」"問. 毋不敬 可以對越上帝. 曰. 對猶相對也. 上帝無一毫私僞. 毋不敬, 則亦無一毫私僞, 故可以與上帝相對而無愧也"

46  『栗谷全書』卷10, 書 二「答成浩原」壬申 "夫理者, 氣之主宰也. 氣者, 理之所乘也. 非理則氣無所根柢, 非氣則理無所依著"

47  『栗谷全書』卷10, 書 二「答成浩原」附問書 "古人以人乘馬出入, 譬理乘氣而行, 正好. 蓋人非馬不出入, 馬非人失軌途. 人馬相須, 不相離也. 然則人馬之出門, 必人欲之而馬載也. 正如理爲氣之主宰, 而氣乘其理也. 及其出門之際, 人馬由軌途者, 氣之順理而發者也. 人雖乘馬, 而馬之橫騖, 不由其軌者, 氣之飜騰決驟, 而或過或不及者也"

리키는 이름이면서 성정을 통제한다는 주장을 수용한다. 그래서 장재
가 '심통성정(心統性情)'이라고 했을 때[48] 그 통이 주재의 의미와 겸섭
의 의미를 함께 갖는다는 것을 수용한 것이다.[49]

## 4. 조화에의 간섭과 교화(敎化)

조화 또는 천명으로 주어진 것에 대하여는 성인이라도 어찌해볼 도리
가 없다는 관념이 대세이지만 조화에 개입하거나 천명을 바꿀 수 있
다는 신념은 오랜 전통을 갖고 있다. 정자는 "세속에는 조화(造化)의
힘을 뺏는 세 가지 일이 있으니, 나라의 명운(命運)이 영원하기를 하늘
에 기도하는 것과, 몸을 잘 보양하여 오래 사는 데 이르는 것과, 배워
서 성인에 이르게 되는 것이다. 이 세 가지 일은 분명히 사람의 힘으로
조화를 이겨낼 수가 있는 것인데 사람이 이것을 하지 않을 뿐이다"라
고 하였다.[50] 세 가지는 압축하면 기도(祈禱), 양생(養生), 학문(學問)이
된다.

주공은 그의 선대 세 왕에게 무왕의 수명을 늘려 달라고 기도했다.
공자의 질병에 제자는 기도할 것을 청했으나 공자는 이때 기도를 거부
하였다. 율곡은 기운이 흩어져 죽는 것은 이치의 떳떳한 것이요, 혹 지

---

48 『栗谷全書』卷14, 說「人心道心圖說」"臣按. 天理之賦於人者, 謂之性. 合性與氣
而爲主宰於一身者, 謂之心. 心應事物而發於外者, 謂之情. 性是心之體, 情是心之用, 心
是未發已發之摠名. 故曰心統性情"

49 『栗谷全書』卷20,「聖學輯要」二 修己 第二 上 "心, 統性情者也. 橫渠語錄. 朱子
曰, 統, 是主宰. 性者, 心之理. 情者, 心之用. 心者, 性情之主. 卽所以具其理而行此情者
也"

50 『栗谷全書』卷20,「聖學輯要」二 修己 第二 上, "程子曰, 世間有三件事, 可以奪造
化之力. 爲國而至於祈天永命, 養形而至於長生, 學而至於聖人, 此三事, 分明人力可以
勝造化. 自是人不爲耳"

극한 정성에 하늘이 감응하여 기운의 흩어짐이 더딘 경우가 있다 하더라도 이것은 이치의 떳떳하지 않음에 속한다고 한다. 오래 살고 일찍 죽음이 비록 천명에 달린 것이라고 할지라도 반드시 죽을 것이라고 단정할 수도 없는 것인 만큼 전혀 하늘에만 맡겨두고 인간으로서 할 수 있는 정성을 다하지 않는 것은 옳지 않은 일이기에 옛부터 성현들이 왕과 그 부모가 병이 나거나 임종이 다가온 듯할 때 신에게 기도를 드리기도 하면서 그 수명의 연장을 위한 갖은 방법을 다 동원하였던 것이다. 혹 정성이 지극한 나머지 감응을 한 경우도 있는데 이 또한 천리로서, 그럴 수 있다고 한다. 기운이 흩어지는 것은 당연한데 흩어지지 않고 남아 있는 것도 천명이요, 반드시 다 흩어지지 않고 조금 남아 있는 것도 천명이다. 다만 그 정성이 지극하냐 그렇지 않으냐 하는 것은 인간의 도리이니 인간은 인간에게 있는 도리만 다하면 된다는 것이다. 그러나 율곡은 장생불사는 어떠한 경우에도 있을 수 없고 이치에도 어긋난다고 한다. 공자가 평소 드린 기도는 개과천선하여 신의 도움을 청하는 것이었고, 공자의 제자가 요구한 기도는 공자 자신을 위하여 빌라고 한 것이기에 평소 부끄러움이 없는 공자로서는 신에게 청할 필요를 느끼지 않았던 것이라고 해석한다.

양생술은 유가보다는 도가에서 더 큰 관심을 보인 것이다. 율곡은 「수요책(壽夭策)」, 「의약책(醫藥策)」에서 이를 다루는데, 이(理)·기(氣)·수(數)의 상호 연관 개념으로 설명한다.

"이(理)는 기(氣)에 붙어 있는 것이요, 기는 이에서 나온 것이요, 수(數)는 기에 인연한 것이니 이른바 기라는 것은 이의 기요, 이른바 수라는 것은 기의 수입니다. 그렇지만 기의 후박은 배양할 수 있지만 수의 장단은 인력으로 어찌할 수 없습니다. 장수와 요절도 역시 이(理)·기(氣)·수(數)

이 세 글자의 밖을 벗어나지 않습니다."[51]

그에 따르면 수(數)·기(氣)·이(理)는 그 바탕은 서로 연관성이 있고 그 작용은 서로 통하는 것으로서 서로 위배되는 것이 아니다. 기에는 크고 작음, 두터움과 얇음, 맑고 흐림, 치우치고 바름의 차이가 있다. 기의 두텁고 얇음에 따라 수의 길고 짧음이 나뉘고 기의 맑고 흐림에 따라 이(理)의 선과 악이 나뉜다.[52]

학문 또한 조화에 개입하는 방식이다. 배워서 성인에 이르는 것은 유학의 기본 강령이며 율곡이 가장 강력하게 지니고 권장하는 신념이다. 그의 『자경문』이나 『격몽요결』의 핵심적 내용이 바로 배워서 성인에 이르는 것, '기질변화론(氣質變化論)'이다. 기질변화론이란 수양을 통하여 탁한 기를 맑게, 얇은 기를 두텁게 할 수 있다는 것이다. 도가의 양생이 단지 물질의 기로써 기를 기르는 것에 머무는 반면 유가는 이치로써 기질을 바꾸는 것으로 차별화한다. 그것은 기본적으로 도를 밝히는 것과 의를 실행하는 것에 의존한다.

덕을 이루어 일으키는 조화에 개입하는 것을 통상 교화(敎化)라고 한다. 덕 있는 자가 일으키는 공용을 형용하여 『맹자』에서는 '지나간 곳에 화(化)가 있고 머무는 곳에 신(神)이 있다'라 하고 '상하 천지로 더불어 동류(同流)하니'라고 하였고, '자신을 바르게 하니 주변의 사물이 저절로 본받아 바르게 되는 자'라고 했다. 『중용』에서는 '중(中)과 화(和)를 극진히 이루면 천지는 각각 제자리를 잡고 만물은 그 안에서

---

51   『栗谷全書』拾遺 卷5,「壽夭策」의 머리 부분 참조
52   『栗谷全書』拾遺 卷5,「壽夭策」 "惟人也, 受陰陽之正氣者也. 其性雖一, 而其形氣之稟, 或厚或薄或淸或濁焉, 厚薄者, 壽短之所以分也. 淸濁者, 善惡之所以殊也. 均是人也, 而其氣不同, 則其數亦異也"

생육하고 번성한다' 라고 했고, 지성(至誠)으로 천지의 조화(造化)를 돕고 '천지와 더불어 셋이 된다' 라고 하였으며, 『주역』 「문언」에서 '그 덕을 합하고 그 밝음을 합하고 그 질서를 합하고 그 길흉을 합한다' 고 말했다.

율곡에 의하면, 사람이 주변의 사물에 미치는 영향의 근거는 사람 마음의 작용이 천지의 조화와 본질적으로 동일하기 때문이다. 곧 사람은 천지를 이끄는 것을 받아 그의 본성으로 삼았으며, 천지에 가득 차 있는 것을 나누어 받아 그의 형체를 이루었기에 사람 마음의 작용이 곧 천지의 조화와 같은 것이 된다. 천지의 조화에 두 개의 근본이 있는 것이 아니듯이 사람 마음의 발동 역시 두 개의 근원이 있지 않다.[53] 그가 말하는 천지와 마음의 발동 구조는 '기발이승(氣發理乘)' 이다.

성인은 교화하지 못할 사람이 없어야 한다. 그런데 요와 순이 아버지인데 주(朱)나 균(均)이 불초자를 면치 못하였고, 주공이 아우인데 그 형 관숙이 우애를 다하지 못했으며, 성탕(成湯)이 하의 걸(桀)을 섬기고 주문왕이 상의 주(紂)를 섬겼는데도 그 마음을 바로잡지 못하여 하대(夏臺)의 욕을 당하고 유리(羑里)에 구속되는 수모를 당했다.[54] 율곡은 따뜻한 봄날의 기운도 얼음 창고에는 미치지 못하고 해와 달의 밝음도 엎어 놓은 동이에는 비치지 못하듯이 성인의 교화도 지극히 어리석은 사람에게는 미치지 못한다고 한다. 남을 교화할 수 있는 덕이 있어도 남을 교화할 수 있는 지위가 없으면 교화가 펼쳐지지 않는다. 교화

---

53    『栗谷全書』卷10, 書 二「答成浩原」壬申 "夫人也, 稟天地之帥以爲性, 分天地之塞以爲形. 故吾心之用, 卽天地之化也. 天地之化無二本, 故吾心之發無二原矣"
54    『栗谷全書拾遺』卷6, 雜著 三「化策」"聖人宜無不能化之人也. 然而稽諸古昔, 則堯舜爲父, 而朱均不免爲不肖之子. 堯舜可謂盡其爲父之道乎. 周公爲弟而管叔不免爲不友之兄. 周公可謂盡其爲弟之道乎. 成湯之事夏桀, 周文之事商紂, 不能格其非心, 而卒被夏臺之辱羑里之囚, 則湯文可謂盡其爲臣之職乎"

의 덕은 성인의 덕이고 교화의 지위는 왕과 스승의 지위인데 두 가지가
함께 갖추어져야만 교화가 이루어진다. 공자와 맹자가 교화를 하지 못
함은 그 덕이 부족해서가 아니라 그 세(勢)가 모자람으로 본다. 동중서
한유는 비록 유학에 공이 있지만 도통을 얻지 못했다. 율곡은 특히 염
락(濂洛)의 여러 현자들이 지위를 얻지 못하여 도를 행하지 못함을 한
스러운 일로 본다.[55]

　그런데 천하를 교화시킬 수 있어도 한 사람을 교화시킬 수 없는 경우
가 있는데, 이것은 성인이 그 도를 다하지 못함이 아니라 교화대상의
자포자기(自暴自棄) 때문이다. '가장 어리석은 자는 바뀌지 않는다'는
공자의 말이 그것을 나타낸다. 이것이 천하를 교화할 수 있는 성인이
한 사람을 교화하지 못하는 까닭이 된다.[56] 요와 순과 그 아들 단주와
상균, 주공과 그 형 관숙이 모두 이 경우라는 것이다.[57]

　공자의 제자 재아가 자기의 스승이 요나 순보다 더 훌륭하다고 하였
지만 율곡 또한 그렇게 보며 나름의 이유를 댄다. 요와 순의 도는 한때
에 행하였으며 그들은 한때의 군사(君師)이었지만 공자의 도는 만세에

---

55　『栗谷全書拾遺』卷6, 雜著 三「化策」"然則孔孟之不能化者, 非其德不足也, 勢不
能也. 聖人雖曰過化存神矣. 其如理數之變何哉. 若董生韓子, 則雖曰有功於名敎, 而俱
不得與於道統, 則不必贅論於其間也. 抑愚之所恨者, 濂洛羣賢, 不能行道者耳"

56　『栗谷全書』拾遺 卷6, 雜著 三「化策」"對. 陽春之和, 不被於淩陰, 日月之明, 不照
於覆盆 (…) 有化人之德, 而無化人之位, 則天下不被其化矣, 何謂化人之德. 聖人之德,
是也. 何謂化人之位. 君師之位, 是也. 必也以聖人之德, 處君師之位, 然後天下可化矣.
其或有能化天下, 而不能化一人者, 則此非聖人之不能盡其道也. 何則. 夫子曰, 不曰如
之何如之何者, 吾未如之何也已矣. 此則自暴自棄之謂也. 夫自暴者, 拒之而不信, 自棄
者, 絶之而不爲. 雖聖人與居, 亦將如之何哉. 夫子所謂下愚不移者, 其不在此乎. 此聖人
之所以能化天下, 而或不能化一人者也"

57　『栗谷全書』拾遺 卷6, 雜著 三「化策」"堯舜盡其爲父之道, 而朱均不化. 周公盡其
爲弟之道, 而管叔不化. 豈非自暴自棄之罪耶. 慢游是好, 傲虐是作者, 丹朱之暴棄也. 商
均與朱幷稱, 則其爲人可想矣. 包藏禍心, 欲危社稷, 而流言扇亂者, 管叔之暴棄也"

밝았으니 만세의 군사라는 것이다. 즉 요와 순의 교화는 유한하지만 공자의 교화는 다함이 없다. 그래서 어느 누구도 공자의 때를 알지 못한다. 비색(否塞)의 천지에서 만세 천지의 태교(泰交)의 천지를 열기도 한다. '지난 성인을 잇고 다가올 학문을 열어 무궁한 지경에 가르침을 드리웠다.' 공자의 때는 아직 끝나지도 않았고 지나가지도 않았다. 소옹이 '요와 순은 구주(九州)를 그의 땅으로 하였지만 공자는 만세를 그의 땅으로 하였다'고 했는데 그는 이말에 전적으로 동의하며, 이것이 공자가 공자됨이라고 본다.[58] 인간이 조화에 대하여 개입할 수 있는 것은 덕에 의한 교화이며, 율곡에게 있어서 그 교화의 극치, 모델, 이상은 공자이다.

주재자나 화복론은 유가의 주된 논제는 아니었다. 오히려 이에 대한 담론을 피하는 성향이 많다. 주재를 논할지라도 이와 기에서 무엇이 주재자인지를 따지거나 마음이 몸을 주재한다는 데 집중되었고 유자는 모름지기 시비와 도리를 논할 것이요, 화복에 동요되지도 매이지도 말라는 경계를 하거나 화복을 명에 속하는 것으로 본다.

율곡이 생각하는 궁극적 주재자는 조화(造化)이다. 그에 따르면 천지와 만물은 모두 조화로부터 벗어나 있지 못하다. 그는 조화와 만물의 관계를 대장장이가 다루는 쇠와 그가 만들어내는 각종 기구에 비유한다. 그는 세상에 크게 쓰이거나 숨겨지거나 장수하거나 요절하거나 명예가 높거나 수모를 당하는 것들을 화와 복으로 분류하고, 이는 모두 하늘이 정한 때가 있고 운에 달려있으며, 조화에 속하는 것으로 본다.

---

58 『栗谷全書』拾遺 卷6, 雜著 三「化策」"堯舜之道, 行乎一時, 一時之君師也. 孔子之道, 明於萬世, 萬世之君師也. 堯舜之化有限, 而孔子之化無盡也. 噫. 孰知夫孔子之時, 天地之否者, 反爲萬世天地之泰者乎. 如使孔子得其位行其道, 而其化只若堯舜而已, 則繼往聖開來學, 而垂敎於無窮者, 誰任其責. 宰我曰, 以予觀於夫子, 賢於堯舜, 遠矣. 邵子曰, 堯舜以九州爲土, 孔子以萬世爲土, 嗚呼. 此其所以爲孔子歟. 謹對"

일종의 결정론으로 보는 것이다. 따라서 누구를 원망하거나 탓할 일이
아니라 한다.

율곡이 참언(讒言)이나 뭇사람들의 입방아가 가져오는 결과의 참혹
함을 또한 조화에 속하는 것으로 다룬 것은 남다른 무고와 탄핵에 시달
린 데서 온 것으로 보인다. 그는 참언에 대해서도 『중용』에서 말한 소
행(素行)의 태도를 취하려고 했다. 이는 그가 말하는 조화에의 종속이
결코 결정론적 방기가 아님을 보여주는 것이다. 굳이 피하지 말고 거기
에서의 가치를 드러내라는 요청이다.

그러나 천지만물의 주재인 조화와 더불어 그는 몸의 주재인 마음에
깊은 관심을 보였다. 그리고 성리학적 수양론의 중핵인 경(敬)을 통하
여 마음이 몸의 온전한 주재가 되는 방법을 찾았다. 이기론적으로는 이
(理)가 기의 주재자이며, 청탁수박이 있는 기를 잘 다스려 이(理)가 제
대로 주재할 수 있도록 해야 한다는 생각을 가졌다. 율곡은 기도, 양생,
의약 등이 조화에 개입하는 방법이지만 진정한 참찬(參贊)은 교화라 한
다. 교화가 가능한 것은 사람 마음의 발동이 천지의 조화와 근본적으로
같은 구조인 기발이승(氣發理乘)이기 때문이다. 그런데 교화가 가능하
려면 성인의 덕(德)과 군사(君師)의 지위가 있어야 한다고 한다. 그는
요순의 교화는 일시적이고 그 범위가 한 나라에 제한되지만 공자의 경
우는 일시가 아니라 만세이며 일가나 일국이 아닌 무궁한 지경에 걸쳐
있다고 한다. 그가 공자를 최고의 교화자이며 주재로 보는 것, 그리고
동시에 그가 기획하고 권장하는 성인의 모델이었음을 의미한다. 이는
또한 율곡이 결정론에 얽매인 사람이 아니라 자유론의 가치를 충분히
인지하고 있음을 보여주는 부분이다.

# 6장
# 실리(實理)·실심(實心)의 자연관

## 1. 당대 사회적 현안대책

앞서 살펴보았듯이 율곡은 일찍부터 조화와 주재 그리고 화복의 문제를 탐구하였다. 이는 포괄적으로 자연관의 문제이다. 율곡의 자연관을 연구함에 있어서 율곡 사상에 관한 기존의 연구가 그러하였듯이 그의 이기(理氣)-심성(心性)에 관한 전문적 논술에 주의할 수 있다. 그러나 여기서는 책문에 의존한다. 책문은 주로 과거시험이나 조정의 필요에 따라 요구되는 문제 사안, 특히 현안에 대한 대책을 제시하는 성격을 갖는 것이다. 현존『율곡전서』에서 우리는 다른 성리학자들의 경우와는 달리 많은 책문을 볼 수가 있다. 이것은 그가 시무에 밝았음에 대한한 징표가 된다.[1]

---

1  「天道策」,「易數策」,「貢路策」,「文武策」,「死生鬼神策」,「軍政策」,「神仙策」,「祈禱策」,「節序策」,「壽夭策」,「時弊七條策」,「醫藥策」,「天道人事策」,「誠策」,「化策」,

율곡의 책문은 대체로 그의 청장년기의 저작으로 짐작된다. 아홉 번 장원을 하였다는 말이 있듯이 율곡은 다른 학자들과는 달리 과거에의 응시 횟수가 많았고, 그때마다 탁월한 평가를 받았다. 그의 「천도책」, 「역수책」 등은 과거에 제출한 답안이다. 또한 당시 사가독서제, 즉 학자 출신 관리들에게 연구할 수 있는 휴가를 주고 그 성과를 확인하는 제도가 있어서 독서당(讀書堂) 등에서 연구하는 틈틈이 책문을 짓게 되는 경우가 있었는데 율곡의 경우 이 같은 사가독서를 통하여 발표한 책문이 다수인 듯하다. 아무튼 『율곡전서』에 책문이 많은 것은 다른 학자들 문집의 경우와 뚜렷이 구분되는 점의 하나이다.

조선조 학자들 가운데 선초의 정도전은 「치민지도(治民之道)」, 「제민(濟民)」, 16세기의 학자들 가운데 이황은 「인서구도(因書求道)」, 「사지소상(士之所尙)」이 있으며, 김인후의 경우 「고금치란지기(古今治亂之機)」, 「시경고증(詩經考證)」, 「이단(異端)」, 「도학정전(道學正傳)」이 있고, 조식은 「어왜지책(禦倭之策)」의 출제문이 있다. 정약용은 「지리책(地理策)」, 「맹자책(孟子策)」, 「십삼경책(十三經策)」, 「문체책(文體策)」, 「중용책(中庸策)」, 「인재책(人才策)」, 「조운책(漕運策)」, 「황정책(荒政策)」, 「농책(農策)」, 「폐학(弊學)」, 「전선책(戰船策)」 등이 있고 출제문으로는 「율도량형(律度量衡)」, 「전폐(錢弊)」, 「유(儒)」, 「죽(竹)」, 「동서남북(東西南北)」이 있다. 율곡과 정약용에게서 책문이 많다는 것은 유념할 필요가 있다. 이처럼 각 시대에 따라 또 개인에 따라 책문의 주제와 관심사를 볼 수 있다.

그런데 「천도책」과 「역수책」 등 몇 편을 제외한 이들 책문의 대부분

---

「文策」, 「盜賊策」 등 策의 형식이 17편, 「孔孟言性道軍旅疑」, 「孔子言禮從周疑」, 「四子言誠疑」, 「四子言不同疑」, 「荷列顏閔心跡疑」 등 과문의 하나인 의(疑)가 4편이며, 답안이 아니라 출제자의 입장에서 낸 시험문제라고 할 수 있는 글이 6편이 된다.

이 『율곡전서』의 본집이 아닌 「습유」와 「부록」에 수록되어 있다. 이 점은 『율곡전서』의 편찬자들이 율곡 사상을 다룸에 있어서 책문을 그다지 중요시하지 않았음을 반영하는 것일 수도 있고, 또한 책문의 수집이 용이하지 않았음을 보여주는 것일 수도 있다. 근래의 율곡학 연구자들도 이들 책문의 내용에 별로 주의를 기울이지 않은 것도 사실이다.

율곡의 책문들은 율곡의 사상뿐만 아니라 그 당시 지성계의 학적 수준과 관심사 등을 이해하는 데 매우 중요한 자료들이다. 책문의 내용이 그대로 율곡의 독창적 사색의 세계를 보여주는 것은 아닐지라도 그 시대의 학문적 관심사가 무엇이었는지를 보여주는 자료라고 보기 때문이다. 책문의 물음은 당시 학계의 관심사를 반영하는 것이요, 그 답안은 그 문제에 대한 당시 학자들의 보편적 이해를 학문적으로 최고의 수준에서 그리고 객관적으로 잘 정리하여 제시한 것이라고 볼 수 있다.

율곡 자신의 관심사라기보다는 당시 학계 일반의 관심사라고 할 수 있는 책문의 내용은 율곡의 문집에 수록된 것에 한정하여 본다고 할지라도 성리철학적 주제가 많다는 것을 알 수 있다. 『율곡전서』에 수록된 22편의 책문 가운데 「천도책」, 「역수책」, 「귀신사생책」, 「신선책」, 「기도책」, 「절서책」, 「수요책」, 「의약책」, 「천도인사책」, 「성책」, 「화책」 등 11편이 성리학적 자연관과 깊이 관련되어 있는 주제들이다. 이 같은 주제가 당시 시험관에 의하여 국가 경영의 인재를 선발하는 시험 또는 사가독서의 과제로 부과되었다는 사실은 그 시대의 학문적 관심사와 분위기를 짐작할 수 있게 한다.

이 같은 현상은 아직 성리학적 세계관이 조선의 지식층에 제대로 수용 정리되어 있지 않고, 학자들 사이에 숱한 열띤 논변이 진행되는 등 아직 사상적 혼동 상태에 있음을 보여주는 것이라고 해석할 수 있다. 「천도책」과 「역수책」, 「천도인사책」, 「성책」, 「화책」 등 성리학적 세계관을 분명히 규정하고자 하는 의도가 담긴 물음들과 특히 「귀신사생책」, 「기도책」, 「신선책」, 「수요책」, 「절서책」, 「의약책」 등 도가 사상 및 속설 신앙과 관련이 있는 물음이 이를 잘 반영한다.[2] 즉 이러한 물음들에 대한 성리학적 입장 또는 조선왕조 지배 이념의 입장을 분명히 하려는 의도가 담겨 있음과 동시에 이러한 문제가 아직 제대로 정리되지 않은 당시의 정신적 상황을 반영하는 것이요, 아울러 정부 또는 유학자 집단의 주도로 이루어진 미신 타파 및 계몽의 일환이었다고 할 수 있다. 율곡이 당시 최고 수준의 지식인이요, 책문은 다른 장르의 글과는 달리 비교적 객관적인 내용을 담고 있다는 점에서 위와 같은 의미를 갖고 있는 율곡의 책문은 연구할 가치가 있다.

## 2. 실리(實理) 자연관

22편의 책문에서 주로 성리학의 자연관과 관련된 책문으로 「역수책」, 「천도책」, 「사생귀신책」, 「절서책」 등을 꼽을 수 있는데 이들 책문의 머리말은 한결같이 그가 성리학적인 입장에서 그 문제에 대한 답을 펼치겠다는 의도를 피력하고 있다. 예를 들면 다음과 같다.

> "하나의 근원적 위치가 혼연히 이루어지고 이와 기가 유행하는 것, 그리고 이 큰 천지와 만물의 무쌍한 변화가 모두 이와 기의 오묘한 작용에서 벗어나는 것이 아님을 아는 자와 더불어 역을 논할 수 있습니다."(「易數策」의

---

2  여타의 주제는 외교에 관한 「朝貢策」, 문반과 무반의 조화를 다룬 「文武策」, 군정에 관한 사항인 「戰政策」, 도적이 들끓는 사회적 문제에 대한 대처방안인 「盜賊策」, 시폐 7조항에 대한 대처 방안 등 유교 정치 사회에서 필요로 하는 비교적 실무적인 문제와 경학과 관련된 것들이라 할 수 있다.

서두)

"저 위의 세계(上天)에서 일어나는 일은 감각으로 파악이 불가능한데, 그이는 지극히 은미하나 그 상은 지극히 현저하니 이것을 아는 사람이라야 더불어 천도를 논할 수 있습니다."(「天道策」 서두)

"기는 모이고 흩어짐이 있으나 이(理)는 시작과 끝이 없습니다. 모이고 흩어짐이 있기 때문에 하늘과 땅처럼 큰 것도 역시 한계가 있으나 시작과 끝이 없기 때문에 사물과 나는 모두 다함이 없는 것입니다. 이 말을 알아들을 수 있는 사람만이 죽음과 삶의 이치에 대하여 말할 수 있습니다."(「死生鬼神策」 서두)

"하늘은 친한 사람이 따로 있는 것이 아니라 덕이 있는 사람을 도와주므로 덕을 따르는 자는 길하고 덕을 거스르는 자는 흉한 것이니 하늘과 사람의 감응하는 이치를 여기에서 알 수 있습니다."(「天道人事策」)

이상은 성리학적 주제를 다룬 물음에 대한 답의 머리말들로서 역시 이기론, 현미론(顯微論), 기의 취산론, 천인상응론 등 성리학의 이론틀 안에서 논지를 펼치겠다는 의도를 밝힌 것들이다.

「역수책」은 역학의 성립과 그 본질, 역사적 전개 등에 관한 11개의 물음들과 이에 대한 답으로 되어 있다. 전통적으로 역학이 자연세계의 법칙과 인간사회에서 지켜야 할 규범을 다룬 것으로 이해되어오듯이 여기에서 우리는 자연에 대한 율곡의 입장을 비교적 선명히 알아볼 수 있는 자료들을 발견한다. 역수책의 첫 번째 물음은 태초 혼돈 상태로부터 천지가 개벽되면서 만상이 거기에 매이게 되었는데 그 최초의 운동은 대체 누가 주재하였는가이다. 즉 우주의 개벽은 누구에 의하여 일어났는지, 조물자는 누구인지에 대한 물음이다. 이에 대하여 율곡은 거대한 천지와 자연의 무쌍한 변화가 모두 이와 기의 오묘한 작용일 따름이라는 성리학적 전제 위에서 답하고 있다. 즉 수많은 종류의 사물, 그 무쌍한 변화가 모두 오행의 원리로 설명될 수 있다는 것과, 오행이라고 하나 그것은 음과 양의 원리에 지나지 않으며, 음과 양이라고 하나 결국 태극의 양면일 따름이라는 성리학적 기본 전제 위에서 율곡의 자연관이 전개되고 있다.

율곡은 '형이상은 자연의 이치이고 형이하는 자연의 기운'이라고 하는 전제 위에서 '이(理)가 있으면 기(氣)가 없을 수 없고 기가 있으면 만물을 생성하지 않을 수 없다.'고 말한다. '발동하는 것은 기(氣)요 발동하게 하는 것은 이(理)이다.' 천지가 개벽함에 만물이 생겨났는데 여기서 그렇게 된 것은 기운이고 그렇게 되게 한 것은 이(理)로 규정된다. 그리고 궁극적으로 누가 그렇게 시켰는지는 알 수가 없다고 말하는데, 이 알 수 없다는 말은, 주재자가 있는데 그가 누구인지를 모른다는 것이 아니라 '주재자는 없다.'는 뜻이다. 천지에 주재자가 없다는 것은 천지는 곧 '스스로 그렇게 되었을 따름'이라는 뜻이다. 혼돈한 기운을 천지의 시초라고 할 수는 있지만 혼돈의 기운 이전에 몇 번이나 천지 만물이 모이고 흩어졌는지를 알 수 없으며, 그 되풀이됨이 한계가 없고 어디서 끝나고 언제 시작되는지의 단서를 도무지 찾을 수 없다.[3] 이처럼 천지의 개벽에 있어 주재자에 관한 율곡의 입장은 선명히 드러나 있다. 즉 어떤 인격적 형태의 조물자가 따로 있는 것은 아니며 현 천지의 개벽이 결코 일회적인 것이었다고 할 수도 없다. 비록 조물자라고 말하고는 있으나 그것은 실상 이치를 가리키는 것에 지나지 않는다.

율곡은 또한 하도(河圖)는 천지 자연의 상(象), 낙서(洛書)는 인간의 사회생활에 있어서의 마땅히 행할 이치를 나타낸 것으로서, 하도는 온

---

3   無極이 바로 이를 뜻하는 말이라고 한다.

전한 것을 위주로 하여 상수(常數)의 본체를 보여준 것이고 낙서는 변화를 위주로 하여 변수(變數)의 작용을 보여준 것이라는 송대 역학의 견해를 그대로 수용한다. 여기에는 자연은 완전하고 인간은 불완전하다는 입장이 반영되어 있다. 이것은 또한 자연의 세계를 수로써 나타내고자 하는 역학의 입장을 수용하는 것이며 수에 대한 이해가 자연을 파악하는 중요 수단임을 인정하는 것이 된다.[4]

율곡에 있어서 역학은 단순히 『주역』의 경문과 십익을 탐구하고 괘도를 연구하며 상수를 밝히고 점괘를 벌이는 것을 의미하지 않는다. 그에게 있어서 역학은 학문 그 자체이다. 율곡은 '저 위의 세계에서 일어나는 일은 소리도 없고 냄새도 없다' 는 것은 역의 지극히 은미함이고, '솔개는 하늘을 날고 물고기는 못에서 뛴다' 는 것은 역의 지극히 현저한 것이며, 하늘이 높고 땅이 두터운 것과 해와 달이 밝은 것, 사람과 만물이 번성한 것, 산이 우뚝 서고 내가 흐르는 것은 역의 작용이고, 하늘이 높은 까닭, 해와 달이 밝은 까닭, 사람과 만물이 번성하고 산과 내가 솟고 흐르는 까닭은 모두 역의 본체라고 규정함으로써 역리(易理)의 숨은 것(隱)·드러난 것(顯), 체·용을 모두 자연현상으로써 설명하고 있다. 역의 도는 체와 용이 하나의 근원을 갖고 있고, 광대하게 드러난 세계와 정미하게 숨은 세계 사이에 아무런 틈도 없다. 따라서 대상 세계에 대한 탐구를 통하여 우리의 인식 능력을 제고시키지 않고서는 그 이치를 볼 수 없고 우리의 뜻과 마음을 바르게 하지 아니하고서는 그 실제의 내용을 이루어낼 수가 없다. 율곡에게 있어서 『대학』에서 말하는

---

4   그러나 우리는 율곡에게서 그 수리철학적인 또는 수에 대한 강조를 찾을 수가 없다. 다만 그가 눈꽃은 6각형이고 자연세계의 꽃은 그 화판이 5개인 까닭을 설명하는 중에 눈은 陰物이어서 음수인 6을 취하였고 꽃은 陽物이어서 양수인 5를 취한다는 지적을 볼 수 있을 따름이다.

격물치지의 학과 성의정심의 학은 결코 별개의 학문이 아니라 바로 역학의 하나일 따름인 것이다. 역학을 이렇게 넓게 이해한다면 역학의 규정을 어떻게 내려야 하느냐 하는 더욱 근본적인 문제가 생긴다.

「천도책」에서는 자연현상 일체에 관한 성리학적 이해의 체계를 보여준다. 묻는 자는 자연의 운행 원리, 주재자의 유무, 자연현상과 인간의 일들의 상호관계 등과 '천지가 제자리에 서고 그 안의 만물이 다 잘 자랄 수 있는' 방안을 제시하라고 한다. 물음들은 추상적인 것이 아니라 구체적인 것들이 많다. 예를 들면 해와 달의 운행에 있어서 빠르고 더딤이 있는 까닭, 일식과 월식이 있는 까닭, 바람은 어디서 불고 어디로 가며 혹 미풍이 불고 태풍이 부는 까닭, 구름은 어디서 일어나는가, 천둥, 우레, 벼락, 안개, 서리, 이슬, 비, 눈·우박 등 자연현상의 원인이 무엇인지를 구체적으로 묻고 있는 것이다. 말하자면 오늘날 자연과학에서 답할 수 있는 문제들에 대한 성리철학적 답안을 요구하고 있다. 율곡은 이들 물음이 기본적으로 격물치지의 영역에 속하는 것이라고 한 다음, 유학자는 '자연에 현저하게 드러난 현상을 통하여 소리도 없고 냄새도 없는 상천의 지극한 이치를 탐구하여 간다'고 하는 전제 위에서 현상은 기(氣), 그 현상의 까닭은 이(理)라는 성리학의 기본 골격 안에서 낱낱이 해명한다. 율곡이 지닌 견해의 기본구조는 다음과 같다.

1. 천지의 모든 조화는 그 근본이 하나의 음양일 따름이다.
2. 천지 사이에 있는 일체의 형상을 지닌 존재자들은 오행의 정기가 모여서 이루어진 것, 어그러진 기를 받은 것, 음양이 서로 격돌하는 가운데 생긴 것, 음양 두 기운이 발산하는 데서 생긴 것의 차이가 있다.
3. 이 모든 현상의 원인은 바로 이(理)이다.

4. 이(理)는 정상인 경우와 변괴의 경우로 나누어 볼 수 있다.
5. 사람의 마음은 곧 천지의 마음이니 천지의 정상과 변괴를 단순히 하늘의 탓으로만 돌리는 것은 옳지 않다.

이러한 기본 입장에서 율곡의 천도론은 구체적으로 전개되고 있다. 예를 들면, 바람은 어디서 시작하여 어디로 가는가에 대하여 "음기가 엉기었는데 양기가 들어가지 않으면 바람이 된다. 천지에 가득한 것이 기 아닌 것이 없으니 음기가 엉기는 데 정하여진 곳이 없다면 양기가 흩어지는 데도 정하여진 경로가 없다. 애당초 출입이 없다"[5]고 답하고, 서리와 이슬이 형성되는 까닭에 대하여 "양기가 퍼지는 계절에 이슬로써 만물을 적셔주는 것은 구름이 하는 일이요, 음기가 참담하게 되면 이슬이 서리로 맺혀 초목을 죽이게 된다"[6]고 답한다. 이처럼 봄의 이슬과 가을의 서리를 양기와 음기의 측면에서 설명하고 있다.

천지와 만물은 본디 하나의 기가 운행 변화하여 만 가지로 달라지는 것으로서, 나누어 말하면 천지 만상이 각기 하나의 기운이지만 합하여 말하면 천지 만상이 동일한 기운이라고 한다. 해와 달, 별 등은 오행의 바른 기운들이고, 흐린 날씨, 흙비, 안개, 우박 등의 자연 현상은 천지의 어그러진 기운들이며, 천둥, 번개, 벼락 등의 현상은 음과 양의 격발된 기이고 바람, 구름, 비와 이슬은 음과 양의 화합이다. 이처럼 구분은 서로 다르나 이치는 동일하다고 한다. 음양의 상호 격돌로 천둥 번개 벼락이 일어나고, 음양의 상호 화합으로 구름, 비, 이슬이 생기며, 오행의 정기(精氣)가 일·월·성·신이 되고, 오행의 여기가 흐림, 흙비, 안개, 우박이 된다고 한다. 정상의 이(理)는 음양 두 기의 조화를 이루어서

---

5 『栗谷全書』卷14, 雜著「天道策」
6 『栗谷全書』卷14, 雜著「天道策」

일월이 운행의 바른 궤도를 잃지 않고, 비나 눈이 제철에 맞고, 바람 구름 번개 우박이 화기 속에 들려 있는 것이며, 변괴의 이(理)는 음양의 부조화를 이루어서 일월의 운행이 바른 궤도를 잃고 바람, 구름, 우레, 번개가 나온다고 한다.

그러나 율곡이 속설로 전하여 오는 민간 신앙의 내용 일체를 음양 이기론으로 천착하여 억지로 설명하려는 것은 아니다. 율곡은 만물의 정기가 위로 올라가 별이 된다는 것 등의 속설은 천도와 전혀 상관이 없는 것으로 규정하여 단호히 배척한다.[7]

자연현상의 설명에 있어서 율곡은 이기론, 음양론 등 성리철학적 이론 틀의 철저한 적용을 그 특색으로 하지만 한편 한대 이래의 천인상응설을 견지한다. 예를 들면 일식현상은 음기가 성하고 양기가 약한 것으로서 하극상의 징조이며 이러한 징조는 주로 난세에 많이 생겼다는 설명 등이 있다. 하극상(下剋上)이라고 하는 인사의 어그러짐이 자연의 어그러짐을 초래한 것이라는 천인상응설적인 시각이 들어 있다. 경성(景星)과 혜성(彗星)의 출현 현상에 대하여도 율곡은 경성은 요순의 태평시대에 출현하였고 혜성은 춘추의 혼란 시대에 출현하였다고 하며, 사람이나 물건에 벼락치는 것을 사악한 기운이 모인 사람이나 물건을 음과 양의 정기인 천둥이 치는 것으로서 정당한 일로 본다. 군사를 일으키거나 옥사를 결단하였을 때 비가 내린 까닭에 대하여는 원한의 기운 즉 원기(冤氣)는 가뭄을 부르는 원인이며, 이 원기를 풀어주어 비를 내리게 하는 것은 조금도 괴이할 것이 없다고 하였다. 또한 크기가 계란만 한 우박이 떨어져 생물을 죽이기도 하는데, 우박은 어그러진 기로서 음이 양을 위협하는 것인데 생물을 죽일 정도의 상태는 무력을

---

7    『栗谷全書』 卷14, 雜著 「天道策」

함부로 써서 화(禍)의 기초를 만든 왕을 경계하기 위한 것이라고 설명한다.

일식이나 월식이 하극상의 징조라거나 또 반드시 난세·말세에 많이 발생하였다는 주장은 객관성이 없다. 일식·월식에 의하여 민심이 흉흉하여지고 이를 심리적으로 이용하여 왕조가 바뀌는 등의 현상은 있었다고 할 수 있다. 우연적 일치로 보이는 이러한 사건을 확대 적용하는 것은 단순히 객관성의 결여라는 차원에서 처리할 일이 아닌 것이다. 여기에는 한대 이래의 천인상응설적인 믿음이 바탕에 깔려 있고 또 그렇게 되었으면 하는 믿음과 기대의 차원에서 이해되어야 한다.

자연 현상 가운데 일상의 법칙에 어그러진 것―예컨대 경성이나 혜성 등이 나타남과 오뉴월에 서리가 내림 등―이 적지 않은데 이는 천기가 어그러진 탓인가 아니면 인사가 잘못된 탓인가의 문제에 대하여 율곡은 이치에는 정상적인 것도 있고 변괴도 있는데 사람의 기는 곧 천지의 기운이어서 사람의 마음이 바르면 천지의 기운도 바르게 되는 것이라는 전제를 피력한다. 이(理)의 정상과 변괴는 천도뿐만 아니라 인사와도 상관이 있다는 것이다. 그러나 인간은 천지의 변괴는 탓할 수 없는 것이며, 탓하여야 의미가 없는 것이다. 인간의 힘이 미칠 수 있는 영역이 아니기 때문이다. 인간이 할 수 있는 일은 오직 인사를 살펴 잘못을 바로잡는 것뿐이다.

'사람과 천지의 기는 하나이니 사람의 기가 바르면 천지의 기도 또한 바르게 된다.' 성리학자들의 전제는 자연의 변괴를 인심의 순화를 통하여 바로잡자는 뜻에 그 강조점이 있다. 왕조시대 유가의 사상 구조 안에서는 왕의 위치가 정치나 사회 전반에 있어서 무엇보다도 중요하기에 유학자들은 왕이 자기 마음을 바로 하여 조정을 바로잡고 이로 발단하여 사방을 바로잡으면 천지의 기운도 바르게 된다는 전통적인 천인상응설의 입장을 취한다. 여기서 유가는 자연현상을 통하여 인간의 행실을 돌아보고자 하는 것이요, 자연의 이변을 하늘 뜻 자체의 변화로 보지 않는다. 당시의 천지니 만물이니 하는 사고 자체가 왕을 중심으로 하는 사고였던 만큼 '천지가 안정되고 만물이 잘 자란다'[8]는 것은 왕이 덕을 쌓은 공효를 드러내려는 구절이었다. 그리고 이것이 바로 한대 이래의 천인상응설이 지니는 긍정적 측면이다. 요컨대, 율곡에 있어서 천도책은 자연현상 일체를 성리철학의 이기론 특히 음양을 중심으로 한 기론적 설명 그리고 천인상응설로 설명한 것이다.[9]

천인상응설에 관한 율곡의 입장은 그의 「천도인사책」[10]에 더욱 상세하게 잘 정리되어 있다. 이 책문은 천도의 길흉과 인사의 순역(順逆)은 똑같고 조금도 다름이 없는 법인데, 더러는 인사는 순리인 듯한데 천도는 역리인 듯하고, 인사는 역리인 듯한데 천도가 도와주는 것으로 보이는 까닭을 물었다.[11] 율곡은 하늘은 '사사롭게 친한 사람이 없고 오직 덕 있는 사람을 도와주는 법'이라는 전통적 신념으로 답을 대신한다. 인사는 순한 듯한데 하늘이 거슬리는 경우도 있고 인사는 거슬리지만 하늘이 도와주는 것 같은 경우도 있는데 이는 마치 '지혜 있음이 형세를 타는 것만 같지 못하고, 농기구를 갖고 있음이 제철을 기다리는 것만 같지 못한 것'과 같다. 때와 형세를 얻은 사람은 거슬린 듯하여도 성공을 하는 것이 마치 쇠는 무겁고 깃털은 가벼운 것이지만 한 수레의

---

8   『中庸』첫 장 머리에 나오는 구절이다.
9   율곡의 「천도책」을 여헌 장현광의 「우주설」과 대비하여 연구한 논문이 있다. 장회익의 「조선성리학의 자연관」(『과학과 철학』제2집, 통나무 1991년) 13-47쪽을 볼 것.
10  『栗谷全書』拾遺 卷6, 雜著
11  예를 들면 명분도 바르고 논리도 갖추었던 촉한의 유비가 한 왕실을 회복하지 못한 까닭과 승냥이와 호랑이 같은 진의 시황제가 천하를 병탄한 등의 경우를 묻는 것이다.

깃은 한 푼의 쇠보다 무거운 것과 같이 사람에 따라서는 명분은 순하나 일은 순하지 않은 경우가 있고 명분은 약하나 때를 얻은 자가 성공을 하는 경우도 있다.

이처럼 성패의 문제에 있어서는 명분의 순역 못지 않게 그 때와 세력이 중요한 인자로 등장한다. 그러나 비록 성패가 그 역과 순에 관계없는 경우도 있으나 하늘과 인간은 근본에 있어서 똑같은 이치이므로 인사만 극진하였다면 응하지 않을 천리가 없다는 신념을 가져야 한다는 것이 율곡의 입장이다. 하늘이 하는 일은 보통 사람이 관여할 수도 없을 뿐더러 완전히 이해할 수 있는 것도 아니기 때문이다. 사람은 오직 사람에게 맡겨진 일만 수행하면 된다. 그리고 하늘이 하는 일은 사람이 믿고 따라도 좋을 만큼 개연성은 마련되어 있다.

천도론에서 율곡이 취하는 이기론적 해명은 오늘의 관점에서 볼 때 당시 정신적 수준을 짐작할 수 있는 좋은 자료라고 할 수 있다. 그는 이기론의 체계 안에서 최선을 다하여 설명하고 있지만 그 가운데에는 아직 전통적인 속설에서 벗어나지 못한 매우 불합리한 설명도 없지 않다.

「절서책(節序策)」: 한대 이래로 천지를 음양으로 인의예지신의 오상을 동서남북중의 방위에 배치하여 왔는데 이를 유학사상의 공간적 구현이라 한다면 오상을 계절에 배치하거나 유학사상의 어떤 덕목을 각각의 절서에 배당하는 것, 예를 들어 동지에는 관문을 닫아걸고 여행과 상거래 행위를 삼가게 하는 등은 그 시간적 구현이라고 할 수 있다. 「월령(月令)」이나 「농가월령가」는 농경사회에 있어서 농사의 때를 어기지 않게 하는 동시에 은연중 유학적 윤리와 근로 사상을 고취한 전형적인 것이다. 이처럼 유학적 가치의 시간적 구현과 깊은 관련을 갖는

것이 바로 「절서책」이다.[12]

「절서책」은 일년 12월 중에서 각각 중요한 절기의 유래와 그 의의를 알아보는, 일견 상식적 내용들로 구성되어 있다. 물음은 12간지에서 해 (亥)·자(子)·축(丑)·인(寅)의 달 가운데서 어느 달을 정월로 삼아야 하는 것인지, 정월 대보름날은 어느 시절에 시작된 풍속인지, 단오절 풍속의 유래는 무엇인지, 칠월 칠석에 견우와 직녀가 만난다는 설은 근거가 있는지 등의 각 절기에 따른 행사의 의의와 유래를 묻는 것이다.

이 문제에 대하여서도 율곡은 역시 성리학자로서의 면모를 유감없이 드러낸다. 그는 유가의 절서야말로 성인의 제작에 의한 인도의 전형적인 형태의 하나라고 한다. 즉 하나의 근원적인 기운이 우주 사이에 끊이지 않고 계속하여 유행하면서 양기로써 만물을 화생시키고 음기로써 만물을 성숙시키는 것은 천리이고, 천명을 본받아 음양의 이치에 순응하며 우러러 천문을 보며 굽어보아 지리를 살펴 조화에 묵묵히 합치하는 것을 인도라고 규정한다. 사계절의 차례를 나누어 겨울과 여름의 춥고 더운 절기를 나누며 율력(律曆)에 관한 책과 명절에 관한 호칭을 제정한 것이 바로 인도에 해당한다. 봄에 만물을 화생시키는 힘이 있으나 저절로 봄이 되는 것이 아니라 성인이 있은 다음에 비로소 봄이라는 명칭이 있게 되며, 가을이 만물을 성숙시키나 저절로 가을이 되는 것이 아니라 성인이 있은 다음에 비로소 가을이 되는 것이니 절서는 그 스스로 절서됨을 알지 못하고 성인이 있는 다음에 비로소 절서에 명칭이 있게 되었다. 만약에 성인이 없었다면 천기의 운행은 인사에 아무런 관여됨이 없게 된다. 음양의 기후를 보고 일하고 휴식하며 일월의 운행을 율력으로 만들어 맞이하고 보내는 것이 모두 자연의 이치로써 자연의

---

12  『栗谷全書』拾遺 卷5, 「節序策」참조

이치에 순응하는 것이다.

율곡은 당시 조선에 성행하는 절서에 관한 각종 습속이 모두 유가 사상에 기초한 것, 즉 천도에 상응한 인도로서의 성격을 갖는 것이 아님을 지적한다. 풍속 중의 더러는 옛 유가 성인이 만든 제도에서 유래한 것도 있으나 풍속의 와전된 것도 있고 사람들의 사치에 근거한 것도 있기 때문이다. 불교와 관련된 것, 조상숭배의 정신에 어긋난 것, 그리고 성리학적 원리에 어긋난 것, 인간의 수명을 늘리고자 하는 도가적인 유래를 갖는 것들에 대하여는 그것이 망령된 지식, 망령된 발언에 속하는 것으로 보며, 참으로 천인 합일의 길은 옛 성인이 오로지 하늘을 본받고자 하였듯이 자연의 원리, 실리를 본받는 이외의 다른 길이 없다는 주장이다.

이상에서 논한 율곡의 천도, 역수, 절서 등의 문제에 대한 기본 입장은 이른바 그의 실리론 – 만물의 화육을 가능케 하는 이치를 규명하는 것이라고 할 수 있다. 즉 그의 자연관은 한마디로 실리 자연관이라고 할 수 있다.

## 3. 실심(實心) 자연관

책문 가운데는 속설 민간 신앙의 내용 문제, 주로 민간 전승 차원의 관심사들을 성리학은 어떻게 이해하고 있고 어떤 입장을 취하는지를 알려주는 것들이 있다. 이에 해당하는 책문으로는 「귀신사생책」, 「신선책」, 「기도책」, 「수요책」, 「의약책」 등을 들 수 있다. 이들 책문에서의 문제와 답들은 대체로 서로 중복되어 있는데, 이를 정리한다면 귀신의 유무, 기도의 효험 유무, 생사는 어떻게 결정되며 인간의 노력에 의하여 수요(壽夭)가 조절될 수 있는지, 또 기를 기르는 한 방편으로서 의약의 문제를 유가는 어떻게 보는지를 묻는 것들이다.

이러한 물음들은, 앞에서 이미 말한 바와 같이 율곡 당시에 있어서 매우 중요한 쟁점들이었으리라 본다. 아직 성리학적 세계관이 체계적으로 정착 수용되지 못한 상황에서 인간의 보편적 관심사라고 할 수 있는 이들 문제에 대하여 도교의 경우는 나름의 해답체계를 선명히 제시한 데 반하여 도교사상을 이단으로, 또는 무속(巫俗) 음사(陰祀) 등을 미신으로 규정하여 타파하려는 입장을 취하는 유가의 입장에서 이들 문제에 대한 나름의 선명한 해명 체계를 갖고 있어야만 하였던 것이다.

당시의 일반 민중은 물론이요, 유학자들에 있어서조차 귀신, 신선, 기도의 효험 여부, 수요의 문제는 실제생활에서 매우 비중 있는 주요 관념이었다. 삼국시대 이래 특히 고려조에 있어서는 이들 문제에 대한 불교적·도교적 그밖에 무속적 해답체계가 거의 아무런 제약 없이 유포, 확산되어 나갔고 신념화, 신앙화되어 있었던 만큼 이들을 미신으로 규정, 배척하기 위하여서는 이에 대한 대안적 해답 체계의 제시가 불가피하였던 것이다. 율곡은 이 같은 물음들에 대하여도 성리철학의 입장에서 논지를 펼치겠다는 뜻을 밝히고 있다.

귀신사생의 문제: 일반적으로 귀와 신, 생과 사의 문제에 관한 성리학자들의 설명은 이기론과 음양론에 의한 자연철학적 설명이다. 즉 귀와 신, 사와 생은 근본적으로 하나의 기이며 굴신 취산의 국면에 지나지 않는 것으로서 이는 각각 음과 양에 속한다는 설명이다. 그런데 「귀신사생책」에서는 정치한 성리철학적 입장을 전제한 것이 아니라 귀신의 존재를 전제하는 속설신앙에 대한 해명을 요구하는 것이다. 즉 귀신을 귀와 신으로 나누어보는 것이 아니라 속설에서의 분화되지 않은 귀신을 말한다.

사람과 만물은 이(理)에 의하여 태어나고 이에 의하여 죽으며 이는 삶과 죽음에 영향을 받지 아니하나 기는 살아 있을 때만 있고 죽으면 흩어져버리는 것이 당연한 일이기에 귀신이 나타나는 일은 순리가 아닌 것이다. 기는 시한성을 지니고 있기에 시간이 지나면 소멸되고 말며 시간의 흐름과 무관하게 영원불변하는 것은 오직 이일 따름이다. 그런데 여기서 우리는 귀신이 나타나는 것이 '순리는 아니지만'[13]이라는 말에서 율곡이 귀신의 존재 자체를 부정하지 않음을 알 수 있다.

만일에 죽은 다음에 지각이 있다고 한다면 불가에서 말하는 인과응보설이 허황한 것이 되고 죽은 뒤에 지각이 없다면 죽은 조상의 영령에게 제사를 지내는 것은 의미가 없게 될 것인데 어느 것이 옳으냐는 물음에 대하여는 '사람의 지각은 정기에서 나오는 것이므로 정기가 흩어지면 어떤 물체도 지각하지 못하는 법이다. 이미 지각이 없다면 비록 천당과 지옥이 있다고 하더라도 그 괴로움과 즐거움을 알지 못할 것이니 불가에서 말하는 인과응보설은 저절로 잘못됨이 드러난다'고 한다.

이와 달리 유가에서의 제사지내는 것은 이치가 없지 않다. 왜냐하면 사람이 죽어 아직 오래되지 않은 경우는 비록 정기가 흩어졌다고 하더라도 바로 소멸되는 것이 아니라고 믿기 때문이다. 이때 정성과 공경이 극진하게 되면 조상의 혼령과 감통할 수 있다는 것이다. 먼 조상, 즉 죽은 지 시간이 많이 경과하여 이미 그 기가 아주 흩어져버린 경우라도 그 이(理)는 멸망한 것이 아니므로 감통이 불가능한 것은 아니라고 한다. 이것은 전통적인 기의 감응성을 긍정한 설명 방식이다. 그러나 이 점에서 그는 귀신의 존재를 완전히 부인하는 것이 아님을 알 수 있다.

율곡은 '악귀가 있다'는 신앙이나 또는 원혼을 달래주는 의식의 필

---

13  『栗谷全書』拾遺 卷4, 「死生鬼神策」 참조

요성을 이해하고 있다. 즉 백유가 악귀가 되자 자산이 그를 위하여 사당을 세워준 일과 무서운 악귀가 집 안으로 들어오자 진나라의 경공이 횡사하였다는 고사에 대하여 이를 불합리한 속설이라고 물리친 것이 아니라 그럴 수 있음을 인정하였다. 율곡에 의하면, 정나라의 백유는 이미 그 지위가 높고 또한 일족이 적지 않아 그 기가 강성한데 그의 죽음이 비명이었으므로 그 기가 나타나 여귀가 되었던 것이고, 진나라의 조씨는 국가의 훌륭한 신하였는데 원통하게 죽었으므로 그 기가 격앙하여 원한을 품은 귀가 되었던 것이라고 하여 악귀 원혼의 이치를 인정하고 있다. 뿐만 아니라 이러한 악귀와 원혼은 그 한을 풀어줌으로써 그 맺혔던 기가 풀어져 깨끗이 흩어지게 할 수 있는 것인데 이의 구체적인 방법은 사안에 따라 다를 수 있다. 여기서 악귀나 원혼의 존재에 대한 속설 신앙을 용납하는 듯한 태도를 율곡에게서 발견할 수 있으나 그것의 실재 여부에 대한 관심보다는 남아 있는 자들의 태도나 마음가짐의 문제를 중시하고 있음을 알아야 한다. 왜냐하면 아무리 악귀 원혼이라 하더라도 남아 있는 자들의 해원(解寃) 상생(相生)의 마음가짐에 의하여 그것은 결국 풀어져버리는 구조이기 때문이다.

　속설 신앙의 한 내용으로서의 악귀, 원귀 또는 조상 혼령의 존재를 전면 부정한다는 것은 아무리 성리학적 훈련을 받은 율곡이라 하더라도 결코 쉬운 일은 아니었을 것이다. 따라서 이 귀신의 문제에 관한 그의 견해는 다른 글에서 보는 바와 같이 선명한 맛을 결하고 있는 것이 사실이다. 그러나 그의 기본 입장은 분명 '생과 사는 기의 모이고 흩어짐이요', 지각은 기의 일이어서 죽어 정기가 흩어지고 나면 지각작용은 있을 수 없는 것이요, 따라서 사후의 세계에 대하여 천당이니 지옥이니 하는 일은 허황된 주장에 지나지 않는 것이다. 다만 기는 흩어짐에 있어서 더디고 빠른 차이가 있을 수 있으며 그 흩어짐의 속도에 있어서의 느리고 빠름은 사람이 관여할 수 있는 일은 아니로되 혹 아직 흩어지지 않고 남아 있는 기운이 있다면 남아 있는 사람의 정성에 의하여 그 기의 흩어짐을 혹 늦출 수는 있다는 것이다. 이는 기(氣) 상호 간의 감응의 원리에 의한 설명이라고 할 수 있다.

장수와 요절의 문제: 오래 사는 것과 일찍 죽는 것을 합리적으로 설명할 수 있는지에 관한 문제이다. 수요에 관하여는 대체로 세 가지의 설명방식이 있다고 한다. 그 하나는 이른바 수(數)를 위주로 하는 설명방식이다. 즉 천지의 수는 일원(一元), 인간은 일세(一世), 초목은 한 해나 한 달, 하루살이는 하루를 각각 그 수로 삼는다는 설명이다. 이 수에 의한 설명은 동서 고금을 막론하고 인기 있는 설명 중의 하나이다. 예컨대 조물주가 만물을 만든 후에 각각 그 수명을 할당하였는데 개는 몇 년, 뱀은 몇 년, 사람은 몇 년씩을 할당하였다는 우화적 이야기가 바로 그것이다. 이러한 견해에 대하여 율곡은 비판적이다. 사물의 종류도 하나가 아니요 사람도 한 사람이 아니라 사람마다 그 수가 다르기에 일률적으로 말할 수는 없다. 사람의 수명을 수의 논리로만 설명하는 것은 수가 기에 근거한 것인 줄 모르는 데서 나온 견해라는 것이다.

다음은 기(氣)를 위주로 하는 설명방식이다. 예를 들면 상고시대는 기질이 순후하여 사람들이 욕심이 적었고 그리하여 그 기를 온전히 함으로써 장수를 누렸으며, 후대에는 기질이 부박하여 욕심들이 많았기 때문에 그 기를 손상시켜 요사하게 되었다는 설명이 있는데, 이는 기가 이에서 나온 것임을 알지 못한데서 나온 말이라는 것이 율곡의 비판이다. 즉 사람의 기, 우주의 기는 예나 이제나 한결같은 것이어서 옛사람만 장수하고 이젯사람은 요사하여야 한다는 법은 있을 수 없다는 것이다.

세 번째 방식은 이(理)를 중심으로 설명하는 것이다. 어진 사람은 마음이 넓고 몸이 크고 평안하며 기운이 화평하므로 조화 배양되어 장수를 누리고 하늘의 도움을 받지만, 어질지 못한 사람은 그 정이 방탕하고 온몸이 강건하지 못하므로 바탕 기운을 해쳐 스스로 망치게 되므로 하늘의 책벌을 받아 단명한다는 식의 설명이다. 율곡은 이 설명이 가장 그럴듯하지만 그러나 안연같이 선한 사람도 단명하고 도척같이 악한 자가 장수하였으니 하늘이 돕는다거나 벌을 내린다는 근거가 어디 있는지 알 수 없다고 하면서 이는 이치만을 떼어내어 생각할 것이 아니라 그것이 바로 기의 이인 것을 잊지 않아야 한다고 말한다.

그에 따르면 수(數)·기(氣)·이(理)는 그 바탕은 서로 연관성이 있고 그 작용은 서로 통하는 것으로서 서로 위배되는 것이 아니다. 기에는 크고 작음, 두터움과 얇음, 맑고 흐림, 치우치고 바름의 차이가 있다. '기의 두텁고 얇음에 따라 길고 짧음이 나뉘고 기의 맑고 흐림에 따라 선과 악이 나뉜다.'[14] 그런데 기의 청탁과 후박은 반드시 상관성이 높은 것이 아니다. 즉 맑은 기가 반드시 두터운 기가 아니며 얇은 기라 하여 반드시 혼탁한 기도 아니다. 역사적인 인물의 경우를 들어서 말하면 요와 순은 맑으면서도 두터운 기운을 지녔고 공자는 맑으나 얇은 기운을 지녔다. 이렇게 본다면 안연은 맑으면서 얇은 기운을, 도척은 혼탁하면서 두꺼운 기운을 지닌 것으로 설명된다. 얇은 기는 배양에 의하여 보충이 가능하다. 마치 화로에 있는 형세가 미약한 불이라고 할지라도 밀실에 두고 그 불기운을 잘 보존하면 오래갈 수 있고 들판을 태우는 형세가 왕성한 불일지라도 사람이 혼신의 힘을 다하면 꺼버릴 수가 있

---

14  『栗谷全書』拾遺 卷5, 雜著「壽夭策」 "惟人也, 受陰陽之正氣者也. 其性雖一, 而其形氣之稟, 或厚或薄或清或濁焉, 厚薄者, 壽短之所以分也. 清濁者, 善惡之所以殊也. 均是人也, 而其氣不同, 則其數亦異也"

다. 반대로 들판의 불은 그 기운을 돕고 화로의 불은 꺼버린다면 그 현격함은 더욱 두드러질 것이다.

이처럼 기는 기를 수 있고 보호할 수 있는 것인데 기르는 방법에 있어서 율곡은 유가의 방식과 여타의 것을 구별한다. 기에 선천적으로 후박이 있어 이것이 장수와 요절을 결정한다고 하더라도 사람의 기는 보양을 어떻게 하느냐에 따라 그 기의 성쇠가 달라진다. 혈기가 풍족하면 정기가 풍족하여지고 정기가 풍족하여지면 외부 질병의 침입을 받지 않는다. 공자가 일찍이 '소년시절에는 여색을 경계하고 장년시절에는 싸움을 경계하고 노년시절에는 탐욕을 경계하여야 한다'고 말한 것이 바로 유가의 도기법(導氣法)이다. 그러나 보다 유가적인 특성을 드러내는 도기법은 송대의 유학자들에 의하여 강조된 '기질변화론(氣質變化論)'이라고 할 수 있다. 물론 기질변화론은 그 자체의 관심이 기의 청탁에 관한 것이지 후박에 관한 것은 아니라고 할 수 있다. 유가는 기의 후박보다는 청탁에 더 많은 관심을 기울였다고 할 수 있다. 장수 요절에 대하여는 '사생유명(死生有命)'이라 하였지만, 어리석고 못난 사람도 지혜로운 자, 현명한 사람이 될 수 있다고 하였고 또 그렇게 되기 위한 수양을 강조한 데서 잘 드러난다. 그렇다고 하여 유가는 기의 후박에는 전혀 무관심하였다고 할 수 없다. 왜냐하면 우리는 맑으면서도 두터운 기가 보다 바람직한 것으로 여기기 때문이다.

기질변화론이란 수양을 통하여 탁한 기를 맑게, 얇은 기를 두텁게 할 수 있다는 것이다. 다만 송유의 기질변화론은 양기에 속하기는 하지만 도가의 경우와 달리 그 양기가 이치, 즉 도(道)와 의(義)에 의존한다. 율곡은 물질의 기(氣)로써 기(氣)를 기르는 것, 즉 도가에서와 같은 양생에 대하여는 반대한다. 양생만 위주로 하면 오히려 수양에 방해가 된다고 보기 때문이다. 도가의 양생이 단지 기로써 기를 기르는 것에 머

무는 반면 유가는 이치로써 기를 기른다. 여기서 이치로써 기를 기른다
는 것은 『맹자』에 나오는 이른바 호연지기를 곧음(直)으로 기른다는 것
과 관련이 있다. 비록 수명의 길고 짧음이 명(命)에 달려있지만 박한
기라도 잘만 배양하면 후하게 되는 효과를 얻을 수 있다는 것이다.

　율곡은 병을 치료하는 데는 의약이 필요한 것임을 인정하지만 그렇
다고 하여 도가에서 말하는 복식(服食)은 조금도 이익될 것이 없다고
본다. 뿐만 아니라 귀신에 미혹되어 푸닥거리하는 것 등[淫祀]은 이치
에도 해롭고 기운에도 전혀 도움이 되지 않는다는 입장을 취한다. 요컨
대 율곡이 지닌 기본 입장은 바르게 하고 못함은 나에게 달려있는 것이
요, 오래 살고 일찍 죽는 것은 하늘에 달린 것이니, 바른 이치로써 기운
을 잘 길러, 기의 길러지는 바가 그 바름을 얻도록 하는 것이 보다 중요
한 문제라고 여긴다.

　기도(祈禱): 오래 살고 일찍 죽는 것뿐만 아니라 부귀 빈천까지도 모
두 명(수)에 달려있다는 통속적 관념을 지닌 유가는 기도의 문제에 관
하여 어떤 태도를 지니는가? 천명으로 주어진 것은 비록 성인이라도
어찌해볼 도리가 없다는 관념과, 그럼에도 불구하고 유학의 전통 속에
천지 신명에게 기도 드린 역사적인 사례와 또 그 효험이 나타난 것으로
볼 수 있는 경우가 있으니 이로 보면 하늘의 소관인 생사 수요에 인간
의 힘이 개입될 여지도 있다고 할 수 있는데 이같이 충돌하는 두 원리
를 어찌 해결할 수 있는지의 문제이다.

　"인위적으로 어찌할 수 없는 것은 하늘이며, 인위적으로 할 수 있는 것은
　인간입니다. 하늘이 사람을 위하지 않음이 없다는 것을 알고 사람이 하늘
　을 위하지 않음이 없다는 것을 알면, 비로소 천명을 안다고 할 수 있겠습

니다. 이제 집사 선생께서 특별히 사생의 이치와 감응의 효험과 그리고 성
현의 간혹 기도하지 않는 것을 들어 배움을 받는 입장에 있는 사람들에게
물어서 지극히 합당한 설명을 듣고자 하시니…"[15]

주공은 그의 선대 세 왕에게 기도했다. 공자는 병이 났을 때 제자가
기도 드릴 것을 청하자 이를 거부하였다. 한 사람은 기도를 드렸고 또
한 사람은 기도를 드리지 않은 것이다. 이 문제에 대하여 율곡은 사람
의 삶이란 기운이 모인 것이요, 사람의 죽음이란 기운이 흩어진 것인데
모으지 않아도 스스로 모이고 흩지 않아도 스스로 흩어져버리는 것은
바로 하늘이요, 그 정신을 안정하고 그 기운을 양성하여 오랜 후에야
흩어지게 하는 것은 인간이라고 한다.

그러나 기운이 흩어져 죽는 것은 이치의 떳떳한 것이요, 흩어져야 할
기운이 흩어지지 않는 것은 이치의 떳떳하지 않은 것인데 혹 정성을 다
하여 하늘이 감응하여 기운의 흩어짐이 더딘 경우가 있다 하더라도 이
는 이치의 떳떳하지 않음에 속한다고 한다. 수요가 비록 천명에 달린
것이라고 할지라도 반드시 죽을 것이라고 단정할 수도 없는 것인 만큼
전혀 하늘에만 맡겨두고 인간으로서 할 수 있는 정성을 다하지 않는 것
은 옳지 않은 일이기에 옛부터 성현들이 왕과 그 부모의 사랑함이 깊고
사모함이 깊어 혹 병이 나고 혹 임종이 다가온 듯할 때 곁에서 보고만
있을 수 없어 신에게 기도를 드리기도 하면서 임금과 어버이의 수명을
연장할 수 있는 갖은 방법을 다 동원하였던 것인데 정성이 지극한 나머
지 감응을 한 경우도 있다. 이 또한 천리의 그럴 수 있는 것이다. 다만
그 마땅히 흩어져야 할 기운 가운데 만에 하나 남아 있는 기운이 있기

---

15　『栗谷全書』拾遺 卷5, 雜著「祈禱策」

에 그만한 정성이 있으면 그 기운이 흩어지지 않고 그만한 기운이 없으면 그 기운이 흩어지고 만다. 기운이 흩어지는 것은 당연한데 흩어지지 않고 남아 있는 것은 천명이요, 반드시 다 흩어지지 않고 남아 있는 것도 천명이다. 그 정성이 지극하냐 그렇지 않으냐 하는 것은 인간의 도리이니 인간은 인간에게 있는 도리만 다하면 되는 것이다.

그런데 기운이 다 흩어지고 남은 기운이 전혀 없는 경우라면 아무리 기도를 드려도 전혀 효험이 있을 수 없다. 만일 그 기운이 다 흩어져버린 후에도 정성만 지극하면 그것을 구제할 수 있다고 한다면 지극한 효자를 둔 사람은 장생불사할 수 있을 것이다. 그러나 장생불사는 어떠한 경우도 있을 수 없고 이치에도 어긋난다. 이는 전형적인 기의 상호 감응의 이치에 의한 설명이다.

주공은 기도를 하였고 공자는 기도를 드리지 않았는데 공자가 이해하는 기도는 개과천선하여 신의 도움을 청하는 것이었고, 주공이 드린 기도는 사사롭게 자신을 위한 것이 아니라 공적인 목적을 위한 것이다. 공자의 제자는 공자 자신을 위하여 빌라고 한 것이고 공자의 입장에서는 그의 행위가 천지신명에게 조금도 부끄러울 바가 없다고 보아 새삼스럽게 개과천선하여 신의 도움을 청할 필요를 느끼지 않았던 것이다.

신선(神仙)의 문제: 신선사상은 대체로 도가적 전승의 것으로서 일반 민간 신앙에서 그 내용의 큰 몫을 차지한다. 그런데 이에 대한 율곡의 입장은 거의 전면부정이다.

"자연의 세계는 오직 실리(實理)가 지배할 따름입니다. 사람과 만물의 생성은 실리에 의하지 않음이 없으니 실리 이외의 학설은 사물의 이치를 궁구하여 깨닫는 군자의 믿을 만한 바가 아닙니다. 이제 집사 선생이 특별히

신선의 설을 들어서 질문의 발단으로 삼으시니 제가 비록 민첩하지 못하
오나 항상 바른 학문인 유학이 밝지 못하고 사특한 말이 백성을 기만하여
오는 것을 개탄하여 온 지 몇 해가 되었으니 감히 마음을 다하여 대답하지
않을 수 있겠습니까"[16]

그는 신선사상의 출현이 유학의 도가 침체하여 어두워 드러나지 않
게 되자 나타난 것이며 불로장생한 사람이 있다고 전하는 말과 기록이
있지만 그런 기록과 구전 자체가 신빙할 수 없는 것들이라고 하여 숱한
신선 또는 불로장생과 관련된 기사를 부인한다. 예를 들면 황제가 승천
하였다는 이야기에 대하여 이는 후대 사람이 황제의 이름을 빌려 지어
낸 것일 따름이라는 것과 단사(丹沙)를 연단하면 과연 황금이 되며 또
이를 복용하면 장생의 효과가 있느냐의 물음에 대하여 이를 복용하였
던 사람들이 장수하기는커녕 오히려 조갈증 등에 의하여 요절하고 말
았다고 하면서 각종의 신선 및 이에 관한 기이한 이야기들은 모두 사설
(邪說)로서 믿지 못할 것들이라는 입장을 취한다.

그에 따르면 유가에서 말하는 장생불사는 자연의 법도에 따라서 천
지의 화육에 참여하는 것을 말한다. 따라서 구태여 영단(靈丹)을 구하
려 할 필요가 없다. '지혜로운 사람은 인간이 할 것에만 힘을 쏟고 하
늘이 하는 것은 하늘에 내맡겨 두는데, 어리석은 사람은 하늘이 하는
것만 구하고 인간이 할 일은 소홀히 한다'[17]고 결론짓고 있다. 한마디
로 신선 등의 사상과 관련된 도교적 행위 일체는 어리석은 일에 지나지
않는다는 지적이다. 사생은 기본적으로 낮과 밤의 이치에 지나지 않음
을, 낮이 있으면 밤이 있듯이 삶이 있으면 죽음이 있는 것임을, 기의 모

16  『栗谷全書』拾遺 卷5, 雜著「神仙策」
17  『栗谷全書』拾遺 卷5, 雜著「神仙策」

임이 있으면 기의 흩어짐이 있음을 알아야 한다는 것, 그리고 이를 받아들여야 한다는 것이 사생에 대한 성리학자의 기본 입장이다.[18]

　의약의 문제: 유학의 관점에서 볼 때 음양, 복서(卜筮), 점상(占相), 그리고 의방(醫方)은 비록 잡술에 속하는 것이요, 말단의 기술이라고 인정하는 것이지만 오랜 연원을 갖고 있으며 현실적으로도 그 위세가 약하지 않은 것들이었다. 이들 가운데서 특히 의약의 문제는 유학자라고 하더라도 결코 소홀히 하거나 무시할 수 없는 현실적 강한 영향력과 합리적 원리를 갖고 있다. 따라서 이에 대한 성리철학적인 설명을 요구한 것이 바로「의약책」이다. 즉 사람의 기는 하늘로부터 타고난 것이며 그 후박이 정하여져 있어서 사람이 인위적으로 어찌하여 볼 도리가 없는 것 같은데 그렇다면 의약은 무슨 의미가 있으며 약은 과연 필요한 것인지가 책문의 물음이다.

　율곡은 도는 본디 하나이지만 이로부터 여러 가지 해석과 기술이 나오는데 그 중에는 이로움을 주는 것도 있고 해로움을 주는 것도 있다고 한다. 그는 음양, 복서, 점상, 의방 가운데 도리에 어긋나지 않고 인간에 이로움을 주는 것은 오직 하나 의약뿐이라고 하여 의약의 유익함을 인정한다. 타고난 기를 의약으로 다스려 기의 후박을 도울 수는 있으나 낮과 밤이 있듯이 태어남이 있으면 죽음이 있는 것이므로 죽음은 의약으로 면할 수 없는 것이라고 한다. 이는 의약의 한계를 말한 것으로서 우선 도교류의 장생불사나 신선사상 등의 허황함을 겨냥하여 그 바르지 못함을 지적한 것이라고 할 수 있다.

　그에 의하면 천지간에는 오직 실리(實理)만이 있으므로 도교에서 말

18　『栗谷全書』拾遺 卷5, 雜著「神仙策」

하는 금단술 등은 전혀 믿을 바가 못 된다. 따라서 죽지 않고 오래 사는 방도라든가 허물을 벗고 뼈를 바꾸는 것, 대낮에 하늘로 솟구쳐 오르는 것, 영단으로 원기를 되돌리는 것, 황금으로 약을 만들거나 이슬을 먹는 등의 방술(方術)은 헛된 것들이다. 사람이 장수하거나 요절하는 것은 원칙적으로 하늘에 달려있고, 이를 보호하고 양육하는 것은 사람에게 달려있다. 따라서 병들기 전에 기를 기르고, 병이 든 뒤에는 병을 치료하여 타고난 명을 순하게 받아서 섭생을 잃지 않는 것만이 병을 고치고 건강하게 사는 방도가 된다.

## 4. 실리와 실심의 화해(和諧)

이상의 다른 여러 책문에서 우리는 자연에 대한 율곡의 기본 입장이 이른바 '실리'와 '실심'으로 정리될 수 있음을 확인할 수 있다. 그는 여러 책문에서 반복하여 실리(實理)에 관해 언급하고 있다.

> "대역(大易)의 본의는 실리일 따름이고 진실한 이치는 휴식을 용납하지 않는 것이니…"(「易數策」)
> "대개 천리란 진실무망하고 순선무악한 것이다"(「死生鬼神策」)
> "천지의 이치는 실리일 따름입니다"(「神仙策」)
> "천지간에는 실리일 따름입니다. 이치에 어긋나는 말은 공격할 것도 없이 저절로 부서져버리는 것입니다"(「醫藥策」)
> "하늘은 실리로써 화육하는 공을 이루고 사람은 실심으로써 감통하는 효험을 이루는 것이니 실리와 실심이라는 것은 성에 불과합니다"(「誠策」)

여기서 율곡이 말하는 '실리'는 곧 진리 그 자체라고 할 수 있다.

'실리' 와 '실심' 이 무엇을 의미하는지 율곡의 입장을 검토하기에 앞서 중국철학사에서 진리의 표준으로 설정하여 온 것들에 대하여 먼저 검토하여 보기로 하자. 그러면 율곡이 무엇을 진리라고 하는지, 그가 실리라고 말하는 까닭이 어디 있는지 분명히 드러날 수가 있을 것이다.

묵자는 진리의 기준으로 세 가지 표준을 제시하였다. 그가 제시한 세 개의 표준은 곧 옛 성왕의 일에 근거를 둘 것, 백성들의 이목이 살핀 것에 근거할 것, 국가 백성 인민의 이익에 부합될 것 등인데 이 세 가지 기준에 맞는 것이 진리라는 것이다.[19] 이는 당시 무엇이 진리인지 혼란이 일고 있었기에 이를 분명히 하기 위한 시도에서 나온 것으로 소박한 형태의 경험론이라고 할 수 있다.

순자는 경험 또는 효험에 부합되는 것을 귀하게 여기고 이를 진리라고 하였다. "옛날에 대하여 잘 말하는 사람은 오늘에 증험됨이 있게 하고 하늘에 대하여 잘 말하는 자는 인간에 반드시 증험이 있는 자이다. 이론을 말함에 있어 앞뒤 정합성이 있고 또 그 경험과 부합되고 효험이 있음을 귀히 여기는 것이니, 그러므로 앉아서 말한 것을 일어나 베풀고 펼쳐 시행할 수 있어야 한다"[20]고 하였다.

양웅은 효험이 없는 것을 말함, 이것이 바로 허망한 것이라고 하였다. 유명(幽明)·원근(遠近)·대소(大小)·미저(微著)가 서로 검증될 수 있어야 한다[21]는 것이다. 즉 멀리 있는 곳을 말하면 가까운 곳에서도 그에 대한 증거가 나와야 하고 은미한 세계에 대하여 말한 것이 드러난 세계에서도 부합되어야 한다는 것이다. 왕충 또한 효험과 증험이 있는

---

19    『墨經』非命 上 참조
20    『荀子』性惡 참조
21    양웅『太玄經』法言

것 이외의 것을 모두 허망한 것으로 규정하였다.[22]

송대의 학자들도 다들 진리의 표준에 대하여 깊은 관심을 갖고 있었다. 특히 이단에 대하여 신경을 날카롭게 곤두세웠던 이학자들은 유학은 정학이요 진리이며 이단은 사설이고 비진리라는 것을 입증하기 위한 나름의 논리를 개발하는 데 관심을 가졌던 것이다.[23] 장재는 한 사람이 보고 들은 것은 아무리 작은 일이라고 할지라도 믿을 수 없지만 여러 사람이 보고 들은 것은 산이 무너지고 바다가 울고 태풍이 불고 벼락이 치는 내용과 같을지라도 믿지 않을 수가 없다고 하여 공동의 견문을 진리의 한 표준으로 삼았다.[24] 주희는 내외가 하나되는 경지를 진리의 경지로 이해한다. 여기서 내외라 함은 마음이 지닌 이치와 외부사물이 지닌 이치가 상응 상합하는 것을 말한다. 이치는 본디 하나이니 서로 부합될 수 있다. 마음과 이치의 하나됨[心與理一]이 주희 철학에 있어서 궁극의 목표였다. 이것은 그대로 자연과 인간의 합일 이외의 다른 것이 아니다.

율곡이 말하는 실리와 실심은 그의 성에 관한 논의에서 살펴볼 수 있다. 성을 가리켜 '망령됨이 없음(无妄)'과 '스스로를 속이지 않음(不欺)'으로 설명한 경우가 있는데 여기서 망령됨이 없다 함은 바로 이치를 가리켜 말한 것이고 속이지 않음이라 한 것은 마음을 가리켜 말한 것이다.[25] 즉 무망은 실리를, 속이지 않음은 실심을 풀이한 말이다. 실리는 천도로서의 성이고 실심은 인도로서의 성이다. 성이 무엇인가? 그것은 글자 그대로 더 이상 분석되지 않는 개념이다. 우리는 다만 성

---

22 王充『論衡』「知實」편 및 「薄葬」편 참조
23 『近思錄』의 「辨異端類」편 참조
24 張載『正蒙』「動物」편
25 『栗谷全書』 卷6, 雜著 「誠策」 참조

으로 인하여 설명되는 주변개념을 통하여 그리고 성의 효과로 규정된 것을 통하여 짐작할 따름이다. 율곡의 언급을 보면 다음과 같다.

'진실무망한 것은 이치의 본연이요, 그 무망함에 이를 수 있는 것은 속이지 않는 마음을 확충하여 나가는 것이다'

'성(誠)의 체는 지극히 은미하고 오묘하며 그 용은 지극히 현저하고 넓어 만물의 체가 되고 사물의 종시가 되는 것이다.'

'원형이정은 하늘의 성(誠)이요, 인의예지는 인간의 성(誠)이다.'

'성인은 이 성(誠)을 그의 본성으로 한 사람이요, 군자는 잃었던 이 성(誠)을 되찾은 사람이다.'

'하늘은 실리로써 화육하는 공을 이루고 사람은 실심으로써 감통하는 효험을 이루는 것이니 실리와 실심은 성에 불과하다'

'진실함에 크고 작음이 있기 때문에 이에 대한 감응도 얕고 깊음이 있는 것이니 귀신의 감응에 어찌 사사로움이 있겠는가? 혹 얕거나 깊거나 감응하는 것은 모두 이치의 덧덧함(常)이요, 혹 감응하지 않는 것은 이치의 특수한 경우(變)이다'

'이(理)와 기(氣)가 이 성(誠)이 없으면 같이 운행할 수 없고 사계절 또한 이 성이 없으면 서로 번갈아 운행할 수 없으며, 해와 달도 이로 인하여 빛을 발하고 산악도 이로 인하여 높고 강과 바다도 이로 인하여 깊은 것이니 그래서 성이 아니면 사물이 없다고 한다' [26]

여기서 우리는 성(誠)을 실리와 실심이라 하여 '실(實)'이라는 표현을 쓰는 이유가 바로 그 조화 감응의 효험에 있다고 할 수 있다. 성은

---

26    이상은 모두 『栗谷全書』 卷6, 雜著 「誠策」에 있는 내용이다.

우주의 조화와 인간에 의한 감화감응을 그 효험으로 한다. 조화와 감응의 효험이 있다는 점에서 '실리'요 '실심'이라고 한다. 그런데 천지의 조화는 저절로 되는 것이므로 사람의 관여할 바가 아니지만 인간의 지성에 의한 감화감응은 주요 관심사가 아닐 수 없다.

『맹자』에 성인은 '지나는 곳마다 감화가 일어나고 머무는 곳마다 신통의 묘가 나타나 위 아래 천지와 더불어 유행한다'고 하였다. 이로 보면 성인은 천하에 감응시키지 못할 것이 없을 것인데 실제로는 감응이 되지 않는 경우가 있으니 그 까닭은 어디 있는가? 이 문제에 대하여 율곡은 '봄의 화창한 기운도 얼음을 저장한 곳에는 미치지 못하고 해와 달의 밝은 빛도 엎어 놓은 동이 밑에는 미치지 못하는 이치와 같이 아무리 탁월한 성인의 교화라도 어리석은 사람에게는 미치지 못하는 법'이라고 말한다. 이는 이치의 문제라기보다는 세력의 범주에 속하는 것으로 본 것이다.

율곡은 감화를 일으킬 수 있는 조건으로 덕과 지위를 든다. 즉 성인의 덕과 제왕 및 스승의 지위가 있어야만 비로소 효과적으로 감화가 일어날 수 있다는 것이다. 그러나 이 밖에 또 하나의 조건이 필요하다. 그것은 피감화자의 자발적인 동기이다. 아무리 성인의 덕과 제왕 스승의 지위를 지닌 사람이라 하더라도 '어찌할까 어찌할까' 하는 자포자기의 사람에 대하여는 도무지 어찌하여볼 도리가 없다는 말과 같은 것이다.

이치상 납득되지 아니하는 불가능한 일은 통상 명(命)으로 인식되어 왔다. 공자와 같이 큰 덕을 지닌 자가 온 세상을 두루 다니며 도를 행하려고 하였어도 기회조차 주어지지 아니한 것, 안연 같은 사람이 일찍 죽는 것 등이 모두 명으로 인식되었다. 여기서는 비록 명이라는 관념을 내세우지는 아니하였으나 역시 '명'의 범주에 드는 것들이라고 할 수 있다.

'이치의 떳떳한 것은 현인이라도 감응시킬 수 있지만 이치의 특수한 경우
는 성인이라도 어찌할 수 없습니다 (…) 사람에게 있는 것을 다하였는데
도 하늘에 달려있는 것이 감응하지 않는다면 이것이 어찌 이치의 특수한
경우가 아니겠습니까'[27]

아무리 원리적으로는 가능하다 하더라도 그것이 그대로 현실에 구현
되는 것은 아님을 인식하고 있음을 나타낸다. 이런 경우에는 이를 하늘
의 뜻으로 돌리고 사람의 할 일을 다하는 것으로 만족하는 것이다.

율곡의 책문은 여러 가지 중요한 의미를 갖고 있다. 정통 유학의 입
장, 성리철학적인 시각에서 자연현상을 어떻게 해명할 수 있는지, 그리
고 속설 신앙으로 전하여 오는 여러 가지 형태의 천인관계론 특히 도가
적 사유 체계 안에 자리하고 있는 신앙의 내용들, 유학의 영역 안에 있
는 한대 이래의 천인상응설에 대한 이기철학적인 설명의 틀 등을 비교
적 정치하게 드러내주고 있으며 또한 당시 사상계의 지적 수준과 관심
사가 어디 있었는지를 생생하게 보여주는 자료라고 할 수 있다.

율곡은 되풀이하여 천도는 실리일 따름이라고 밝히고 있다. 수요, 기
도, 의약 등에 관한 그의 사상은 실심의 자연관이라고 할 수 있다. 이에
관한 문제들이 인간이 천도에 부합할 것을 희구하는 내용들인데 이에
실심으로 임하지 않으면 안 된다는 지향점이 있기 때문이었다.

'실(實)'의 의미는 다소 명확하지 않으나 『중용』에서 잘 나와 있는
바와 같이 징험(徵驗)으로 나타나는 것을 뜻한다. 참된 이치—실리는
허망하지 않은 것, 효험(效驗)과 증험(證驗)이 있는 이치라고 할 수 있

---

27  『栗谷全書』 拾遺 卷6, 「誠策」

고, 참된 마음—실심이라 함은 스스로를 속이지 않을 뿐만 아니라 남
도 속이지 않는 마음이다. 역수, 천도, 절서는 그대로 실리의 유행이요,
수요, 의약, 신선 등의 사상에는 자신을 속이고 남을 속이는 요소가 많
다고 보아 실심으로 임하여야 한다는 것이 바로 율곡의 입장이다. 그의
철학에서 실리와 실심은 그대로 성(誠)이다. 이는 성리학에서 마음과
이치의 논리적 틀로 설명되는 부분이다.

# 7장
# 행도(行道)와 수교(垂教)

## 1. 도학(道學)과 진유(眞儒)

동아시아에서 도를 표방하지 않은 학문이 없지만 도학은 공자가 요·순을 조술(祖述)하고 문·무를 헌장(憲章)함으로써 집대성한 유학에서 정리하고 추구한 도를 맹자가 선양하고, 한·당을 건너뛰어 북송의 주돈이, 남송의 주희로 접맥되는 흐름의 학문을 지칭한다. 비록 맹자에 의한 변용과 주돈이 이하의 학자들에 의한 변통이 있었다고 할지라도 그 속에는 다른 학문과 구별되는 일관된 가치가 있다는 전제 속에 이를 찾아 승계한다는 점을 표방하는 학문이다. 율곡은 "도학이란 것은 사물의 이치를 탐구하고 나의 마음의 인식능력을 극대화하여[格致] 선(善)을 밝히고, 뜻을 진실무망하게 하고 마음을 바르게 하여[誠正] 인격을 닦아서 그 결과가 몸에 쌓이면 천덕(天德)이 되고 정사(政事)에 베풀면 왕도가 되는 것이다"[1]라고 했다. 일찍이 만 권의 책을 읽었지만 결국 이웃나라 포로가 된 왕[2]의 예를 들어 독서만으로는 진리를 구현할 수 없다는 생각을 나타냈다. 위의 규정에서 주목할 점은 그가 하고 많은 경전의 말씀 가운데서 『대학』의 구절을 가져다 설명하고 있다는 점이다. 즉 격치성정은 이른바 8조목 가운데서 전반 네 조목이고 천덕과 왕정은 이른바 내성외왕(內聖外王)으로서 이런 공부를 발단으로 하여 궁극적으로 평천하(平天下)를 지향하고 있기 때문이다.

이 도학을 그는 실학(實學)이라고 한다. 그가 말하는 실학은 실리(實理)의 학문이고 실심(實心)의 학문이다. 수레와 뭍, 배와 물의 관계 속에서 드러나는 이치가 실리이고, 남을 속이지 않고 자신을 속이지 않으며, 두 갈래 세 갈래로 나뉘지 않는 마음이 실심이다. 율곡은 실리 실심의 도학을 하는 선비를 참 지식인, 진유(眞儒)라고 한다. 그런 지식인은 벼슬자리에 나아가면 한 시대에 도를 행하여 그 백성으로 하여금 태평을 누리게 하고, 관직에서 물러나면 온 세상에 교화를 베풀어 학자로 하여금 큰 잠에서 깨어나게 하는데, 관직에 나아가 도를 행함이 없고 관직에서 물러나 전할 만한 가르침을 베푼 것이 없다면, 다른 사람들이 비록 참 유학자라고 할지라도 나는 믿지 않는다고 하였다. 이러한 생각은 표현을 달리하여 나타나기도 했다. 그는 예전의 훌륭한 왕과 높은 지위를 지닌 선비는 추구하는 바가 그 몸을 귀하게 하거나 그 집을 부하게 하는 데 있는게 아니라 그 말이 쓰이게 하고 그 도가 행하여지게 하여 시대를 구하고 나라를 살리는 데에 있었다고 한다. 조정에 나온 선비는 그 이름을 영예롭게 여기고 그 녹봉을 이롭게 여기는 것이 아니라 그 뜻을 펴고 그 학문을 펼쳐서 왕으로 하여금 왕 노릇 제대로 하게

---

1    『栗谷全書』 卷15, 雜著 「東湖問答」
2    梁나라 元帝는 만 권의 책을 읽었지만 魏나라의 捕虜가 되었다.

하고 백성에게 혜택을 주어야 한다는 것이다.[3]

"위에서 도를 실천함에 의욕이 없이 다만 부귀에만 힘쓰고, 아래에서 학문
을 펼치지 않고 영화와 이익만 탐하면 천공(天工)은 반드시 거칠어지고
모든 치적은 반드시 무너진다. 이것이 후세에 다스려진 날이 항상 적고 어
지러운 날이 항상 많은 까닭이다."[4]

"선비가 세상에 살면서 나아가면 도를 행하고 물러서면 뜻을 지켜야 하는
데 이 두 가지 외에 다른 것이 없다. 행도의 대책은 영재(英才) 석덕(碩德)
으로 그 능력이 이 백성을 덮지 않으면 감당이 안 되고, 뜻을 지키는 절개
는 부끄러움을 알고 스스로 좋아하는 자면 어느 정도 가능하다."[5]

그는 또한 "유학의 도가 행해지지 않으면 백세토록 세상이 잘 다스
려지지 않으며, 학문이 전해지지 않으면 천년토록 세상에는 진유가 없
어진다. 세상이 잘 다스려지지 않을 때에는 그래도 선비가 잘 다스리는
도를 밝혀 앞사람에게서 배워 후세에 전할 수 있지마는, 세상에 진유가
없으면 천하 사람들이 아무것도 몰라서 자기의 갈 바를 알지 못하며,
사람의 탐욕이 방자해지고 하늘의 진리가 사라진다"[6]고 하였다. 가르

---

3    『栗谷全書』 卷6, 疏箚 四,「辭大司諫疏」戊寅 "竊聞古之明王爵士之道, 非苟貴其身
     而富其家也. 將以用其言行其道, 而救時活國也. 士之進於朝者, 亦非苟榮其名而利其祿
     也. 將以達其志展其學, 而致君澤民也"
4    『栗谷全書』 卷6, 疏箚 四,「辭大司諫疏」戊寅 "如使上之人, 無意於行道, 而只糜以
     富貴, 下之人, 不求乎展學, 而只貪其榮利, 則天工必曠, 庶績必隳矣. 此後世之所以治日
     常少, 亂日常多者也"
5    『栗谷全書』 卷6,「辭大司諫疏」"士生斯世, 進則行道, 退則守志, 二者之外, 更無他
     岐, 行道之策, 非英才碩德, 功覆斯民者 則不敢當也, 若守志之節, 則知恥自好者, 亦可
     庶幾"
6    『栗谷全書』 卷26,「聖學輯要」8, 제5「聖賢道統」

침을 세상에 남기지 않으면 참된 지식인이 없게 되고 참된 지식인이 없
으면 세상은 야만상태가 된다는 것이다.

## 2. 문묵 입신(文墨立身)의 행도

도학자가 관심 갖는 행위 양상 속에 진퇴의 의리가 있다. 여기서의 진
퇴는 일진일퇴, 즉 조정에 나아갔다가 탄핵으로 물러나고 다시 불려갔
다가 물러나는 일이 반복되는 것을 말한 것 같지 않다. 평생 나갈 기회
를 얻지 못함도 물러나 있음이고 일생 조정에서 일했다면 이는 나아감
이라고 할 수 있다. 유자들은 이른바 청직(淸職)에 임명된 경우가 많은
데 이 자리는 나아가고 물러서는 일들이 무상했다. 문신들의 문집에는
대체로 사직상소가 많다. 사직이 시비지심과 사양지심에서 발로된 유
자의 상투적 양상이라고 할지라도 예나 이제나 권력욕에 사로잡힌 관
료들은 악착같이 물러나지 않으려고 하는 것이 일반적 현상이다. 그런
데 유자들은 나아가기를 어려워하고 물러서기를 쉽게 하는 것을 기본
양식으로 실천하고 있었다. 거기에 허위의식이 개입되어 있을지라도
일단 행위 자체는 그러해야 했다. 그러므로 진퇴가 무상한 유신들의 경
우 나아가 현직에 있으면 행도하고, 물러나 향리에 있으면 수교한다고
하는 것은 그리 쉽게 연결될 수 있는 사항은 아닐 것이다.

　율곡은 문묵(文墨)으로 입신했다. 다른 문신들처럼 그도 진퇴가 무
상했다. 문집에는 35차례의 사직상소와 사직계가 있다. 그에게 제수된
벼슬은 좌랑, 정언, 교리, 응교, 직제학, 대사간, 부제학, 대제학, 우찬
성, 청주목사, 황해관찰사, 호조판서, 병조판서, 이조판서 등 다양하다.
초기에는 주로 청직에 있었고 나중에는 목민관과 내직의 대관을 맡았
다. 한 직위에 오래 보임되지 않았으며, 병으로 또는 탄핵으로 향리로

물러났다가 다시 부름을 받고 나아가기를 반복했다. 박순·성혼·정철 등이 그와 학문적으로도 절친한 동료들이었다. 한편 이들과 붕비(朋比)를 이루었다는 이유로, 당을 결성했다는 이유로 상대 무리로부터 심한 공박을 당하기도 하였다. 특히 병조판서 시절의 일로 삼사로부터 집중적인 탄핵을 받아 물러나기도 하였다. 율곡의 적전으로 평가되는 사계 김장생이 쓴 장문의 상실(詳悉)한 율곡행장 마지막 부분은 "선생은 도를 밝히는 것을 자신의 책임이라 여기고 시국을 바로잡는 것으로 자신의 근심이라 여겨, 시골에 가 있더라도 한 번도 왕을 잊어버린 적이 없었고, 여러 차례 왕의 명령을 받들어 나와서 훌륭한 능력을 감춰두지 않았으나, 모두 시행하지 못한 공허한 말이 되고 말았다. 아무리 절실한 말인들 무슨 도움이 있었겠는가"이다. 그러나 그는 율곡이 문묵으로, 곧 학자로서의 경세에 소홀히 하지 않았음을 기술하고 있다.

"비록 그러하나 선생의 학문을 논의한 취지가 저술해 놓은 여러 책에 뚜렷하게 실려 있고, 전후 상소하여 아뢴 정책이 모두 문집 가운데 있으니, 뜻 있는 선비가 진실로 그 말을 통해 그 마음을 찾아보고 그 정책을 실행하여, 자기 몸에 체득하여 국정에 실행한다면 선생의 도가 당세에는 시행되지 못하였다 하더라도 만세를 위하여 태평 시대를 열어줄 것이니, 그 공(功)이 원대하다 하겠다."[7]

학자가 정치 일선에 나아간다는 것은 때를 얻었다는 것인데 이것은 율곡이 지적한 대로 성군이 있고 진유가 있어야 한다. 율곡은 제갈량의 초려를 세 번이나 찾아간 소열 유비를 성군의 대열에 놓지만 제갈량을

---

7   『栗谷全書』附錄,「栗谷行狀」金長生 撰

진유라고 하지는 않는다. 그는 선조가 요·순·소열 같은 왕이 되기를 지성으로 권면했고 노력했다. 그런데 선조는 초기에 그를 그리 신뢰하지 않고 내치기도 했다. 나중 선조의 신임이 두터워지고 그 사이가 어수지간이 되자 이번에는 정적들의 모함이 그가 조정에 있을 수 없을 정도로 집요했다.

율곡은 당시 상황을 중쇠기, 경장이 필요한 시기로 보았다. 사화(士禍)기를 겪고 난 당시의 나라 형세를 마치 기절한 사람이 겨우 소생은 하였으나 아직 모든 맥(脈)이 안정되지 않고 원기도 회복되지 못한 것과 같다고 했다. 그런 경우 서둘러 약을 쓰면 살아날 수 있는데 혹은 약을 쓰지 말고 저절로 낫도록 기다리자 하고 혹은 좋은 약을 써야 한다고 하면서도 무슨 약을 써야 할지 몰라서 팔짱을 끼고 보고만 있을 뿐 한 가지 계획도 세우지 않고 있다고 하였다. 큰 병 끝에는 풍사(風邪)가 들기 쉬워 머지않아 위험이 생기어 죽고야 말 것이라고 하였다.[8] 또한 국가 형세를 비유하기를 일만 칸이나 되는 큰 건물이 세월이 오래 되어 쓰러지고 비가 새며 기둥이 썩고 좀이 쓸고 단청이 벗겨지어 겨우 버티고 있어 조석을 헤아리기 어려운 것과 같으니 분연히 진작하여 인재를 모으고 기술자를 모아서 바꾸고 새롭게 하지 않으면 동량이 무너지고 집이 부서져버릴 것이라고 하였다.

이런 시국관은 그로 하여금 '이대로는 안 되겠다'는 생각을 갖게 하였다. 그는 적극적으로 개혁하고 경장하자고 나섰다. 그래서 많은 개혁, 경장안을 제시하였다. 공자는 여러 차례 도가 행하여지지 않음을 탄식한 일이 있다. 『중용』에는 "도가 행하여지지 않는 이유는 현자는 지나치고 불초자는 미치지 못하기 때문이다"라고 했다. 도를 행한다고

---

하는 것은 정의가 지배하는 사회를 만든다는 것을 의미한다. 적어도 유자라면 관직을 갖는 이유가 유학적 이상인 도가 시행되는 사회를 만드는 것에 있어야 한다. 율곡은 어떻게 행도의 기회를 얻었는가? 율곡의 관직생활은 대체로 다음과 같다.

29세  1564년(명종 19) 대과 3장에 모두 장원, 정6품 호조 좌랑, 예조와 이조의 좌랑을 거쳐 사간원 정언과 사헌부 지평 등의 직위를 맡음
33세  1568년(선조 1) 천추사의 서장관
34세  1569년 홍문관 부교리로 춘추관기사관을 겸하여 『명종실록』의 편찬에 참여
36세  1571년 청주목사
38세  1573년(선조 6) 동부승지·우부승지 역임
39세  1574년(선조 7) 황해도관찰사, 대사헌, 홍문관 부제학 등 역임
46세  1581년 대사헌 예문관 제학 겸임, 동지중추부사 홍문관과 예문관의 대제학
47세  1582년 이조판서·형조판서·병조판서
48세  1583년 병조판서, 이조판서와 판돈령부사
49세  1584년 1월 16일 서울 대사동에서 죽음

그는 흔히 말하는 청환요직을 역임하였다.

## 3. 포황(包荒) 빙하(馮河)의 자세

국가의 형편과 상태가 중쇠기, 기력 없는 노인, 다 쓰러져가는 큰 건물

같은 상황에서 율곡은 위정자가 취할 태도는 척연(惕然) 경동(驚動)이
라 한다. 곧 걱정하고 두려워하며 놀라 움직여야 한다는 것이다. 또
『주역』 태(泰)괘 2효에 있는 '포황(包荒)하고 용빙하(用馮河)하는' 자
세로 일체의 폐단을 혁파해야 한다고 했다. 중쇠기에 있어서 통치자가
거칠고 더러운 곳까지를 포용하는 국량을 지니고 그 시행하는 것이 너
그럽고 여유가 있으며 자상하고 밀접하면 폐단이 고쳐지고 일이 다스
려져 사람들이 안심하게 된다. 그래서 황무지를 싸안으라고 했다. 예부
터 크게 다스려지는 세상도 시간이 지나면 점차 쇠퇴하게 되는데 그것
은 곧 오랜 습관을 고치지 않고 눈앞의 편안함만을 취함 때문이다. 따
라서 굳세고 단호한 태도를 지닌 왕과 빼어나고 매운 성격의 신하가 아
니면 특별하게 분발하게 되지 못하여 그 폐단을 바꿀 수 없다. 그래서
맨발로 황하를 건너는 용기를 지니라고 했다.[9]

당시 윤원형, 이량, 심통원 같은 권간이 조정을 혼탁하고 어지럽게
한 것이 20여 년인데 그로 인하여 온갖 제도가 폐기되고 무너져 나라의
근본이 모두 쇠미해졌다. 그런 상황에서 구습에 안주하고 목전의 편리
함만 취한다면 나라 일이 날마다 잘못되어 장차 나라꼴이 될 수 없다고
보았다.

율곡은 때는 고금이 있지만 도는 고금이 없고, 문·무가 시행했던 정
치가 방책(方策)에 고스란히 있는데 그것을 들어서 쓰는 일은 바로 남
이 아닌 자신에게 있다고 한다. 좋은 시책이 없는 것이 아니라 그것을
사용할 사람이 없다는 말이고, 사람이 있으면 그 도가 시행되고 사람이

9  『栗谷全書』卷3, 疏箚 一「玉堂陳時弊疏」"易 泰之九二曰, 包荒, 用馮河, 程子之傳
曰, 人情安肆, 則政舒緩, 而法度廢弛, 庶事無節, 治之之道, 必有包含荒穢之量, 則其施
爲寬裕詳密, 弊革事理而人安之, 故在包荒也, 自古泰治之世, 必漸至於衰替, 蓋, 田狃習
安逸, 因循而然, 自非剛斷之君, 英烈之輔, 不能挺特奮發, 以革其弊也, 故曰用馮河, 雖
以泰治之世, 狃習安逸, 尙至衰替"

없으면 그 도는 사라지고 만다는 생각이다. 그는 도는 세상에 있어서 하는 역할이 마치 원기가 사계절에 미치는 작용과 같다고 한다. 다스림을 따라서 존재하는 것도 아니고 혼란을 따라서 사라지는 것도 아니다. 시행되고 말고는 참으로 사람에게 달려있다.[10]

한편 그는 유명자(儒名者), 구도자(求道者), 지도자(知道者), 행도자(行道者), 수도자(守道者)를 구별한다. 유명자가 천이면 구도자는 하나이고, 구도자가 천이면 지도자는 하나이며, 지도자가 천이면 행도자는 하나이며, 행도자가 천이면 수도자가 하나라고 한다.[11]

유(儒)라고 이름하는 자들이 공자의 옷을 입고 공자의 말을 암송하면서 명리나 추구하고 부귀나 구하면서 경전을 녹을 구하는 도구로 삼으며 인의를 분외(分外)의 일로 여기면 그들을 인에 뜻을 두어 악이 없는 자라고 인정할 수 없다는 것이다. 따라서 유자는 천 명이지만 구도자는 한 명이라 한다. 도를 구하는 자는 속류(俗流)에서 벗어나서 마음으로 도를 구하는데, 정학(正學)이 분명하지 않고 이단(異端)이 길을 막으므로 고명한 자질이라도 속임을 당하니 보통 사람 이하는 말할 필요도 없게 된다. 이것이 구도자가 천 명이면 지도자는 한 명인 까닭이다. 도를 아는 자라고 하는 것은 바른 길에 들어서서 사특한 갈림길에 미혹되지 않고 궁리하고 격물하여 멈출 곳을 알고 안정을 취한다. 인심은 위태하고 도심은 은미하지만 천리의 공변됨이 마침내 그 인욕의 사사로움을 이기는 자이니 이것이 도를 아는 자가 천 명이면 행도자는 한 명인 까닭이다. 도를 행하는 자는 그의 보고 듣고 말하고 행동하는 것이 예(禮)로 말미암지 않음이 없고 경(敬)으로 마음을 곧게 하고 의로

---

10   『栗谷全書』卷3, 疏箚 一「玉堂陳時弊疏」
11   『栗谷全書』拾遺 卷3, 書 下「與李景魯」"儒名者千, 而求道者一, 求道者千, 而知道者一, 知道者千, 而行道者一, 行道者千, 而守道者一"

행실을 바르게 하여 온전한 체(體)가 멈춤이 없으니 군자가 이 경지에 이르는 것을 어렵게 여긴다. 그런데 그 짐은 무겁고 가야 할 길은 멀어 마침내 다 이르지 못함이 있으니 이것이 행도자는 천 명이라면 도를 지키는 자는 하나인 까닭이다. 진실로 능히 지킬 수 있으면 그만두려고 해도 그만둘 수 없어 마침내 천지의 조화에 이르게 된다.[12]

도가 밝지 못한 것은 말단을 알되 근본을 모르기 때문이다. 도가 행하여지지 않는 것은 나중 할 것을 먼저 하고 먼저 할 것을 나중에 하는 까닭이다. 지식이 있을지라도 도를 아는 자가 적고, 도를 알더라도 도를 행하는 자가 적은 이유가 바로 이것이다.[13]

## 4. 물러서기와 수교(垂敎)

율곡은 도를 행하는 것을 넘어 도를 지키는 것을 지향한다. 수사선도(守死善道)를 공자가 말했지만 이것이 율곡의 과제요, 지향이라 할 수 있다.

앞서 율곡이 행도(行道)와 수교(垂敎)로 선비가 취할 양대 과제를 규정한 일이 있음을 살펴보았다. 그에 따르면 행도는 한 시대에 효과를

---

12    『栗谷全書』拾遺 卷3, 書 下「與李景魯」"所謂儒名者, 服孔子之服, 誦孔子之言, 趨名逐利, 苟求富貴, 以經傳爲干祿之具, 以仁義爲分外之事, 孰肯志於仁而無惡者哉, 此所以儒名者千, 而求道者一也, 所謂求道者, 拔乎流俗, 心欲求道, 而正學不明, 異端塞路, 高明之資, 尙被所誣, 況乎中人以下者耶, 此所以求道者千, 而知道者一也, 所謂知道者, 發軔正路, 不惑邪岐, 窮理格物, 知止有定, 而人心惟危, 道心惟微, 天理之公, 卒無以勝其人欲之私, 此所以知道者千, 而行道者一也, 所謂行道者, 視聽言動, 莫不由禮, 敬以直內, 義以方外, 而全體不息, 君子所難, 任重道遠, 竟莫之致, 此所以行道者千, 而守道者一也, 苟能守之矣, 則欲罷不能, 終至於化矣."
13    『栗谷全書』拾遺 卷6, 雜著 三「文策」"夫道之所以不明者, 知其末而不知其本故也, 道之所以不行者, 先其所後, 後其所先故也, 孰不有知, 知道者鮮矣, 孰不知道, 行道者鮮矣"

보이는 것이고 수교는 만세를 겨냥하는 것이지만, 진유는 이 두 조건을 동시에 다 충족해야 하는 것은 아닌 듯하다. 왜냐하면 진유로서 요·순이나 소열 같은 제왕을 만나게 되면 한 시대에 행도가 이루어질 수 있으니 굳이 수교하지 않아도 되는 것이요, 일생 때를 얻지 못하여 수교할 수밖에 없었다면 그에게 행도의 책임을 물을 수 없기 때문이다. 따라서 두 가지 가운데 어느 하나에 충실했다면 진유라고 할 수 있다. 그러나 현실에서는 기회를 얻었다가 물러나기도 하고 다시 징출(徵出)당하기도 한다. 왕의 간곡한 부름이 있어 나아갔어도 제반 여건이 행도에 적합하지 않아 아무 성과도 거두지 못하는 경우도 있고 산림으로 지낼 것을 결심했어도 왕명이 내려 불려나가는 경우도 있다. 물러섰을 때와 나아갔을 때의 일의 양상, 수교와 행도의 양상이 다르기에 성취에 필요한 시간이 필요한데 유자의 입장에서는 그 연속성 확보가 자의만으로 가능하지 않다.

정치 현장에 나아가 있으면서 행도의 실적이 없고 향리에 물러나 있으면서 수교의 내용이 없다면 율곡은 그를 진유로 인정하지 않겠다고 했다. 이황은 잠시 조정에 있었지만 대부분의 생애를 도산에서 보냈으니 그에게는 수교의 책무를 평가해야 할 것이다. 율곡은 탄핵 등의 사유로 향리에 물러나 있기도 하였지만 29세에 호조좌랑이 된 이후 생애의 대부분을 조정의 대관으로 보냈고 또 임종의 때는 이조판서였으니 그에게는 행도의 책임을 물을 수 있다.

어떠한 일의 볼만한 성취는 일정한 시간이 확보되어야 하는데 율곡에게는 행도의 시간이 그리 넉넉한 편이 아니었다. 볼만한 행도의 시기는 사실 이조판서 병조판서의 소임을 맡은 47세 이후라고 할 수 있는데 그 기간 중에도 탄핵을 당하는 등의 일로 직임에 있은 것은 정작 얼마 되지 않는다. 게다가 대부분의 일이 저지되어 성과를 보지도 못했다.

율곡은 49세를 일기로 한, 길지 않은 생애를 살았고 그 사이에 20년 간 조정에, 중간 5년 정도 산림으로 나가 있었지만 상당한 수준의 학문의 성취를 보였고 이를 교육과 저술로 후세에 남기고 있다. 그는 조정에 나오기 전에 이미 학문의 경지가 높아 있었다. 조정에 나온 이후에도 지방의 목민관 수령의 책임보다는 조정에서 홍문관 예문관 승지 등 문한의 직책, 이른바 청직을 맡았기에 항시 문헌을 가까이할 수 있었다. 게다가 그는 왕의 신임을 잃거나 정적 또는 언관들로부터 탄핵을 받는 경우 또는 조정에서 그가 하는 일에 보람을 느낄 수 없는 경우 지체 없이 파주나 해주로 물러났다. 여러 차례 물러났다는 것은 그만큼 부름을 받았다는 뜻도 된다. 유자에게는 이른바 나아가기는 어렵게 하고 물러서기는 쉽게 한다는 의리가 있기 때문이다.

향리로 물러나 있을 때에 통상의 다른 벼슬아치들처럼 범죄로 인하여 쫓겨난 다음에 앙앙불락한다거나 다시 부름을 받기 위하여 뇌물을 쓰고 줄을 선다거나 하는 일은 없었다. 높은 직급의 사람들에게 아첨하는 일도 없고 하늘을 원망하는 일도 사람을 탓하는 일도 없었다. 그가 말하는 진유의 두 양태 중에서 수교(垂敎)의 길을 걸은 것이다. 수교는 후인들로 하여금 배운 바를 몸으로 이행하고 실제로 실천하고 마음을 곧게 하고 사욕을 이기게 하는 것이라고 하였다.[14] 이런 수교는 수법(垂法)과 구별된다. 주공을 수법자로, 공자를 수교자로 본다. 본보기를 보이는 것과 그 본보기를 따라하는 자의 구별이다. 창작자, 제작자가 수법이고 조술(祖述)자는 수교라고 할 수 있다.[15] 그래서 천하에 덕을 베

---

14    『朱熹集』「答吳晦叔」"近日 究觀聖門垂敎之意 却是要人躬行實踐 直內勝私"
15    『東文選』卷55, 奏議「請停遷明堂書」[權踶] "臣竊謂周公,孔子, 大聖也. 制禮作樂, 垂法萬世者, 周公也. 繼往開來,垂敎萬世者, 孔子也. 是故, 爲治而不法乎周公,孔子, 臣未見其可也"

푼 자는 오제삼왕만 한 경우가 없고 후세에 가르침을 드리운 자는 공자만 한 이가 없다[16]고 한다. 이는 공자를 이전의 성인들과 구별하는 것이고 수교를 공자에 해당하는 것으로 보는 것이다. 율곡의 물러남과 수교 관련 행적은 다음과 같다.

35세  1570년(선조 3년) 10월 병으로 홍문관교리에서 물러나 황해도 해주로 감. 이후 파주를 오가며 학문과 교육에 힘씀
36세  1571년 6월 청주목사로 부임하여 37세 1572년 3월에 체직되어 율곡리로 돌아감. 이 시기에 성혼과 '이기사칠논변'을 전개하며 38세 1573년 9월 직제학에 임명될 때까지 율곡리에 머묾
39세  1574년(선조 7) 『만언봉사』[17]를 제진
40세  1575년(선조 8) 『성학집요』 완성
41세  1576년 2월 부제학 사퇴 후에 율곡으로 돌아갔다가 석담으로 가서 교육에 종사함
42세  1577년(선조 10) 『격몽요결』 완성
45세  1580년 「기자실기(箕子實記)」 저술. 이 무렵 해주 석담에 은병정사(隱屏精舍)를 건립. 12월에 대사간에 부임
47세  1582년 「인심도심설(人心道心說)」 제진

그가 수교에 종사할 수 있었던 시기는 35-45세까지의 10년이다. 이를 다시 둘로 나누면 앞의 5년간은 간혹 조정의 부름을 받아 직제학 대사간 등의 내직과 청주목사, 황해도 관찰사의 목민관을 지내기도 했다.

16   李穀 『稼亭文集』 卷6, 碑 「金剛山長安寺重興碑」 "且古之施德於天下者, 莫如五帝三王. 垂教於後世者, 莫如孔子"
17   율곡은 47세 때인 1582년 등 두 차례 더 「萬言疏」를 올림

그러니 행도와 수교를 병행한 것이다. 41세부터 45세까지 5년간은 대부분의 시간을 해주와 파주에서 보내며 산림 학자로서 수교에 전념할 수 있었다. 성혼과의 논변, 『성학집요』가 앞 시기에 있었다면, 『격몽요결』 등의 주요 저술이 후반에 이루어졌다. 47세 1582년 10월에 원접사가 되었을 때 명나라 사신은 율곡을 처음 대했을 때 산림의 기상이 있는 것을 보고 조정에서 산림 학자를 갑자기 뽑아 응대한 것으로 짐작하고 언짢아했다는 일이 있었다고 하였는데 그의 면모에서 관리로서보다는 학자로서의 기품이 강했기 때문일 것이다.[18] 이때 역관 홍순언(洪純彦)은 율곡이 중년에 병을 얻어 수년간 산림에서 휴양하여 산림의 기상을 얻게 되었다고 하였는데 바로 위의 기간을 말하는 것이다.

　서두에 기술했듯이 율곡은 학문적으로 주희를 추존했다. 그 결정적인 자료로 『성학집요』를 들 수 있다. 체제나 분량이나 내용의 수준에 있어서 그의 대표작이라고 할 수 있는 이 책은 당초 1573년 홍문관 직제학이었을 때에 시작하였다가 중도에 병으로 조정을 떠난 후 향리에서 추진하였고 다시 1574년 황해도 관찰사로 공무에 바빠 전념하지 못하다가 1575년 초가을에 완성했다고 한다. "위로는 군왕께 바치고 아래로는 후학들을 가르치려는" 생각에서 유학의 경(經)과 전(傳), 제자서, 역사서 등에서 진리를 살피고 밝히며 실행에 옮겨 자신을 완성하고 다른 사람과 사물을 완성하려는 목적으로 그 요점을 추려 차례를 정하고 엮은 책이다. 내용은 제왕이 학문을 할 때 근본이 되는 것과 말단이 되는 것, 정치를 할 때 먼저 할 것과 나중 할 것에 관한 것이다.

　그는 5편으로 구성된 이 책의 기본 틀을 『대학』에서 취하였는데[19],

---

18　『宣祖修正實錄』 15년(1582) 11월 1일. 조사가 서울에 들어와 조서를 반사하고 돌아가다

19　『栗谷全書』 卷15, 「學校模範」 "其讀書之序, 則先以小學, 培其根本, 次以大學及近

『대학』은 유학의 규모와 기상을 드러내며, 성현들의 천만 언어의 요령이 되는 법이라고 했다.[20] 율곡은 이 책을 엮는 데 있어서 먼저 요점을 추린 말로 장절의 제목을 삼았는데 주로 사서오경에서 취했고, 해석의 대부분을 주희의 견해를 중심으로 구성하였다. 이것은 그가 주희의 해석을 가장 신뢰했다는 표징이 될 것이다. 그가 취한 주희의 주석은『사서집주』와 오경 관련 해석이지만 일반 문집과『어류』에서도 선택했다. 즉 주희 사상이 담긴 문헌 대부분을 율곡이 섭렵했고 많은 부분 동의하고 수용했음을 의미한다. 또한 그가 주희를 경전의 해석과 그가 추구하는 사상의 표준으로 설정했음을 의미한다. 특히『성학집요』5편 성현들의 도통을 다룬 장의 서문에서 주희를 도통의 정맥에 위치하고 주희 이후에 대해서는 언급하지 않고 있다. "주희 뒤에 도통의 정맥을 얻은 사람으로 누구라고 꼭 집어 가리킬 만한 사람이 없다"[21]는 이유에서이다. 이것은 그가 주희에 대해서 지닌 태도를 보여주는 부분이다. 율곡에게 있어서 주희는 성학(聖學)의 근간을 이루는 학자이며, 도통의 마지막 단계에 있는 인물이고, 그의 학문의 준거가 되는 인물이다. 율곡은 주희 후에 태어나 학술이 어긋나지 않게 되었음을 다행으로 여긴다는 생각을 갖고 있었다.[22]『성학집요』는 도학의 정수를 모아 놓은 것이므로, 왕이나 필부에 있어서나 학문의 요체를 제시한 것이라고 할 수 있다.

　『격몽요결』은 덕행과 지식의 함양을 위한 초등과정의 교재이다. 해

---

思錄, 定其規模."

20 『栗谷全書』卷19,「聖學輯要」序 "臣按, 先正表章大學, 以立規模, 聖賢千謨萬訓, 皆不外此, 此是領要之法."

21 『栗谷全書』「聖學輯要」5편「聖賢道統」

22 『栗谷全書』卷9,「答成浩原」"雖然, 以學言之, 則愚幸而生於朱子之後, 必不爲性惡之論, 以才言之, 則愚不幸而才不足, 雖欲爲荀卿, 不可得也, 足下憂其退墮不爲善, 可矣, 勿憂其爲荀卿也"

주의 은병정사에서 제자들을 가르칠 때, 초학자의 향방을 정하지 못하여 굳은 뜻이 없는 제자들에게 뜻을 세우고 몸을 삼가며 부모를 봉양하고 남을 접대하는 방법을 가르치기 위해서 이 책을 지었다고 하였다. 예에 관한 내용이 많아 문하에서는 예서(禮書)로도 불렸다. 이 책은 저술 직후부터 조선시대 초학자는 물론, 사림에서 읽혀야 할 책으로 널리 유포되었으며, 인조 때는 전국 향교에 이 책을 내려서 교재로 삼게 하였다.

향리에 있을 때에 이루어진 저작은 아니지만 정무에서 벗어나 연수휴가에 해당하는 사가독서(賜暇讀書)에 독서당에서 저술한 『동호문답』도 수교적 업적에 넣을 수 있을 듯하다.[23] 이 글은 그가 34세 되던 해 홍문관 교리로 동호의 독서당에서 왕도정치의 이상을 군주의 도리, 신하의 도리, 군주와 신하가 서로 만나기 어려운 까닭, 우리나라에 도학이 행하여지지 않는 이유, 조선왕조가 고대의 이상정치를 회복하지 못하는 이유, 당시의 시세(時勢)와 실제에 힘쓰는 것을 자기수양의 요령으로 삼아야 하는 이유, 간신을 분별하고 현자를 채용하는 요령, 백성을 편안하게 하는 방법, 사람들을 가르치는 방법, 명분을 바로잡는 것을 정치의 근본으로 보는 논의의 11개 편으로 나누어 논한 것이다. 이를테면 당대와 후대에서 도를 행할 근간을 제시한 것이다.

『만언봉사』는 당시 재이(災異)가 심해 선조가 초야에 이르기까지 구언(求言)을 하자 우부승지에 재임했던 율곡이 지어 올린 것이다. 관직에 있으면서 지은 것이지만 그 직책이 문한(文翰)에 해당하기에 수교의 범주에 넣을 수 있는 업적이다. 이는 정사의 문제점 7항과 대안의 9항을 체계적으로 논술한 것이다. 기묘사화와 을사사화 때 이루어진 나쁜

---

23    율곡이 1569년 홍문관 부교리 춘추관 記事官을 겸하여 『명종실록』 편찬에 참여, 이때 사가독서를 얻어 지은 것이 『東湖問答』이다.

습성과 규칙의 개혁을 주장하고, 당대 정치가 실제의 공효를 얻지 못하고 있음을 비판한, 당시 사회에 대한 전반적인 진단과 처방이다. 저자는 말미에서 백성들의 원기(元氣)가 이미 쇠퇴해 10년이 못 가서 화란이 일어난다고 경고하고, '습속을 따르고 전례나 지키려는 의견들로 인해' 흔들리지 말고 정성으로 해결책을 구하라고 권고하였다. 만언이라 하지만 실제는 1만 2,000자가 넘는다. 그의 만언소는 47세 때에도 있었다.

그의 저술 가운데 몇 개는 조선왕조실록·한국문집총간에 등장하는 사례를 검색한 결과 다음과 같은 수치가 나타났다. 이황의 『성학십도』와 비교하여 참고할 만하다.

| 저서명 | 왕조실록 | 문집총간 | 문집총간목차 |
|---|---|---|---|
| 『성학십도』 | 24 | 211 | 9 |
| 『성학집요』 | 83 | 470 | 10 |
| 『격몽요결』 | 6 | 495 | 10 |
| 『동호문답』 | 8 | 55 | 1 |
| 『만언봉사』 | 3 | 60 | 2 |
| 『학교모범』 | 4 | 44 | 2 |

왕조실록에서 『성학집요』가 이황의 『성학십도』보다 압도적으로 많이 등장하는 것은 숙종 이후 경연에서 『성학집요』가 독본으로 채택되었고, 또 그 시기가 서인·노론 집권기였던 것도 영향을 주었을 것이다. 문집총간에서 『성학집요』보다 『격몽요결』이 더 많이 등장하는 것은 이 책이 제왕학보다는 초학자들의 입문서로의 성격이기에 보다 넓은 용도로 활용되었기 때문이다.

저술 못지않게 율곡에게서 중요한 수교는 제자 양성이었다. 그를 찾아간 문인들과 후학들은 직계만 해도 3,200여 명에 달한다고 한다. 숫

자만이 아니라 그의 적통이라고 평가되는 김장생과 송시열, 권상하, 한원진 등으로 이어지는 직계학맥뿐만 아니라 이단상이나 김창협, 이재, 이항로, 기정진, 전우 등 면면한 인맥은 정파와 학맥으로 얽히면서 그의 이론과 정신으로 삶을 구성하여 갔다.

행도의 과정에서 율곡이 가장 안타까워했던 것은 각종 경장이나 개혁안에 대한 당시 속인들의 저항이었다. 저들은 이른바 기존의 체제에 안주하면서 목전의 이해관계 때문에 개혁을 싫어하는 태도를 취하며 개혁을 위한 공론과 청의를 무력화시키곤 하였다. 공자와 맹자가 지도자의 필수 덕목으로 말을 알아들을 것을 중시하였듯이 율곡 또한 속론(俗論)과 공론 그리고 청의(淸議)와 부의(浮議)의 구별을 강조하였고 그로 인하여 사람됨의 곧음[直]과 굽음[枉]을 구별하였다. 송시열도 개혁 변통을 추진하면서 율곡이 말한 속론의 폐단과 아울러 거짓말 곧 와언(訛言)의 폐해가 가장 심각함을 말했다. 모름지기 개혁을 추진하는 사람들이 유념할 항목이다.

그런데 율곡의 각종 경장 방안 가운데서 군사에 관한 정책은 왜란 중에 10만 양병을 비롯한 정책이 유성룡에 의하여 어느 정도 구현되었으며 난후에는 이른바 균역법 등으로 실현되었다. 공안법은 대동법으로 시행되었으며, 서얼허통은 송시열 등에 의하여서도 강조되었는데 후기 정조 대에 들어서는 상당한 정도 개선되었다. 율곡이 선조에게 그렇게 바랐던 성군의 이상은 숙종, 영조, 정조 대에 이르러 빈번한 경연의 실시와 함께 군사의 모습을 갖추어 왕이 신하들을 이끄는 모습으로 나타났다. 정조의 군사(君師)론이 그 중요한 증거이다.

율곡 당시 비판자들이 적시하여 말했듯이 그는 문묵(文墨)으로 입신했다. 그는 왕족도 아니고 개국공신의 후예도 아니며 권신 훈척들의 자손도 아니다. 문장으로 출세한 율곡은 많은 관료들의 부러움과 시기의

대상이었을 것이다. 게다가 입을 열면 나오는 개혁안·경장안은 기득권
자에게는 불편한 대상이었을 것이며, 말년의 그에 대한 왕의 각별한 총
애는 권력 다툼의 양상을 빚었을 것이다. 따라서 문묵으로 입신했다는
말은 칭찬이라기보다는 다소 비아냥대는 의미가 있는 듯하다. 그의 신
분이 그리 좋은 편이 아니었다는 말이다.

오늘날 엄청난 지식과 정보를 스마트폰에 장착하고 살아가는 우리는
더 이상 지난날의 우민(愚民)이 아니다. 많은 사람들이 진리의 담지자,
왕정의 집행자가 될 수 있다. 그렇다면 율곡은 성현의 하나라서 우리가
경원할 대상이라기보다는 스승 또는 선배이고, 우리는 그의 제자 또는
후배라는 개념으로 접근해도 좋을 것 같다. 중봉 조헌이 후율(後栗)이
라는 호를 사용했듯이, 성혼, 송익필, 정철, 박순이 친구로서 오해하고
해명하고 감싸고 도우며 격려받으면서 붕우강습(朋友講習)에 절차탁마
(切磋琢磨)했듯이 그와 우리는 붕우라는 개념으로 접근하는 것이 더 실
효적이다. 유학의 단일 가치가 지배하는 시대라면 선정(先正)으로 또는
성현으로 추앙하는 것이 더 효율적이었을 것이지만 지금의 우리 상황
에서는 보다 친근히 접근하는 것이 필요하다는 말이다.

"한 사람의 총명은 유한하고 천하의 도리는 무궁합니다. 그러므로 비록
성인이라도 감히 자기의 총명을 믿지 못하고 반드시 뭇사람의 귀로 자기
의 귀를 삼고 뭇사람의 눈으로 자기의 눈을 삼으니 그런 다음에 총명함에
듣고 보지 못하는 것이 없게 되고 지혜와 덕도 두루 갖추어지는 것입니
다."[24]

다중의 토론과 담론적 진리추구의 과정을 중시하는 오늘에도 그대로 강조하여도 좋은 율곡의 견해이다.

# 8장
# 율곡과 우계
# – 화이부동(和而不同)의 사귐

## 1. 조선 유자의 입신(立身) 트랙

입신(立身)과 양명(揚名)을 위하여 조선조 청년들은 어떤 트랙을 택하고 어떤 스펙을 쌓으려고 하였을까? 유학을 수기치인(修己治人)의 도, 또는 내성외왕(內聖外王)의 도라고 한다. 이상적으로는 수기와 치인, 내성과 외왕을 겸전(兼全)하여야 한다고 하지만 문무(文武) 겸전이 드물고 힘들듯 수기와 치인, 내성과 외왕은 현실적으로는 모두 완벽하게 갖추기 매우 힘들다. 그러다 보니 어떤 사람은 재능은 탁월한데 도덕성이 부족하다는 이유로 인사청문회에서 걸러지고, 어떤 경우는 제가(齊家)에 심각한 흠결이 있음에도 능력에 대한 상황적 필요로 대중적 지지를 받는가 하면, 탁월한 도덕성에도 불구하고 경륜에는 무력하여 공동체에 심각한 폐해를 초래하기도 한다.

유학자들은 대체로 치인(治人), 외왕(外王)의 트랙을 선택하고 그것을 위한 스펙 쌓기에 골몰하였다. 조선조의 경우 이른바 과거시험준비에의 종사이다. 과거시험에 패스하려면 경전에 해박하고, 국가경영의 원리 및 현안에 대한 정책제안 등의 스펙을 쌓되, 지방 감영에서 치르는 향시인 초시를 거쳐 진사 생원이 된 다음 성균관에 입학하여 대과를 준비하는 트랙에 들어야 한다. 이들이 읽는 경전이나 문헌은 자연 과거시험 과목이거나 그 경향에 맞는 것이어야 했다. 그리고 주자학을 표준해석으로 택하여야 했다. 이 트랙을 택한 사람의 최고 수준의 이상은 행도를 통하여 자기 시대에 사는 사람들이 태평을 노래하고, 그 사회가 대동(大同)을 이루는 것이다.

그런데 '수기(修己)', '내성(內聖)'의 트랙을 걷는 경우도 있다. 통상 수기와 내성은 치인과 외왕의 전단계이거나 그것을 위한 필요조건처럼 이해되기도 한다. 하지만 치인과 외왕은 기회가 주어져야 하는데, 때를 얻느냐 못 얻느냐의 문제는 본인의 의지와는 무관할 수도 있지만 수기와 내성은 본인의 입지가 어떠하냐에 따라 그 성취가 판가름 나는 것이기에 보다 강한 과제로 주어졌다. 이 트랙은 교육과 연구라는 수교(垂敎)로 나타나고, 이것은 공자와 맹자의 경우처럼 비록 가시적 사업이 아닐지라도 그 공적이 요순이나 우왕보다 낫거나 못하지 않다는 역사적 평가가 있었다.[1] 하물며 신하나 백성의 위치에서 천자나 군주에 대한 꿈을 가질 수 없다면 현실적으로 가능한 최고의 경지가 이윤이나 부열같은 재상의 경우일 터인데 그것도 때를 잘 만나고 알아주는 군주를 만나야 가능한 것이므로 오히려 공자와 맹자 같은 성인을 지향하는 것

---

1 朱熹는 『中庸章句集註』 서문에서 "若吾夫子, 則雖不得其位, 而所以繼往聖 開來學, 其功反有賢於堯舜者"라고 하여 공자의 계성개학의 공이 요순보다 뛰어나다고 하였으며, 한유는 "然向無孟氏, 則皆服左衽而言侏離矣. 故愈嘗推尊孟氏, 以爲功不在禹下者, 爲此也"라고 하여 양묵을 물리친 맹자의 공이 우보다 못하지 않다고 하였다.

이 더 크고 나은 목표가 될 수 있기도 했다.

　유학자는 노장사상과 불교를 비록 이단이라고 폄하하고 경계하지만 불(佛)이나 지인(至人), 신인(神人) 등의 경지가 방외의 세계에서 존중되는 것에서 자연스럽게 그 유학적 대안이 되는 수기(修己)와 내성(內聖)의 트랙이 선택되기도 하였다. 조선 초기 이른바 사림파나 중후기 산림에 속한 학자들은 일생 『소학(小學)』, 『심경(心經)』, 『근사록(近思錄)』 등과 같은 책을 읽었는데, 이 책들은 과거 준비용이라기보다는 수양과 명리(明理), 그리고 대의(大義)의 소재를 밝히는 데 주안점을 둔 것들이다. 처사(處士), 징사(徵士), 산림(山林), 은일(隱逸) 등으로 불린 이들 가운데 상당수가 학문과 덕행으로 사회적 영향을 크게 일으켰다.

　정약용은 학문을 '양심(養心)'과 '행사(行事)'로 구별하였는데, 그가 말하는 양심의 학문이란 존재론적 자아 완성, 수양 위주의 학문이며, 그의 눈에는 당시 조선의 성리학이 이에 해당하는 것이었다. 그는 이 학문의 필요성을 정면 부인하지는 않았다. 행사의 학문이란 일을 하기 위한 학문으로 이것이 옛 성왕의 본 뜻이라고 하였다. 그는 행사의 학문을 지향했다. 강진 유배 이후 그는 행사의 위치에서 멀어졌지만 관심은 언제나 국가 경영과 민생의 문제에 있었고, 그가 저술한 방대한 문헌은 모두 '행사를 위한 것'들이었기에, 우리는 그를 실학의 집대성자라고 칭한다. 정약용은 학맥은 이황 쪽이지만 지향과 트랙은 율곡과 같다.

　한편 1765년 연경에 갔던 홍대용은 청조 지식인들과 대화에서 이 당시 조선의 학자들이 학문을 이른바 의리학(義理學), 경제학(經濟學), 사장학(詞章學)의 셋으로 구분한다고 하면서 의리를 버리면 경제는 공리(功利)에 빠지고, 사장은 부조(浮藻)에 어지러워질 뿐이며, 경제가 없으면 의리를 둘 곳이 없고, 사장이 없으면 의리를 나타낼 곳이 없으니 세 가지 가운데 하나라도 빠지면 학문이라고 할 수 없지만 의리가 근본이 될 것이라고 하였다. 홍대용은 당시 학문의 분류를 이렇게 소개한 다음 그 자신은 고학(古學), 실학(實學), 정학(正學)으로 구분하였다. 그는 고학은 과거를 통한 벼슬, 재물욕심, 편안한 삶이 장애가 되고, 실학은 문장 다듬기, 쓰기와 읊기, 옛것의 뜻 풀이가 장애가 되며, 정학은 공리(功利), 노불(老佛), 육왕(陸王)이 장애가 된다고 하였다.[2] 18세기 후반의 조선 사회에 여전히 사장지학이 힘을 발휘하고 있었고, 경제지학에 대한 관심이 증대되고 있었음과 이런 사조에 대하여 홍대용은 어느 한곳으로 기울기를 보이는 것을 경계하였다.

진유와 실학, 이 두 개념은 조선 유학자들이 공통적으로 지향한 이상이라고 할 수 있다. 그런데 실제 너무나 다양한 모습의 진유(眞儒), 그리고 굴곡 많은 시의(時宜)와 실학(實學)의 의미를 조선 유학에서 볼수 있다. 진(眞)과 실(實)의 모습은 결코 간단치 않다. 그것은 때에 따라 거짓(假), 쭉정이처럼 빈 것(虛), 공동체를 해치는 사사로움(私), 사실이 아닌 속임(僞), 정도(正道)가 아닌 이단(異端), 발효가 아닌 썩음(腐), 소통하지 못하고 막힘(癖) 등과 맞서는 개념이다. 조선 유학자들은 진리를 깨닫고 이치를 밝히는 문제뿐만 아니라 공직에 나아가느냐 아니면 물러서느냐, 산림에서 본마음 보존하고 본성을 기르는 수양의

---

2    홍대용『湛軒書』外集 卷7,「燕記- 吳彭問答」"又曰, 貴處學問極大者何人. 余曰, 學有三等, 有義理之學, 有經濟之學, 有詞章之學. 且問足下所問者何學也. 彭與吳相顧 笑曰, 他還分說如此, 乃曰儘如尊言. 三學各擧一人, 余亦笑曰, 學分三等, 世儒之陋見. 舍義理則經濟淪於功利, 而詞章淫於浮藻, 何足以言學. 且無經濟則義理無所措, 無詞章 則義理無所見, 要之三者舍一, 不足以言學而義理非其本乎. 兩人皆笑稱善"『湛軒書』外 集 卷1,「杭傳尺牘」與鐵橋書 燕記 吳彭問答, "天下之英才不爲少矣. 惟科宦以梏之, 物 慾以蔽之, 宴安而毒之, 由是而能脫然從事於古學者鮮矣. 詞章以靡之, 記誦以夸之, 訓 誥以拘之, 由是而能闇然用力於實學者鮮矣. 功利以褳其術, 老佛以淫其心, 陸王以亂其 眞, 由是而能卓然壁立於正學者尤鮮矣"

길을 가느냐 아니면 치열한 경쟁과 갈등 많은 삶의 현장에서 정의(正
義)를 세우고 태평(泰平)을 일으키느냐, 원리를 세우는 일을 우선할 것
인가 아니면 상황적 요청을 귀담아 들을 것인가 하는 문제에 항상 긴장
감을 갖고 있었다.

　많은 사람이 몰려가는 넓은 길이 아니라 좁은 길을 가는 사람이 있
다. 이미 많은 배들이 몰려 있는 어장, 어선으로 다양한 색깔이 칠해진
바다가 아니라 글자 그대로 푸른 바다 - 블루 오션을 찾아야 한다고 말
하기도 한다. 모두가 세속의 이익과 탐욕의 광장에로만 몰려간 것이 아
니다. 500년 조선의 인재들은 그 성취가 다양한 만큼 그들이 택한 트랙
도 다양했다. 오늘 우리는 어떤 가치를 지향하며 어떤 트랙을 선택하는
가? 얼마만 한 진지성으로 그 지향과 선택이 이루어졌으며, 그 과정에
필요한 '진(眞)'과 '실(實)'의 스펙 쌓기에 얼마만큼 갈등하는가?

## 2. 율곡과 우계의 화이부동(和而不同)

『주역』에 "같으면서도 다르다(同而異)", "다르지만 같다(異而同)"[3]와
"같은 곳으로 귀결되지만 길은 다르다(同歸而殊途)"[4]라는 명제가 있다.
같음과 다름은 상대적인 의미이다. 즉 같다고 말하는 것은 이미 다름의
전제에서 하는 말이고 다르다고 하는 것 또한 같음의 기반 위에서 하는
말이다. 성혼과 율곡의 학문과 삶의 양상도 그러하다. 세상은 성혼·율

---

3　『周易』 睽. 小事吉. 象曰, 睽, 火動而上, 澤動而下. 二女同居, 其志不同行. 說而麗
乎明, 柔進而上行, 得中而應乎剛, 是以小事吉. 天地睽而其事同也, 男女睽而其志通
也, 萬物睽而其事類也. 睽之時用大矣哉! 象曰, 上火下澤, 睽. 君子以同而異.

4　『周易』 「繫辭下」 4장 "易曰, 憧憧往來, 朋從爾思. 子曰 天下何思何慮? 天下同歸
而殊塗, 一致而百慮, 天下何思何慮"

곡 두 사람의 관계를 도의지교(道義之交)로 부른다.[5] 이들의 사귐에는
『논어』의 '화이부동'과 『주역』의 '동이이'가 있을 것이다. 그동안 그들
의 같음을 부각시켰다. 그럴 필요가 있었을 것이고, 그렇게 보이기도
하였다. 그러나 두 사람은 학문에 있어서 지향의 다름이 있고 내용의
다름도 있다.

"학문으로 벗을 모으고[以文會友], 벗을 통하여 인격 향상을 돕는다
[以友輔仁]"고 하였듯이, 또 오륜에서 벗 사이에는 신의가 있어야 한다
고 하였듯이 성혼과 율곡 사이에는 문(文)이 있었고, 인(仁)과 신의(信
義)라는 공통의 지향이 있었다. 율곡이 "친구란 그 뜻을 벗하는 것이
요, 그 도를 벗하는 것"[6]이라고 하였듯이 두 사람은 뜻과 도에 있어서
서로 존중하고 격려하는 사이였다. 어떤 뜻과 어떤 도를 두고 두 사람
은 친구가 되었는가? 두 사람은 우선 성장한 곳이 지리적으로 가깝다.
파주의 율곡리와 우계리는 지척이라고 할 수 있다. 두 사람이 만난 때
는 율곡이 금강산에 입산하기 전, 1554년 3월경으로, 율곡의 나이 19세
우계의 나이 20세 되던 때이다.

이후 이 두 사람은 율곡이 1584년 임종할 때까지 30년 동안 때로는
의견 차이로 다투기도 하였고 친구에게 아픈 충고도 하는가 하면 목숨
을 건 옹호[7]와 도움을 주기도 하였다.[8] 생전에 두 사람은 생사를 같이
하기로 했었다. 1579년에 어떤 사람이 성혼에게 율곡을 훼손 비방하자
"나는 숙헌과 살아서는 마땅히 죄를 함께 하고, 죽어서는 마땅히 열전

---

5  홍대용은 사귐을 性命之交·道義之交·相面之交로 구별하고, 이는 君臣之交·朋友
之交·俗人之交에 해당한다고 하였다. 홍대용의 교우론에 대해서는 조기영의 「홍대용
의 학문론과 교우론」(『율곡사상연구』 22집, 137-146쪽)을 참조할 것.

6  『栗谷全書』「拾遺」卷3, 序「贈李景魯希參序」"友者友其志也 友其道也"

7  성혼『牛溪集』年譜 1579년 조,『牛溪集』續集 卷3, 간독 송운장 -계미년 6월-

8  성혼은 1564년 부친이 죽자 율곡에게 행장을 지어줄 것을 부탁하였다.

(列傳)을 함께하겠다" 하니, 그 사람이 대경실색하고 떠나갔다고 한다.
또 1583년 6월 율곡이 탄핵당하는 절정의 시점에 "지금 걱정스러운 것
은 화의 기미를 격발하여 숙헌으로 하여금 거듭 혹독한 화를 받게 할
까 하는 점입니다. 사간원의 계사에 '법에 의거하여 죄를 내릴 것을 청
한다'는 말이 있었으니, 만약 군주를 무시한다는 죄목을 숙헌에게 가
한다면 저는 반드시 그와 함께 죽을 것입니다. 다시 무슨 말을 하겠습
니까." 하였고, 실제로 그는 율곡과 함께 죽겠다는 상소를 올리기도 하
였다.[9]

율곡이 죽은 후 15년을 더 산 성혼은 친구의 죽음 이후에 남겨진 여
러 문제를 바른 자세로 정성을 다하여 정리하였다. 다음의 예를 들 수
있다. 율곡이 갑작스럽게 병을 얻어 졸지에 죽게 되자 문생들 사이에서
는 정적들의 사주를 받은 자의 저주에 의하여 죽었다는 풍문이 돌았고
이를 갖고 옥사를 일으키고자 하였다. 이때 성혼은 문생들을 진정시키
며 율곡 같은 대인이 하찮은 저주와 같은 일로 죽을 수는 없는 일이라
고 하여 만류하였다. "율곡이 별세한 것은 시운과 국가의 안위에 관계
되니, 진실로 조그마한 좌도(左道)가 할 수 있는 것이 아닙니다. … 율
곡은 천운에 따라 별세하였으니, 무슨 원망과 허물이 있겠습니까. 군자
의 죽음은 결코 소소한 저주가 좌우할 수 있는 것이 아닙니다."라고 했
던 것이다.[10] 또한 율곡의 문집 초안을 마련하는 등의 문제를 정리하고
매듭짓는 데 지혜와 정성을 기울여 그들의 우정을 아름답게 완성하였
다. 생전의 그의 말대로 두 사람은 문묘에 함께 종사되고 함께 출향되

9  성혼은 율곡의 문집을 간행하는 일을 맡아 노심초사하였는데, 율곡의 『논어음석』
과 『맹자음석』 등 흩어져 있는 저술들을 수집하는 데도 많은 노력을 기울였으니 친구
의 유문을 남김없이 챙겨 전하려는 마음을 읽을 수 있다.
10  성혼 『牛溪集』 卷5, 簡牘 2 或人에게 답한 편지. 갑신(1584)년 봄 성혼의 진정이
아니었다면 율곡의 죽음은 옥사로 번져 많은 파장을 낳았을 수 있다.

었다가 다시 또 함께 종향되는 등 영광과 치욕을 함께했다.

주변과 후인들이 두 사람의 관계를 비유한 것에 이택(麗澤)의 의(義), 지란지취(芝蘭之臭), 주희와 장식, 자유와 자하, 명도와 이천 등이 있다. 서포 김만중은 왕명을 받들어 쓴 글에서 성혼에 대하여 "가정의 교훈을 받들어 사업이 넓었고, 이택(麗澤)의 의(義)를 얻어 식견이 더욱 정밀하였다."고 하였다. 여기서 이택의 의라는 것은『주역』태(兌)괘의 뜻을 취한 것인데, 성혼이 율곡과 만나 붕우강습(朋友講習)과 절차탁마(切磋琢磨)로 서로에게 유익을 끼침을 말한 것이다.[11] 또한 김만중은 "파산과 석담은 몇 년 동안 주희와 장식이 강학하던 곳"이라고 하였고, 또 "행단(杏壇)과 궐리(闕里)는 오늘날 자유(子游)와 자하(子夏)가 어깨를 나란히 한 곳"이라 하였다.[12] 오도일은 율곡을 '광명(光明) 초매(超邁)의 높은 천품', 성혼을 '독후(篤厚) 장엄(莊嚴)의 정당한 가정 교훈'이라 비교 묘사하고, '지란(芝蘭)의 취미(臭味)' '이택의 절차탁마' 라고 하였다.[13] 지란의 취미란『주역』의 "두 사람이 마음을 같이 하니 그 향기가 난초와 같다(二人同心, 其臭如蘭)"에서 취한 것이다. 윤선거는 "우계와 율곡 두 선생은 타고난 기질이 같지 않았으므로 성취한 덕도 달랐으니, 그 기상을 보면 하남의 두 분 정 선생님과 같은 듯하다", "율곡은 먼저 천리를 통달한 곳으로부터 들어갔기 때문에 배움에 있어 의거할 곳이 없으나 우계는 일일이 법도를 따랐기 때문에 배움에 있어 자취가 있으니, 바로 정자가 안자와 맹자를 논한 것과 같다" 하였

---

11    『周易』兌卦에 "澤이 붙어 있는 것이 兌이니, 군자가 이것을 보고서 붕우들과 강습한다[麗澤兌 君子以 朋友講習]" 하였다. 태괘는 두 개의 못이 서로 겹쳐 있어서 서로 부족함을 보충하는 상이 되므로 붕우끼리 학문과 수양을 돕는 것을 뜻한다.

12    성혼『牛溪集』「牛溪年譜」補遺 卷3, 家廟에 告由할 때에 내린 교서,「知製敎 金萬重」

13    성혼『牛溪集』「牛溪年譜」補遺 卷3, 문묘에 復享할 때에 내린 교서,「提學 吳道一」

고, 또 "율곡의 말씀은 고명하고 통달한 반면 우계의 말씀은 질박하고 정밀엄숙하다"라고 하였다.[14]

하겸진의 『동유학안』에서 율곡 우계와 그를 따르는 사람들을 '담파학파(潭坡學派)'로 불렀다. 율곡이 한동안 해주 석담에 기거하며 은병정사를 열고 문생을 모아 강학한 일이 있었고, 우계는 파산에 우계서실[15]을 열고 문생을 받아 강학하였는데, 양자는 공간적으로 가깝고 학술에 있어서도 유사하며 정치적으로도 같은 길을 걸었고 문생들도 교차된 경우가 많았기 때문이다.

## 3. 덕업(德業)-그 동귀(同歸)와 수도(殊途)

두 사람은 도의의 사귐을 지속했지만 걸은 길이 일치하거나 쌓은 공이 동일한 것은 아니다. 즉 두 사람은 걸어간 트랙이 다르고 쌓은 스펙도 다르다.

### 가. 거업(擧業)과 행도(行道)

16세기 후반 조선의 청년으로서 성혼과 율곡은 과거를 거부할 이유

---

14   윤선거 『魯西集』 附錄 유사. "於我東儒先, 嘗曰, 退溪以上, 則有栗谷之論矣. 至於牛栗兩先生, 則氣質不同. 故成德亦異, 想其氣像, 恐如河南兩程夫子. 又曰, 栗谷先從上達處入, 故學之無可依据. 牛溪一一循蹈規矩, 學之有迹, 正如程子之論顔孟也. 又曰, 栗谷見解超卓, 而至於做事處, 則必推牛溪, 以爲非牛溪. 不可以爲國, 故癸未特薦. 以爲可任經綸. 其同德之相許如此. 又曰, 栗谷之言, 高明通透, 牛溪之言, 質慤精嚴, 考其書, 皆可見也"

15   성혼 『牛溪集』 「牛溪年譜」 卷1, 附錄 행장. 1571년(선조4)에 성혼이 坡山에 牛溪書室을 완성하고 문도를 가르쳤다. 이때 서실에서 학생들이 지켜야 할 규칙 22개 조항을 만들었다.

가 없었고 실제로 두 사람은 각각 17세, 13세에 감시에 입격하였다. 그러나 이후 성혼은 대과에 응시하지 않았고 향촌에서 수양과 학문에 전념하고자 했다. 반면 율곡은 여러 차례 과거에 장원으로 합격하였으며 이른 나이에 조정의 청요직과 대관(大官)을 역임하였다.

성혼이 대과에 응시하지 않은 것은 질병 때문이다. 21세 되던 해(1555년) 성혼은 큰 질환을 앓은 뒤에 비위(脾胃)가 허약해져서 마침내 고질이 되었다고 한다. 잦은 질병 그리고 큰 병을 앓은 다음 심신이 쇠약해진 상태에서 다년간 집중력을 기울여야 하는 대과 준비에 종사하는 것은 가능하지 않은 일이요, 가족 등 주변이 만류할 수밖에 없는 일이다. 성혼의 부친 청송은 가정 경제에 별 관심을 기울이지 않고 그저 '안빈낙도(安貧樂道)'의 자세를 유지했던 것으로 보인다. 따라서 성혼은 농사 등을 직접 경영하여야 했고 부모 공양을 위해서도 관직에 나갈 필요가 있었다. 향시에서 입격한 일이 있고, 가산도 넉넉하지 않았으며, 신분의 제약이나 정치적 제약이 있는 것이 아닌 상태에서 더구나 유학자로서 치인의 길을 마다할 하등의 다른 이유가 없는 상태에서 순전히 건강상의 문제로 과거를 통한 관직에의 길이 차단된 것은 청년 성혼에게 매우 큰 아픔과 슬픔과 좌절을 안겨주었을 것이다.[16]

성혼의 질병은 고질이었던 것으로 나타난다. 그는 종종 친구에게 또는 조정에 자신의 건강상태를 설명하며 양해를 구하곤 했다.

"저는 근래에 몸이 더욱 수척해져 뼈만 남아서 잠깐만 움직여도 곧 기진맥진하곤 합니다. (…) 이렇게 산다면 비록 백 년을 산들 무슨 유익함이 있

---

16  성혼의 건강과 그 삶의 연관성에 대해서는 졸고 「폐질의 성리학자 성혼과 왜란」 (한국동서철학회, 『동서철학연구』 89호, 2018. 9.)를 참조할 것.

겠습니까."[17]

"제가 지금 안타깝고 절박하게 여기는 것은 다만 허한(虛汗)이 줄줄 흘러서 옷과 두건이 모두 젖고 조금만 추운 곳에 나가면 곧 한기(寒氣)를 느껴 온몸이 떨려서 뼛속까지 시린 증세가 일어나곤 합니다. 그리하여 조금만 조리를 잘못하면 즉시 위독하고 나쁜 징후가 생기니, (⋯) 이 노릇을 어찌하면 좋겠습니까."[18]

"저는 등이 시린 병이 특히 심해져서 몸이 으스스 춥고 아프며 땀을 이렇게 많이 흘리니, 비록 죽지 않고 서울에 이른다 하더라도 한번 대궐 아래에 나아가 글을 올려 물러날 것을 청하지 못할까 걱정입니다."[19]

"저는 금년에 나이가 51세입니다. 지난해에 비해 기력이 다시 9할이 줄어들었으며 몸이 마르고 훼손되어 얼굴은 흑귀(黑鬼)와 같고 다리는 말라빠진 대나무와 같으니, 제가 앓는 고통을 곁에 있는 사람들도 알지 못합니다."[20]

"저는 근래에 심장과 위장이 모두 손상되어 겨우겨우 날짜만 보내는데 형이 관직에서 물러나 쉬고 있다는 소식을 들은 뒤로는 개탄스러운 마음이 풀리지 않아 가슴이 두근거리고 서글퍼지는 증상이 있는 듯하니, 심기가 크게 손상됨을 알 수 있습니다."[21]

상대에게 양해를 구하거나 병의 정황을 알리는 글뿐 아니라 질환으로 인한 그의 심리적 상태를 나타내는 글도 있다. 그는 율곡에 대하여 "병이 없고 정신이 맑으며 의리에 민첩하니, 끝내 그를 따라갈 수가 없

17   성혼 『牛溪集』 續集 卷3, 簡牘 「宋雲長 翼弼에게 보내다」 경진(1580)년 7월
18   성혼 『牛溪集』 卷4, 簡牘 1 「宋雲長에게 보낸 別紙」 경진(1580)년 12월
19   성혼 『牛溪集』 續集 卷3, 簡牘 「宋雲長 翼弼에게 보내다」 경진(1580)년 除夕
20   성혼 『牛溪集』 續集 卷3, 簡牘 「宋雲長 翼弼에게 보내다」 을유(1585)년 6월
21   성혼 『牛溪集』 續集 卷3, 簡牘 「李叔獻에게 보내다」

다. 또 보면 그는 몸을 닦아 자신감에 차 있으며 사무를 처리할 때 여유
가 있어 기세가 절로 크니, 사람들이 얕볼 수가 없다. 그리고 관작(官
爵)에 제수되어도 당연한 일로 여기며, 또 운명과 분수가 본디 정해져
있는 이치를 말하곤 하였다"고 평가하였다. 이에 비하여 자신은 "나는
병든 폐인이 되어 하늘에 버림을 받았을 뿐만 아니라 기질이 못난 것
이상으로 물욕에 빠져 혼탁한 탓에 한 권의 책도 제대로 읽지 못하여
몽매하기가 시골의 무식한 지아비와 같다. 또 몸을 지키고 병을 요양하
지 못하여 대강 정해 놓은 계획이 있으나 혼몽하여 세월을 허송해서 말
과 행실을 함부로 하고 뒤집어 엎게 되니, 끝내 하류(下流)에 빠져 다시
는 스스로 떨치고 일어나지 못할 것이 분명하다. 어찌 분수 밖의 것을
기대하여 명류(名流)로 자처할 수가 있겠는가"[22]라고 하였다. 그의 내
면의 좌절에 가까운 아픔이 비치는 부분이다. 그가 지은 「부질없이 짓
다」라는 제하의 한 수의 시는 이런 그의 심정을 잘 드러낸다.

율곡은 세상 걱정에 옛 은거하던 곳 하직하고      栗谷憂時辭舊隱
풍애는 부모 봉양 위해 참봉이 되었다오[23]      楓崖爲養作齋郎
오직 우계의 늙은 거사만이      惟有牛溪老居士
눈 내린 초가집 아침 햇살에 누워 있다네      雪邊茅屋臥朝陽[24]

친구들이 모두 관직에 나아갔는데 자기만 향리에서 병약한 몸을 아
침 햇살에 의지하고 있는 것을 묘사한 이 글에 성혼의 소외감, 외롭고

22    성혼 『牛溪集』 續集 卷6, 雜著 雜記
23    安敏學의 호는 楓崖이고 字는 習之이다. 그는 율곡의 문인이며 성혼의 친구이다.
여기서 齋郎은 參奉을 말한다. 그는 처음에 원릉 참봉에 임명되었으나 사퇴하였다가
그 후 부모 봉양을 위하여 희릉 참봉과 사직서 참봉을 역임하였다.
24    성혼 『牛溪集』 卷1, 詩

쓸쓸함이 담뿍 내비치고 있다. 시의 내용과 비슷한 내용이 친구에게 보낸 편지에도 담겨 있다.

"숙헌은 이미 조정에 나아갔고 습지는 또 어버이를 위해 굽혀서 벼슬하니, 초야에 있는 고루한 이 몸은 문을 닫고 홀로 있다는 한탄을 하고 있었습니다. 이러한 때에 만일 왕림해 준다면 어찌 다만 빈 골짝에 찾아오는 사람의 발자국 소리를 듣는 기쁨일 뿐이겠습니까. 부디 전에 승낙했던 것을 소중히 여겨 산중에서 닭을 잡고 기장밥을 지어 먹자던 약속을 저버리지 않는다면 우리 서로 만나는 날 흉금을 펼치고 소회를 토론하여 가슴속에 있는 말을 다 쏟아 놓을 수 있을 것입니다. 잘 살펴보기 바랍니다."[25]

과거를 통한 관직에의 길, 행도의 길이 차단된 성혼이 택할 수 있었던 길은 숨어 지내며 자신을 지키는 것, 먼 미래를 위해 가르침을 드리우는 것, 성현을 자신의 목표로 삼는 것의 내성적 정향이었다. 포저 조익은 성혼이 택할 수밖에 없었던 그 트랙에 대하여 다음과 같이 평한 일이 있다. "우계는 일찍이 과업을 포기하고 오로지 고인의 학문에 뜻을 두어 문을 닫고 산야에서 지내되 침잠하고 완색하여 평생토록 몸과 마음의 동정이 한결같이 법도를 준수하였다."[26]

성혼의 눈에 건강하고 명민하며 세도를 자임할 만한 자질을 지닌 것으로 비친 율곡은 과거를 통한 입신을 선택하였다. 그리고 과거는 율곡으로 하여금 행도에의 길을 환하게 그것도 매우 효율적으로 열어주었다. 율곡은 순탄하게 아니 파죽지세로 과거에 연속 장원을 차지하며 명

25    성혼『牛溪集』續集 卷3, 簡牘「沈文叔禮謙에게 보내다」1574년 정월
26    조익『浦渚集』卷4,「陳文成公李珥文簡公成渾德行疏(乙亥)」"成渾 (…) 早棄擧業, 專意古人之學, 杜門山野, 沈潛玩索, 自少至老, 其身心動靜, 一循繩墨."

성을 얻고[27] 불차탁용으로 승진하여 주요 정책 결정에 관여하며 활동의
폭을 넓혀 나갔다. 그는 시의(時宜) 파악에 뛰어나 실용(實用)과 실사
(實事) 등에 힘써 경세 분야에 있어 큰 활약과 성과를 거두었다.

율곡은 진유론을 펼친다. 그의 진유론은 진정 바람직한 학자는 어떤
길을 걷고 무엇을 지향하여야 하며 무엇을 준비하여야 하는지를 규정
한 것이다. 그 자신의 걸은 길, 또 주변 사람들에게 권유할 길을 밝힌
것이다. 그는 『동호문답』에서 동방에 도학이 행하여지지 않은 이유를
밝히는 가운데, 진유는 행도하게 되면 백성들로 하여금 희호(熙皞)[28]의
즐거움을 노래하게 하고, 수교하게 되면 배우는 사람들의 깊은 잠을 깨
워야 한다고 하였다. 그는 "기자 이후로 나라에 본받을 만한 선한 정치
를 이룬 일이 없으니 이는 때를 얻어 나아갔어도 도를 행하지 못함이
요, 우리나라 사람이 지은 책에 의리를 깊이 보고 밝힌 것이 없으니 이
는 물러나 있을 때 수교한 것이 없음이다. 내가 어찌 망언을 하여 오랜
세월 속의 많은 사람을 속이겠는가?"라고 하였다.[29]

진유의 조건으로 행도와 수교를 거론하였지만 행도를 우선적으로 거
론하였음과 때를 만나는 것을 바람직한 경우로 볼 수 있으니 행도에 비
중이 더 실려 있는 것을 짐작할 수 있다. 율곡의 관점에 동방에 나라가

---

27  1564년 29세에 생원시에 장원하고 이어 진사시에 고등으로 합격하였으며, 문과
의 초시·복시·전시에 모두 장원하여 '三場狀元'으로 불리기도 했다. 전후에 장원을
차지한 것이 아홉 번이다. 초시 13세, 복시 21세, 별시 23세, 생원과, 진사과 29세, 복
시 29세, 대과 초시 29세, 복시 29세, 전시 29세.

28  熙皞는 和乐 또는 스스로 기쁨을 누림, 곧 怡然自得의 뜻이다. 明 唐寅의 嘉靖改
元元旦作의 시에 "世運循環世復淸, 物情熙皞物咸亨"이 있다.

29  『栗谷全書』 卷15, 「東湖問答」 "夫所謂眞儒者, 進則行道於一時, 使斯民有熙皞之
樂, 退則垂敎於萬世, 使學者得大寐之醒. 進而無道可行, 退而無敎可垂, 則雖謂之眞儒,
吾不信也. 箕子變夷之後, 更無善治之可法, 則是進無行道者矣. 東人所著之書, 未見深
明乎義理, 則是退無垂敎者矣. 吾豈妄言以誣百代之人耶"

선 이래로 제대로 된 행도가 없었으니, 그의 마음속에 행도에 대한 열
망이 담겨 있었을 것은 충분히 짐작할 수 있다.

율곡은 그가 펼친 진유론의 내용대로 때를 얻고 관직을 얻었다. 그의
말대로라면 이제 행도를 통해 그가 진유인지 여부를 밝혀야 했다. 성혼
은 송익필에게 이 점을 환기시킨 일이 있다. "만일 세상의 도가 좋아지
지 않고 백성들이 은택을 입지 못한다면 숙헌은 반드시 유학자가 아닐
것이니, 이 두 가지가 결정됨을 반드시 오래지 아니하여 보게 될 것입
니다."[30] 율곡이 평소에 피력한 진유론을 과연 그가 실천하는지 지켜보
겠다는 것이다.

### 나. 사승과 사상적 편력

두 사람은 가학(家學)과 사승에서 뚜렷한 차이가 있다. 뿐만 아니라
두 사람의 사상적 편력이 매우 다르다. 성혼의 부친 성수침은 정암 조
광조의 문인이었다. 성수침은 조광조가 기묘사화에 얽혀 곤욕을 치르
게 되자 백악산으로, 다시 파산으로 은거하였고, 이후 여러 차례 은일
(隱逸)로 부름을 받았으나 관직에 나아가지 않았다. 성혼은 10살 되던
해(1544년) 부친이 파산 우계로 돌아온 다음부터 부친에게 학업을 익
히기 시작하여 15세에 이미 경전과 사서에 두루 통하였고, 1551년 17
세 되던 해 향시인 생원과 진사에 모두 입격하였다. 이해 겨울에 백인
걸에게 『상서(尙書)』를 배웠다고 한다.

이 같은 가학과 사승을 지니고 있었기에 질병으로 대과를 포기했지
만 그 아픔을 이기고 폭넓게 존재론적 자아완성에의 길, 이른바 '위기

---

30  성혼 『牛溪集』 卷4, 簡牘 1 「宋雲長에게 보낸 別紙」 임오(1582)년 9월

지학'에 종사할 수 있었다. 성혼은 이처럼 도학적 학맥과 가학의 전승 속에 유학의 테두리, 성리학의 울타리 안에서 향방이 순수하고 바르며 이론과 실천이 엄밀한 학문적 규범을 몸으로 익혔다. 그는 유가 이외의 곳으로 발을 디디지 않았다. 그가 30세 되던 1565년 부친 성수침이 세상을 떠날 때까지 부친의 엄정한 가르침에 순종하고 그 뜻을 존중한 것이 주요 원인이었을 것이다.

그는 1568년 가을 이황을 서울에서 뵈었다. 당시 이황은 학덕이 원숙한 경지에 있어 조야로부터 크게 존중받던 때이다. 당파도 형성되지 않은 상황이기에 학자라면 누구라도 다 한 번쯤 만나 뵙기를 바라던 그런 분위기였다. 성혼은 부친을 잃은 상태에서 또 여전히 혼란한 사회 정치적 상황에서 마음의 방향을 잡아줄 스승으로 이황을 꼽았고, 그를 찾아갔던 것이다. 그는 이황에게 정계에서 활동할 때 어찌해야 죄와 벌을 면할 수 있는지를 묻기도 하였다. 참봉 벼슬을 사양했는데 오히려 6품 관직이 주어졌기 때문이었다. "스스로 생각건대, 저는 병약한 몸으로 정신이 혼몽하고 학식이 없어 불초하기 이를 데 없는데 교묘하게 샛길로 벼슬을 취하여 자신의 이익으로 삼으니, 부끄러운 마음에 스스로 편안히 있을 수가 없습니다. (…) 어떻게 처신하여야 다소라도 죄와 벌을 면할 수 있을지 모르겠습니다. 삼가 바라건대, 한 말씀을 내려주시어 종신토록 가슴속에 새기게 하여주소서."³¹ 스스로 '샛길로 벼슬을 취했다'고 쓰고 있는 데서 과거로 입신하지 못한 것을 의식하고 있

31    성혼 『牛溪續集』 卷3, 簡牘 「與退溪先生」 "渾得官每踰常分, 竊懷不敢, 茲用不拜新除之命矣, 顧茲微末, 亦蒙下詢, 感幸無任, 渾當初不拜參奉, 只爲不敢當過情之名, 而不意因此, 轉招恬退之譽, 前歲選士, 亦被忝冒, 自惟病弱昏廢, 不學無狀, 而巧取捷宦, 以爲己利, 中心忸怩, 不能自安, 且旣辭參奉, 而又受六品, 揆以私見, 亦爲未安, 故臣子無禮之罪, 有不暇恤, 而一任惶恐退縮而已, 未知如此處置, 可庶幾少免於罪罰否, 伏乞賜以一言, 俾得終身佩服, 不勝懇祝之至"

었음을 짐작할 수 있으며, 자신처럼 병약했던 이황에게서 출처의 도리를 배우고자 했던 것이다. 성혼에서 있어서 이제 이황은 죽은 아버지를 대신할 스승으로 자리하고 있다.

이황이 『성학십도』를 제작하여 왕에게 바친 다음 도산으로 돌아갔다는 소식을 접한 다음 성혼은 의지처를 잃었다는 심정을 피력하는 시를 지었다.[32] 그는 이황이 오로지 주희를 종사로 하는 정당한 학문을 하고 있다고 생각하였다. 『선조실록』의 사관은 성혼이 "일찍이 이황을 존경하고 사모하여 사숙하였다"고 기록하고 있다.[33]

성혼과 달리 율곡에게는 일정한 스승이 없었다. 어머니 사임당의 교육과 재능이 전해졌을 것으로 보이지만 율곡의 학문에 어머니의 영향을 구체적으로 논급하기 어렵다. 아버지 이원수는 감찰의 벼슬을 하였으나 뚜렷한 학문의 전승을 갖고 있었다고 할 수 없다. 율곡은 13세에 진사초시에 합격하였다. 23세에 도산으로 이황을 찾아가 문안하였다. 성혼이 서울에서 이황을 만나본 것보다 10년이나 앞선다. 성혼은 율곡으로부터 도산에서 이황을 만난 이야기를 전해 들었을 것이다. 그리고 그도 만나보고 싶었을 것이다. 그러나 병약한 몸이기에 도산 그 먼 곳까지 찾아갈 수 없었을 것이다.

도산으로 이황을 방문할 무렵 율곡은 과거에 실패한 일이 있어 실의에 잠겨 있었던 것 같다. 이황이 율곡에게 보낸 편지에는 "옛 사람이 이르기를, '젊은 나이에 과거에 오르는 것은 하나의 불행이다'라고 하였으니, 자네가 이번 과거에 실패한 것은, 아마도 하늘이 자네를 크게

---

32　성혼 『牛溪集』 卷1, 聞退溪先生棄官歸山 "기사년 늦은 봄/퇴계선생이 호연히 도산으로 돌아갔네/서울에는 종사로 우러를 이 적고/선비들은 의거할 곳을 잃었네 己巳春暮月, 退溪浩然歸, 京城少宗仰, 士子失所依 …"

33　『宣祖實錄』 1598년(선조 31년) 6월 조, 성혼의 졸기, 史臣의 논단

성취시키려는 까닭인 것 같으니 자네는 아무쪼록 힘을 쓰게"라는 권면
이 있기 때문이다.[34] 그해 율곡은 별시에서 「천도책」으로 장원을 하여
그 재능을 국내외에 널리 알렸다. 그러나 이황을 통상적 의미의 스승
으로 받들지는 않았다. 그밖에 그가 스승으로 모신 분은 드러나지 않
는다. 그는 이때까지 스스로 공부하였고 그 공부는 주희의 책이라고
할 수밖에 없을 것이다. 그는 1564년 29세 때 사마시와 문과에 모두
장원으로 급제하였고, 호조좌랑으로 본격적 관직생활을 하기 시작하
였다.

　일정한 스승이 없는 천재들은 그들을 얽어매는 굴레가 없으므로 종
종 좌충우돌 시행착오를 하는 일도 많이 있고 자가류의 학설을 제창하
거나 기존 권위에 순종하지 않는 일이 많다. 부담 없이 자기가 깨달은
방향으로 행동할 수 있다. 그가 사상적 편력을 비교적 부담 없이 행할
수 있었던 것은 이런 이유와 상관이 있다고 할 수 있다. 율곡이 봉은사
에서 불서를 구해다 읽는다거나 19세에 금강산에 입산하는 일과 같이
당시 유자로서는 파격에 가까운 출가를 감행했고, 『노자』에 대한 해석
서 『순언(醇言)』[35]을 집필하는 것 등은 엄정한 사승을 지니고 있었다면
좀처럼 감행하기 어려운 일이다. 율곡의 입산 경력은 숭유억불의 국책
을 표방하는 조선사회에서 오래도록 정치적으로 율곡을 괴롭힌 일이
되었다. 그가 조정에 있을 때는 이단시비가 되풀이되었으며, 그 후에도
반대파로부터 정치적 공세가 끊이지 않았다. 물론 사후 문묘에 종사되

---

34　이황 『退溪全書』 卷14, 書 「答李叔獻」 "古人云, 少年登科一不幸. 足下之失於今
榜, 殆天所以大成就也. 足下其勉之"
35　『도덕경』 81장 중에서 주요한 것을 뽑아 40장으로 재편성하고 口訣을 달았다. 각
장의 끝에는 전체 의미를 요약해 놓고 있다. 부제는 '老子鈔解口訣'이다. 『醇言』이라
는 제목은 '좋은 글'이라는 뜻이다. 洪啓禧는 발문에서 '옳지 않은 내용은 빼버리고
좋은 글만 뽑아 모았기 때문'이라고 했다.

었다가 삭출되는 원인의 일단이 되기도 하였다. 거기에 이어 『순언』의 저작은 동료인 송익필로부터 혹독한 질책을 당하는 요인이 되었으며, 혐의를 피하려는 의도에서 오랫동안 세상에 빛을 보지 못하기도 하였다. 이단에 대한 혐의가 많을 수밖에 없는 상황에서 그가 이 작업을 했다는 것이 율곡 학문의 개방적 태도를 잘 보여주는 사례가 될 것이다.[36]

성혼이 부친, 백인걸, 이황을 스승으로 섬겼고, 의존하고 모방하는 맛이 있고 주자학적 학문규범을 준수하며 예법에 공력을 기울이고 경(敬)을 학문의 기조로 삼았다면, 율곡은 뚜렷한 스승이 없이 자유롭게 학문적 편력을 하였으며, 자득을 중시하고, 경전의 맥락보다는 상황적 변통을 강조하였으며, 수양론에서 방법적 경보다 목적성을 지니는 성(誠)을 더 강조한 것에서 양자는 서로 좋은 대비를 이룬다.

다. 시의(時宜)와 시비(是非)

현실문제를 대하는 태도에 있어서 두 사람에게는 차이가 있다. 성혼은 한결같이 시비를 판단과 일 처리의 기준으로 삼고자 하였다. 대부분의 사람들이 시비보다는 이해관계에 기울게 마련이다. 그는 우선 20세 때 율곡에게 장문의 편지를 보내 그가 시비를 논하지 않고 이해관계에 기울어 있지 않나 하는 의구심을 표시하고 경각심을 갖게 하였다. 성혼도 자기가 시비보다 이해에 기우는 것을 의식하고 이를 바로잡으려는 노력을 기울였다. 1577년 43세에 쓴 글에서 "때에 따라 의리를 문답할 적에 이해를 따지는 마음이 시비를 가리는 마음보다 더하며 사양하고 받는 것이 정대(正大)하지 못하니, 이러한 병통은 모두 스스로 마음을

---

36 『순언』에 대해서는 이종성의 『율곡과 노자: 『순언』에 관한 철학적 모색』(충남대학교출판문화원, 2016)이 충실한 연구이다.

잡아 보존하는 공부가 전혀 없어서 이와 같은 것이다"[37]라는 반성을 하고 있다. 이해를 헤아리는 마음이 시비를 따지는 것보다 강하다는 것을 스스로 반성하고 있음이다. 그리고 의도적으로 강력하게 자신을 독려해 나갔다. 물론 문인제자들에게도 종종 '이해시비(利害是非)' 네 글자를 제시하며 "이해를 버리고 시비를 택하여야만 비로소 군자가 될 수 있다"고 하였다.[38]

율곡은 일 처리에 있어서 이해 관계와 시의(時宜)성을 결코 도외시하지 않았다. 율곡의 논설 가운데 이해관계와 시의성에 대해 고려한 것들이 매우 많다. 이를테면 일의 이해와 도의 시비에 있어서 득중(得中) 합의(合宜)해야 이로움과 옳음이 그 속에 있게 된다는 명제 등이 그 좋은 예가 된다.[39] 경장과 개혁을 주창하는 정치가로서 산림에서 학문 수양에 전념하는 사람과 차이가 있을 수밖에 없지만 율곡이 경장과 개혁의 주 이유로 내건 것은 시의성과 백성에게 이익이 된다는 점이었다. 갈등과 이해가 상충하는 정치적 현장에서 민생의 문제를 담당하는 처신과 판단을 중시하여 변통·개혁·경장을 중시하였다고 할 수 있다.

이러한 율곡의 태도에 대하여 성혼은 종종 의문을 제기하고 충고를 하기도 하였다. 하나의 예로 1573년 12월 왕이 아직 율곡을 믿지 못하

37  성혼 『牛溪續集』 卷6, 雜著 "近思余之非, 最是多言. 接客多言語, 又有臨時答義理. 利害勝於是非, 辭受不正大, 此等病痛. 皆由自家專無操存, 所以如此. 自此而粗有持守, 庶不作前日之人也"
38  이식 『澤堂別集』 卷18, 書 「答冕」
39  『栗谷全書』 拾遺 卷5. 雜著 二 「時弊七條策」 "對. 愚聞隨時得中之謂權, 處事合宜之謂義. 權以應變, 義以制事, 則於爲國乎何有 (…) 竊謂道之不可立者, 是與非也. 事之不可俱者, 利與害也. 徒以利害爲急, 而不顧是非之所在, 則乖於制事之義, 徒以是非爲意, 而不究利害之所在, 則乖於應變之權. 然而權無定規, 得中爲貴, 義無常制, 合宜爲貴. 得中而合宜, 則是與利在其中矣. 苟可以便於國, 利於民, 則皆可爲之事也. 苟不能安其國保其民, 則皆不可爲之事也."

고 있음에도 조정에 머물러 있는 율곡에게 성혼은 왕의 마음을 얻지 못하면서 먼저 사공(事功)을 힘쓴다면 이것은 왕척직심(枉尺直尋)[40]이니, 유자의 일이 아니라고 하였다. 이에 대해 율곡은 "만약 천박한 정성으로 열흘이나 한 달 이내에 효과를 바라다가 뜻대로 되지 않으면 곧 몸을 이끌고 물러나려 하는 것은 또한 신하의 의리가 아니다"라고 대답하였다.[41]

동서 분당의 시발이 되는 문제에 있어서 성혼은 '시비를 먼저 분명히 하여야 한다'고 하였는데, 율곡은 '시비에 관계되지 않으니, 힘써 분변할 필요가 없다'고 하였다. 율곡은 "인물로 말하면 김효원이 낫고 심의겸이 못하며, 김효원은 쓸 만하고 심의겸은 있고 없는 것이 관계없겠으나, 만약 불화를 맺은 한 가지 일로 말한다면 김효원에게 그른 것이 있다"라고 하였고, 심의겸이 외척으로서 김효원에게 굽히지 않은 것을 그른 것으로 치지마는, 이것은 형세(形勢)이니 시비의 소재가 되지 않는다고 하면서, 외척으로 태어난 것이 어찌 그 사람의 죄가 되겠는가 하였다.[42] 즉 형세 문제와 시비를 혼동하면 안 된다는 것이다. 형세와 유사한 시각이 우열이다. 율곡은 "우열과 시비는 같지 않으니, 심의겸·김효원의 문제는 마땅히 우열로써 말할 것이요, 시비로써 분변해서는 안 될 것이니, 그것은 피차간에 시비가 분명하지 않은 까닭이다"라고 하였다.[43]

또 율곡은 일을 군자와 소인으로 나누는 시비의 경우도 있지만 군자들끼리 한 일 가운데 우열이 있을 수 있다는 논리를 편다. 잘하고 못한

---

40  枉尺直尋은 한 자를 굽혀 한 길을 편다는 뜻으로, 『맹자』 「등문공」 하에 보이는 내용인데, 義理를 약간 굽혀 큰일을 이룸을 비유한 것이다.

41  성혼 『牛溪年譜』 1573년(선조6) 계유. 이에 대한 내용이 『석담일기』에 나와 있다.

42  『栗谷全書』 卷11, 書 「答成浩原」 기묘년(1579, 선조12)

43  『栗谷全書』 卷12, 書 「答李潑」 경진년(1580, 선조13)

것은 같은 것 가운데 가볍고 무거운 것이 있는 것이요. 옳고 그른 것은 종류가 달라서 서로 용납할 수 없는 것을 말한다는 것이다. 모책(謀策)으로 말한다면 하나는 국사를 위하는 것이요, 하나는 가계를 도모하는 것이며, 일로 말한다면 하나는 일을 성취시키는 것이요, 하나는 일을 망치는 것이니, 이 같은 것들은 곧 옳고 그른 것이 분명하지만, 잘하고 못한 것의 경우는 같은 선비이면서도 저 사람이 이 사람보다 나은 것이라고 하였다. 군자와 소인이 서로 다투는 경우를 만났다면, 마땅히 서둘러 소인을 공격하고 군자를 구원하겠지만, 만약 선비들이 서로 다투면서 그다지 흑백이나 사정(邪正)을 분변할 만한 것이 없다면 누구를 버리고 취할 것인가 아니면 그 둘 다 보전하는 것이 옳은지를 판단해야 하는 것처럼 이런 개념으로 김효원과 심의겸의 문제를 판단한다면 힘들이지 않고도 정할 수 있을 것이라고 하였다.[44]

라. 자득과 의양, 분석의 칼날과 온화한 절충

학문하는 태도에 있어서 두 사람은 현저한 차이를 보인다. 율곡은 명민한 분석력을 지녔다. 율곡의 분석의 칼날에 베이지 않은 사람이 없다는 것은 그의 『경연일기』를 보면 잘 알 수 있다. 기존의 것에 매이지 않은 자기 견해를 강조하였다. 때로는 경전을 벗어나기도 하는데 이는 참신하다는 느낌을 주기도 했다. 자연스러운 현상이지만 율곡은 다른 학자를 평할 때 자득처가 있는 견해에 높은 점수를 주었다. 그는 서경덕에 대하여 자득처가 있음을 지적하는 한편 이황이 의양(依樣)의 풍이 있음을 거론하기도 하였다.

---

44  『栗谷全書』卷11, 書「答成浩原」무인년(1578, 선조11)

그런데 식견이 깊고 넓어 보통 사람보다 탁월한 아이디어를 내고 언제나 문자상에서 특별한 의논을 만들어내니 자연 성현의 본지(本指)에서 크게 벗어난다는 느낌을 주곤 하기에 주변에서 이를 비판하기도 하였는데 특히 성혼이 이를 마땅찮게 여겼다.[45] 이에 대해 율곡은 "우리나라 학자들의 병통은 바로 이치를 연구하지 않고 예법으로 스스로 지키는 것을 힘써서 단지 외면을 제재하는 데에 있다. 오직 이것만을 지켜 몸을 다스리는 법으로 삼으니 실리(實理)의 근본을 어떻게 볼 수 있겠는가"라고 말하기도 하였다.[46]

성혼은 또 율곡이 예를 다루는 문제에 있어서 "그 내용이 대부분 정(情)을 위주로 하였고 예(禮)에 근거하지 않았다. 그리고 대충대충 설명하여 정밀하고 상세함이 부족하니, 매우 아쉽다"고 하였고[47] 또한 "변통하기를 좋아하니, 이것은 그의 큰 문제"[48]라고 하였으며, 이른 나이에 저술활동을 활발히 하는 것도 못마땅해하였다.

율곡의 학문태도에 대한 성혼의 비판은 자연 그가 지닌 태도가 될 것이다. 그는 온화하고 통합에 능한 절충적 또는 '양쪽을 모두 잡는' 중용적 성향을 보인다. 성현이나 경전의 견해에 대해서는 존중과 의양하는 모습을 보이곤 하였다. 저술도 피하려 하였고 기존 성현의 가르침을 요약 정리하여 스스로 공부하거나 초학자를 가르치는 교재로 삼는 정도에 그치고 있다. 이는 기존의 관점이나 학설에 대한 제대로 된 이해

---

45  성혼『牛溪年譜』補遺 卷1, 答問

46  『栗谷全書』卷12,「與崔時中雲遇」丁卯 "大抵吾東方學者之病, 正坐於不窮其理, 而務以禮法自守, 繩趨尺步, 但制其外, 只守此爲持身之法, 而不致力於窮理, 則何以見其實理之本乎. 此所以終不能有所見也. 珥以是告于成君浩原, 浩原便歎服, 今又以聞於左右者, 實所以告浩原之心也"

47  성혼『牛溪集』卷4, 簡牘 1「송운장에게 보낸 편지」정축(1577)년 12월. 이는 율곡이 서모에 대한 대우를 두고 성혼 구봉과 논란을 벌인 것을 두고 한 말이다.

48  성혼『牛溪集』卷4, 簡牘 1「송운장에게 답한 편지」기묘(1579)년 1월

나 이를 이해하기 위한 노력을 강조하는 자세이다.

성혼과 율곡은 당시 학계의 주요 이슈였던 사단칠정론에서 서로 견해를 달리하였다. 사칠이기론에서 율곡은 일도(一途) 묘합(妙合)을 강조하였다. 이것은 이황 이론에 대한 반발이면서 자기 자신이 지니고 있는 철학적 입장이기도 하고 주회철학에 대한 그 나름의 이해에 기인한다. 어떤 이론이든지 나름의 의의가 있고 이유가 있을 것인데 율곡은 이황의 이론에 대하여 단호하게 비판적 입장을 취하였다. 즉 기발이승일도설은 성인이 다시 일어나도 자기 견해를 따를 것이라는 매우 확신에 가득 찬 표현을 쓰곤 했다. 그만큼 그는 자신감에 찬 주장을 펼치곤 하였다.

처음 율곡의 견해에 이해를 갖고 있었던 성혼은 경전을 읽으면서 다시 이황의 호발론적 분리와 대립의 견해에 일정한 기울기를 보이며 그 의도를 이해하는 자세를 갖게 되었다. 그리고 결론적으로 이기일발을 표명하였다. 이는 단순한 존재론적 견해에 그치는 것이 아니라 사회를 보는 시각이 그대로 반영되어 있다고 할 수 있다.[49] 이러한 개념은 그들의 현실대응을 설명하는 데 주요한 논거가 되기도 한다.

이 논쟁에서 자신감을 피력하는 율곡과 달리 성혼은 매우 겸손한 태도를 보이고 있다. 그는 질병 때문에 독서를 하지 못하여 자연 털끝만한 소견도 없는데도 율곡과 성리를 논변하는 내용을 주고받은 것은 마치 '소경이 저울의 눈금을 논한다'는 격이 되었는데, 그럼에도 논변과정에서 혼미함을 고집하고 어리석은 소견을 지켜서 대번에 자신의 의견을 버리고 남을 따르지 못하니, 자신의 이론이 옳고 그름을 송익필에

---

49    설석규 「16세기 사림의 세계관 분화와 成渾의 현실대응」 『牛溪 成渾의 學問과 思想』, 45-91쪽, 우계문화재단, 2009.

게 질정하고 싶다고 하였다.[50] 이것은 그가 이론적으로 율곡만큼 확립이 되어 있지 못하다는 것으로 해석될 수도 있고 식견의 넓고 좁음이나 얕고 깊음보다는 태도의 문제일 수 있다. 그의 온화한 수용의 자세, 누구도 남을 충분히 이해하지 못할 수 있다는 것과 자신의 견해에 얼마든지 결함이 있을 수 있다는 인식이 드러나는 부분이다.

### 마. 『격몽요결(擊蒙要訣)』과 『주문지결(朱門旨訣)』

율곡은 짧은 생애와 오랜 기간 관직에 종사한 것을 염두에 둔다면 상대적으로 많은 저술을 남겼다고 할 수 있다. 『성학집요』와 『격몽요결』은 율곡의 대표적 저술에 속한다.

성혼은 저술을 기피하였고 또 율곡이 저술하는 것에 대해서도 비판적 태도를 취했다. 그에게는 『위학지방』이 있다. 그는 1575년 우계에 서실을 열어 문생을 가르쳤는데 일상의 윤리규범을 위주로 하고 스승과 동료 간에 강론하는 것으로 서로 돕게 하였다. 강의의 내용은 평이하고 담백하며, 진실하고 정연하게 순서가 있었으며, 결코 고원하고 기이하며 현묘한 의논을 하지 않았다는 것이다. 이때 성혼은 주희의 문집에서 학문하는 것과 관련된 자료를 손수 베껴 가지고, 이를 교재로 하여 초학자들을 가르쳤다. 따라서 이 책은 창의적 내용의 학술서적이라기보다는 기존의 것을 편집한 교재의 성격을 지닌다. 지향은 다소 다르나 이황의 『주자서절요』, 기대승의 『주자문록』과 기본적으로 같은 유형의 책이다.

이 책은 본래 성혼이 찬술로 자처하기를 싫어한 까닭에 일찍이 제목

---

50    성혼 『牛溪續集』 卷3, 簡牘 「송운장 익필에게 보내다」 무진년(1568, 선조1) 5월

을 붙이지 않았는데 뒷사람이 『주문지결(朱門旨訣)』로 이름을 붙였다
고 한다.[51] 이 책을 만들어 놓고 성혼은 "율곡은 비록 세상에 드문 고명
한 재주가 있었으나 저술을 너무 일찍 하였으니, 이는 경계로 삼아야
하고 본받아서는 안 된다. 이제 내가 주자의 글을 초록한 것은 감히 저
술한다고 자처한 것이 아니라 다만 주희의 문하에서 배우고 가르치던
요점을 뽑아내어 제군들로 하여금 준수하여 가슴 속에 새겨두게 하려
고 해서일 뿐"이라고 하였다.[52]

　율곡이 저술을 너무 일찍 하였다는 성혼의 말은 율곡의 저술 속에 성
혼의 시각으로 볼 때 어떤 문제점이 있다는 것을 의미한다. 『격몽요결』
에 대하여 여러 차례 송익필이 문제를 제기하고 간행 전 수정을 약속한
상태에서 율곡이 그만 죽는 바람에 미처 고쳐지지 않은 일이 있지만 성
혼이 율곡의 저술 속에 구체적으로 어떤 부분을 문제 삼았는지는 확실
하지 않다. 『격몽요결』의 예와 관련된 부분에서 성혼이 약간의 이의를
제기하는 것을 볼 수 있다.

　『주문지결』에 포함된 내용에는 학문하는 본말이 모두 구비되어 있고
경(敬)을 지키는 방법에 있어 그 설명이 매우 친절하다. 실제로 오로지
주희의 글과 교훈을 취하여 배우는 자들에게 보여주었는데, 거경과 궁
리의 공부에 있어서 더욱 분명하고 확실하다.

　박세채는 이황의 『성학십도』, 율곡의 『격몽요결』, 성혼의 『주문지결』
을 한데 묶어 간행하였고, 초학자들에게 먼저 『위학지방』과 『격몽요
결』을 읽지 않으면 안 된다고 하였다.[53] 이러한 생각에 윤증도 동의하

51　송시열 『宋子大全』 卷146, 「朱門旨訣跋」
52　성혼 『牛溪年譜』 補遺 卷1, 德行
53　박세채 『南溪集』 卷69, 題跋 「擊蒙要訣後」 "吾東性理之學, 莫盛於宣廟朝, 維時退
溪李先生首作聖學十圖, 以獻當宁. 牛溪成先生繼述爲學之方, 以屬來學. 而先生此書最
後出焉. 詳其二書, 或廣撫古今圖訓, 義理淵宏, 或專取朱門旨訣, 工夫端的. 各有所主.

였다.

『격몽요결』은 배우는 자들에게 가장 요긴한 책으로, 현명한 사람이나 어리석은 사람, 노인이나 젊은이 할 것 없이 모두에게 유익하니 배우는 자들이 가장 먼저 읽어야 할 책입니다. 그리고 『주문지결』이 그 다음입니다. 거기에서 논한 지경(持敬) 공부는 매우 정밀하고 은미하기 때문에 『격몽요결』에 비해 꽤 어렵습니다. 반드시 『격몽요결』을 깊이 읽고서 마음에 와닿는 곳이 있은 뒤에야 『주문지결』을 읽을 수 있습니다. 이 두 책을 꿰뚫어 읽고 나면 『근사록』이나 『주자서절요』를 읽어도 어려움이 없을 것입니다. 모름지기 이 두 책을 과정의 시작으로 삼는 것이 어떻겠습니까. 비단 배우는 자들만이 아니라 우리처럼 늙어 공부하는 경우에도 너무 범위가 넓어서는 안 되니, 그 요약된 것이 이보다 더한 것이 없습니다. 부디 또한 여기에 뜻을 두십시오. 입지(立志)와 무실(務實)은 바로 그 벼리입니다.[54]

『주문지결』과 『격몽요결』에는 독서의 차례를 정한 것이 있다. 이것을 윤증이 초학자가 법식으로 삼아야 할 것에서 독서의 차례를 거론하는 중에 율곡과 성혼의 지침을 나란히 제시한 일이 있다.

율곡: "먼저 『소학』을 읽고 그 다음은 『대학』, 그 다음은 『논어』, 그 다음은 『맹자』, 그 다음은 『중용』, 그 다음은 『시경』, 그 다음은 『예경』, 그 다음은 『서경』, 그 다음은 『역경』, 그 다음은 『춘추』를 읽는다. 『근사록』, 『주자가례』, 『심경』, 『이정전서(二程全書)』, 『주자어류』 같은 책은 간간이 정

---

乃此書則不然, 既稽古訓, 並揆時宜, 斟酌證定, 以立一家之法, 要其大體, 雖復質諸姬孔洛建之門而亡所背者, 嗚呼盛哉"

54  윤증 『明齋遺稿』 卷14, 「答羅顯道」 동지 후 1일

독하고 여력이 있으면 또 사서(史書)를 읽어서 고금의 역사와 사물의 변화에 통달해야 한다" 하였다.[55]

성혼: "읽어야 할 책은 『소학』, 『대학』, 『대학혹문(大學或問)』, 『논어』, 『맹자』, 『중용』, 『중용혹문(中庸或問)』, 『근사록』, 『주자가례』, 『심경』, 『시경』, 『서경』, 『역경』, 『춘추』, 『예기』, 『이정전서』, 『주자대전』, 『이락연원록(伊洛淵源錄)』, 『연평답문(延平答問)』, 『이학통록(理學通錄)』, 『자치통감강목』, 『속자치통감강목』, 『황명통기(皇明通紀)』 등이다. 정자는 '정신력이 뛰어난 자는 널리 취하고 기운이 부족한 자는 반드시 절약하는 공부를 하라' 하였는데, 『심경』 이상은 모두 절약하는 책이다" 하였다.[56]

두 사람이 사서를 모두 들었고 그 읽는 차례가 같다. 그런데 성혼은 『대학혹문』과 『중용혹문』을 읽으라고 한 것이 우선 눈에 드러난다. 율곡은 사서 다음에 따로 오경을 읽으라고 했고 『근사록』, 『주자가례』, 『심경』 등은 오경 다음에 읽으라고 했으며 간간이 정독하고 여력이 있으면 사서를 읽으라고 했다. 성혼은 사서와 오경 사이에 『근사록』, 『주자가례』, 『심경』을 두었다. 오경에서 율곡은 마지막 단계로 『춘추』를 두었는데 성혼은 마지막에 『예기』를 두었다. 오경의 마지막 단계에 『춘추』와 『예기』를 각각 달리한 것은 시사하는 바가 있다. 율곡은 『춘추』의 대의를 지향했고 성혼은 일상생활의 실천규범 속에서의 의를 지향했다고 할 수 있다. 『춘추』를 최후의 교과로 삼는 율곡의 『석담일기』가 그의 『춘추』이고 사찬 실록의 의미를 지니는 것인데, 『예기』를 최고 단계의 경전으로 보는 성혼이 쓴 일기의 내용 속에 예와 생활의 진리가

---

55　이는 『격몽요결』 독서장의 내용을 정리한 것이다.
56　윤증 『明齋遺稿』 卷30, 雜著 「초학자가 법으로 삼아야 할 것에 대한 도표(初學畫一之圖)」 원재료는 『牛溪集』 卷5, 「與鄭士朝書」와 『牛溪續集』 卷4, 「與鄭士朝」에 있다.

담겨 있는 것이 우연은 아닐 것이다.

## 4. 친구의 눈에 비친 철학자의 모습

사람은 누구의 눈에 비친 모습이냐가 그에 대한 평가의 내용을 결정한
다. 후학의 눈에 비친 것, 선생이나 상사의 눈에 비친 것, 또는 마을 사
람이나 동료들이나 라이벌, 적들에게 비친 모습이 다 다를 수 있다. 비
석에 새겨진 내용이나 추모문 또는 자서전의 내용만으로는 실체적 객
관성을 확보하기 어렵다는 것은 상식에 속한다. 친구는 지근거리에서
서로 만나게 되니 가장 잘 알고 있기도 하고 또 서로의 시각으로 보니
편향성도 있을 수 있다. 통상 친구는 옹호자이면서 동시에 날카로운 비
판자이기도 하다. 성혼·율곡 두 사람은 만나 사귐을 갖게 된 이래 서로
절차탁마했는데, 모든 일에 있어서 남이 알기 어려운 미묘한 동기나 사
정 등을 가장 잘 알고 있었을 것이며, 서로에게 스스로 본받은 것도 있
고 서로를 비판하거나 평가하거나 격려하고 충고한 일이 많다.

　두 사람이 서로 만난 지 얼마 되지 않은 시점에 성혼이 율곡에게 편
지를 보냈다. 그는 비교적 장문의 편지를 보내 마음에 의심스러운 것을
지적하고 해명을 요구하고 애정 어린 충고를 하고 있다. 발단은 율곡이
비적의 병[57]을 앓고 있는 중에도 과거 준비에 골몰하고 명성을 얻기 위
해 지나치게 여러 가지 일에 골몰한 것에 대한 충고와 이를 두고 생긴
의문을 피력한 것이다. 편지는 시일이 밝혀져 있지 않으나 『율곡전서』
에 있는 답서의 내용으로 보아 1554년으로 추정된다. 내용을 압축하면
다음과 같다.

---

57　脾積은 오랜 체증으로 인하여 위장에 덩어리가 생기는 병이다.

가. 오랫동안 율곡에 대하여 의심하는 마음이 있었는데 이를 한 번 말하지 않을 수 없다.

나. 병중에 너무 지나치게 사색하고 절제함이 없고, 더구나 재예(才藝)가 많아서 공부를 전일하게 하지 않고, 무익한 문장을 지어서 언어로 자랑하며, 자그마한 녹봉을 도모하여 장구(章句)를 보지 않고 암송하며, 많은 지식을 탐하고 넓게 보는 것을 힘쓰다 보면, 필경 가장 낮은 세속의 무리들과 하루아침의 득실을 다툴 것이니, 이런 행위는 옳지 못하고, 의(義)와 이(利)를 구분하지 못하여 큰 본분을 잃게 되고 만다.

다. 예로부터 제1등의 인물들은 대부분 일찍 죽었는데, 제1등의 인물이 되고자 하면서 하등 사람들의 행위를 따른다면 그 학문도 수명도 기대할 수 없을 것이다.

라. 녹봉을 구하는 일에 이미 자신의 재주를 다하여 몸을 희생시켰는데, 공자와 맹자로 핑계를 삼고 있지만 그대의 학문은 가난을 구제하기 위한 것일 뿐, 함께 요(堯)·순(舜)의 도(道)에 들어갈 수 없다.

마. 이미 문장이 한 나라를 감동시키니, 비록 과거 급제에 급급해하지 않더라도 높은 지위를 쉽게 차지할 수 있을 것이다. 조모 봉양 등을 이유로 삼고 있는데, 이를 이유로 과거에 응시하는 것은 괜찮으나 과거를 사모하여 애를 태우는 것은 옳지 않으며 병이 있는데도 치료하지 않는 것은 더욱 옳지 않다.

바. 잘못됨이 없이 잘 배워서 사문(斯文)을 전승하는 중임을 맡으라. 병을 삼가라고 권고하는 것이지 과거에 응시하지 말라고 권하는 것은 아니다.[58]

이 편지에 대한 율곡의 답신은 『율곡전서』에 수록되어 있다.[59] 율곡

---

58   성혼 『牛溪集』 續集 卷3, 簡牘 「與李叔獻」
59   『栗谷全書』 卷9, 「答成浩原渾」 갑인년(1554, 명종9)

이 답한 내용의 요점은 다음과 같다.

가. 우계가 의심하는 것은 진실로 옳다. 그러나 오해가 있는 듯하므로, 실
정을 말하여 나를 알아주는 이로 하여금 오해를 풀겠다.

나. 17세에 비로소 학문에 뜻을 두었으나, 공부를 한 지 얼마 안 되어 곧
비위(脾胃)에 소화가 안 되는 병을 얻었다. 지난 3년간 약을 써서 비위를
치료하려고 했으나 아무런 효과도 없다. 지금은 비위가 병든 것이 아니라
곧 폐(肺)가 상한 것이라는 진단이 있어 그 약을 구하고 있다.

다. "과거를 중하게 여겨 그 득실에만 구차하게 마음을 기울인다"고 한 것
은 정확한 지적인데 또한 내가 어쩔 수 없었던 것이다. 나는 대대로 내려
오는 산업이 없으므로 곤궁하여 생계를 마련할 수가 없다. 늙은 어버이가
계시기 때문이다. 과거는 어쩔 수 없어 한 것이지, 평생 사업으로 삼으려
는 것은 아니다.

라. "의리와 이욕의 구분은 다투는 바가 털끝만 한 차이이므로 조금이라도
정도에서 벗어나면 곧 사사(私邪)라 이를 수 있다"는 말은 진실로 나에게
약석(藥石)이 되니, 그대로 받아들이겠다.

마. 자네에게도 충고 한마디 한다. 군자는 어디서나 스스로 마음에 만족해
야 하는데 질병이 있고 부친의 오래 묵은 병이 끝내 낫지 않아 아무런 즐
거움이 없겠지만, 일상생활에서 때에 따라 잘 처리하는 것이 곧 학문이니,
하루라도 함부로 하지 마라.

바. 서로 계속하여 절차탁마하자.

위 편지는 막 도의지교를 맺고 나서 주고 받은 편지인데 따뜻한 사랑
을 바탕으로 매서운 질책성의 충고가 담겨 있음을 볼 수 있다. 그런데
율곡에 대한 성혼의 평가와 인상은 사귐이 깊어지면서 조금씩 달라진

것도 있고 지속되는 것도 있다. 이를테면 위의 편지 내용과 달리 이후 그는 율곡이 건강하고 근면하며 명민하다고 판단했고 이를 부러워하였다. 어느 해 성혼은 율곡이 "금년에 4서를 세 번씩 읽기를 세 차례 하였으니, 모두 계산하면 아홉 번이다"라는 말에 충격을 받았다. 그의 고백에 따르면 그때 성혼은 일 년 내내 한 권의 책도 읽지 않았으며, 그런 상황에서 도리에 대한 소견이 있기를 바라는 것은 자못 뒷걸음치면서 앞으로 나아가기를 도모하는 것과 같은데, 비록 고질병 때문이기는 하지만, 참으로 독실히 좋아한다면 이와 같이 하지 않을 것이요, 후회막급이라 했다.[60] 또 율곡은 몸이 건강하여 세도의 중임을 맡았는데 자기는 늘 병을 앓아 죽음과 이웃하여 지냈다[61]고 하여 친구의 건강함과 세도를 담당함을 부러워하기도 하였다.[62] 또 그는 율곡이 세도를 담당하기에 적절한 자질을 갖고 있었다고 평가하였다. "그는 일찍 대도(大道)의 근원을 보고도 스스로 만족하게 여기지 않았고 백성을 구제하는 책임을 자임하여 자기 몸을 아끼지 않았습니다. 일을 만나면 시원스레 해결하여 어려운 일로 고심함이 없었습니다"[63]라고 하였다.

한편 그는 처음 사귐을 가졌을 때의 인상을 줄곧 유지한 것도 있다. 즉 율곡의 성정과 그 단점에 대한 파악은 거의 바뀌지 않고 있었다. 재주가 트였기 때문에 경솔한 병통이 있어 침착하고 치밀한 기풍이 부족하며, 성품이 분명하고 곧으며 우활하고 성실하기 때문에 절대로 외모를 꾸며 사람들의 마음에 맞추려는 태도가 없으며, 뜻이 커서 하찮은

60    성혼『牛溪續集』卷6, 雜記
61    성혼『牛溪集』卷6, 雜著「栗谷에 대한 제문」갑신년(1584, 선조17) 3월
62    여기서 성혼이 율곡이 '건강하다'고 평한 것은 자신에 비하여 건강하여 관직에 종사할수 있었음을 의미하는 것으로 보인다.
63    성혼『牛溪集』卷6, 雜著「栗谷에 대한 제문」갑신년(1584, 선조17) 3월

일에 소략하고 자신감이 넘쳐 세속을 따르지 않았다는 것이다.[64] 또 견고하게 응집된 역량이 부족하여 남이 모함하여 선동하는 말에 동요되곤 한다고도 하였다.[65] 성혼과 송익필은 율곡의 성향이 착실하지 않다는데 의견을 모으기도 하였다. 또한 율곡이 일찍부터 저술하는 사람으로 자처하는 것을 마땅치 않게 여겼는데, 그가 지닌 자부심이 교만으로 치달아 자칫 함양하고 실천하는 공부를 달갑게 여기지 않을까 염려된다고 하는 이유였다.[66]

율곡도 성혼에 대하여 평가하거나 충고한 부분이 있다. 자신이 의리에 있어서 더 밝게 깨달아 알고 있지만 성품이 느슨하여 비록 알아도 실천할 수 없었으나 성혼은 이미 깨달았다면 하나하나 실천하여 참으로 자기 안에 두는데 이 점은 그에게 미치지 못한다고 하였다.[67] "만약 견해의 도달한 경지를 논한다면 내가 다소 나은 점이 있겠지만, 마음가짐과 행동의 독실함과 확고함은 내가 미치지 못한다"는 등[68] 이와 비슷한 말을 되풀이하였다.

성혼과 율곡은 조선 오백 년 유학사에서 보기 드문 지음(知音)의 관계이다. 두 사람은 유사성이 많다 보니 그 평가가 자연 우열을 가리거나 영향력의 강약으로 귀결되곤 했다. 두 사람이 처한 환경과 걸은 길과 내공(內功)이 다르다는 면은 다소 소홀히 한 면이 있다.

성혼은 원치 않는 질병으로 일찍 과거를 통한 입신을 포기하고 수기

---

64    성혼『牛溪集』卷2, 章疏 1「三司에서 栗谷을 탄핵한 것을 논한 소」계미년 7월
65    성혼『牛溪集』續集 卷3, 簡牘「與宋雲長翼弼」무인년(1578, 선조11) 6월
66    성혼『牛溪集』續集 卷5, 簡牘 어떤 사람에게 보낸 편지. 혹자는 宋雲長에게 보낸 것이라 한다.
67    『栗谷全書』卷32 語錄 下.「然先生謂人曰, 吾於義理上曉解處, 優於牛溪, 牛溪多從吾說. 而吾性弛緩, 雖知之而不能實踐, 牛溪則既知之, 便能一一踐履, 實有諸己. 此吾所以不及也.」
68    성혼『牛溪年譜』1554년(명종9년), 갑인 조

(修己), 은거(隱居), 수교(垂敎)를 통한 성현을 기약했다면, 율곡은 과거를 통한 입신(立身), 행도(行道), 태평(泰平), 대동을 꿈꾸고 이를 실현하기 위한 외왕(外王)적 정향의 삶을 살았다고 할 수 있다.

성혼은 부친, 백인걸, 이황을 스승으로 섬겼고, 주자학적 학문규범을 준수하며 예법에 공력을 기울였고, 율곡은 뚜렷한 스승이 없이 독학을 하였으며, 노장과 불교에 출입하고 이에 관한 저술을 하는 등 자유롭게 학문적 편력을 하였다.

두 사람은 일 처리에 있어서 원칙과 태도를 달리했다. 성혼은 시비판별을 최우선으로 하고 양쪽을 모두 헤아리는 신중함과 예로 사양하는 자세를 견지하려 했다. 이와 달리 율곡은 시비를 고려하되 형세와 정황을 고려할 수밖에 없다는 것과 변통의 필요성과 칼날 같은 분석을 강조하였다.

학문에 있어서 성혼은 본받음, 의양을 중시하고, 예경(禮經)을 중시하며, 일상적 삶의 진리를 중시하고, 수양론에서 방법적 경(敬)을 학문의 기조로 삼아 도덕가의 모습을 보였다면, 율곡은 자득을 중시하고, 근원적 이해와 실리(實理)에 중점을 두었으며, 경전의 맥락보다는 상황적 변통을 강조하고, 수양에서 목적성을 지니는 성(誠)을 더 강조하였으며, 『춘추』를 중시하여 역사적·경세적 철학자의 모습을 보였다.

두 사람의 도의지교 속에는 상대에 대한 큰 기대와 아낌과 존경, 그리고 단점에 대한 아픈 충고와 상황에 대한 온화한 이해 등이 교직(交織)되어 있다.

두 사람은 일기를 남긴 학자였다. 성혼의 일기는 마치 이황의 『자성록(自省錄)』의 예와 같았다. 주로 자신에 대한 반성, 회개, 본받음, 타인의 칭송할 점 등의 내용이 수록되어 있다. 일기책의 끝에 '돈후주신 평실정정(敦厚周愼 平實定靜)'의 8자를 두 줄로 쓰고 스스로 풀이하기

를 "돈독(敦篤)하면서도 중후(重厚)하고 주밀(周密)하면서도 근신(謹
愼)하며, 평담(平淡)하면서도 진실(眞實)하고 응정(凝定)하면서도 안정
(安靜)하여야 한다"라고 하였다. 그의 일기책의 끝에는 "현자가 산림에
거처하면서 스스로 수립하여 저 세상을 잊을 수 있는 어떤 것이 있는지
모르겠다. 반드시 종사하는 것, 반드시 얻는 것, 반드시 지켜 편안히 여
기는 것, 반드시 남들은 알지 못하는 가슴 속의 즐거움이 있을 것이다"
라고 썼다.[69] 율곡은 주로 국사와 관련된 내용의 『경연일기』를 써서 후
세를 경계하는 거울을 제공하였다. 그의 일기는 사찬 실록의 의미도 있
고 나름대로 쓴 시대의 『춘추』라고 할 수 있는 내용들로 구성되어 있으
며 대동(大同)과 대의(大義)의 진리를 지향한 것이다.[70] 하나는 산림의
현자가 일상생활 속에서 추구한 진리를 드러내고, 다른 하나는 조정의
대관이 치열한 갈등의 현장에서 국가와 사회와 인류에 대한 우환이 역
사성으로 응결되어 담겨 있다고 할 수 있다. 성혼과 율곡은 각각 그다
운 형식의 진유(眞儒)와 실학(實學)의 삶을 일기로 남긴 것이다.

69  성혼 『牛溪集』補遺, 「德行」玄孫 至善의 기록.
70  곽신환 「우암 의리학의 율곡 연원과 후원-석담과 석실」 『율곡사상연구』 21집,
151-288쪽, 율곡학회 2010. 12. 30.

# 9장
# 율곡에 대한 송시열의
# 존숭과 지수(持守)

## 1. 율곡·우암의 관계

송시열은 스스로 주희를 독실히 믿고 존숭함을 밝혔고, 율곡 뒤에 태어나 학문이 어그러지지 않게 되었음을 행복해했다. 그는 주희의 학문을 정학(正學)으로 규정하여 일생 이를 드러내려 했고, 율곡의 이론과 그 지향과 위상을 지키고 전하려 했다. 그는 83세 때 제주로 유배 차 떠나는 배에 오르면서 다음과 같이 읊었다.

| | |
|---|---|
| 위로는 주희를 아래로는 율곡을 배워 | 上爲闓翁下栗翁 |
| 폐단을 제거하고자 마음을 다했는데 | 要除弊事罄愚衷 |
| 이제 탐라로 향해 떠나가면서 | 如今却向耽羅去 |
| 영릉 돌아보고 효종 생각하며 눈물짓네 | 回望寧陵泣孝宗[1] |

송시열이 주희를 따르고 율곡을 섬기며 옹호하는 일에는 숱한 비난과 위험이 뒤따랐다. 그는 이것을 감수하려 했다. 결과적으로 조선에서 주희의 학문은 송시열을 통하여 보다 정치하게 분석되었고 그 정론(定論)에 대한 논거가 확보되었으며, 오랫동안 정학의 위상을 누렸다. 또한 율곡은 송시열에 의하여 그 학설이 옹호되었고, 학계의 정론이 되었으며 문묘배향 등 학문적 위상이 지켜졌다. 송시열은 주희나 율곡의 사상을 독신하였으되 맹신한 것은 아니다. 그는 이들 선현의 학설과 행적을 철저히 탐구하였으며, 자연스러운 결과로 그들의 학문과 사업을 계승한 것도 있고 비판하고 변통한 것도 있다.

율곡과 송시열은 둘 다 조야의 중망을 받았던 학자이고 또 정치인이다. 그들의 간단한 손발의 움직임이나 한마디 말 등이 정계와 학계에 미치는 영향력이나 파급 효과는 대단하였다. 그에 대한 평가는 정치적인 것이 있고 학문적인 것이 있다. 유학을 국학의 위상에 두고 있는 조선조 상황에서 학술 이론은 그대로 정치적 이해와 결부되는 것이 상례이다. 학술의 정통성 논란은 그대로 정치적 정통성 여부와 직결되기도 하였다. 따라서 어떤 학술에 대한 비판은 자연스레 그와 그가 속한 집단에 대한 정치적 공세와 연결되기도 하였다. 사문난적 파동이 이를 입증한다. 한편 정치 세력이 학술 집단과 손잡으려 하는 현상도 나타났다. 인조반정 이후 집권 세력이 산림들을 대거 초치하는 현상이 이와 관련된다. 물론 정치적인 행위는 아무래도 학술 이론보다는 집단적 이해에 많이 관계된다. 따라서 이에 대한 평가가 어느 집단에 의해서 이루어졌느냐 하는 것을 반드시 고려해야 한다. 학문적 주장에 대해서는 논리적, 개념적 정합성과 정통·이단의 맥락에서 평가가 이루어지는 것

---

1  송시열 『宋子大全』 卷2, 詩 七言絶句 '耽羅 도중에서 畏齋 玄石 朴世采에게 보내다'

이 일반이다. 이황은 정치에 얽매인 일이 상대적으로 많지 않다. 마치 산 속의 새와 같다는 조신들의 기롱이 있을 만큼 산림 친화적으로 살았기 때문이다. 따라서 그에 대한 평가는 그의 생존 기간은 물론 사후에도 상당 기간 정치적 이해에서 기인한 것이 상대적으로 적다. 즉 비교적 순수하게 그 학설의 정당성, 개념적 정합성 여부 등에 비판의 초점이 모였다. 그에 비하면 율곡은 그 학설은 물론 처신이 생전에도 혹독한 비난의 대상이 되었고 사후에는 더 처절하게 욕을 당하기도 했고 영광이 주어지기도 하였다.

송시열에게 있어서 주희와 율곡에의 길은 심각한 개인적 결단이나 엄청난 갈등 끝에 선택한 길이라기보다 비교적 쉽게 주어져 힘써 간 길이다. 그는 어려서부터 부친으로부터 "주자는 후세의 공자이고 율곡은 후세의 주자이니, 공자를 배우려면 마땅히 율곡에서부터 시작해야 한다"는 가르침을 받았고, 스승으로 섬긴 김장생 또한 주희와 율곡을 대유(大儒)로 가르쳤기에[2] 두 사람은 송시열에게 있어서 일찍부터 대현이라는 선입견으로 자리하고 있었고, 이러한 생각과 태도는 그의 일생 바뀌지 않았다.

송시열은 주희를 철저하게 연구하고 실천하였다. 그의 여러 가지 주희 관련 연구물과 행적이 이를 입증한다. 그는 주희의 이론을 옳게 전했다고 판단한 사람을 높이고 주희와 다르다고 평가한 것들에 대하여 강도 높은 비판을 한다. 그에게 있어 주희의 이론을 옳게 이해한 사람은 율곡이고 대체로 훌륭하지만 이론상 심각한 결함이 있는 것이 이황이다. 그가 주희의 정론이라고 판단하고 해석한 것을 밝히는 과정에서 그의 독특한 해석이 종종 등장한다. 송시열은 사실의 순서 상으로는 율

---

2　송시열『宋子大全』卷151, 祝文, 皇考 睡翁先生과 皇妣 貞敬夫人 郭氏의 묘에 고한 글

곡의 학설이 논란에 휩싸인 상황에서 그 정당성을 입증하기 위해 주희에 대한 연구와 그것을 판결의 기준으로 제시할 수밖에 없기도 하였다. 비판을 위한 논거도 주희에서 찾아냈다.

시기적으로도 앞섰지만 당시 학계에는 이미 태산준령 같은 상대로 이황이 있었다. 이황을 극복하고 율곡의 주장을 정당화하고 지지하기 위한 맥락에서 이루어지는 주희에 대한 연구는 주밀하고 진지했다. 이를 위한 사업에 있어서나 성리학의 논리와 개념의 이해에 있어서 그는 학계에서 단연 탁월한 위상을 차지하고 있다. 김익희가 일찍이 송시열에게 이황을 배웠더라면 만년을 평안히 지냈을 터인데 주희를 따랐기 때문에 화란과 폐해가 적지 않을 것임을 말한 일이 있다. 김익희의 말은 당시 학계의 분위기를 시사하고 있다. 그런데 송시열은 권상하에게 그가 일생 주희와 율곡을 배운 것을 숱한 위난이 있었음에도 다행으로 여긴다고 말했다.

## 2. 우암의 퇴계에 대한 존숭과 극복

학자로서 송시열에게 주어진 과제적 인물은 주희, 이황, 그리고 율곡이었다. 태어난 가계와 여러 가지 정황으로 율곡을 사숙하게 된 송시열에게 있어서 일차적 목표는 율곡을 배우는 것이었지만 그로 인하여 곧 자연스레 이황 또는 이황 문하와의 논쟁이 불가피하였고, 따라서 그 과정에서 주희에 대한 연구가 피할 수 없는 과제로 나타났다. 율곡이 이황에 대하여 '이발설이 크게 잘못되었다'는 등의 지적을 한 이래로 이로 인한 논란이 발생하였고, 학계는 이미 심각한 대립양상을 보이고 있었다. 주희에 대한 이해의 우위에 서지 않는 한 당시의 학설적 논쟁에서의 승리는 불가능한 것이었기 때문이다. 송시열은 율곡의 학설이 주희의 입장을 통투하게 꿰뚫고 있으며 정확하게 이해하고 있다고 생각한다. 물론 그의 이황에 대한 비판은 율곡에 의해서 또한 김장생의 가르침에 따라 형성되었지만 스승을 따라 맹종하는 비판이 아니라 스스로의 깊이 있는 연구와 통찰에 따른 결과이기도 하였다. 이는 이황에 대한 이해를 위한 노력에 먼저 나타난다.

　　송시열은 이황의 인격을 존중하고 그의 이론에 대한 연구를 게을리하지 않았다. 그는 어려서부터 『사서질의』나 『심경석의』를 비롯한 퇴계의 문집과 저술을 깊이 있게 읽었다.[3] 이러한 자세는 그가 죽는 해까지 이어졌다. 즉 83세 때 제주로 유배 길에 나섰을 때 생사가 불명한, 혹독한 위난이 짐작되는 모진 항해 길에서 이황·기대승 사이에 오간 편지를 읽었다고 한다. 그리고 그들의 이름이 후세에 전해질 만한 탁월성을 느꼈으며 무엇보다 세밀하고 조심스러운 자세에 감동을 받았다고 하였다.[4] 이황에 대한 송시열의 존숭은 학자들이 선현에 대하여 지니는 존숭의 태도가 일종의 당위적 과제처럼 되어 있기에 자연스러운 일이기도 하다. 송시열은 그의 문집 곳곳에서 이황에 대한 깊은 존숭의 태도를 드러낸다. 예를 들면 송시열은 이황의 행적을 비난하지 않는다. 당시 사림들 사이에서 퇴계가 여색을 밝혔다는 논란이 있었고 송시열도 『퇴계집』에서 이황이 수십 년 동안 여색에 빠졌다는 말을 보았다. 하지만 송시열은 이황이 만년에 마음을 굳게 지키고 혼자 있을 때를 삼간 공이 지극한 것을 들어 초년의 조그마한 흠은 넓은 하늘에 조그마한

3　송시열『宋子大全』卷131, 雜著「看書雜錄」 송시열은 "아이 적부터 「退溪發明」이라는 것을 보았는데, 중년에 또 어떤 것을 얻어보니 「退溪質疑」라고 이름을 고쳤다. 나는 거기에 자못 의심스러운 것이 있어서 일찍이 박세채에게 물었더니 본 바가 서로 약간의 차이가 있었다"고 말하였다. 여러 가지 의문점을 제기하고 동료들 사이에서 논변하며 그 시비를 정하려고 하였다.
4　송시열『宋子大全』卷89,「與權致道」1689년 3월

햇빛가리개와 같은 것이라고 하였다. 김장생이 일찍이 율곡에게 회재 (晦齋) 이언적과 퇴계 이황 두 선생은 축첩(畜妾)한 일이 서로 같고, 봉성(鳳城)의 일⁵이 또한 같은데, 율곡이 회재에 대해서는 만족하지 못한 뜻을 두고, 퇴계에 대해서는 그렇게 여기지 않는 연유를 물은 일이 있다. 그때 율곡은 "사람을 볼 때에는 그 성취한 후를 보아야 한다. 퇴계의 허물은 모두 초년에 있었던 일이요, 회재는 만년에 있었던 일이기 때문에 나의 의론이 이와 같다."고 하였다.⁶ 선현을 논하는 율곡의 이러한 태도를 송시열은 이황에게 취하고 있다. 이황은 '마땅히 허물이 있는 가운데서 허물이 없는 점을 찾아야 할 것이요, 허물이 없는 가운데서 억지로 허물을 찾아서는 안 된다'고 하였는데, 송시열은 이런 교훈을 가슴에 새겨 보통 선배라도 감히 가볍게 논하지 않았다고 술회하고 있다.⁷ 하물며 이황을 함부로 논하는 일은 보이지 않았다.

한편 이황은 송시열에게는 극복의 대상이기도 하였다. 현실 속에서 우수하고 탁월한 상대는 존경의 대상으로만 있는 것이 아니라 때로는 극복의 대상이 되기도 한다. 그는 이황의 『사서질의』에 대하여 의문이 나는 점을 조목조목 분석하는 일도 하였고, 이황의 문집에 이해가 불분명한 부분을 해석해내고자 하는 시도 곧 『퇴계집차의』를 기획하여 시작하기도 하였다. 송시열은 퇴계의 학문은 당시 조선의 학자 가운데서 가장 폐단이 적었지만 "그 자신이 말한 곳은 주희와 같지 않으니, 혹 나의 소견이 망령된 것인지 모르겠다. 지금 세상 선비들이 그 문집을

---

5   鳳城君은 중종의 별자 岏이다. 1545년 곧 명종 즉위년에 尹元衡 등이 尹任이 봉성군을 세우고자 한다는 무고로 옥사를 일으켰는데, 이때 李彦迪이 윤원형 일당의 錄勳에 들었다. 李滉 역시 啓辭에 참여한 일이 있어 훗날 논란이 되었다. 『宋子大全隨箚』卷6
6   송시열 『宋子大全』 卷52, 「答金起之」 1678년 12월 29일
7   송시열 『宋子大全』 卷87, 「答尹體元」 1688년 7월 25일

많이 읽지만, 역시 읽기가 어렵기 때문에 내가 일찍이 주석을 시도하였
으나 끝내지 못했다. 혹 계속하여 완성시키는 사람이 있으면 좋을 것이
다"[8]라고 하였고 또 "요즈음 선비들이 『퇴계집』을 보는 사람이 많으나
그중에는 생각할 부분도 없지 않으니 이 점은 몰라서는 안 될 것이네.
내가 일찍이 그러한 부분을 적어 모아 하나의 책을 만들었는데 모름지
기 다른 일은 그만두고 감정(勘定)하는 일에만 전념하여 후인에게 은혜
를 주도록 하는 것이 어떻겠는가"[9]라고 했다.

송시열은 이황의 『사서질의』에 대한  의문을 갖게 된 심정을 표명하
고 있다. 다음과 같은 표현들이 있다.

"퇴계의 말이 이처럼 전혀 곡절이 없을 수 없으니, 아마 기록이 잘못된 듯
하나 어떻게 된 것인지 알 수가 없다", "퇴계의 학문이 응당 이처럼 급박
하고 무질서할 리가 없으니, 매우 의심스럽다"[10], "퇴계는 평생 주자를 독
실하게 믿었으나 간혹 이와 같은 곳이 있으니, 후학으로서 감히 알 수 없
는 것이다. 당시에 직접 퇴계에게 아뢰어 질문하지 못한 것이 한스럽
다"[11], "퇴계가 일생 동안 경서에 잠심하였음은 물론, 『논어』에는 더욱 그
힘을 썼는데도(『溪山記善錄』에 나타나 있다) 여기에서 그릇된 것이 있음
을 면치 못하였으니, 글을 어찌 쉽게 읽을 수 있겠는가"[12], "그런데 이제
이씨의 말은 이처럼 거치니, 아마도 실제로는 얻은 것이 없이 좋은 이름만
을 붙여 자신을 과장하는 것이 아닌가 싶다. 이씨가 직접 도가 있는 사람

8    송시열『宋子大全』卷131, 雜著「看書雜錄」
9    송시열『宋子大全』卷89,「與權致道」1689년 4월2일
10   송시열『宋子大全』卷133, 雜著「退溪四書質疑疑義」1
11   송시열『宋子大全』卷133, 雜著「退溪四書質疑疑義」3
12   송시열『宋子大全』卷134, 雜著『論語』의 末이 곧 本이라는 데 관한 설

의 문하에서 가르침을 받은 사람이었다면 그 말이 이와 같지 않았을 것이다"[13]

　이러한 표현과 태도는 송시열의 문집 도처에서 드러난다. 한편 그는 이황에 대한 존숭의 념을 밝히는 것도 잊지 않는다. "나는 젊어서 퇴계 선생의 글을 읽고 그 선생을 존모하는 생각이 늙어갈수록 더욱 깊어졌거니와"[14] "퇴계 이 선생은 한평생을 성리학에 정력을 기울인 분으로 이 격물설에 대한 강론은 더욱 익숙했는데, 항상 '사람이 탐구하고 사람이 도달한다[人格人到]'는 것으로 말하다가, 만년에 가서는 마음이 변하여 앞서의 견해가 잘못되었다 하고 비로소 '사물이 스스로 이른다'는 것으로 말하였네. 그리고 보면 꾸준히 노력하여 알아내지 않고는 그만두지 않는 자세를 볼 수 있네."[15]

　위에 거론한 것들 외에도 송시열은 『사서질의』에 대한 의의(疑義)를 통하여 몇 개의 주요한 문제를 제기하고 있다. 이를테면 형이상·형이하의 문제[16], 본말의 문제[17], 격물설 등이 그 대표적인 경우이다.

　송시열이 한국 성리학에 기여한 공으로 『주자대전차의』 편집을 꼽을 수 있다. 이것의 편찬 역시 이황의 영향이 없지 않다. 한국에서 『주자대전』에 대한 성리학 방면의 체계적 연구는 이황에게서 시작되었다고 할 수 있다. 즉 이황이 『주자대전』에 있는 서간문을 손수 뽑아 내어 20편을 만들고 이름을 『주자서절요』라고 했다. 또 『주자서절요기의(朱子書節要記疑)』라는 책자를 만들어, 요긴하고 해득하기 어려운 곳을 풀이

13　송시열 『宋子大全』 卷133, 雜著 「退溪四書質疑疑義」 3
14　송시열 『宋子大全』 卷137, 「西坰集序」
15　송시열 『宋子大全』 卷104, 「答金仲固」 병진년(1676)
16　송시열 『宋子大全』 卷133, 「退溪四書質疑疑義」 1 정사년 論語 子張
17　송시열 『宋子大全』 卷133, 「退溪四書質疑疑義」 1 정사년 論語 子張

하여 초학자들을 가르쳤다. 그 뒤에 정엽(鄭曄)이 또『주문작해(朱文酌海)』8권을 만들어 간행했는데 이는『주자서절요』의 우익(羽翼) 역할을 하였다. 이 두 책으로 인하여『주자대전』을 대할 때 아득한 느낌을 갖던 사람들도 핵심을 잡아 이해할 수 있게 된 것이다.『기의』라는 글이 『주자서절요』에만 있고『주문작해』에 대해서는 언급이 없으므로 송시열은 손자인 주석과 더불어『기의』를 속편(續編)하고『작해』를 통석(通釋)하며, 이에 남은 부분도 언급하여 스스로의 유실과 망각에 대비하려 하였다. 이때 송시열은 이 일을 김수항에게 상의하여 협력을 얻었다. 송시열은 기록되는 대로 서로 질문하여 그릇된 데를 바로잡고 빠진 것을 보충하여 매우 정밀하고 널리 흡족하게 하였다. 김수증(金壽增)과 김수흥(金壽興, 1626-1690)의 논의 한두 가지도 포함되어 있다. 편차가 어느 정도 이루어지자 송시열은 권상하에게 부탁해서 김수항의 아들 김창협(金昌協, 1651-1708)과 함께 손질하게 하였다.[18]

## 3. 기발이승(氣發理乘)의 세계관과 사서(四書)연구

자제가 스승이나 부모를 섬긴다고 할 때 통상 '계지(繼志)'와 '술사(述事)'를 말한다. 그 부모나 스승이 뜻하던 것을 이어가고 사업을 전술하는 것이다. 제자가 스승을 계술하는 것은 아무래도 학설을 이어가고 사업을 이어가는 것이라고 할 수 있다. 그런데『중용』에서 계지·술사를 해석하는 가운데 서산 진씨는 마땅히 지수해야 하는 상황에서는 지수하는 것이 계·술이고 마땅히 변통해야 하는 상황에서는 변통하는 것 또한 계·술이라고 하였다. 이 말에 동의하면서, 송시열이 율곡에 대하

---

18   송시열『宋子大全』卷139,「朱子大全箚疑序」

여 우선 어느 면에서 지수(持守)적 계술을 하였는지 변통적 시의를 살
렸는지를 살펴보기로 한다.

송시열은 주희, 율곡과 같이 태극은 본래의 오묘함을 나타낸 것이요,
태극론은 본원을 지극하게 탐구하려는 것임을 분명히 했다.[19] '극본궁
원론'으로서의 송시열의 태극론은 곧 『주역』「계사」의 "한 번 음이 되
고 한 번 양이 되는 것을 일러 도라 한다"의 도에 대한 분석에서 잘 나
타난다. 송시열은 "한 번 음이고 한 번 양인 것은 기이고, 한 번 음이
되게 하고 한 번 양이 되게 하는 것은 이이다[一陰一陽 氣也, 一陰之一陽
之 理也]"라고 하여 도를 한 번 음이 되게 하고 한 번 양이 되게 하는 소
이연자로 본다.

태극을 소이연자로 보는 이 같은 송시열의 태도는 주돈이의 "태극이
움직여 양을 낳고 정지하여 음을 낳는다[太極動而生陽 靜而生陰]"를 이
해하는 데서도 그대로 드러난다. 즉 태극은 이요, 이는 아무런 행위가
없는 것인데 어찌 음을 낳고 양을 낳을 수 있는가라고 의심했던 송시열
은 주희가 "태극이란 움직여 양이 되고 고요하여 음이 되는 본체이다"
라 한 것을 보고 비로소 그 요령을 터득하고 이해하였다고 했다.[20] 이와
관련된 글이 권상하와 주고받은 편지에 있다. 그는 평소에 「태극도설」
에 '움직여 양을 낳고 고요하여 음을 낳는다'는 것에 대하여 "태극의
동정이 바로 음양인데 왜 동정이 음양을 낳는다고 말하였는가? '낳는
다'라는 글자를 놓은 것이 더욱 늘어지는 듯하지만 주돈이의 글은 매
우 간결하면서도 정밀하니 어떻게 감히 짧은 견해로 이렇게 딴 생각을
할 수 있겠는가" 하였지만 줄곧 석연치 않았다는 것이다. 그러다가 주
희의 『태극해의』를 보고 주희가 자신과 같은 생각을 하였다는 것을 깨

---

19    송시열 『宋子大全』卷136, 「一陰一陽之謂道」, "太極皆極本窮源之論也."
20    송시열 『宋子大全』卷131, 雜著 「看書雜錄」.

닫고는 환호했다.

"주자가 「태극도」 아래에 붙인 해설을 보니 바로 두 '낳는다' 라는 말을 없애버리고 '태극의 동은 양이고 정은 음이다.' 하였네. 역시 주자도 여기에 흠이 있다고 여겨 원문을 개정한 것이 아니겠는가. 그 말의 뜻이 뛰어나서 사람으로 하여금 대번에 잠에서 깨어난 듯 환히 깨달을 수 있게 하였네. 여기에서 비로소 '선현의 글은 뒷사람이 감히 한 글자도 고치거나 바꾸지 못한다' 는 말이 정론이 아니었음을 알았네."[21]

송시열은 "일음일양지(一陰一陽之)" 앞에 '소이' 자를 덧붙이면 주희의 뜻이 더욱 분명히 드러난다고 하고, 이는 사계절이 순환하여 마지않는[不已] 유행의 오묘함으로 보나, 하늘은 위에 땅은 아래에 있는 그 형상의 마주 대하고 있음의 형체로 보나 그 소이는 도요, 도는 형이상자라 하였다.[22]

율곡의 경우와 같이 송시열에 있어서도 태극과 음양, 이와 기의 서로 떨어질 수 없다는 측면이 중시된다. 이가 아니면 기가 뿌리내릴 곳이 없고 기가 아니면 이가 의지하여 붙을 곳이 없으니 두 개의 물건으로 나누어 보아서는 안 된다고 주장하는 한편, 그렇다고 해서 도가 곧 음양이라 하면 형이상자인 도와 형이하자인 기(器)의 분별에 어둡게 되는 것인즉, 이 도와 기(器) 둘은 불가불 분별해 보아야 한다고 했다.[23] 무형 무위이면서 유형 유위한 것의 주재가 되는 것은 이요, 형상이 있고 행위가 있으면서도 형상이 없고 행위가 없는 것의 그릇[器]이 되는

21    송시열 『宋子大全』 卷89, 「書權致道」 1689년 3월 7일
22    송시열 『宋子大全』 卷136, 雜著 「一陰一陽之謂道」
23    송시열 『宋子大全』 卷136, 雜著 「一陰一陽之謂道」

것은 기이니, 이 이와 기 둘은 본래 저절로 혼합되어 종시가 없는 것으로 하나도 아니요 둘도 아니라 했다. 이 같은 견해는 물론 주희가 "앞으로 미루어보아도 그 시초에 합해져 있음을 보지 못하겠고 뒤로 끌어내어도 그 끝내 떨어짐을 보지 못하겠다"[24]고 태극과 음양의 관계를 논술한 것에 근거한다. 시간적 관점으로는 양자는 동시에 함께 있는 것으로 결코 선후로 나눌 수 없는 것이다. 그러나 존재론적 관점에서는 이가 앞서고 기가 나중인 것 혹은 이가 있음으로 해서 물(物)이 있다고 할 수밖에 없게 된다. 왜냐하면 태극론이 본래 사물 현상의 소이연을 지극하게 탐구하려는 데서 나온 것이기 때문이다.

이처럼 이와 기, 태극과 음양의 관계는 말하려는 곳에 따라 서로 다른 주장이 나오게 되는 것인데, 이 말하는 곳을 잘 살려보지 못한 까닭에 이에 동정이 있느냐, 이기에 선후가 있느냐, 태극이 어떻게 음양을 낳느냐, 이기 양자가 어찌하여 떨어질 수 없는 관계에 있고 섞일 수 없는 관계에 있느냐 등의 문제로 날카롭게 대립하여 의론이 어지러웠던 것이다.

율곡은 이황에 대하여 존경을 표하면서도 그의 이기론에서 이발설이 잘못되었고 이것으로 인하여 많은 문제가 발생했다는 생각을 갖고 있다. 이는 송시열에게서 그대로 전승되어 나타났다. 즉 송시열 역시 이기설에 있어서 그 선후 동정 등의 문제를 포괄하는 핵심의 명제는 '기발이승'의 일도설이었다.

동정과 선후에 대한 각각 주장의 의도를 적확하게 이해하려는 태도를 취한 송시열이지만 발동의 문제에 있어서는 행위가 없는 물건이라고 규정된 이의 개념에 철저하여 율곡의 기발이승의 일도설을 견지하

---

24 주희, 『태극해의』, 곽신환 외 2인 옮김(소명출판, 2007) 第2節, 주희 주.

고 이황의 "이(理)가 발동한다"라는 한 구절은 크게 그릇된 것이라 비
판했다.[25] 이황의 이발설은 『주자어류』에 사단과 칠정을 각기 이발과
기발로 나눈 부분에서 크게 힘을 얻은 것으로 되어 있지만 주자의 글을
두루 살피고 열람한 송시열은 그 기록이 일시적인 말이거나 기록자의
오기일 것이라 하여 주희의 확정된 이론이 아니라 하고, 따라서 주희와
무관한 이황 자신의 주장일 뿐이라 하였다.

> "퇴계의 주장은 다만 주자의 이른바 사단은 이발이고 칠정은 기발이라 한
> 것일 뿐이다. 율곡이 이를 해석하기를 사단은 순선하여 기에 섞이지 않은
> 것이므로 이발이라 했고, 칠정은 혹 불선에 섞이기도 하므로 기발이라 하
> 지만 그러나 칠정 가운데도 순의 '기뻐함'이나 문왕의 '노여워함' 같은 것
> 은 어찌 순선이 아니겠는가? 『예기』와 자사는 칠정을 통틀어 말한 것인데
> 이 칠정은 모두 성에서 나온 것이요, 성은 곧 이이다. 그 성에서 나오는 것
> 은 모두 기가 발동하고 이가 이것을 타는 것이다. 맹자가 칠정 가운데 순
> 선한 것을 뽑아 사단이라 했을 뿐인데, 이제 주자설을 인해 사단과 칠정을
> 이발, 기발로 나누니 주자의 설이 혹 기록의 잘못에서 나왔음을 어찌 알겠
> 는가?"[26]

이발설이 기록자의 오기이냐의 여부는 놔두더라도 송시열의 견지에
서는 주희의 이기론 체계상 이발설이란 성립할 수 없다고 보는 점에 유
념할 필요가 있다. 그리하여 송시열은 '기발이승'의 일도를 주장한 율
곡의 이기설이야말로 마치 대나무를 쪼개듯 명쾌하다 하고, 율곡의 주
장이 옳은지 그른지는 『중용』 첫 장의 '천명지위성'에 대한 주희의 주

25    송시열 『宋子大全』 卷130, 雜著「朱子言論同異攷」
26    송시열 『宋子大全』 卷130, 雜著「朱子言論同異攷」

를 보면 알 수 있다고 했다. 주희가 말한 "기로써 형체를 이루고 이 또
한 거기에 부여되었다"라 한 것과 이황의 '이가 발동하고 기가 이를 따
른다'는 것이 같은가 다른가를 묻고 있는 것이다.[27] 송시열은 나아가
사단 역시 기가 발동하고 이가 이것을 타는 것이니 그렇다면 불선이 있
을 수 있다고 주장한다.

> "퇴계, 고봉, 율곡, 우계가 모두 사단을 순선하다 했는데 주자는 사단 역시
> 불선이 있다고 여겼다. 네 분 선생이 이를 보지 못했는지 모르겠다. 사단
> 에 어찌하여 불선이 있는가? 사단 역시 '기가 발동하고 이가 이를 타는'
> 까닭이다."[28]

율곡의 '일도설'을 보다 철저히 견지하는 가운데서 나오는 주장이라
고 할 수 있다.

송시열에게 있어서 '도를 듣는다[聞道]'는 것은 곧 주희를 배워서 깨
달음을 얻는다는 것과 동일한 개념이었다. 송시열은 "참으로 주자를
배워서 털끝만큼이나마 소득이 있다면 비록 죽는다 하여도 절대로 한
이 없겠다. 이른바 '아침에 도를 들으면 저녁에 죽더라도 괜찮다'는 말
이 이를 두고 한 말이다. 내가 존숭하는 분은 주자요 율곡이니, 위로 하
늘에 묻더라도 부끄러울 것이 없으며 또한 사문(斯文)에도 할 말이 있
을 것"이라 하고 『주자대전차의(朱子大全箚疑)』를 미처 마치지 못하고
죽게 된 일이 마치 주희가 만년에 예서(禮書)에 연연하였던 것과 같다
고 하며 안타까워하였다.[29] 그는 세상 사람들이 주희의 글을 몰라서 읽

---

27    송시열 『宋子大全』 卷131, 雜著, 雜錄
28    송시열 『宋子大全』 卷130, 雜著 「朱子言論同異攷」
29    송시열 『宋子大全』 卷89, 「與權致道」 기사(1689)년 3월 7일

지 않으므로 주희의 도가 밝혀지지 않는다고 여기고 그래서『주자대전
차의』를 짓는 일을 외람되이 시작하였다고 하였다.[30]『주자언론동이고』
를 비롯한 제반 주자학 관련 서적에 대한 연구는 '정학을 숭상하고 남
을 해치는 말을 그치게 한다'의 맥락에서 이루어진 일이다.

유학자가 경학에 관심을 갖는다는 것은 당연한 일이다. 일생 주희를
독신한 송시열 역시 틈나는 대로 경학에 몰입하였다. 이 일은 남북 천
리 험난한 유배지에서도 멈춤 없이 이루어졌다. 유배지에서 그가 주력
한 일에는『논맹혹문』·『논맹정의』편찬도 들어 있다.

"그중에서도『논맹혹문』과『논맹정의』를 합하여 편차하는 일은 일거리가
크고 복잡하여 마무리 짓기가 쉽지 않을 것이므로 염려가 되네 … 여기에
온 뒤에『논맹혹문』의 수정을 끝냈네. 이는『논맹정의』의 주를 나누어『혹
문』의 해당 조목 아래에 편입하여『혹문』을 읽는 사람에게 주 선생의 변론
과 취사의 가늠을 알게 하였네."[31]

송시열은 이미 오래전부터 이러한 뜻을 가지고『논맹정의』를 애써
구하였으나 헛수고만 거듭하다가 마침 이선이 연경에서 이를 사들여왔
기에 서둘러 편차를 시작하였다. 주변에 돕는 손이 없어 지지부진하다
가 유배지에서 그 일을 마무리 지어 제자 권상하에게 보내며 다시 살피
고 바로잡아 잘못이 없도록 해달라고 했다. 생사를 가늠하기 어려운 유
배지에서 남아 있는 마지막 기운을 모아 주자서 관련 글들을 편집하고
교정하는 일을 일면 끝내고 일면 보완을 당부하고 있는 학자 송시열의
모습을 그려보게 된다.

---

30   송시열『宋子大全』卷131 雜著, 雜錄
31   송시열『宋子大全』卷89,「書權致道」1689년 4월 2일

## 4. 율곡연보 및 문집 보정(補正)

율곡이 당한 정치적 핍박 중에는 그가 초년에 불교에 입문한 일이 있었음이 가장 치명적인 항목으로 꼽힌다. 과거 응시 때부터 시작하여 훗날 그의 문묘 종향, 출향, 그리고 다시 종향하는 과정에서 정적들로부터 멈춤 없이 제기되었다. 율곡의 입산은 사실이었다. 그런데 훗날 그가 삭발을 하고 승려가 되었다고 하고 또 승려 때의 이름이 의암(義庵)이었다고 하며, 이를 들어 그가 이단에 깊이 침혹되었다고 비판한 일들이 종종 제기되었다. 처음으로 율곡의 입산 사실이 장애로 등장한 것은 성균관 입학에서라고 할 수 있다. 율곡이 처음 생원으로 성균관에서 선성(先聖)을 배알할 때에 통례(通禮) 민복(閔輻)이 장령이 되어 율곡은 중이었기에 응시를 허락할 수 없다고 헐뜯은 일이 있었다고 한다.[32] 1564년, 29세에 사마시에 합격하고 난 다음의 일이다. 이후 그가 조정에 있을 때, 곧 1583년 병조판서로 있을 때의 탄핵에서 정적들로부터, 그리고 훗날 율곡을 문묘에 종사하자는 논의가 있으면서 유직의 상소를 비롯하여 반대파가 더욱 강고하게 문제로 삼아 율곡의 위상을 격하시키려 했고 또 문묘에 종사된 율곡을 출향시킬 때도 이를 이유로 삼은 일이 있다.

숭유억불의 조선왕조에서 유학자가 입산하여 삭발을 하고 승려가 되었으며 법명까지 가졌다는 것은 향후 치명적 하자가 될 수 있었다. 그래서 이를 두고 조야에서는 물론 문하생들 사이에서도 뜨거운 논쟁이 일곤 했다. 정적들은 물론 문하생과 윤증 같은 후학들 사이에서도 논란

---

32    송시열 『宋子大全』 卷130, 雜著 「栗谷別集訂誤」 "栗谷初以生員詣泮宮, 謁先聖. 閔通禮輻爲掌令, 辈以爲沙門不許. 日至晩, 榜中皆失色. 公神采自若, 未嘗少變. 乙亥蔡振後疏中所誣實本於此. 此條刪去似當"

하는 상황이었다.[33] 율곡이 삭발했다는 것을 김장생도 이를 인정했다는 말이 그의 아들들에게서 나왔다고도 하였으며,[34] 이런 논의가 일종의 음모론이라는 의혹도 제기되고 있었다.[35] 율곡의 삭발 여부는 정치적 진실게임의 양상으로 전개되어가고 있었다.

송시열은 율곡의 입산은 사실이나 삭발설에 대하여서는 여러 증좌를 들어 추리하면서 부인하고, 김장생이 이를 인정했다는 주장도 허구로 본다. 송시열은 적극적으로 율곡을 옹호한다. 율곡이 입산할 때 노숙(老宿)과 함께 유학과 불교를 다룬 시서(詩序)에서 보면 노숙이 율곡을 '조대(措大)'라 불렀는데, 조대는 곧 서생(書生)을 말한다는 것, 율곡이 친구들과 이별하면서 남겨 놓은 글에 오로지 '호연지기를 기르려고 하면 산과 물을 버리고 어떻게 하겠는가' 하였고, 의암(義菴)으로 스스로 호를 지은 것은 사실이나 이는 『맹자』 호연장에서 이른바 '의를 모아서 생기는 것이다'라는 것을 취한 것이라고 했다. 율곡이 비록 부처의 고명한 점을 좋아했다고 하더라도 공부한 것은 유학의 도인데 그런 사람이 어떻게 형체를 훼손할 이가 있겠느냐고 하였다.[36] 율곡 삭발설에 대한 변명과 신원하는 일은 친구 문인들과의 편지로 또는 왕에게 올리는 상소를 통해서 지속적으로 이루어졌다.

김집은 기존의 한 책으로 되어 있는 『율곡연보』를 개정 편찬하여 겨우 초고를 작성한 다음 송시열에게 수정 보완하라고 부탁하였다. 그는 사우(師友)들과 참고하고 정정하여 사실에 부합되도록 노력하여 6, 7년 만에 이를 정리해내었다.[37] 한편 박세채가 주도하여 『율곡별집』이

---

33  송시열 『宋子大全』 卷78, 「答韓汝石」 무진(1688)년 2월

34  송시열 『宋子大全』 卷74, 「與金永叔」 병인(1686)년 11월

35  송시열 『宋子大全』 卷84, 「答金景能」 무진(1688)년 8월 4일

36  송시열 『宋子大全』 卷74, 「答金永叔」 을축(1685)년 4월 27일

37  송시열 『宋子大全』 卷137, 「栗谷牛溪二先生年譜序」

이루어졌는데 많은 자료를 수집하는 등 공을 들였다. 그런데 여기에는
다소 논쟁을 야기시킬 곳이 있었다. 예를 들면 「사계어록」의 이황의 축
첩과 이언적의 을사년 일에 관한 율곡의 답변 등은 분란을 일으킬 염려
가 있으니 삭제하는 것이 옳을 듯하다는 의견을 냈다. 또 송시열은 『부
계기문(涪溪記聞)』[38]의 기록도 훗날 불필요한 논란의 빌미를 제공한다
는 점에서 삭제를 제안하였다. 이들 외에도 『기암잡록(畸菴雜錄)』[39]은
사실이 아니라는 점에서, 『노서기문(魯西記聞)』에서 취한 것 가운데는
그 적절하지 못하다는 점에서, 「고봉가장(高峯家狀)」에서 취한 것은 별
가치 있는 진술이 못 된다는 점에서 삭제의 의견을 냈다.[40] 당시 『율곡
별집』을 편찬할 때 후학들은 가능한 한 율곡 선생에 관한 글을 광범위
하게 수집하여 일단 수록하고 보자는 태도로 엮었으나 송시열은 사실
여부와 치우친 견해로 큰 의미 없는 부분으로 후세 불필요한 논란의 소
지가 될 만한 부분을 제거하려고 하였고 그렇게 했다. 당초 송시열은
율곡의 언행은 비록 작은 것일지라도 빠뜨릴 수 없기 때문에 수합해야
한다는 제의를 했었는데 박세채는 여러 문집에서 율곡 관련 발언을 전
반적으로 수집하여 편집하였던 것이다.

송시열은 『태극문답(太極問答)』[41]에 대해서 이는 결코 율곡이 지은
것이 아니니 율곡별집에서 삭제해야 한다고 하였고, 또 서명도 별집이

38  『涪溪記聞』은 金時讓이 1612년 鐘城에서 유배 기간에 집필한 것으로 부계는 종
성의 다른 이름이다. 여기서 그는 율곡이 당쟁을 근심하여 처음에는 양쪽을 조정하고
자 하였으나, 마침내는 그 자신이 서인의 영수가 되었다고 하였다.
39  『기암잡록』은 정철의 아들 鄭弘溟(1582-1650)의 기록이다. 그는 宋翼弼·金長生
의 문인이다. 저서에 『畸翁集』, 『畸翁漫筆』이 있다.
40  송시열 『宋子大全』 卷130, 雜著 「栗谷別集訂誤」
41  『태극문답』에 대한 우리말 옮김은 곽신환·윤원현·추기연의 『태극해의』에 부록
으로 수록되어 있다.

아니라 『율곡집 부록』으로 고쳐야 한다고 주장했다.[42] 『태극문답』이 율곡의 저술이 아니라고 판단한 데는 몇 가지 이유가 있다. 가장 두드러진 것으로는 태극론이 형이상적인 것을 탐구해 가는 큰 근원으로, 공자 이후 주희에 이르기까지 이에 관한 논설이 잘 갖추어져 있어서 더 이상 부족할 것이 없기에 뒷사람이 의논하여 십분 결함이 없게 한다 할지라도 이것은 옛 말을 다시 엮는 격이 되어서 중복되는 현상만 빚고 말 것이라는 기본 입장을 갖고 있다. 송시열이 볼 때 『태극문답』은 앞부분은 그런대로 틀린 것은 없으나 중반 이후의 부분은 이치에 어긋날 뿐만 아니라 그 문리가 막히고 불분명하여 입에 올릴 수조차 없는 곳이 있는데 율곡 선생처럼 원류를 투철하게 통달하고 쇄락하게 보시어 문장이 도의 오묘함을 드러내는 데 뛰어난 분이 이같이 병폐가 많지 않을 것이라고 한다.[43]

송시열의 이런 판단은 물론 주관적인 것이지만 율곡 사상 전반을 꿰고 있는 경우에만 나올 수 있는 주장이기도 하다. 그래서 그는 "정밀하게 살피고 잘 선택하여 만일 전체를 산삭하든지 아니면 그중에서 가장 정밀한 것만을 가려서 그대로 두고 제목 아래다 주석하기를 '문경공 김집은 이것은 송익필의 저술이라 하였으나, 이경림(李景臨)은 율곡 선생의 저술이라 하므로, 우선 여기에 이렇게 기록하여 두고 뒷사람의 결정을 기다린' 고 쓰는 것이 좋겠다"[44] [45]고 제안하기도 하였다. 송시열은 『태극문답』에서 문제가 되는 부분 항목을 드러내어 잘못을 지적한다. 예를 들면 다음과 같다.

42  송시열 『宋子大全』 卷127, 寄疇錫 병인년(1686, 숙종 12년, 선생 80세) 7월
43  송시열 『宋子大全』 卷130, 雜著 「栗谷別集訂誤」
44  송시열 『宋子大全』 卷130, 雜著 「栗谷別集訂誤」
45  송시열 『宋子大全』 卷67, 「與朴和叔」 신유(1681)년 12월 14일

[문] 남헌 장식이 말하기를 '태극의 체는 지정(至靜)하다.'고 하였으니, 태극의 체는 과연 정(靜)한 것인가? 지정(至靜)하다는 것을, 이발(已發)의 용(用)을 가리킨다면 어떠하며, 미발(未發)의 체(體)를 가리킨다면 어떠한가? 또 이발과 미발을 겸해서 말한다면 또한 어떠한가?

송시열: 이 물음은 매우 의심스럽다. 이것은 소자(邵子)의 말과 같이 마음을 태극이라고 한 연후에 이발·미발을 논한다면 옳지만 이제 태극을 가지고 곧장 이발·미발을 논하는 것은 말이 되지 않는다.

[문] 태극은 그것이 형체를 감춘 사물로서 이미 방향과 처소가 없고 또 그림자도 소리도 없는 것인데, 선유가 이를 끌어내서 그림을 만들고 이름을 붙인 것은 어떻게 된 것인가?

[답] 사물이 없던 때에 있는 것이지만 사물이 있는 뒤에는 있지 않은 적이 없고, 음양 밖에 있는 것이지만 음양 속에서도 운행하고 있어, 밝게 나타난 것이 이보다 더할 것이 없는데, 어찌해서 알지 못할 것인가.

송시열: 묻는 자는 그림 만든 것을 제목으로 삼았는데, 대답하는 자는 '어찌해서 알지 못할 것인가'라고만 말하였으니, 묻고 대답하는 것이 서로 관련되지 않는다.

[문] 편벽되지도 않고 기울어지지도 않은 중(中)은 태극과 같은 하나의 이치인데, 선유가 논하기를 '중을 극((極)이라 읽는 것은 그르다.'고 하는 것은 어찌해서인가?

[답] 가리킨 것이 각기 다르다. 중은 과불급이 없다는 뜻이요, 극은 더할 수 없다는 말이다.

송시열: 이 대답은 전혀 설문한 뜻을 잃은 것이다. 대개 극(極)을 중(中)이라 한 것은 대범하게 말한 것으로, 극이라는 것은 항상 그 물건 가운데

있는 것이다. 즉 옥극(屋極)의 극은 집의 가운데에 있고 북극의 극은 하늘의 가운데에 있는 것과 같다. 그러므로 그렇게 말한 것이요, 중을 극이라고 읽은 것은 아니다. '선유가 중을 극이라고 읽는 것을 그르다고 했다.'는 것은 바로 그것을 말함이니, 상세한 것은 주자가 육상산에게 답한 편지와 황극변(皇極辨)에 매우 분명하게 나타나 있다.

이상과 같이 송시열은 모두 81개조에 달하는 『태극문답』 전체 항목에서 20개 조항에 대하여 의문을 제기하고 있다. 이러한 송시열의 태도는 이후 김간[46]을 비롯한 문인들에게로 이어져서 『태극문답』의 문제점들이 지적되었고 결국 율곡별집에서 탈락하고 송구봉의 저작으로 굳어져버렸다.

이여구를 비롯한 송시열의 문인들 가운데 일부가 율곡이 그린 것이라고 주장하는 「위학방도(爲學方圖)」가 있었다. 이것의 진위와 내용에 관하여 논란이 되었다. 이여구는 송시열에게 이 그림에 대한 발문을 요청한 일도 있었다. 송시열은 이 그림에 대하여 신뢰를 갖지 못했다. 도표의 강령은 참으로 성학(聖學)의 큰 문호이나 그 분속한 조목에는 약간 적당치 않은 것이 있다는 것이다.

위학지방도는 다음과 같다.

---

46　김간은 그의 문집 『厚齋集』에서 『太極問答』의 문제점을 낱낱이 지적하였다.

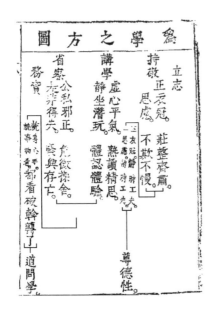

이것에 대하여 송시열은 다음과 같은 견해를 피력했다.

"대체로 체인체험이 비록 강학과 전혀 서로 상관되지 않을 정도까지 이르
지는 않으나 성찰에 소속되는 것만큼 아주 적당하지는 못하고, 폐흥존망
(廢興存亡)을 간파하는 데 이르려는 이는 오로지 강학의 일인데 여기에서
모두 서로 바꾸어 배속시켰으니 그 뜻을 알지 못하겠네. 또 허심평기(虛心
平氣)·숙독정사(熟讀精思)와 시비득실·폐흥존망(廢興存亡)은 당연히 사
와 물을 보는 것에 소속시켜야 할 것이며, 정좌잠완(靜坐潛玩)·체인체험
(體認體驗)과 공사사정(公私邪正)·위미조사(危微操舍)는 당연히 몸과 마
음을 보는 것에 소속시켜야 할 것인데 이 도표에서는 나누어 소속시켰으
니 한계를 지음이 그리 정연치 못하네."[47]

---

47    송시열『宋子大全』卷90,「答李汝九」을묘(1675)년 8월 30일

송시열은 '위학방도'에서 공부를 각각 나누어 소속시킨 것에 이견을 갖고 있었고, 따라서 평소 정자·주희의 뜻에 따라 한마디 틀림이 없던 율곡의 작품으로 볼 수 없다는 견해를 피력하였던 것이다. 그것이 혹 젊었을 때의 저작이었거나, 혹 처음 기초한 것으로 마무리 짓지 못한 것이었거나, 혹 다른 사람이 물으려고 보내온 것이 잘못 초본에 들어간 것이었는지 모를 일이라는 것이다.[48] 박세채는 이것에 대하여 도설까지 지은 일이 있다.[49] 윤증은 박세채와 의견을 같이하여 도설을 지은 것에 대하여 "율곡 선생의 뜻이 박세채를 만나 세상에 밝게 드러나게 되었으니, 유학에 크게 다행이 아니겠습니까"라고 하였다.[50]

『석담일기』에 대해서 송시열은 매우 신중한 태도를 취했다. 이 책은 정본 한 부가 김장생 집에 비장되어 있던 것으로 남들에게 보이지 않았을 뿐 아니라 일찍이 언급한 적도 없었는데 그 까닭은 그 글이 야사는 아니지만, 사실 사법(史法)이 들어 있기 때문이라고 하였다. 즉『석담일기』는 그 성격을 국사와 야사의 중간에 두고, 일시의 시비를 붙여 후세의 경계를 만들어 놓았으니, 마치『춘추』의 "나를 알아줄 자가 있다면『춘추』때문이며 나를 죄줄 자가 있다면 그것도『춘추』때문일 것"이라고 말한 깊은 뜻이 담겨 있다고 보았다. 그런데 어쩌다가 송준길이 빌려다 베껴 전하는 바람에 세상에 알려지게 되었는데 김집이 이 사실을 알고 그 등본을 급히 비장하여 절대로 누설시키지 말라고 당부하기도 하였으나 이미 세상에 널리 퍼져 논란이 일어나고 있는 형국이었다. 그래서 송시열은 이를 간행하는 것에 대한 판단을 선뜻 내리지 못하고 있었다. 그 주된 이유는『일기』에 기록된 내용은 가까운 사람들에게 영

48   송시열『宋子大全』卷91,「答李汝九」정사(1677)년 1월 29일
49   김간『厚齋別集』卷4,「南溪先生語錄」, 박세채『南溪集』卷55,「爲學之方圖說」
50   윤증『明齋遺稿』권11,「與朴和淑」

향이 미치는 것에 그칠 뿐이 아니라고 본 때문이다. 즉 거기에 기록된 사람의 자손이 이를 볼 때, 그 미움과 노여움이 클 것이기 때문이다. 그러나 이 글을 끝내 사장시킬 수 없는 이상, 여러 본[51]을 대조 교정하여 하나의 선본으로 만들어 명산에 비장하여둘 것을 제안하기도 하였다.[52]

율곡과 성혼은 숙종 8년(1682)에 문묘에 배향되었다. 율곡의 문묘 배향을 주도한 것은 사실상 송시열이다. 그러나 정국이 환국을 거듭하면서 숙종 15년(1689) 율곡에게는 불교에 들어간 잘못과 성혼에게는 최영경의 옥사와 왜란에 주화설을 주장한 것들이 화근이 되어 출향되었다. 그 후 숙종 20년(1694)에 다시 배향되었다.

## 5. 율곡을 계·술하기와 넘어서기

송시열의 문집에는 일[事]을 논한 것은 많고 이(理)를 논한 것은 많지 않다는 느낌을 준다. 이러한 느낌은 송시열의 후학들 사이에서도 있었고 그 까닭을 권상하에게 물은 일이 있다. 그때 권상하는 "대체로 우암은 퇴계로 말하면 고봉 기대승 같은 상대가 없었고 율곡으로 말하면 성혼 같은 상대가 없었기 때문에 문답할 단서가 없었던 것이다. 일찍이 선생을 모시면서 보건대, 만일 외인으로부터 학문을 논한 편지가 오면 문득 얼굴에 기쁜 빛을 띠면서 '다행하게도 이런 편지가 왔구나.' 하고, 즉시 답장을 써서 보내 주었다"[53]고 말했다고 한다. 어떤 두드러진 학자나 문파와 집중적인 논변을 벌인 일은 상대적으로 적으나 송시열

51  송시열『宋子大全』卷67,「答朴和叔」임술(1682)년 1월 26일
52  송시열『宋子大全』卷67,「與朴和叔」신유(1681)년 12월 14일
53  송시열『宋子大全』附錄, 卷19, 記述雜錄 尹鳳九 江上語錄

의 문집 속에는 성리학적 개념을 논한 것의 분량이나 질적 수준이 다른
학자 못지않음을 확인할 수 있다. 더구나 앞서 살핀 대로 이황을 배우
고 또 극복하기 위한 과정에서 그가 기울인 노력은 참으로 심대하다고
할 수 있다.

　윤봉구는 조광조, 이황, 이이, 김장생과 함께 송시열을 나란히 높이
평가하고 있다. 곧 "정암 선생은 학문에 있어서 명(明)과 성(誠)을 근본
으로 삼았고, 정치에 있어서는 3대를 사모하였으며, 퇴계 선생은 성리
에 침잠하였고 경의를 강론하여 밝혔다. 율곡 선생에 이르러서는 근본
이 순수하고 언행이 화락하여 심성 이기의 본원에 대해 통달하였으며
백성을 편안하게 하고 세상을 구제하는 학술에도 두루 통달하였다. 사
계 선생은 실천에 매우 독실하였는데, 주희가 『삼례(三禮)』에 대해 미
처 정리하지 못한 것을 유한으로 여겨 통상적인 경우의 예와 특수한 상
황의 예를 조금도 미진함이 없이 구명하였다. 이와 같이 여러 선생은
도학을 밝혀 전해지지 않았던 맥락을 계승하였다." 그리고 그는 송시
열에 대해 "선생의 전체(全體)와 대용(大用)의 학문은 주자를 표준으로
삼았고 여러 선생들의 학설에 대해서도 그 본말을 추구하여 회통하였
으니, 선생이야말로 집대성해서 영원한 스승이 되는 것이다."[54]라고 하
였다. 앞의 네 선생보다 송시열을 더 높이고 있는 것이다. 한원진은 율
곡과 송시열을 다음과 같이 대비한다.

　"율곡 선생은 스승에게서 받으신 것이 없으면서도 통철하게 도체를 보시
　었다. 자품은 태어나면서부터 아는 사람에 가깝고 학문은 지극한 곳에 이
　르렀다.

---

우암 선생은 학문은 주자를 마루로 하고 의리는 춘추를 잡았다. 이전 성인을 호위하고 간사하고 음흉한 것을 막아서 천지를 위하여 마음을 세우고 생민을 위하여 도를 세웠으니 사업의 성대함이 또 더불어 나란히 할 수가 없다."[55]

전우(田愚)의 율곡과 송시열에 대한 평가는 다음과 같다.

"율곡 선생은 3대시대의 사람으로 안자·증자에 버금가는데 그 스스로 '나는 다행히 주자 후에 태어나 학문이 거의 어긋나지 않게 되었다'고 말한 일이 있다.
우암 선생은 영호 특결하고 엄의 강직하여 주자의 정학과 춘추대의를 지니어 사람들이 지금까지 믿고 의지하게 되었다."[56]

사람에 대한 평가는 집단에 따라서 때로는 극명하게 대비되기도 하는 데 송시열에 대한 평가가 그렇다는 것은 익히 알려진 사실이다. 그런데 윤봉구, 한원진, 정조, 이항로, 전우 등으로 이어지는 맥락에서 송시열은 율곡의 충실한 계술자이면서 동시에 율곡을 변통하였다는 평가를 받고 있음을 확인할 수 있다.

---

55    송시열 『宋子大全』附錄 卷19, 記述雜錄, 韓元震
56    전우 『五賢粹言』序

# 10장
# 율곡학과 화서학파

## 1. 율곡학의 19세기적 복류(伏流)와 용출(湧出)

아무리 수원이 풍부한 물이라도 흐르는 경계에 따라서 복류하기도 하고 용출하기도 한다. 16세기 이래 율곡의 덕업은 기세 좋게 흘러가 주변을 모두 적시기도 하였지만 때로는 복류하기도 했다.

조선 19세기의 율곡학을 다룸에 있어서는 우선 선결해야 할 문제가 있다. 즉 율곡학파로 부를 수 있는 필요 충분 조건은 무엇인가를 생각해야 할 것이다. 19세기 조선에서 16세기의 율곡학은 어떤 모습으로 외연이 확대되고 내용이 심화되었는가를 묻는 것과 같다. 한편 이미 3세기가 지난 시점에서 시대상황과 철학적 여건이 달라진 상황에서 어떤 맥(脈)과 통(統)을 잡아낼 수 있는가의 문제이다. 우리는 공자와 맹자를 그리고 주희를 도통이라는 점에서 연결한다. 철학적 패러다임이나 논의의 틀이 달라졌어도 추구하는 가치가 동일하다는 것을 찾아내는 것이고, 이어받고 열어주는 이른바 계왕개래(繼往開來)하는 면을 찾는 것이다. 그럼에도 우리는 선결적으로 어디까지가 율곡학인가 하는 문제를 다시 생각해보아야 한다. 19세기 상황에서 16세기 율곡의 학술 사상의 어느 면을 지수하고 어느 면을 변통하였는가 하는 점도 살펴야 하지만, 율곡사상의 어느 면을 계승하여야 필요하고도 충분한 율곡학파가 되는지의 문제도 있다. 왜냐하면 19세기 중심적 학자 가운데 하나인 화서 이항로는 사업과 정신에서는 율곡과 송시열을 계승하지만 이기심성론에 있어서는 외면상 율곡 송시열과 다르고, 오히려 이황 이론에 가까운 모습을 보이기 때문이다.

율곡의 모든 학설을 조금의 차이도 없이 지수하고, 또 조금의 변통도 없이 이어나가야 비로소 율곡학파라고 하는 것은 가능하지 않다. 예를 들면 율곡의 『격몽요결』을 위학(爲學)의 방도로 삼고 『성학집요』를 즐겨 읽으며 율곡이 지니고 있었던 진유의 개념이나 경세적 관심, 실심과 실리에 대한 추구의 자세를 견지하고 있고 경세와 시무(時務)에 대한 관심과 나름의 대책을 펼치지만 사단칠정론에서 다른 주장을 펼치는 사람이 있다면 이를 율곡학이라고 할 수 없을 것인가의 문제가 있다.

율곡의 생전에 문하생이었던 김장생이나 조헌 등은 율곡을 스승으로 섬겼지만 그들의 한 마디 말이나 한 가지 행위가 모두 율곡을 표준으로 한 것은 아니었고 그럴 수도 없는 것이다. 그들은 율곡을 넘어서 주희를 연원으로 삼으려 했고, 이황을 인격적으로 존중하고 그 학문적 태도에 감동하곤 했다. 개인의 행동 양상도 서로 달랐고 집중력을 보인 연구 분야도 율곡과 반드시 일치하는 것은 아니다. 그럼에도 그들을 율곡학파라고 하는데 별 문제를 느끼지 않는다. 송시열도 율곡을 스승으로 존중하고 율곡의 학문적 가치와 지향했던 노선을 견지하려 애썼지만 그의 삶의 양상이 율곡과 동일한 것은 아니다. 송시열과 동시대 학자들

중에서 박세채나 윤증 등 이른바 소론 계열 학자들 가운데 송시열과는 정치적으로 대립하는 면이 많이 있지만 그들도 율곡을 종주로 받드는 충성도와 집중도에 있어서는 남에게 물러서지 않는다는 것을 부인하기 어렵다.

　19세기 조선의 상황에서 아무런 변통도 없이 율곡 이론을 조술하는 학자가 있었다면 우리는 이들을 철학적으로 의미 있게 다루지 않을 것이다. 왜냐하면 학문적으로 새로운 경지를 열어 놓지 않은 사람을 굳이 다루어야 할 필요가 없기 때문이다. 동일한 이론과 사업을 묵수하고 있다면 그들은 시대 요구를 외면한 사람들로 비칠 수 있기 때문이다. 우리는 후대의 학자들 가운데서, 비록 그들이 학문과 삶에 있어서 다양한 모습을 보이지만, 대략 다음과 같은 사항들을 지니고 있다면 그가 율곡학의 전승 속에 있다고 할 수 있다.

　가. 율곡학과 연결되는 뚜렷한 사승(師承)을 지니고 있다.

　나. 율곡의 글을 읽는다. 특히 『격몽요결』을 기본으로 하며 『성학집요』를 즐겨 읽고 나아가 율곡이 중시한 책들이나 학문방법과 지향과 목표 등을 수용한다. 이를테면 『근사록』을 학문의 사다리로 삼으며, 수양에 있어서 성인을, 그리고 정치적 목표에서 대동사회를 지향하고 이를 중시하는 자세를 보인다.

　다. 이기심성론에서 율곡의 '기발이승일도설'에 찬동하거나 '이통기국' 등의 개념을 수용하고 이를 발전시키려고 한다.

　라. 조선의 도통에서 율곡을 정통에 둔다.

　마. 경세적 관심을 강하게 지니고 있다. 은거(隱居) 자수(自守)보다는 행도(行道)를 적극적으로 시도하고, 시폐(時弊)에 대한 개혁과 변통 및 경장을 시도한다.

바. 실리(實理) 실심(實心)에 깊은 관심을 표방한다.

이상의 항목 가운데서 두 가지 이상에 해당한다면 우리는 그들을 넓은 의미의 율곡학파에 속한다고 할 수 있을 것이다. 즉 이들 가운데 둘 이상에 해당하지만 어느 부분에서는 변통이 있거나 학술적으로 새로운 영역의 개척이 있거나 또는 다른 주장이 있더라도 우리는 그를 율곡학도라고 할 수 있을 것이다.

화서학파는 이기심성론에서는 율곡·송시열과는 다른 노선을 택한다. 그리고 이 시대는 이미 예학을 더 이상 집중적으로 다루지 않는다. 대신 그들의 주장과 행동은 위정(衛正)과 척사(斥邪)에 집중되고 있다. 학계의 주 관심사가 달라졌다고 할 수 있다. 이는 시대적 과제가 달라졌기 때문이며, 그 시무(時務)에 적합한 대응을 하고 있는 것이라고도 할 수 있다. 이 점은 '정치는 때를 아는 것이 귀하고 사업은 시무에 힘써야 한다'는, 율곡이 환기한 원칙에 부합하는 것이라고 할 수 있기도 하다.

19세기는 율곡이 활동하던 시기로부터는 이미 200여 년이 흘렀으니 그의 학맥을 이어나간 학자들이라 해도 시대적 요청이 다르고 또 삶의 주제도 이미 달라졌으니 율곡의 철학적 문제의식이 이어지거나 송시열의 실천적 사업이 승계되어야 할 상황이라고 하기 어렵다. '계지술사(繼志述事)'가 문인 제자들이 지켜야 할 자세라고 할지라도 서산 진씨가 말했듯이 지수(持守)할 부분이 있고 변통(變通)할 부분이 있으며, 변통해야 할 때 변통하는 것도 계지와 술사에 해당한다[1]고 할 수 있다. 또 계지술사가 없다면 혈연적 승계나 정치적 승계만을 가지고 굳이 학

---

1  『中庸章句集註』 제19장 "夫孝也者 善繼人之志 善述人之事者也"에 대한 細注 西山 陳氏설 참조

맥 운운할 필요가 없을 것이다.

이항로(1792-1868)[2]는 19세기 조선에서 주요 사조의 하나인 위정척
사파의 태두이다.[3] 위정척사파는 개화파와 더불어 맞서면서 국가의 앞
날을 염려하고 근간을 바로 세우려고 했다. 이들은 모두『격몽요결』을
읽으며 삶의 좌표를 설정한 학자들이었다. 그리고 국가를 위하여 또 인
류 문명의 도를 수호하기 위하여 죽음을 각오했고 또 실제로 죽어갔던
유학자들이었다.

## 2. 화서학파의 율곡학 지수(持守)

이른바 화서학파는 화서 이항로를 종장으로 하고 중암(重菴) 김평묵
(1819-1891), 성재(省齋) 유중교(柳重敎, 1821-1893) 면암(勉庵) 최익
현(崔益鉉, 1833-1906), 의암(毅庵) 유인석(柳麟錫, 1841-1915) 등이 속
해 있다. '위정척사'로 불리는 이 학파의 명칭은 서구 열강이 거세게
한반도에 밀려오던 19세기에 전통사회 가치관의 기반인 성리학적인 교
학 이념과 민족의 정치적 자주성, 문화적 주체성을 지키기 위하여 투쟁
했던 데에 기인한다.

화서학파의 종장인 이항로는 뚜렷한 사승이 없다. 그는 부친으로부
터 그리고 부친이 청한 선비들로부터 학문을 익혔다. 17세(1808년)에
한성시에 응시하였으나 이후 출사보다는 학문에 전념하였다. 21세에

---

2   이항로의 자는 而述, 양근 출신이다. 이기론에 있어서는 이황에 가까운 주리론을
주장했으나 의리론에 있어서는 송시열을 숭모했다. 1866년의 양요 때에는 동부승지로
서 주전론을 펼치는 등 우국의 직언을 많이 하였다. 한말의 위정척사파와 창의호국파
가 대부분 이항로의 문하에서 배출되었다. 문집으로『華西集』과『蘗溪雅言』이 있다.
3   최익현『勉菴集』卷25,「蘆沙奇公神道碑銘幷序」. 여기서 최익현은 병인양요에 척
사 벽이단을 외친 원로로 蘆沙 기정진과 華西 이항로를 꼽는다.

지평에 사는 죽촌 이우신(李友信)을 찾아갔는데, 이우신은 이식의 후손으로 이단상, 김창흡, 김양행을 잇는 노론 계열의 학자였다. 당시 이 계열의 학자들은 도통론에서 공자, 맹자, 주희 다음에 송시열을 위치시켰다. 이우신은 처음 만남에서부터 이항로를 극진히 대접하고 담론을 하였다. 이후 이항로는 그 문하에 드나들며 10여 년 수학하였고, 그를 통하여 송시열을 사숙하고 유학의 정통으로 삼았다. 따라서 이항로에게 있어서 이우신과의 만남이 이후 그의 학문의 향방을 결정짓는 계기가 되었다고 할 수 있다.

송시열을 주희의 동방 적통으로 인정한 이항로는 주자학에 깊이 몰입하였다. 그리고 송시열이 그랬던 것처럼 주자학을 정학으로 간주하고 이 정학을 드러내면 이단과 사설이 소멸할 것이라고 생각하여 『주자대전』 수정과 해설에 많은 노력을 쏟았다. 그의 첫 저술이 『주자대전차의집보』 70책과 『주자대전집차』 20권이다. 이는 송시열 문하에서 줄곧 추진해오던 큰 사업의 연장선에 있다. 또한 그는 『주역전의동이석의(傳義同異釋義)』를 지었고, 정자의 글에 대한 『집의(集疑)』와 『곤지기기의(困知記記疑)』가 있다.[4]

김평묵은 이항로의 여러 제자 가운데 가장 충실하게 이항로의 위정척사의 사상과 사업을 이어나간 인물로 평가된다. 그는 24세에 이항로의 문인이 되었다. 이후 스승의 각양 사업에 적극 협력하였을 뿐만 아니라 이항로의 「행장」을 길고 충실하게 지었다. 1874년에 『화서아언(華西雅言)』을 편집하고 간행했으며, 『중암집』 및 별집 『중암고(重菴稿)』 등[5] 많은 저술을 남겼다.

---

4    최익현 『勉庵集』 卷25, 華西李先生 神道碑銘幷序
5    김평묵의 저술에 『近思錄附註』, 『學統考』, 『天君編』, 『大谷問答』, 『治道私議』, 『海上筆語』, 『更張問答』, 『鵬舍雜錄』, 『海上錄』, 『三江問答』, 『龜谷問答』, 『壁山心說淵

유중교는 5세 때 이항로의 문하에 들어가 경서 연구에 몰두하였으며, 이항로의 사후에는 김평묵을 스승으로 섬겼다. 그는 1852년 21세 때에 이항로의 명에 의해 『송원화동사합편강목(宋元華東史合編綱目)』을 편수하였다.[6] 1881년 김홍집이 일본을 다녀와서 '미국과 연합하고 서양의 기술 등을 받아들여야 한다'는 주장을 세우자, 김평묵이 이에 반대하며 간신들의 제거를 상소하다 외딴 섬에 안치되자, 글을 올려 그를 따라 벌 받기를 청원하였다. 저서에 「태극도설」, 「대소학설(大小學說)」, 「하도낙서설(河圖洛書說)」, 「역설(易說)」, 「삼강오상설(三綱五常說)」, 「삼서연의(三書衍義)」, 「인물성동이변(人物性同異辨)」 등과 문집으로 『성재문집』 60권이 있다.

최익현은 1868년에 올린 상소에서 경복궁 재건을 위한 대원군의 정치적 비리를 과감히 비판하며 그 시정을 요구하였다. 이어 1873년에 올린 상소에서 서원 철폐령에 맞서 이를 비판하였다. 1876년 「지부복궐소持斧伏闕疏」를 올려 병자수호조약을 격렬하게 비판하여 흑산도로 유배되었다. 1905년 을사조약이 체결되자 곧바로 「청토오적소(請討五賊疏)」를 올려서 조약의 무효파기와 조약에 참여한 박제순 등 이른바 오적을 처단할 것을 주장하였다. 1906년 윤4월 전라북도 태안에서 궐기하고, 「창의토적소(倡義討賊疏)」를 올려 의거의 사유를 피력하고 궐기를 촉구하는 포고팔도사민을 돌리고 일본 정부의 죄를 묻는 기일본정부(寄日本政府)를 발표하였다. 74세에 또 의병을 일으켰으나 대마도에서 옥사하였다. 저서는 『면암집(勉菴集)』 40권, 속집 4권, 부록 4권이

---

源』, 『斥洋大義』, 『南征記聞』, 『雨村手談』, 『鷺江隨錄』 등이 있다.

6   이 책은 이항로의 당부로 편집이 시작되었는데 유중교가 책임을 맡았으나 원나라 至元 25년까지만 편수하고, 그 뒤는 그의 선조 柳淸臣과 관계된 기사가 있는 관계로 김평묵이 집필하였다.

있다.

　유인석은 14세에 이항로의 문하에 들었다. 그리고 이후에는 김평묵
과 유중교를 스승으로 섬겼다. 선배 문인들을 따라『춘추』에 토대를 둔
의리학에 근거하여 시대적 가치와 향방을 정하고 이를 실천하는 데 몸
을 던진 학자이며 항일의병사령관이었다. 그의 이러한 생각과 실천은
이미 호란 이후부터 지속되어 내려온 '중화를 높이고' '이적을 물리친
다'는 표어로 나타나고 있다. 유인석은 율곡을 동방 수천 년 역사에서
공자를 올바로 배운 제일의 유자라고 하였다.[7] 그가 율곡에게서 가장
인상 깊게 받은 교훈은 '성인은 왜 성인이고 나는 왜 평범한 사람인가'
하는 말이었다. 그는 이 말을 율곡의 법언(法言)이라고 했다.[8]

　이들 화서학파는 대부분 도통을 논할 때 공자, 주희, 송시열, 이항로
를 적맥이라고 한다. 그 기준을 위정척사에 두고 있음이라고 할 수 있
다. 한편 조선에서의 존숭받을 선유는 조광조, 이황, 이이, 김장생, 송
시열, 이항로라는 것이 이들 학파의 공통된 의견이다.[9]

　율곡 사후 경기·충청권의 대부분의 초학자들에게 있어서『격몽요
결』은『소학』등 여타 서적들과 함께 필독서였다. 이항로는 학문을 시

---

7　유인석『毅菴集』卷13, 「答衍聖公」丙午閏四月五日 "… 李種文敝邦先賢栗谷李文
成名珥之嗣孫, 栗谷講服夫子之道, 爲東國始終幾千年, 第一名儒, 敝邦先王立碑於其講
道地, 刻以展也文成左海夫子, 今種文之爲謁聖廟之行, 盖亦別有所以爲心者, 敢煩家臣,
加意待之, 俾獲榮幸, 蔓語及此, 不勝主臣, 柳麟錫再拜謹覆"

8　유인석『毅菴集』卷14, 「答金敬叔」尙義, 庚子十二月二十日, "麟錫覆成川金斯文足
下, 而今足下其人也, 故足下十五而能讀先祖守朴子先生之文而發憤, 以栗谷李夫子法言
聖人何故獨爲聖人, 我則何故獨爲衆人云者自勵焉"

9　유인석『毅菴集』卷13, 「與衍聖公」孔令貽, 壬寅 "朝鮮國儒生柳麟錫謹再拜上書于
曲阜衍聖公閣下, 伏以我先聖夫子繼開功德 (…) 敝邦先儒, 有趙靜庵名光祖, 李退溪名
滉, 李栗谷名珥, 金沙溪名長生, 宋尤菴名時烈, 有集言行, 名曰近思續錄, 敝師李華西名
恒老集其言, 曰華西雅言, 謹玆呈家臣, 用備垂覽, 有以察東偏儒術淵源也, 麟錫爲陳情
私, 語涉張皇, 不勝惶恐之至"

작할 때 주희의 「백록동서원학규」를 좌우에 두고 암송했으며 『주자대
전』을 읽었다.[10] 또 율곡의 글과 『송자대전』을 집중적으로 읽었다. 율곡
에 대하여 이항로는 다음과 같이 평가하였다.

"선생은 총명하고 절이한 자질로 주자학을 독신하고 종신토록 우러르고
꿰뚫어 그 온전한 것을 터득하였습니다. 그러므로 항상 스스로 믿어 말하
기를 나는 다행히 주자 뒤에 태어나서 학문이 거의 어긋나지 않게 되었다
고 하였습니다. 이런 까닭에 송시열이 선생을 곧장 주문의 적전으로 돌리
며 말하기를 존신한 것은 주자이니 부형이 집안일에 대하여 물으면 자제
가 받아들이듯 하여 의심하는 바가 없었습니다. 안팎과 크고 작음을 모두
이어받았으니 체용이 크게 갖추어지고 이치와 사업이 일관하였다고 했습
니다. 이로 보면 율곡 선생이 율곡 선생된 바가 주자를 독신한 것보다 더
큰 것이 없습니다."[11]

이항로는 송시열과 그 문하생들이 그러했듯이 그의 문인들에게 교육
할 때도 언제나 『격몽요결』을 『가례』·『효경』 등과 함께 필독서로 거론
하였다.[12] 또한 이항로는 삶의 바른 길이 취미생활과 같은 완물(玩物)에

---

10    이항로 『華西集』 附錄 卷8, 行狀 [金平默]
11    이항로 『華西集』 卷4, 書 「答徐夏卿」 乙巳正月二十六日 "石潭先生書熟讀之敎, 敢
不承命, 但家藏板本, 只是舊刻, 頗多訛誤, 欲得新刊全本, 而此無可祗, 甚爵甚爵, 先生
以聰明絶異之資, 篤信朱子之學, 終身仰鑽而得其全, 故常自信曰吾幸生朱子後, 學問庶
幾不差矣, 是以尤翁直以朱門嫡傳歸之曰, 最所尊信晦翁夫子, 有如父兄說門內事, 子弟
聽受, 無所疑貳, 外內鉅細, 悉皆承續, 體用大備, 理事一貫, 以此觀之, 則栗翁之所以爲
栗翁, 莫盛於信朱子一事"
12    이항로 『華西集』 卷4, 書 「與朴聖若時采」, 庚戌十月十八日 "故今爲衆卯計, 莫如
改授童蒙須知, 擊蒙要訣, 家禮, 孝經等書, 俟其文理稍進, 一遵紫陽遺矩, 從小學立課, 次
第讀經讀史, 如此則學之者耳濡目染, 漸知向方, 敎之者朝說暮答, 愈益分明, 此亦敎學
相長之道也, 未知老兄以爲如何"

있는 것이 아니라 『격몽요결』과 같은 성인을 지향하는 책에 있다고 하였다. "아끼고 사랑하던 도서와 전각과 만리경, 삼재도회 등과 같은 것들을 일체 바탕에 두지 말고 『소학』, 『격몽요결』, 『대학』과 『중용』의 장구나 『혹문』 등편을 돌려가며 침잠 반복하여 보면 반드시 좋아하고 배울 만한 실상이 있을 것이다. 이런 책들을 보면 이같이 되면 사람이 될 수 있고, 이같이 되지 못하면 사람이 되지 못하게 되는 이치들이 마치 큰 길과 같아서 눈이 없는 자가 아니면 모두 볼 수 있다."[13]

율곡의 주요 관심사가 유학적 이상의 나라를 구현하는 것, 소인의 무리를 물리치고 군자들이 다스리는 나라를 건립하는 것이었다면, 제자 김장생의 관심은 왜란으로 헝클어진 인륜과 국가사회의 질서를 재건하는 것이었고, 송시열이 북호(北胡)에 대하여 문명적 주체 의식을 갖고 의리를 세워 금수와 야만으로 전락할 것에 대한 경각심을 높였다면, 18세기 노론정치는 대의의 지속과 인물성동이론의 구별의 철학이었다. 19세기 조선에 주어진 주요 도전은 남왜(南倭), 북호(北胡)가 아니라 서세(西勢)였다. 그것은 천주교와 일본 및 서양의 과학기술을 포함한 양이(洋夷)의 도전이었고, 정도(正道)에 대한 사술(邪術)의 위협으로 다가왔다. 율곡이 과중한 국사로 인하여 치명하였다고 할 수 있듯이, 중봉이 왜란에 순의했고, 송시열이 호란정국의 후유증을 감당하느라고 치명했듯이 위정척사파들도 백척간두에 선 심정으로 의를 따라 죽고 도를 좇아 죽으려 했다. 꽃은 다른 환경에서 다르게 피었지만 뿌리는 같았다는 것을 알 수 있다.

---

13    이항로 『華西集』 卷6, 「書 李元一寅杓」, 丙午六月四日 "人生天地間, 悠悠度日, 眞可惜也, 座下如以愚言爲有理, 一切掃去前日所愛戀圖書篆刻萬里鏡三才都會之類, 不留根株, 試將小學擊蒙要訣大學中庸章句或問等編, 交換了沉潛反覆, 必有可好可學之實, 見得如是則可以爲人, 不如是則不可以爲人, 此理如大路然, 非無目者, 皆可睹也, 非相愛之深, 狂言何自而發, 恕之恕之"

이항로는 문생들을 가르치는 지표와 규범을 제시하는 글에서 율곡의
『성학십도』, 『격몽요결』, 『성학집요』, 「학교모범」, 「석담향약」, 김장생
의 『상례비요』, 송시열의 『송자대전』을 돌려가며 암송하라고 하였다.[14]
그들의 학맥이 어디 있는지를 보여주는 사례라고 할 수 있다. 그는 문
생들이 강학할 적에 반드시 자양 주희의 독서차례를 따를 것과 석담 율
곡의 은병정사와 송시열의 한천정사에서 남긴 규범을 사용해야 한다고
하였다.[15] 뿐만 아니라 그는 학문의 주지를 시대별로 구분한다. 즉 "복
희 이상은 문적이 없어 살필 수 없고 그 후부터 지금에 이르기까지는
분명하게 살펴 알 수 있다. 음을 억제하고 양을 부양하는 것과 악을 없
애고 선을 드러내는 것은 복희·문왕·주공의 뜻이고, 이를 사람의 한
마음에서 말하면 형기(形氣)와 성명(性命)으로 구별하여 형기를 누르
고 성명을 강화하는 것은 요·순·우의 가르침의 큰 취지이며, 사욕을
초극하고 예를 실천하며 인욕을 없애고 천리를 보존하는 것은 공자와
맹자의 지향이며, 천리를 밝히고 인심을 바로잡는 것, 중화를 높이고
이적을 물리치는 것은 통감의 강목과 『동사(東史)』의 큰 뜻이니 이 책
들을 읽는 사람은 먼저 이 뜻을 알아야 한다"[16]고 하였다.

최익현은 14세 때 이항로의 문하에서 『격몽요결』·『대학장구』·『논
어집주』 등을 읽었다. 그가 아버지의 명을 받아 14세 때 처음으로 이항

---

14 이항로 『華西集』 卷31, 「閭塾講規」 書册目錄 "聖學十圖, 擊蒙要訣, 聖學輯要, 學
校模範, 石潭鄕約, 喪禮備要, 宋子大全, 書社輪誦"
15 이항로 『華西集』 卷31, 「閭塾講規」 講戒 一, 凡同講之人, 勿以備員口講爲事, 必思
反身體驗, 心通其妙, 躬行其實. 一, 講書一遵紫陽讀書次第, 而參酌石潭寒泉遺矩用之
16 이항로 『華西集』 卷31, 「閭塾講規」 講戒 一. "自伏羲以上, 無文籍可考, 自伏羲以
下, 至于我束, 班班可考而知也. 抑陰扶陽遏惡揚善八字, 義文周孔之大旨也. 就人一心
上, 分別形氣性命, 弱彼強此, 堯舜禹相傳之大旨也. 克己復禮, 遏欲存理, 魯鄒敎學之大
旨也. 明天理正人心, 尊中華攘夷狄, 春秋綱目及東史之大旨也. 讀此書者, 不可不先知
此意"

로를 찾아갔을 때 이항로는 『격몽요결』을 읽게 하고 '정자의 경과 주자의 직 곧 낙경민직(洛敬閩直)'을 심법으로 삼게 했다. 최익현은 『격몽요결』을 비롯 『대학장구』·『논어집주』를 이항로 앞에서 다 외웠다고 한다.[17] 그리고 그 역시 초학자들에게 입도의 문으로 『격몽요결』과 『소학』을 권면하였다.

"푸르른 큰 바다도 졸졸 흐르는 냇물에서 근원하고, 만 리의 먼 길도 반 발자국에서 시작된다. 군자의 도가 가깝고 적은 것을 먼저 하고 멀고 큰 것을 뒤에 하는 것도 이와 똑같은 이치이다. 오늘부터 시작하되 다만 석담의 『격몽요결』과 회옹의 『소학』에서 아침저녁으로 공부하여 조금도 중단하지 않는다면 『주역』의 이른바 '머지않아 회복된다' 는 것이니 제군은 힘쓰라."[18]

## 3. 화이(華夷)론에서 정사(正邪)론으로

이항로는 율곡을 사숙하였다. 그러나 결과적으로 그는 주희와 송시열을 율곡보다 더 존숭하였다. 그리하여 도통이 주희로부터 송시열로 이어진다고 생각하였다. 그는 "이제 송자(宋子)의 사공(事功)은 공자나 주자에 비하여 짝을 이룰 것이 있다"고 하였고 "여러 성인을 집대성한 것은 공자이고 여러 현인을 집대성한 것은 주자이며, 여러 학자들을 집대성한 것은 송자라는 권상하의 말은 영원히 변하지 않을 지론이다"[19]라고 하였다. 또한 요순으로부터 주공에 이르기까지는 도통이고, 공자

---

17    최익현 『勉菴集』 卷16, 雜著 「耽羅로 귀양 가게 된 顚末」, 계유년
18    최익현 『勉菴集』 卷16, 雜著 「金榮鳳, 金鍾基, 金俊基, 金德基, 金洪基에게 써서 줌」
19    이항로 『華西雅言』 卷10, 「尊中華」

로부터 송시열에 이르기까지는 학통이라 하고 공자는 요순과 같고 맹자는 우와 같으며 주희는 주공과 같고 송시열은 맹자와 같다고 하였다.[20] 여기서 이항로가 송시열을 공자나 주희에 비긴 것, 또는 송시열을 맹자와 같다고 한 것은 그가 단서를 달았듯이 그 사공(事功)을 두고 한 말이다. 후인들이 송시열에 대해서 사업이 크다고 말하지만 여기서 말하는 사업은 이단 배척, 천리를 밝히고 인심을 바로잡는 것이다. 송시열의 북벌 그리고『춘추』의 존주대의를 두고 이르는 말이다. 이러한 평가는 이항로의 시대가 또다시 이러한 사업을 요청하고 있다는 판단에 기인할 것이다.

이항로는 율곡보다는 송시열을 더 존중했다. 그리고 이 점은 김평묵, 유중교, 최익현, 유인석 등에게서도 공통적으로 나타나는 현상이다. 최익현은 스승 이항로를 평하여 "주자를 공자 후의 일인자라고 여겨 사서오경의 전주(箋註)를 위시하여『주자대전』,『주자어류』에 이르기까지 부모처럼 사랑하고 신명처럼 공경하였다. 또한『송자대전』을 읽었는데, 정자와 주자의 전체(全體)와『춘추』의 대용(大用)이 이 책에 있음을 보고는 시작의 조리와 끝냄의 조리가 참으로 주자 이후의 정종(正宗)이라고 생각하여, 그를 존숭하고 심복하기를 주희에 다음가게 하였다. 그 문과 길의 바르고 큼이 이러하였기 때문에 선생의 지(知)와 행(行) 공부가 경(敬)으로 일관하게 된 것이니, 시대는 주자·송자와 다르지만 사실은 서로 부합하는 것"[21]이라고 하였다. 이들은 조선에서 도학의 정맥을 논할 때는 이황·이이·송시열이라고 한다. 최익현은 "창성하는 운수가 동(東)쪽으로 돌아와서 정치와 교육이 밝게 되자, 이황·이이·송시열 같은 선생이 나와서 천 년을 내려온 정학의 전통이 비로소

---

20    이항로『華西集』卷14,「溪上隨錄」
21    최익현『勉菴集』卷25, 華西李先生神道碑銘 幷序

우리나라에 있게 되었다"²²고 하고, 이들을 계승한 것은 이(理)의 철학을 표방한 이항로와 기정진이라고 하였다.

"이들을 계승하여 나온 현인들은 비록 높이와 깊이의 차이는 있지만 모두 주자를 조종으로 하였다. 간혹 의론이 너무 높고 주장을 너무나 고집하여 주자를 어기려 하지는 않았지만 저절로 어기는 결과를 가져왔으니, 요사이 기(氣)를 주장하는 의론이 바로 그들이다. 선생은 이 시기에 태어나 이해와 득실을 따지지 않고 이(理) 자 하나만을 짊어지고 복고(復古)·반정(返正)에 나서니, 그를 공격하는 자들이 고슴도치처럼 일어났다. 앞으로 천백 년 뒤에 만일 다시 선생 같은 이가 난다면, 또한 저 공격하는 자들과 같은 말을 해서 선생의 학문이 끝내 용납되지 못할 것인가, 아니면 빙긋이 웃으며 참으로 주자의 뜻을 얻었다고 할 것인가. 아, 알 수 없는 일이다."²³

유인석은 "중화문물이 퇴락하여 상실되었을 때 이른바 주나라의 예가 노나라에 있었듯이, 4000년의 복희, 신농의 왕정(王政)과 2000년의 공자·맹자의 도맥(道脈)이 동방 한 나라에 머물러 있다"고 하고²⁴ 또 주자, 송자야말로 중화의 정맥을 계승한 성현이라고 하였다. 그는 "주자는 나중 공자이고, 송자는 나중 주자이다. 공자, 주자, 송자가 되는 까닭은 더욱 중대한 한 가지의 일이 있으니, 중화를 높이고 이적을 물리치는 것, 바로 이것일 뿐이다."²⁵라고 한다. 유인석은 이항로를 송시

---

22    최익현 『勉菴集』 卷25, 蘆沙先生奇公神道碑銘 幷序

23    최익현 『勉菴集』 卷25, 蘆沙先生奇公神道碑銘 幷序

24    유인석 『毅菴集』 卷38, 雜著, 「書贈關西九友」 "越自中華文物之淪喪, 正所謂周禮在魯, 而四千年羲農王政, 二千年孔孟道脉, 寄寓於吾東一邦."

25    유인석 『毅菴集』 卷38, 雜著, 「書贈關西九友」, "朱子後孔子也, 宋子後朱子也. 又所以爲孔朱宋者, 有一事尤大焉, 曰尊中華攘夷狄是已."

열의 뒤를 이어 중화의 맥(脈)을 계승한 분으로 표장한다. 즉 이항로에 대하여 "덕(德)에서나 공(功)에서나 공자, 주자, 송자와 동일한 도이다"[26]라고 하였다. 이는 스승에 대한 예찬이므로 객관성이 문제되지만 무엇을 기준으로 이렇게 보았느냐 하는 것은 살펴볼 의의가 있다. 그것은 다름 아닌 '위정척사'의 공적이었다.

이처럼 화서학파는 조선 도학의 정맥을 논할 때는 정몽주·조광조·이황·이이·송시열을 논하지만 천하의 도학 그 자체의 통서를 논할 때는 공자·맹자·주자·송자로 연결하고 이항로의 문인들은 송자 다음에 도통을 이은 사람으로 이항로를 추존한다.

화서학파에 의하여 전개된 위정척사운동의 이념적 근거는 넓은 의미의 성리학이다. 송대에 발흥된 새로운 유학으로서의 성리학 형성의 사상적 배경은 당시 성세를 구가하던 노·장 철학과 불교사상이었다. 즉 한·당 이래로 상대적으로 침체 국면에 처해 있던 유학은 노·불의 사상과 맞서서 공자와 맹자의 사상을 선양하기 위하여 자체 내에 새로운 이념의 설정, 이론의 체계화 등이 요구되었던 것이다. 16세기에 접어들자 조선의 유림 내부에서의 경직된 이단논쟁이 일어났는데 이때 율곡은 이단에 대하여 주의를 기울이면서도 "종일 배불리 먹고 아무 일도 하지 않는 것보다는 오히려 낫다"고 하고 당시 이단으로 지목되던 노장·불교·육상산·선종만이 이단이 아니라 일신의 사사로운 욕망을 좇는 것이 바로 이단이라고 하여 형식적 이단 논쟁에 각성을 촉구하기도 했다.[27] 정몽주, 정도전 등에 의한 여말 선초의 이단 배척론과 율곡 등 16세기의 사림들이 이단에 대하여 비판한 내용과 이론들은 그대로 서학 비판에도 적용되었다.

---

26　유인석『毅菴集』卷45,「昭義續編1」,「書贈關西九友」참조.
27　『栗谷全書』卷13,「學蔀通辨跋」

보다 구체적으로 화서학파의 정신적 지주가 되어준 것은『춘추』정
신이었다. 서학에 대한 화서학파의 비판은 송시열에게서 보였던 '곧
음'의 정신에 의한 것이었다. 말하자면, 서학의 바탕이라고 보는 인욕
을 깨뜨리고 유가의 천리를 실현하겠다는 것이요, 서구열강의 제국주
의적 침략에 대해서는 '정의로써 원통한 처사를 징계하겠다(以直報
怨)' 함이다.

이항로는 송시열의 춘추의리를 이어서 화이론을 전개한다. 그는 "하
늘에 음양이 있고 땅에는 강유가 있으며 사람에게는 남녀가 있고 통맥
에는 이(夷)와 하(夏)가 있으니 이것은 천지 사이에 있는 최대의 구분
이다"[28]라고 하고 "나라 안을 높이고 주변의 이적을 물리치는 것은 천
지가 끝날 때까지는 지켜야 될 대원칙이고 사사로운 인욕을 물리치고
상제가 내린 충심을 받들어 실행하는 것은 성현들이 가르친 요법이 있
다"[29]고 하였다. 이항로는 북쪽 오랑캐는 이적이고 서양 오랑캐는 금수
라고 한다. 그는 문인들에게 "북쪽 오랑캐는 의관을 훼손하고 찢었으
며, 서양 귀신들은 심술을 무너뜨리고 미혹시켰다. 마땅히 몸을 세우고
바로 서며 마음을 밝히고 눈을 크게 떠서 성현의 가르침과 아비와 할아
버지의 사업을 추락시키지 말아야 한다. 이것이 유학자의 위아래를 관
철하는 법문이다"[30]라고 하였다. 이는 외부문화에 대한 인식 부족이라
할 수도 있지만 당시의 상황에서 그에게는 청과 서양문화가 수용되기
어려웠고 특히 서양문화에 대한 극단적 거부감이 형성되어 있었음을
보여주는 것이라고 할 수 있다.

---

28    이항로『華西雅言』卷10,「尊中華策」
29    이항로『華西雅言』卷10,「尊中華策」
30    이항로『華西集』卷31,「蘆塾講規」講戒 "一, 北虜毁裂衣冠, 西鬼蠱惑心術, 當挺
身立脚, 明心張目, 不墜聖賢之教父祖之業, 是儒者徹上徹下法門" 이와 유사한 내용이
『華西雅言』叩兩第 15에도 있다.

이항로의 이러한 관점과 생각은 그대로 문인들에게 전수되었고 수용되었다. 유인석은 정몽주에 대하여 "세상에서 선생을 논하는 이들은 모두 충효(忠孝)를 위대하게 보고 있다. 하지만 실제로는 존왕(尊王)과 양이(攘夷)야말로 더욱 위대한 것이었으니 학문은 이것보다 큰 것은 없다"고 하였다. 유인석은 정몽주가 실제로 "원(元)을 등지고 명(明)을 섬겨 '존양대의'를 밝힘으로써 조선조가 소중화로서 예의가 융성하도록 열어주었다"라고 하였으며, "학문이란 이치를 밝히는 것이니 존화(尊華)의 뜻이 서게 하는 것이며, 화(華)란 도(道)를 중히 여기는 것이니 인륜의 실행을 다하도록 하는 것이다. 이것을 안 다음에 선생의 위대함을 알았다 할 것이다"[31]라 하였다.

정사(正邪)론적 문제의식을 지니고 있는 유인석도 화이(華夷)의 개념을 다시 정리한다. 다음 말을 의미 있게 살펴볼 필요가 있다.

"중화라 함은 그 지역을 가지고 말하는 것이 아니고 종족을 가지고 말할 따름이다. 그 도로써 말하는 것이니 그러므로 나라 안이라 하더라도 이적의 도가 있다면 이적으로 여기는 것이다. 이적이 나라 안으로 진입하면 나라 안의 법이 된다. 설사 청(淸)이 화(華)의 문화를 사용하여 이적의 풍속을 바꾸었다면 이 또한 중화인 것이니 구별할 것이 없다."[32]

송시열도 맹자가 순은 동이의 사람이요, 문왕은 서이(西夷)의 사람

---

31 유인석『毅庵集』卷43, 記,「紫陽洞圃隱先生影堂記」, "麗季圃隱鄭先生作焉, 盖學問精粹, 橫說竪說, 暗合朱子, 遂爲我東理學之祖. 背元事明, 明尊攘大義, 以啓我朝小華禮義之盛 (…) 盖學焉而明其理, 尊華之義有以立焉, 華焉而重其道, 彛倫之行有以盡焉. 知此然後知先生之大也."

32 유인석『毅庵集』卷33, 雜著, "但中華云者, 非以其地, 以其族而已. 以其道也, 故中國有夷道則夷之. 夷進於中國則中國之法也, 使淸能用華變夷, 是亦中華而無可別也."

이라 하였듯이 지역이 추(鄒)나 노(魯)가 아닐지라도 문제가 되지 않는
다. 주희가 살았던 칠민(七閩)은 남이(南夷)의 지역이지만, 그곳에서
주희가 일어난 다음에 그 땅이 이제는 화하(華夏)가 된 것처럼 중화의
여부는 오직 변화에 있을 따름이라고 하였다.[33] 종족이 이적이었어도
중화의 주인공이 되었고 지역이 이적이라 할 수 있는 곳에 있었어도 주
희는 그곳을 중화의 지역으로 만들었다는 것이다. 순과 주문왕, 주희
같은 성현의 경우는 인정하지만 정치적 제왕이 중화문화에 적응한 것
은 인정을 하지 않았다. 보다 넓은 시각과 정보를 갖고 있었더라면 이
미 청이 중원에 들어와 강희·건륭·옹정제와 같은 걸출한 황제들이 나
와서 중화문명의 일익을 잘 감당하고 있음을 알았고 이를 인정할 수도
있었을 터인데, 18-9세기 조선의 많은 학자들은 이를 제대로 인식하고
있지는 못했던 것 같고, 인지했다고 할지라도 충분히 수용하기에는 감
정적 찌꺼기 등이 남아 있어 어려웠을 수 있다. 즉 청의 변화에 대해서
충분히 그리고 탄력적으로 인식하기에는 부족했다고 할 수 있다.

조선중화론을 주장하는 사람들도 조선이 일찍부터 이적의 한 지역이
었지만 기자가 건너온 이후 일변에 일변을 거듭하여 중화의 지역이 되
었다고 하는 인식을 지니고 있었다. 유인석은 우리나라가 옛날 기자가
와서 문명을 펼쳤던 곳인데, 신라·고려로 내려오면서는 문헌으로 고증
하기 어렵지만 조선에 들어오면서 여러 군주가 잇달아 크게 한 번 변화
하는 도를 펼쳐 위로는 밝은 정치와 교화가 있었고, 아래로는 아름다운
풍속이 이루어졌으며, 도학이 바르고 절의가 높아 저 삼대보다 순전하

<hr>

33　송시열『宋子大全』卷131, 雜著, "中原人指我東爲東夷, 號名雖不雅, 亦在作興之
如何耳. 孟子曰舜東夷之人也, 文王西夷之人也. 苟爲聖人賢人則我東不患不爲鄒魯矣.
昔七閩實南夷區藪, 而自朱子崛起於此地之後, 中華禮樂文物之地, 或反遜焉. 土地之昔
夷而今夏, 惟在變化而已."

게 뛰어났고, 저 한, 당이 나란히 서지 못하는 수준이라고 하였다.[34] 그는 『송원화동사합편강목(宋元華東史合編綱目)』에서 '원(元)'을 화(華)의 정통에서 삭제하고, 도가 송으로부터 명으로 계승되며, 또 송으로부터 고려로 다시 조선으로 이어졌기에 현재는 조선만이 중화문명의 정통성을 확보하였음을 표명하고 있다. 그는 이 부분을 지적하여 중국에서 『속강목(續綱目)』을 편찬할 때 원(元)을 '정통'으로 처리한 것을 '무통(無統)'으로 바로잡은 것은 곧 이항로가 송시열의 의리를 계승하여 화이(華夷)의 구분을 바로잡은 것이며, 이것이 이 책을 엮은 대의라 하였다.[35] 화서학파는 춘추의리에 따라 중국인이 할 수 없는 중국 역사 개수작업까지를 시도한 것이다.

"세상의 대의에 중화를 높이는 것보다 높은 것이 없고, 왕대일통(王大一統)을 높이는 것보다 지극한 것이 없다. '중화'란 윤리강상의 도리가 밝혀짐, 인의도덕이 드러남, 예악정법이 나타남, 그리고 제도문물이 밝아지는 것으로 지극히 바르고 큰 것이다. 이것을 존숭함으로써 이적이 어지럽힐 수 없으며 천리가 밝혀지고 인심이 바르게 되는 것임을 알 수 있다."[36]

유인석은 이어서 '왕자대일통(王者大一統)'의 의미를 서술한다. "하늘 땅의 온갖 신들이 주인으로 삼는 것이며, 뭇 백성과 온갖 나라들이

---

34   유인석 『毅菴集』 卷4, 疏, 「西行在旌善上疏」, "我東箕聖古疆也. 羅麗以降, 文獻無徵. 入我朝, 列聖相承, 一變至道, 上有治教之明, 下有風俗之美, 道學之正, 節義之高, 粹然出於三代之上, 而漢唐不足與伴."
35   유인석 『毅菴集』 宋元華東史合編綱目序文
36   유인석 『毅菴集』 卷54, 「道冒編 下」 "天下大義, 莫尙乎尊中華, 莫至乎尊王大一統. 中華倫常道理之所明, 仁義道德之所顯, 禮樂政法之所著, 制度文物之所煥, 至正至大. 惟崇惟貴, 此而爲尊, 知夷狄之不可亂, 天理明而人心正矣"

표준으로 삼는 것이며, 온갖 윤상과 법도의 모인 곳이고, 온갖 기미와 변화의 근본이니, 위로부터 아래에 이르기까지 하나요, 둘이 없는 것이다. 참람하고 교활한 자들이 침범할 수 없으며, 하늘의 벼리가 세워지고 사람의 법도가 흥기하는 것임을 알 수 있다. 이것을 존숭함으로써 천하가 다스려지는 것이다"[37] 세계가 하나의 통일된 정치 체제 속에 있어야 한다는 것은 오늘날 용납되기 힘든 사상이다. 그러나 그 당시 유인석 등 화서학파에게서는 대립되는 것이 서양이었고, 그간 유지해온 중화와의 비교일 수밖에 없었다. 그들의 눈에는 우선 서구문명의 경쟁주의, 형기(形氣) 중심주의 등이 보였다.

이미 조선의 사람들도 일부는 '예양(禮讓)' 보다는 '경쟁' 에 주력하는 서양을 보다 문명된 것으로 보고 있었다. 유인석은 여기서 도리에 상달하려는 오상 오륜과 형기(形氣)에 하달하는 '경쟁' 체제의 그 우열을 묻는다. 우열을 묻는다는 것은 이미 중화/이적 도식과는 다르다. 이미 조선인들끼리 개화와 수구로 갈려져서 대립하고 있는 정황이니 개화파의 주장을 더 이상 중화/야만의 구도로 공격하기는 어려워졌다는 것을 짐작할 수 있다. 현실적으로 양립하고 있는 주장의 대결, 아니 상당수의 식견이 있는 사람들이 오히려 서양을 문명이라고 하는 상황이 되었기 때문이다.[38]

---

37　『毅庵集』卷54,「道冒編 下」, "王者大一統, 天地百神之所主, 烝民萬邦之所極, 萬倫萬法之所總, 萬幾萬化之所本, 直上直下, 有一無二. 此而爲尊, 知僭猾之不可干, 天綱立而人紀作矣. 得此尊矣, 天下治矣."

38　유인석 『毅庵集』卷51,「宇宙問答」, "人皆以西洋爲文明, 以今時代, 并稱競爭文明, 其言何如? (…) 中國古聖王聖人, 明是爲上達道理也, 今日西洋, 明是爲下達形氣也. 不是爲下達形氣, 宜或有仁讓, 何以專事競爭? 上達而可曰文明乎, 下達而可曰文明乎. 聞中國之古明於五常五倫, 未聞今西洋明於五常五倫, 五常五倫在人, 不當有之事而不之明乎. 明五常五倫, 爲文明乎, 不明五常五倫, 爲文明乎. 聞其爲言, 以三代曰爲專制而謂之黑陷, 以西洋曰爲立憲共和而謂之文明, 其法之當不當勿說, 三代之人物政化, 果

따라서 이제 화서학파는 이른바 위정척사라고 하는 주장을 표방하게
된다. 즉 화이론에서 정사론으로 논점을 바꾸게 되는 것이다. 그들은
매우 강고한 신념을 표방했다. "지금 세계가 다 오랑캐와 금수의 세계
인데 여기 한 모퉁이에서나마 중화의 제도를 지키고 보전하며, 인도를
지키는 일은 결코 그만둘 수 없다."[39], "우리나라는 성인의 학문이 밝아
있으니, 천지가 이것을 의지하여 보전되고, 인류가 이것을 의지하여 살
아갈 것이다."[40] 마지막 남아 있는 석과(碩果)는 결코 먹히지 않을 것이
라는 신념에 토대를 둔 이러한 주장은 어떤 원리주의 집단의 잠꼬대 같
은 것으로 들릴 법하다.

이항로의 서학배척론은 그의 「논양교지화(論洋敎之禍)」, 「벽사록변
(闢邪錄辨)」 및 어록 서간 등에 잘 나타나 있다. 『벽사록변』은 1839년에
나온 이정관의 『벽사변증(闢邪辨證)』을 수정·보완하면서 기존의 여러
척사론을 조합·정리한 것이기 때문에 당시의 척사론이 가장 잘 집약
되어 있는 문헌이라 할 수 있다.[41] 서학에 대한 이항로의 기본 입장은
그것이 사설(邪說), 사교(邪敎)라는 것이다. 그는 혹세무민하는 사설로
서양의 것만큼 참혹한 것은 없다고 하였다.[42] 그가 서학을 사학(邪學)으
로 규정하는 근거는 서학이 곧 형기(形氣)와 정욕을 근간으로 하는 기
학(器學)이라고 본 때문이다. 이(理)는 존귀하고 기는 비천하다는 관

劣於西洋而爲黑陷, 西洋之人物政化, 果優於三代而爲文明乎."

**39**   유인석 『毅庵集』 卷38, 雜著, 「書贈崔敬文」, "皆爲夷獸世界, 於此一隅, 準保華制
而守人道, 決不可已."

**40**   유인석 『毅庵集』 卷43, 「聖學齋記」, "我東明聖學, 而天地賴以存, 人類賴以生矣."

**41**   척사 문헌에 대하여는 金根洙의 「斥邪文獻小考」 『韓國學』 제19집, 34-43쪽(중앙
대부설 한국학연구소) 참조할 것

**42**   이항로 『華西雅言』 卷12 「洋禍」 "充塞仁義, 惑世誣民之說, 何代無之, 亦未有如西
洋之慘也"

점에서[43] 그리고 유학은 이학(理學)이요, 노장학은 기학(氣學)으로 인식되어 왔던 배경에서 형기의 서학은 사학 혹은 이단으로 규정되는 것이다.

그는 상제는 곧 태극을 가리켜 말하는 것으로서, 이는 만인이 공유하는 것이요, 결코 털끝만큼도 인력으로 얻어내어 사사롭게 할 수 없는 '이(理)'인데[44] 유학에서 하늘을 섬긴다고 할 때의 그 실제 내용은 "마음을 보존하고 본성을 기름"을 뜻한다. 이항로의 눈에 비친 서학에의 하늘 섬김은 하늘이 우리에게 명령한 바가 무엇인지 묻지도 않고 다만 절하여 복만 구하는 것이라고 하였다.[45] 또한 서양의 기물들의 기술이 뛰어남이 기학(器學)으로 규정하게 하였다. 그는 제작자의 기술과 성현의 도덕은 영역이 다른 것으로써 서로 혼동할 수는 없는 것이며, 아무리 기교가 능하다 하여도 기예와 도덕의 차이는 기(氣)와 이(理), 돼지와 용만큼의 차이가 있다고 한다.

이항로는 다시 성인론을 통하여 서학이 기학(氣, 器學)임을 논증한다. 그는 유교에서 말하는 성인은 다름 아닌 천지의 효자이므로 상제의 마음을 아는 데 있어서 성인보다 나은 사람이 없으며, 성인의 말은 상제의 말이요, 성인의 행위는 상제의 행위라고 하여 상제와 성인을 동일

---

43    이항로 『華西集』 卷3, 擬疏 "道理者 天下之公物也 故至大至重, 形氣者 一己之私物也 故至小至輕"

44    이항로 『華西集』 卷25, 「闢邪錄辨」 "吾儒之所事者, 上帝也. 西洋之所事者, 天主也. 吾所謂上帝者 指太極之道也. 太極之道, 何也. (…) 非一毫人力所得而私也, 是所謂理也"

45    이항로 『華西集』 卷25, 雜著 「西洋事天與吾儒事天相反辨」 "孟子曰 存其心養其性, 所以事天也. 心者, 指惻隱之心辭讓之心羞惡之心是非之心也. 性者指仁也禮也義也智也. 此心此性, 非我之所得私也. 乃天之所命, 故有此心養此性, 則不待外求, 而所以事天者, 卽在乎此也. (…) 西洋, 則不然, 不問天所以命我者是何事, 只以拜天祈福爲事天, 此無他焉. 吾儒所謂事天之天, 專以道理言也, 洋人所謂事天之天, 專以形氣情欲言也, 二者之不同, 實分於此"

시하고 있다. 누가 과연 참 성인인지는 그가 도덕에 이르는가 아니면 형기에 이르는가, 의를 깊이 이해하고 그것을 돈독히 좋아하는가 아니면 이익을 좋아하여 그것의 추구에 힘을 쏟는가를 살핌으로써 판별이 가능하다고 한다. 즉 궁극적으로 추구하는 바가 의리(義理)인지 사리(私利)인지를 보아서 판별해야지 신령하다든가 신령하지 못하다든가, 그가 성실하냐 불성실하냐 하는 것만으로 판단해서는 아니 된다는 것이다.[46]

이항로에게 있어서 천당·지옥설은 사람의 마음 다루는 방식을 허물어뜨리게 하여 상서롭지 못한 결과를 빚는 것으로서 하늘을 만홀히 여기고 성인을 모독하는 것이요, 본성과 욕구를 희생하는 것이며, 세상 사람들을 미혹시키는 사설이라고 하였다.[47] 이항로는 기독교의 『성서』에 나오는 기적에 대하여 그것은 한갓 원숭이를 우롱하는 조삼모사(朝三暮四)의 설과 같이 하늘과 사람을 기만하는 사설일 뿐이요, 하늘과 사람을 도둑질하는 것으로 크나큰 재앙이라고 함으로써 경계의 끈을 더욱 잡아당기고 있다.[48] 제사를 폐함에 대하여는 서교인들이 귀신의 참된 이치를 알지 못하여 남이 보지 않고 듣지 않는 곳에서도 삼가고 경계하는 것을 모르고 기탄하는 바가 없기 때문이며, 천주를 예배하는 까닭은 그들이 어둡고 괴이하고 허탄하고 망령된 사설에 빠져 잘못된 아첨을 통하여 복을 구하는 것인데, 이는 모두 하늘의 도리에 어둡고

---

46  이항로『華西集』卷25, 雜著「西洋事天與吾儒事天相反辨」"中國所稱聖人, (…) 孔孟程朱也. 釋氏所稱聖人, 釋迦如來也. 老氏所稱聖人老子也. 西洋所稱聖人, 耶蘇也. 子思曰 詩曰具曰予聖 誰知烏之雌雄正謂此也. 將何以辨別, 而定其眞僞乎哉. 曰否不然 有大界分於此. 而人自不察耳. 孔子曰君子上達小人下達. 按, 上達謂達於道德, 下達謂達於形氣也. 又曰君子喩於義, 小人喩於利, 按, 喩之爲言, 深知而篤好也. 於義理一邊, 深知而篤好者, 君子也. 於形氣一邊, 深知而篤好者, 小人也"

47  이항로『華西集』卷25, 雜著「闢邪錄辨」「天堂地獄辨」

48  이항로『華西集』卷25, 雜著「闢邪錄辨」「吾儒窮神知化與異端說相反辨」

사람의 이치를 알지 못하는 데서 유래한다고 하였다.[49]

서학의 교리에 대한 이항로의 비판은 윤리적인 측면에도 가해진다. 그는 『칠극(七克)』[50]의 내용이 모두 재화와 이욕 일변에 치우쳐 있음을 들어, 금절하는 것은 오히려 지나치게 추구하기 때문임을 미루어본다면 서학은 역시 형기, 재화와 이익에 근본한 것이라고 하였다.[51] 그는 서학을 아예 통화통색(通貨通色)을 방법으로 하는, 즉 재화의 유통으로 물욕을 충족시키고 색의 유통으로 성욕을 충족시키는 전형적인 형기와 정욕의 도라고 규정하고 또 근본이 무부(無父)의 인륜부정과 무군(無君)의 사회적 가치의 부정이라고 하였다.[52]

이항로의 서학 비판은 그것이 서구 열강의 제국주의 세력과 연결된 점에 대하여도 가해지고 있다. 서학 신봉집단들의 국가의식에 대한 비판이다. 서구 열강이 동방에 전교하는 동기를 내부에서 동정자를 구하고 그들과 안팎에서 서로 응하여 허실을 정탐한 후 침략을 자행하여 한량없는 탐욕을 채우려는 데 있는 것으로 인식하였다.[53]

---

49  이항로 『華西集』卷7, 「答金平黙」 "蓋不知鬼神之實理, 而不能戒懼謹愼者, 實頑塞無忌憚之人也 沈溺於理怪誕妄之說, 而邪媚求福者, 卽書所謂巫風, 孔子所謂詔鬼, 程子所謂惑也, 由前, 則西洋廢祭之類也, 由後, 則西洋禮天之類也, 一頑一詔, 可謂全昧天道, 全沒人理矣"

50  『七克』은 예수회 신부 판토하(Pantoja, D., 龐迪我)가 지은 가톨릭의 윤리서적이다. 1614년 중국 북경에서 간행되었고, 마테오 리치가 전래하였다. 『七克大全』이라고도 하고 『七克眞訓』이라고도 한다. 李瀷은 이 책의 내용이 유학의 克己說과 같다고 했다.

51  이항로 『華西集』卷25, 雜著 闢邪錄辨 「三毋妄與四勿相反辨」 및 「洋人七克與吾儒八刑相反辨」 참조

52  이항로 『華西集』卷15, 「溪上隨錄」 "西洋之說, 雖有千端萬緖, 只是無父無君之主本, 通貨通色之方法, 陰主通貨通色無分無義之說者, 皆西洋也." 同上 "聖人苦心血誠, 防貨色, 洋學苦心血誠, 使人通貨色"

53  이항로 『華西集』卷3, 「辭同義禁疏」 "蓋洋夷之僭入我國, 廣傳邪學者, 豈有他哉, 欲以植其黨與表裏相應偵我虛實, 率師入寇, 糞穢我衣裳, 奪掠我貨色 …"

그의 이러한 인식은 제자들에게로 이어지고 있다. 즉 김평묵은 서양의 문물이 모두 이익을 서로 탐하고 무차별적 사랑을 주장하는 것으로서 결국 묵자(墨子)의 길과 같은 이단이라 하였고,[54] 유중교는 천지를 욕되게 하고 오행을 어지럽히며 인간과 귀신을 뒤섞어 놓고 재화와 여색을 더럽히고 어지럽히는 것이라 하였다.[55] 유인석 역시 서학 전교를 제국주의적 침략의 전 단계로 파악하고 있다. 그는 "나라를 빼앗으려는 자는 먼저 그 나라의 사람들의 마음을 빼앗는다"고 함으로써 서학의 전교가 사람들의 마음을 이간시켜 장차 국가를 침탈하려는 데 그 목적이 있는 것으로 보았던 것이다.[56] 황사영의 「백서(帛書)」 사건에서도 드러났듯이 신앙의 자유를 획득하기 위해서는 국토가 진멸되어도 좋다는 식의 국가관, 사회관은 당시의 유교적 지성인으로서는 그 관용의 한계를 넘어서는 사항이었다고 할 것이다.

## 4. 주리(主理)적 이기론

최익현은 이항로에 대하여 "사칠론, 성정중화설, 인물성동이변에 대해서는 모두 선배들이 해결하지 못한 것들이었는데 선생이 모두 한 말로 분석하여 동이(同異)·득실(得失)을 그 극치까지 밝혔다."[57]라고 하였다. 스승 이항로의 이기심성론에 상당한 성취가 있었음을 인정하는 부분이다. 화이론과 위정척사론적 사유 패턴을 지니고 있는 이항로와 그 문인

54  김평묵『重庵集』卷33,「學統考」
55  유중교『省齋集』卷37,「玉溪散錄」"邪辱天地, 汨陳五行, 雜糅人鬼, 滅絶彝倫, 瀆亂貨色"
56  유인석『毅菴集』卷51,「宇宙問答」"夫奪人之國, 先奪人心, 奪人心, 土地不難奪也"
57  최익현『勉菴集』卷25, 華西李先生神道碑銘 幷序

들이니 자연 이기론적 해명에 있어 순선무악의 이와 선악이 섞여 있는 기라는 주자학적 개념체계 속에서 그들이 주리론으로 기울어질 것은 일견 짐작 가능하다.

이항로는 이와 기의 떨어지지도 않고 서로 섞이지도 않는 관계에 주목하면서도 성현의 가르침은 이와 기의 분별에 주안점이 있고, 이곳이 가장 집중적으로 탐구해야 할 곳이라고 한다. 즉 그는 이기론에 있어서 주자학적 체계의 정합성을 유지하려고 하면서도 이와 기의 혼잡되지 않는 측면을 강조하는 것이다.[58] 그는 "이와 기는 상대하여 말하면 거느리고 부림을 받고 크고 작은 차등이 있고 천리와 인욕, 자식과 도적의 구별이 있으니 정밀하지 않을 수 없다"[59]고 하였고, 또 "이(理)는 본래 높아서 상대가 없다. 기는 본래 낮아서 상대가 있다"[60]고 하였는데 이와 기에 대한 이러한 분별은 이황이 이기에 관해 언급한 것을 연상하게 한다. 이항로는 이(理)를 천, 천군, 제, 신, 신명 등과 같은 맥락으로 이해하는 정이천의 언급과 연결되어 있기도 하다.

이항로의 심설(心說)에 대해 유중교가 1886년 김평묵에게 「논조보화서선생심설(論調補華西先生心說)」을 보냄으로써 논쟁이 일어나게 되었다. 즉 유중교는 송시열과 같이 심(心)을 기(氣)로 규정하고는 이항로 및 김평묵이 심을 이(理)로 규정한 것에 대하여 이의를 제기했던 것이다. 유중교는 1888년에 대립되는 두 주장을 절충하여 「화서선생심설정안(華西先生心說正案)」을 김평묵에게 보내며 논쟁을 중단했으나 임종 직전에 문인들에게 정안(正案)의 글은 '다시 생각해보니 사실과 도리에 모두 맞지 않는다'고 하여 거두어들이게 하였다. 주리론이냐 아니

58   이항로『華西雅言』卷1, 形而 第1
59   이항로『華西集』卷11,「答柳稚程」
60   이항로『華西集』卷15,「溪上隨錄」

냐에 대해서는 최익현이 보이고 있는 태도를 주의해볼 가치가 있다. 최익현은 이일분수를 주장한 기정진의 손자 기우만의 부탁을 받아 기정진의 신도비를 썼다. 신도비문에서 최익현은 기정진의 학문과 사업에 대하여 극찬을 아끼지 않았다. 기정진은 아내가 남편의 지위를 빼앗는 것, 신하가 임금의 지위를 빼앗는 것, 오랑캐가 중화의 지위를 빼앗는 것을 세상의 큰 변고라고 하고, "만일 기(氣)가 이(理)의 지위를 빼앗게 되면, 저 세 가지 변고는 차례로 닥치게 된다"고 말한 일이 있다. 또 "기(氣)가 이(理)를 따라 발하는 것은 기발(氣發)이지만 바로 이발(理發)이며, 기(氣)가 이(理)를 따라 행하는 것은 기행(氣行)이지만 바로 이행(理行)이다"라거나 "기(氣)가 발하고 행하는 것이 실상은 이(理)에서 명령을 받은 것이므로 명령하는 측이 주인이 되고 명령을 받는 측이 종이 되기 때문이다. 그래서 종이 일은 하지만 주인이 그 공을 차지하는 것은 만고 불변의 진리인 것이다" 등의 말을 하였다. 이에 대하여 최익현은 기정진의 도학이 높지만 이(理)를 주장한 것보다 더 높은 것이 없다고 하였다.[61]

기정진에 대한 최익현의 이러한 평가는 자연 율곡·송시열의 문하를 자처하는 사람들에게 불편한 심기를 갖게 하였다. 왜냐하면 기정진의 글이 율곡의 이론과 상치되는 점이 있기 때문이며 그의 「외필」이라는 글이 자못 직설적이었다. 유인석은 최익현에게 편지를 보내 기정진이 철학적 논리를 밝히는 것으로 인하여 스승을 높이는 예를 잃었다고 하였다. 지촌이나 중화 등이 율곡의 학설에 이견을 갖고 있었지만 스승을 존중하는 예를 잃지 않아 분란이 일지 않았는데 노사는 기호학의 전승 속에 있으면서 논리를 이유로 율곡을 존경하고 경외하는 태도를 보이

---

61   최익현 『勉菴集』 卷25, 神道碑, 蘆沙先生奇公神道碑銘 幷序

지 않아 문제가 된다는 것을 지적하였다.[62]

최익현이 기정진의 도학과 사공(事功)이 서로 연결되어 있다고 하면서 도학은 이를 중시하는 것이고 사공은 척사(斥邪) 양이(攘夷)라고 한다면 이것은 기론을 주창한 송시열이 사공에 있어서 대의와 양이를 말한 것과 서로 어긋나게 되므로 송시열·이항로 문하 후학들의 마음을 불편하게 했던 것이다.

이러한 논란이 일게 되자 최익현은 학설을 두고 이황과 율곡의 후학들이 다투는 것이 옳지 않다고 하여 각각 그 입언처를 모두 정당하게 이해하는 태도를 취하려고 하였다. 그리고 후학들이 스승이나 문하의 주장을 묵수하거나 상대를 공격하는 일에만 전념하는 것의 잘못을 지적하기도 하였다. 물론 그가 율곡·송시열·이항로의 맥을 받고 있기에 율곡을 옹호하는 듯한 인상을 줄 수도 있다. 그러나 그는 그의 이러한 태도가 양쪽에서 모두 꺼리는 것임을 짐작하면서도 이를 감히 표방한다고 하였다. 그는 율곡이 친히 이황의 문하에서 도학의 단서를 얻었으며 이황을 평소에 존경하고 향모하는 것이 정호가 주돈이를, 주희가 이통을 대한 것과 다르지 않다고 하였다. 학문을 강론하고 의리를 논변하는 데 있어서는 아부하여 구차하게 동조하지도 않았고 또 사사로운 이

<hr/>

62    유인석『毅菴集』卷6, 書「與崔勉庵」癸卯九月 "農巖芝村於栗谷老先生之訓, 存疑而異同者甚多, 而曾無紛紜, 以其存畏之體也, 今可不知其故耶, 雖蘆沙門人, 宜會此意也, 且蘆沙平生讀書, 豈無一二有助世教者, 至於學問全體, 豈可遽班之退栗諸先生之直承程朱大統耶, 然老先生之博約齊頭, 集而大成, 爲我東之聖人, 人皆知之矣, 我東西人學問, 莫不淵源祖宗之矣, 蘆沙爲西人而亦淵源祖宗焉, 則其尊慕之心, 豈出於人皆知之外, 外他文字, 豈其無致尊慕之心者耶, 不然則非常理也, 蘆沙豈亦全無常理耶, 今猥筆似亦出於講明太急, 而不覺其爲欠尊畏而致大何也, 且蘆沙文章氣節卓行, 兼有斥邪攘夷之功, 後人宜亦恕其文過語失而置之前輩可敬之列也, 我東美俗, 貴敬前輩, 如晦齋脫去補亡章, 立異朱子, 有違大學宗旨, 而退溪以下雖論其失而亦極敬之, 今於蘆沙, 獨不可取其長而恕其短乎."

해관계에 매여 왜곡해서 응낙할 수도 없었다고 하였다. 율곡이 '노선생이 돌아가시지 않았을 때에 감히 문난(問難)하여 귀일시키지 못한 것이 한스럽다'라고 하였고, 또 '노선생께서는 아주 정밀하시나 큰 도의 근원에 있어서 한 꺼풀의 막자(膜子)를 면하지 못하셨다'하였으며, 또 '정견(正見)에 하나의 허물을 면치 못하셨다'고 하였고, 또 '이와 같다면 주희도 잘못이니, 어찌 주희의 말이 되겠는가'라고 말하기까지 하였음을 들어 직서(直書)하여 숨김이 없기를 누가 율곡 같은 이가 있겠는가 하였다. "도리는 본래 누구나 다 소유할 수 있는 공물(公物)이므로 자신의 소견을 펼쳐 당시와 후일에 선택이 있기를 기다리는 것"이라 한다. 만일 후세 사람이 다른 논설을 하지 못하도록 하고 자신의 소견을 준수하려는 것이 아니며, 또 이황을 존경함이 부족하여 일부러 이러한 억지 논변을 한 것도 아니고 이황 또한 율곡의 이러한 주장으로 인하여 그 위치와 권위에 영향을 받게 되는 것이 아니라고 하였다.

최익현은 율곡·성혼의 왕복서한을 보니, 당시에 율곡이 성혼의 의혹을 충분히 해명하지 못하였다고 하고 또 그 후에 김창협도 이황의 뜻을 많이 주장하였다고 하였다. 이른바 사람들이 퇴율 절충론자라고 말하는 부분이다. 이처럼 학자들이 이황·율곡 이후에 태어나서 참으로 자기의 견해가 율곡의 논설이 옳다면 이를 그대로 지키면 되고, 만일 소견에 차이가 있으면 율곡이 이황을 논변한 방식을 배워 율곡을 비판하는 것도 도리에 해로울 것이 없다고 하였다. 율곡을 존경하고 숭상하는 사람들은 혹 논설이 약간 율곡의 궤도를 따르지 않는 것을 발견하면 문득 냉소를 터뜨리며 '어찌하여 말의 간처럼 독을 먹는 것 같은 의론을 만들어 내는가'하면서 편지가 어지럽게 왕래하고 서로를 공격하고 비난하기를 창으로 찌르듯 하는 데까지 이르니, 이것은 유가의 법문(法門)으로서 결코 광명정대하지 못하다고 하였다.

율곡이 이황의 말을 신변(伸辨)한 것이 이황을 존경하지 않아서가 아니며 기정진이 율곡의 이기론을 비판한 것 또한 참으로 율곡을 존모하지 않아서가 아니라는 것이다. 이것은 마치 왕을 섬기는 자가 그저 순종하는 것만이 잘하는 것이 아니라 임금이 싫어하거나 노하더라도 도리에 좇아 직언하는 것이 충성을 다하는 것과 같고, 벗을 사귀는 사람이 덮어놓고 옳다고만 하여 비위나 맞추며 허물없이 권하기만 하는 것을 좋아하지 않고 선을 권하여 인덕(仁德)을 쌓도록 격려하고 돕는 것이 바로 교의(交義)를 온전하게 하는 것과 같다고 하였다. 기정진의 「외필」의 문세가 직선적으로 나가 쾌활하기만 하고 순순하고 원만함이 부족한 것은 논란의 단서가 되지 않을 수 없지만 율곡이 가르친 말을 논변한 것은 유행의 일변에서 스스로 한 가지 학설을 만든 데 지나지 않는데, 너무 과중하게 이해한 부분만을 잡아서 반드시 그렇지 않다고 여겼을 뿐이며, 만약 입언한 본의를 캐내어보면 바로 그때에 율곡이 퇴계의 말을 변론하여 밝히는 마음으로 감히 자신의 소견을 감추지 않았을 뿐이라고 하였다. 결코 털끝만큼이라도 배치되고 공척한 것과 같지 않다고 하였다.

문하의 스승인 이항로와 기정진 두 사람이 초야에서 우뚝 솟아나 서로 수백 리를 떨어져 있어서 단 하루도 만난 일이 없으며, 서로가 문을 닫고 글을 읽어 전수받지 못한 것을 유경(遺經)에서 얻었는데, 두 사람이 논한 것이 이따금 서로 부합된 것이 많았으며, 주리(主理)의 종지에 대하여는 약속하지 않았어도 저절로 동일하였으니 이것이 어찌 사람이 모의한 것이겠는가라고 한다.[63]

---

63    최익현 『勉菴集』 卷7, 「答宋淵齋秉璿」 임인(1902)년

## 5. 같은 뿌리 다른 꽃 – 동근(同根) 이화(異花)

율곡의 제자가 여럿이지만 김장생이 그 적전으로 평가된다. 그런데 김
장생의 학문은 예학에서 큰 성취를 이루었다. 그의 예학은 여러 사우들
과 더불어 그리고 그의 시대의 다른 학자들과 더불어 왜란 후의 조선사
회에서 사회기강을 재정비하고 무너진 강상을 회복하는 데 크게 기여
하였다. 김장생의 제자가 여럿이지만 적전은 명실공히 송시열로 지목
된다. 송시열은 스승 김장생의 예설을 조술하지만 그의 시대적 과제는
북벌대의로 표현되었다. 호란의 뒷수습이 필요한 시대적 여건은 패전
국의 신하 송시열로 하여금 야만적 정복자에게 정신적으로 문화적으로
종속되는 것을 막고 문명과 야만의 도식에서 문명을, 중화와 이적의 도
식에서 중화를, 인류와 금수의 도식에서 인류를 선택하는 의리학의 영
역에서 조선 유학에 크게 기여한 학자로 자리매김이 되어 있다. 이후
18세기와 19세기 조선에서 송시열의 후학들이 송시열의 학문과 사업
을 계술하는 일이 폭넓게 전개되었는데 19세기 서세동점의 상황에서
송시열 문하의 한 지류에서 이항로가 접맥이 되어 굴기하였다. 이항로
는 송시열에게서 직접적으로 배운 것은 없지만 여러 경로를 통하여 사
숙하게 되었고 송시열을 성인의 대열로 추존하며 그 사업과 정신과 학
문을 이어가기로 결심하였다. 이항로의 학문과 사업은 주리론으로, 또
화이론적 위정척사로 규정되지만 서양과 일본이라고 하는 새로운 상황
에서 정학에 대한 신념, 도학에 대한 지향을 지키고자 하는 것이었다.
　이처럼 율곡에 근거를 둔 학문적 흐름은 시대적 과제가 바뀜에 따라
전개된 사업과 이론이 바뀌었다. 이는 17세기 조선에서, 그리고 18·19
세기 상황에서 16세기의 율곡학은 어떤 모습으로 외연이 확대되고 내
용이 심화되었는가를 보여주는 것이 된다.

# 11장
# 율곡 성리설과 전우

## 1. 학문(學問)의 퇴계·이기(理氣)의 율곡

간재 전우(田愚, 1841-1922)는 그 사승(師承)이 뚜렷하고 엄정한 학자
이다. 그는 율곡을 종주로 한다. 율곡의 태도와 지향과 격은 독신(篤信)
존중하는 송시열(1607-1689)―김창협(1651-1708)―홍직필(洪直弼,
1776-1852)―임헌회(任憲晦, 1811-1876)로 이어졌다. 이 학통은 뚜렷
한 자기 목소리와 색채를 지니고 있다. 이들의 후학들은 매우 역동적인
활동을 보였다. 따라서 그 후학들로 인하여 이들 학문의 외연은 확대되
고 내포는 심화되었다. 스승에 대한 후학들의 존숭의 태도가 높아 각각
그 스승의 스승의 위상보다 더 높이는 일이 흔히 나타났다.

　대체로 엄정한 사승 속에 있는 학자들은 독자적 사색에 의한 자득의
이론이 적은 편이다. 당시 전우의 시야에 뚜렷이 부각된 학문 집단과
이론은 이항로의 '심즉리' 설과 기정진의 '이일분수(理一分殊)' 설, 이진

상의 '심즉리'설, 그리고 인성물성 논쟁이었다. 이들 논변에 참여하여 비판적 평가의 글을 많이 쓴 것에서 드러나듯[1] 전우는 학문적 상대에 대한 의식이 강하고 또 그만큼의 자기 논리를 지니고 있었다. 논적들에 대한 전우의 대응을 다룬 연구는 이제 상당히 축적되었다.[2]

조선조 사회에서는 학맥과 정맥(政脈)이 동일시되기도 했다. 주자학을 근간으로 삼는 사회였기에 주자학에 대한 유권해석에서 권위를 인정받아야 그들의 정치적 정통성도 높아지는 현상이 나타났다. 현종 연간에 나타난 예송이 바로 그것을 입증한다. 따라서 정파는 학자를 기르기에 많은 노력을 기울였다. 문하의 난적(亂賊)이 유학의 난적이 되기도 하였다. 정파를 떠나고 지역을 넘어서서 가장 사랑과 존중을 받은 학자를 꼽으라면 단연 이황일 것이다.

전우는 율곡·송시열로 이어지는 단단한 사승 탓에 이황 성리설에 대한 이해와 수용의 자리는 넓지 않다. 그럼에도 그는 이황을 인격적으로 매우 존중한다. 그리고 따뜻한 시선으로 이황의 성리설을 대한다. 그의 학문적 종주 율곡의 이기설과의 융합 또는 부합을 도모한다.

두 사람은 학설의 외양에 있어서 유사성이 보인다. 이황의 이존설 (理尊說)과 전우의 성존설(性尊說)[3]은 '성즉리'라는 성리학적 토대명제

---

1   그의 『猥筆辨』이나 『納凉私議辨』은 기정진의 학설에 대한 辨斥이고, 『蘆菴集記疑』 『南塘理氣詠自注疑目』 『南塘上蘆菴書疑目』은 권상하·한원진의 인성과 물성은 다르다는 논의에 대한 그의 견해가 피력된 글들이다. 『雅言辨』은 이항로의 학설에 대한 도전이요, 『海上散筆』에는 이진상에 대한 변척이 담겨 있다. 그는 또한 「蘆華異同辨」 「蘆寒異同辨」 등의 글을 통하여 기정진과 이항로, 기정진과 이진상 사이의 주장의 차이를 평론하고 있다.
2   그의 성리학에 관한 연구는 곽신환 「간재 전우의 尊性明氣의 철학」, 송석준 「간재의 性師心第설과 면우의 심즉리설에 관한 고찰」, 이동희 「간재 전우 성리설의 특징과 시사점」, 『조선조 주자학의 철학적 사유와 쟁점(속편)』, 「간재의 주자·퇴계·율곡의 성리설에 대한 해석」, 황의동 「간재 전우의 사단칠정론」 등이 있다.
3   필자는 전우의 학을 '尊性明氣의 철학'이라고 명명한 일이 있다. 「간재 전우의 尊性

를 생각한다면 동일한 내용과 체제의 다른 표현이라고 할 수 있다.[4] 전우가 일생 관직을 마다하고 정치 사회적 활동도 멀리하고 주로 문인들과의 문변(問辨)에 종사한 것도 이황과 외양적 유사성을 지닌다. 기질적으로도 두 사람은 서로 가까운 점이 있는 것 같다. 이황은 '도소상호(陶邵賞好)'라 하듯 도잠과 소옹처럼 자연친화적 삶을 살았는데[5] 전우도 이백과 도잠의 시를 차운하는 등 산수간을 즐기는 태도를 보였다.[6]

전우는 선유를 평가할 때 학문(學問)과 이기(理氣) 둘로 구분한다. 이는 마치 실천과 이론의 구별과 같은 의미를 갖는 것으로 보인다. 그는 선유들 가운데 학문의 계열로 이황, 김장생, 송시열을 꼽고 그 특징을 신밀(縝密), 돈실(惇實), 정대(正大)라고 평한다. 이기(理氣)에서는 율곡, 김창협, 오희상[7]을 꼽고 그 특징을 각각 명투(明透), 정밀(精密), 조창(條暢)[8]이라 했다.[9]

전우는 율곡에 대하여 주희 이후 대원(大原)을 통견(洞見)한 사람이라고 한다. 또 송시열은 광대(廣大), 김창협은 정미(精微)하고 조광조는 고명, 이황과 김장생은 '도중용(道中庸)'인데 율곡은 이 두 측면 곧

明氣의 철학」, 간재사상연구총서 제1권, 1994년.
4  이동희는 이를 同實異名이라고 표현하였다. 「艮齋의 退溪思想 硏究의 特徵과 意義 - 퇴계 尊理說과 간재 性尊說의 同實異名-」 2015년 간재학 국제학술대회 발표문
5  곽신환 『조선유학과 소강절철학』. 2014년 예문서원 퇴계 부분 참조
6  유영봉 「艮齋의 和陶詩에 관한 연구」『간재학논총』 제16권(2013. 8), 유영봉은 전우가 1912년 9월, 72세의 나이로 繼華島에 이주하여 여생을 그곳에서 마무리한 것은 도잠이 실현했던 전원에로 돌아감의 계승이라고 하였다.
7  오희상(吳熙常, 1763-1833)의 호는 蘆洲이다.
8  條暢은 조리가 있어 명쾌하고 유려하다는 뜻이다.
9  전우『艮齋集後編』卷5, 「答金榮淑」丙辰 "十載一書, 曷不欣快, 惟以學問理氣二者.大體告之曰, 東方學問規模, 退溪縝密, 沙溪惇實, 尤菴正大, 理氣議論, 栗谷明透, 農巖精密, 老洲條暢, 大槩如是, 卿其心存而身體之, 不患不至聖賢閫奧也"

광대와 정미, 고명과 중용을 겸했다고 했다.[10] 광대/정미, 고명/중용은
『중용』에 나오는 공부의 방법과 경지에 대한 묘사인데 율곡은 이 대립
되는 면을 합일하여 다 이루었다 하니 율곡에 대한 더 이상의 표현을
찾을 수 없는 지극한 존숭이라 할 수 있다.

한편 다른 맥락에서 그는 이황과 송시열이 주희의 전체대용을 모두
보았다고 할 수는 없지만 한 사람은 논학문자, 또한 사람은 시사(時事)
출처에 치력한 것에 주목했다.[11] 그는 또한 스승 임헌회의 명에 따라 국
조의 도통을 잇는 인물로 조광조·이황·이이·김장생·송시열의 다섯 학
자의 자리를 매겼고[12], 이들 오현(五賢)의 수언(粹言)을 뽑아 한 책으로
편찬하기도 하였다. 『오현수언』의 서문에서 그는 이황은 타고난 자질
이 영오온수(穎悟溫粹)하고 조예가 높고 깊으며 천리(踐履)가 각실(慤
實)하여 백세에 전하여도 폐단이 없다고 할 수 있다 하고, 송시열은 영
특하고 호걸적 기상이 있고 엄의강직(嚴毅剛直)하며 주자의 정학을 받
고 춘추대의를 실천하여 백성들이 오늘에 이르기까지 신뢰하여 따른다
고 했다.[13] 낙론계 학통을 잇고 있던 전우의 주변에는 김창협을 높이 평

---

10 전우『艮齋集後編』卷8, 書「答韓達善」己未 "伊川先生曰, 以心求道, 道體雖至善,
而不能自知自行, 故必待用此心求之而後著也. 但心雖靈覺, 畢竟是氣分上物事, 故先須
用敬以治之, 使無昏翳之失, 乃可以明善而得與道體爲一矣. 然則學者于敬功, 宜盡心焉,
朱子, 萬世學者之準的也. 由朱子而下, 洞見大原者, 栗谷是也. 尤菴廣大, 農巖精微, 靜
菴高明, 而退溪, 沙溪道中庸者, 惟栗谷兼之, 此見於鳳棲集, 學者要當知此"

11 전우『艮齋集前編』卷15,「淵齋集」, 老洲雜識記疑疑義 "退溪, 尤菴, 誠大賢也. 其
視朱子之全體大用, 則豈不有間乎, 故各就兩賢用功深處而言, 則有如是云爾. 如淵齋論
聖賢救世處, 亦各擧退溪之學問, 尤菴之尊攘, 而偏言之則固無害於尊畏之道矣"

12 전우『艮齋集前編』卷16,「五賢粹言序」"唐虞夏殷周, 孔顏曾思鄒, 濂溪程張朱,
靜退栗沙尤, 此先師全齋先生道統吟也. 愚敬讀而歎曰, 學貴於門路正而趨向的, 不然,
其一生所苦思而勇詣者, 究止于傍蹊矣, 是烏可不明審而謹擇之哉, 愚嘗妄謂以靜菴之材
志, 有退溪之德學, 契栗谷之理氣, 循沙溪之禮教, 立尤菴之義理焉, 則其於爲人, 可謂幾
乎聖者矣"

13 전우『艮齋集前編』卷16,「五賢粹言序」"退溪先生 賦質穎悟溫粹 造詣崇深, 踐履

가하여 김장생과 송시열을 제쳐 놓고 율곡의 학통에 놓으려는 경우들이 종종 있었으나 그는 이에 동의하지 않는다. 송시열을 제쳐 놓고 김창협을 꼽는 것은 마치 주자를 제쳐 놓고 진순을 거론하는 것과 같다고 했다.

선현들을 이처럼 관점과 논의의 정황에 따라 평가와 분류를 달리하고 있지만 대체적으로 말하면 학문에서는 이황, 이기론에서는 율곡, 사업에서는 송시열을 최고 수준으로 평가하고 추존한다. 그리고 이황과 송시열을 대비하여 평가한 것은 1909년이고 율곡을 극존한 것은 1919년의 발언이다. 그때그때 상황에 따라 평가의 초점이 달랐음도 유념할 부분이다.

전우는 스무 살 때 처음 『퇴계집』을 보았고, 그때 '주일무적(主一無適)'의 가르침에 자극을 받아 매우 성절(誠切)한 태도를 갖게 되었다.[14] 그는 자신이 선비로 이름을 얻은 것이 이황의 덕이라고 생각할 정도였다. 그 후 이황의 편지나 시 등을 여러 책으로 만들어 매일 받들어 보았다. 그러다가 74세 때 영남권에 있는 제자들[15]이 『퇴계집』을 한 부 인쇄하여 보내주자 '그의 소원을 하늘이 들어 주었다'고 기뻐하며, 천금이상의 가치를 지닌 것으로 보장(寶藏) 애중(愛重)하였고 기력이 이미 쇠잔하였음에도 몇 편의 매우 주목할 만한 글을 집필하였다. 이때 그에게 주어진 『퇴계집』은 이황의 만년의 견해와 관련 자료들이 다 갖추어진

---

慤實, 可以傳之百世而無弊 … 尤菴先生, 英豪傑特, 嚴毅剛直, 考亭正學, 麟經大義, 民到于今賴之"

14  문인 吳震泳이 지은 「행장」에 따르면 그는 약관의 나이에 이황의 글을 읽고 과거 공부 하던 것을 멈추고 학문에 뜻을 세웠다고 한다.

15  盧憲九, 林性舜, 南龜年, 金源學, 南軫永, 劉永渫. 이들은 素行齋 재생이다. 소행재는 울진읍 신림리 德隱山 기슭에 있었는데 1921년 정림리 飛鳳山 아래로 이건하였다. 전우의 문하에 있던 張德이 1910년 동료와 후진들을 규합하여 건립하였다. 素行은 中庸의 "素富貴 行乎富貴, 素患亂 行乎患亂…"에서 취한 것으로 보인다.

것으로 보인다.[16]

　이황은 그 사상의 스펙트럼이 단일하지 않다. 우리가 이황에게서 보고 싶은 것만 본다든가 드러내고 싶은 것만 드러내려고 하면 별 생산성 없는 다툼이 된다. 후대의 비판을 보는 시각도 마찬가지이다. 전체적으로 존경함에도 부분적인 비판을 부각시키거나 작은 문제점을 지적한 것인데 이를 마치 전체를 부정하는 것처럼 보는 것도 옳지 않다.

## 2. 사·칠 발출의 퇴계만년정설과 율곡설의 부합

전우는 74세인 1914년 「독퇴계선생답고봉사칠설개본(讀退溪先生答高峯四七說改本)」을 지었고[17] 이로부터 3년 후인 1917년, 그의 나이 77세 때는 회암·퇴계·율곡 세 선생의 견해에 대한 질의 형식의 글 「회퇴율삼선생설질의(晦退栗三先生說質疑)」를 썼다.[18] 전우는 이 글을 쓰고 나서 5년 후 죽었으니 이는 이황의 성리설에 관한 한 그의 정론이라 할 수 있다.[19] 이 글에 담긴 내용은 대체로 이황의 사상이 궁극적으로 주희 그리고 율곡과 다르지 않다는 것이다. 이는 영남권 제자들의 선물에 대한 보답의 성격이 담긴 것으로 보인다.

---

16　전우 『艮齋集後編』 卷11, 「答素行齋諸生」 甲寅 "愚昔二十時, 始讀退溪先生集, 稍有感奮之象, 以其一初之故. 意頗誠切. 嘗夢承先生主一之敎, 雖體之不力, 而辜負冥詔. 然其得名爲士, 實先生賜也. 嘗手鈔書牘及詩爲數冊, 日夕奉玩. 今則目力日昏, 細字難看, 常以爲恨. 不圖諸君爲印一部全書, 以寄惠之. 此殆天遂吾願也. 其爲寶藏愛重, 千金不足多也. 第今賤齒已七十有四矣. 疾病已劇, 精力已耗, 莫能大肆力於披玩窮硏之功, 用答諸君冀老有進之厚意. 此爲愧歎之大者矣"

17　전우 『艮齋集後編』 卷13, 雜著 讀退溪先生答高峯四七說改本 甲寅

18　「晦退栗三先生說質疑」를 이동희 교수가 분석을 시도한 일이 있다. 이동희 「간재의 주자·퇴계·율곡의 성리설에 대한 해석」, 『간재학논총』 15집, 2013년 2월.

19　전우 『艮齋集後編』 卷12, 「晦退栗三先生說質疑」 "…丁巳 孟秋, 後學田愚, 敬書"

그는 이 글에서 이황의 만년 정론에 해당하는 것으로 간주되는 「정재기(靜齋記)」, 「답김이정(答金而精)」, 「답이굉중문목(答李宏中問目)」 등에 있는 내용을 가져와서 해석하고 있다. 그리고 이황의 주장이나 개념과 의도에 대한 긍정적이고 깊이 있는 이해를 드러내고 있다. 이 글은 편의상 몇 단락으로 나누어 볼 수 있다.

1) 가장 먼저 거론하는 것은 역시 이황의 '이발'의 문제이다. 이황은 스스로 '이것은 마음에서 이와 기를 나누어 말한 것'[20]이라고 하였고, 『주자어류』에 '이지발(理之發)', '기지발(氣之發)'이 있음을 보고 자신의 생각에 확신을 가졌다고 한다. 또 주희의 언론 속에 사단을 도심, 칠정을 인심과 통용하여 말한 곳이 있다. 그런데 「중용서문」에서 주희는 인심도심을 논하여 '심의 지각은 하나일 따름'이라 한 다음 성명에서 발원하고 형기에서 생성된다고 했다.[21]

전우는 주희와 이황이 애초 말한 의도 자체가 같지 않다고 한다. 이황은 둘로 나눈 것이기에 이발(理發) 기발(氣發)이라 했고, 주희는 전체가 하나의 지각이라는 관점을 갖고 '성에서 발원하고[原於性], 기에서 생성한다[生於氣]'라고 했으니 성에서 발원한 것을 이의 발, 기에서 생성한 것을 기의 발이라 할 수는 없다고 한다. 그는 주희가 인심도심

---

20    이황『退溪全書』卷29, 書「答金而精」別紙 "蓋心具此理而能動靜, 故有性情之名, 性情非與心相對而爲二物也. 旣曰非二物, 則心之動, 卽性之所以然也. 性之動, 卽心之所能然也, 然則何以不可分先後耶. 心非性, 無因而爲動, 故不可謂心先動也, 性非心, 不能以自動, 故不可謂性先動也. 故孟子論四端處, 性情皆以心稱之, 張子云心統性情, 朱先生亦云動處是心, 動底是性, 所謂動底者, 卽心之所以動之, 故非外心而別有性之動也. 至如理發氣隨, 氣發理乘之說, 是就心中而分理氣言, 擧一心字, 而理氣二者兼包在這裏, 與來喩心對性爲言者, 自不同也"

21    전우『艮齋集後編』卷12, 「晦退栗三先生說質疑」 "心圖理發氣發, 退翁自言是就心中分理氣而言, 語類理之發氣之發, 晦翁說中以四端爲道心, 以七情與人心通融說處, 亦時有之. 而其論人心道心曰, 心之知覺一而已矣. 而或原於性命, 或生於形氣, 人道旣可如此說, 則四七豈有佗說乎"

을 설명함에 '그 지각이 하나일 따름이다' 라고 말했으니 사단칠정에도
다른 주장이 있을 수 없다고 한다. 이황의 사단칠정에 대한 논변과 같
은 의도로 주희가 「중용서(中庸序)」에서 '이와 기를 나누고 상호 발출
하는' 의 뜻으로 말한 것이 아니라 한다. 다시 말하면 주희의 의도는 그
발원과 생성을 모두 같은 하나의 지각으로 했을 뿐 성명과 형기를 가리
켜 둘을 대립시켜 서로 발출한다고 한 것이 아니다.[22] 이는 강조점을 어
디 두었느냐의 문제가 된다.

　2) '성은 무위이고 마음으로 말미암아 발용한다' 는 점에서 전우는
주희, 이황, 율곡이 모두 같은 견해를 갖고 있다고 한다. 세 사람은 모
두 '성이 발동하여 정이 된다' 의 명제를 인정하고 있음에 의심이 없다
는 것이다. 태극의 동정, 천명의 유행, 도체의 드러남이 모두 기로 인하
여 동정하고 유행하고 노정하는 것이며, 이발, 성발, 이지발이 모두 이
와 같다고 한다.[23] 전우는 이황이 「정재기」에서 '동정하는 것은 기이다
[動靜者, 氣也]' 라고 한 것에 주의한다.[24] 전우는 여기서 발동하는 것은
사단칠정을 모두 포함하여 말한 것이고, 기(氣)자는 바로 심기(心氣)를

---

22　전우『艮齋集後編』卷12,「晦退栗三先生說質疑」"兩先生原初立言之意, 已自不
同, 一則分二者, 而曰理發氣發, 一則總一覺, 而曰原於性生於氣, 則語類之云, 無乃指原
於性者曰理之發, 生於氣者曰氣之發歟. 若曰不然, 而必以爲道心是理發而氣隨之, 人心
是氣發而理乘之. 如退翁四七之論, 則中庸序, 恐無此分理氣互發用之意脈矣. 晦翁之意,
本謂其原其生, 皆此一個知覺爲之, 非謂性命與形氣, 兩對而互發也"
23　전우『艮齋集後編』卷12,「晦退栗三先生說質疑」"晦退栗三先生, 皆無異見, 而性
發爲情, 又皆用之無疑矣. 如太極動靜, 天命流行, 道體呈露, 亦皆指因氣以動靜流行呈
露者言也. 理發性發理之發, 皆如此, 然則退翁竟與晦翁不同歟, 曰否, 不然也, 退翁嘗爲
南時甫, 作靜齋記, 其言曰, 動靜者氣也. 動者, 四七皆包在裏許, 氣字正指心氣言, 所以
動靜者, 理也, 此本晦翁語 此在五十六歲, 未可謂初年所見也"
24　이황『退溪全書』卷42, 記「靜齋記」"動靜者, 氣也, 所以動靜者, 理也, 聖人純於
理, 故動以御動, 而氣命於理, 衆人徇乎氣, 故動以鑿靜, 而理奪於氣" 장병한이「靜齋
記」를 연구한 논문이 있다.「退溪의 花潭學에 대한 反論 樣相 일고찰: 이황의「答時甫
書」와「靜齋記」분석을 중심으로」『한문학보』제20집(2009년 6월), 487-513쪽.

가리켜 말했다고 해석한다. 율곡이 '발하는 것은 기이다[發之者 氣也]'
라고 할 때의 기는 율곡 스스로 이미 심에 해당하는 것이라고 했다. 전
우는 율곡의 '발하는 것[發之者]'을 이황의 '동정자(動靜者)'와 같은
것으로 이해한다. 율곡이 "도심을 발하는 것이 기이다. 성명이 아니면
도심은 불발한다. 인심에 근원이 되는 것은 성이다. 형기가 아니면 인
심이 불발한다"고 말했기 때문이다.[25] 전우는 동정하는 것은 태극이 아
니고 '소이동정자(所以動靜者)'가 이이며, 태극은 다만 동정의 근원이
라고 하고, 이황의 「정재기」에 있는 말과 율곡의 「우계에게 답한 편지」
둘을 대조하고 합쳐 보면 영남권의 학자들이 율곡의 말을 의심할 것이
없다고 한다.[26] 「정재기」는 이황의 나이 56세 때 쓴 것[27]이니 초년의 소
견이라 할 수 없다.[28] 이황은 또 「답김이정(答金而精)」에서 "발동하는
것은 이 마음이고, 이른바 발동하는 까닭은 이 성이다"라고 했다. 이는
이황의 64세 때의 주장이다.[29] 「답우경선(答禹景善)」에서는 "마음이 동
하니 태극의 작용이 행하여진다. 이것은 기가 발하여 이가 타는 것을

<hr/>

**25** 『栗谷全書』卷10, 書 二「答成浩原」"發道心者氣也, 而非性命則道心不發, 原人心
者性也. 而非形氣則人心不發, 以道心謂原於性命, 以人心謂生於形氣, 豈不順乎. 形氣
之生, 人心亦猶木生火之謂也. 若兄已悟, 則此簡爲剩語, 若不悟, 則不爲無助也"

**26** 전우『艮齋集後編』卷13, 雜著「讀退溪先生答高峯四七說改本」甲寅 "故曰, 發之
者, 氣也, 所以發者, 理也. 栗翁此語, 嶺北嶺南心理諸家, 無不疑之, 然氣也之氣, 栗翁
旣自以心當之, 見答牛溪書, 則固已分曉, 況又以先生所謂動靜者, 氣也, 如此則動靜非
太極. 所以動靜者, 理也. 如此則太極. 但可曰動靜之原也. 兩語. 見靜齋記. 對同勘合,
則栗翁之言, 尤無可疑矣"

**27** 「靜齋記」는 애초 1553년에 썼던 것인데 1556년에 고쳐 썼다.

**28** 전우『艮齋集後編』卷12,「晦退栗三先生說質疑」"然則退翁竟與晦翁不同歟, 曰
否, 不然也. 退翁嘗爲南時甫, 作靜齋記, 其言曰, 動靜者氣也, 動者, 四七皆包在裏許,
氣字正指心氣言, 所以動靜者, 理也, 此本晦翁語 此在五十六歲, 未可謂初年所見也"

**29** 전우『艮齋集後編』卷12,「晦退栗三先生說質疑」"況其答金而精書. 又曰. 動者是
心, 而所謂動之故, 是性. 或云此心字安知非心中分理氣之理者耶. 曰, 下句但言所以
動之性而了無氣隨之意, 或說謬甚. 此又作於六十四歲矣"

말함이 아닌가"라 했는데 전우는 이황의 이 편지가 65세에 쓴 것이니
이것도 그의 만년 정론이라고 한다. 이 말들은 율곡이 "발하는 것은 기
이고 발하게 하는 것은 이이다[發者 氣也. 所以發者 理也]"라 한 것과 조
금도 차이가 없어 이황과 율곡의 발언이 비록 한 사람의 손에서 나왔다
고 하더라도 뉘라서 다시 틈을 잡겠는가라고 한다.[30]

따라서 전우는 후학들이 마땅히 마음을 비우고 기운을 평안하게 하
고 공정하게 듣고 함께 살펴서 주희·이황·율곡 세 분 선생들의 이와
기에 관한 의론이 전후 일규(一揆)의 일대(一大) 공안(公案)이며 만세
유림이 함께 지킬 정법(正法) 안장(眼藏)임을 알아야 한다고 하였다.[31]
전우의 이러한 말은 당시 학계에서 율곡의 이론을 주창하는 사람은 이
황의 미진한 곳이 있음을 의심하고, 이황의 주장이 옳다고 믿는 사람은
율곡이 견해를 달리하는 실수를 지적하곤 하지만, 모두 이황과 율곡이
애초에 같아지고자 모색하지 않았음에도 결과적으로 주희의 문하에로
귀결되었음을 보지 못한 것이며, 이는 유학자들의 오랫동안의 지극한
한(恨)이라고 하였다.[32]

3) 이황과 율곡이 같은 취지의 발언을 한 것이라고 해석한다면 율곡
은 어찌 (이황과) 한마디 상부하는 말이 없는가를 물을 수 있다. 이에
대하여 전우는 독특한 응대를 한다. 즉 율곡이 1584년에 죽었고, 이황
의 문집은 그 후 17년이 지나 완성되었기에 율곡이 이황의 이후의 의론

---

30  전우『艮齋集後編』卷12,「晦退栗三先生說質疑」"答禹景善書, 亦曰, 心動而太極
之用行, 此非氣發而理乘之之謂乎 此又作於六十五歲矣, 如何不認做晚年定論乎, 如此
則與栗翁發者氣也, 所以發者理也之云, 無毫髮之異, 而雖曰出於一手, 誰復開然矣乎"
31  전우『艮齋集後編』卷12,「晦退栗三先生說質疑」"是皆後學之所當虛心平氣, 公聽
並觀, 以立三先生理氣議論前後一揆之一大公案, 而爲萬世儒林所共守底正法眼藏者也"
32  전우『艮齋集後編』卷12,「晦退栗三先生說質疑」"而主栗翁者, 疑退翁有未盡之
蘊, 主退翁者, 謂栗翁爲異論之失, 而都不見兩翁之不期同而同歸於晦翁之門者, 豈非吾
儒千載之至恨也耶."

을 미처 보지 못했기 때문이라고 한다. 이황이 「정재기(靜齋記)」와 「답
김이정」에 말한 것을 보면 그 억양의 말이 『율곡전서』에 여러 차례 보
이는데, 율곡은 퇴계가 말한 것의 부분만 보았고 전체에서 나타나는 억
양을 미처 보지 못했다는 것이다. 전우는 이렇게 된 상황이 몹시 애석
하다고 하였다.[33]

　4) 조선 유학에서 수백 년 동안 해결되지 못한 다툼을 이제 까마득하
게 나중에 태어난 사람이 감히 무어라 하는 것은 참월에 가까운 것 아
니냐 하는 도전을 의식한 전우는 자기는 오로지 세 선생의 말에 근거하
여 판단한 것이라고 한다.[34] 그가 우선적 근거로 삼는 이황의 발언은
「답이굉중문목」에 있다.

　　"이(理)는 형상과 그림자가 없지만 심에 넉넉하게 실려 있으니 이것이 성
　　이다. 성은 형상과 그림자가 없지만 심으로 인하여 펼치고 발용(發用)하
　　는데 이것이 정이다."[35]

　이 편지는 이황과 기대승이 서신 왕복 시작 후 8년 지난 정묘년에 쓴
것으로 이황 나이 67세 때이다. 따라서 이 편지에 담긴 내용은 이황의
만년정론이라 할 수 있다. 이에 따르면 전우는 사단칠정이 모두 자연
발출하는 것으로서 반드시 마음으로 인하여 발출한다면 둘 다 마땅히

---

33　전우『艮齋集後編』卷12, 「晦退栗三先生說質疑」"或曰, 然則栗翁, 何無一言及於
相符之意也, 是則栗翁卒於癸未, 退翁文集成於其後十七年, 故未及盡見其後來議論矣,
使其見靜記金書之類, 則詎不犁然有契而其擧揚之辭必屢見於全書矣乎, 惜乎, 其未也,

34　전우『艮齋集後編』卷12, 「晦退栗三先生說質疑」"或曰, 此爲儒家數百年未決之
訟, 今子以眇然一後生, 乃敢云云, 得無近於僭越歟. 愚對曰, 愚固蒙騃童觀, 不敢自斷.
但以三先生之言考之"

35　이황『退溪全書』卷36, 書「答李宏仲問目」"理無形影, 而盛貯該載於心者, 性也.
性無形影, 而因心以敷施發用者, 情也."

'기발이승(氣發理乘)'이라고 해야 하고, 특히 그 가운데 기발하여 궤도
를 따른 것이 있고 궤도를 따르지 못한 것으로 나뉠 따름이라 한다고
하였다.[36]

　"정은 자연 발출한다. 그래서 성발(性發)이라 한다"에서 성발 두 글
자는 사실 주희·율곡 두 사람이 모두 말한 것이다. 이황은 '사단이 인
의예지의 성에서 발출한다'[37]고 했다. 전우는 사단의 나오는 곳을 탐구
하면 그것이 성이라는 것을 인정하지만 문제는 성은 심이 아니면 발동
할 수 없다는 데 있다고 한다. 그는 '성은 심이 아니면 발동할 수 없다
는 말'과 '사람이 말이 아니면 출입하지 않음'의 비유에 담긴 의도가
같다고 한다.[38] 전우의 시야에는 이황이 '정의 발동 역시 마음이 행하
는 것이다', '성이 마음으로 인하여 펼치고 발용하는 것이 정이다',
'측은은 정이다. 이를 맹자가 심이라고 했다. 정은 마음으로 발동하기
때문에 그렇게 말한 것이다'라고 한 것이 들어왔다.[39]

　이황은 칠정의 발동을 '외물이 그 형체를 건드리니 속에서 발동하여

---

36　전우『艮齋集後編』卷5,「與崔秉心」丁巳 退溪年譜 卷2, 十九板, "答李宏仲書細
撿也, 此是先生六十七歲議論, 豈非晩年所定乎, 愚見四七雖皆自然發出, 然又必皆因心
以發, 則四七皆當云氣發而理乘之, 特其中有氣發而循軌或不循軌之分耳, 若其四端或不
中節, 七情亦皆中節之辨, 自當別論, 此意似精當, 未知盛見云何."

37　이황『退溪全書』卷16, 書「答奇明彦 論四端七情第一書」"惻隱羞惡辭讓是非, 何
從而發乎, 發於仁義禮智之性焉爾, 喜怒哀懼愛惡欲, 何從而發乎, 外物觸其形而動於中,
緣境而出焉爾"

38　전우『艮齋集後編』卷13, 雜著「讀退溪先生答高峯四七說改本」甲寅 "八冊十六卷
卄板左, 惻隱羞惡辭讓是非, 何從而發乎, 發於仁義禮智之性焉爾, 按四端之發, 究其所
從來, 則固是性也, 但性非心則不能發, 此以先生所言人非馬不出入之譬觀之, 的是如此"

39　전우가 인용한 것은『退溪全書』卷36,「答李宏中問目」에서 발췌한 것이다. 아래
와 같다. "情之發亦心所爲也. 理無形影, 而盛貯該載於心者, 性也. 性無形影, 而因心以
敷施發用者, 情也. 因情之發, 而經營計度, 主張要如此, 主張要如彼者, 意也. 先儒以情
是自然發出, 故謂之性發, 意是主張要如此, 故謂之心發. 各就其重處言之. 惟孟子知此
意, 故曰, 惻隱之心, 仁之端. 惻隱情也, 而謂之心者, 情因心而發故也"

대상에 따라 나오는 것'이라고 했다.[40] 사단에 대해서는 인의예지의 성
에서 발동한다고 하였으나 칠정에 대해서는 외물이 접촉하여 속에서
발동한다고 하였으므로 자칫 사단은 '외물의 감촉이 없이 성이 저절로
발동한 것'으로 여긴 것인가의 물음이 생길 수 있다. 그런데『주자대
전』의「답진기지(答陳器之)」에서 이미 어떤 일에 감촉하면 어떤 이가
대응한다고 했고,『주자어류』에도 그런 기록이 있다. 또 측은지심은 원
래 외부사물에 접촉하여 일어나며 수오, 사양, 시비도 그러하다는 기록
이 있다. 전우는 이러한 자신의 해석을『주자어류』사(賜)의 기록에서
'사단은 외부사물에 감촉되어 일어난다'와 탁(卓)의 기록에서 '사단은
모두 감촉에 따라 발동한다'를 끌어온다. 이황이 '칠정은 외물에 감촉
되어 움직이고 대상에 따라서 나온다'라고 한다면 사단은 저절로 '감
촉도 없고 대상도 없이' 스스로 발동하는 것으로 본 것인데, 그 이유를
직접 섬기며 물어보지 못함이 안타깝다고 하였다.[41] 사단도 외물에 감
촉되어 발출하는 것이다. 어린애가 우물로 기어가는 것이나 조정이나
묘당을 지나갈 때 눈에 감촉이 되지 않는다면 인이나 예의 성은 어디에
서 스스로 발동하며 측은이나 공경의 마음이 생기는가를 물을 수 있다.
율곡은 이황의 의도를 사단은 '속으로부터 발출하는 것'이고 칠정은
'외물에 감촉되어 발출하는 것'으로 여기고, 이것이 이황의 정견(正見)
가운데 한 가지 허물이 되었다고 하였다.[42] 전우 역시 어떤 정을 막론하

---

40　이황『退溪全書』卷16, 書「答奇明彦 論四端七情第一書」"惻隱羞惡辭讓是非, 何
從而發乎. 發於仁義禮智之性焉爾. 喜怒哀懼愛惡欲, 何從而發乎. 外物觸其形而動於中,
緣境而出焉爾"
41　전우『艮齋集後編』卷13, 雜著「讀退溪先生答高峯四七說改本」甲寅 "語類賜錄
曰, 四端被外事觸起, 卓錄曰, 四端皆隨觸而發, 此類先生豈有未見之理, 然而但謂七情
物觸而動, 緣境而出, 則四端自歸於無觸無境而自發者, 此必有其說, 恨未及奉質而親承
其音也"
42　전우『艮齋集後編』卷13, 雜著「讀退溪先生答高峯四七說改本」甲寅 "栗翁以先生

고 이 마음은 모두 외물의 감촉으로 발동하며 마음에 이를 실어 한때 발출하는 것인데, 사단은 대부분 순발출자이고 칠정은 혹 격발기자라고 하였다.[43]

이황이 「답이굉중문목」에서 성정이 모두 '마음으로 인하여 발출' 하는 것이라 했다면 이는 '마음이 발동하고 이가 그것을 타는 것' 이라 하고, 이발(理應) 성발(性發)의 부류는 모두 마땅히 '마음으로 인하여 발출하는' 의 뜻으로 보아야 한다는 것이다. 전우는 성인의 칠정은 중절하지 않음이 없다면 이의 발이라 할 수 있고 보통 사람의 사단도 중절하지 못함이 있을 수 있다면 기의 발이라 할 수 있지만, 이는 특이한 일이요, 평상하지 않은 주장이라고 한다. 칠정을 기의 발이라 함은 본래 의심할 것이 아니지만 사단의 경우는 맹자가 성선의 이치를 밝히고자 하여 말한 것으로 '심발성승(心發性乘)' 을 말하는 데 미치지 않았는데, 이황이 이를 건너뛰어 곧장 이발(理發)이라 했다는 것이다.[44] 다시 말하면 이황이 '사단은 이발(理發)', 또는 '이지발(理之發)' 이라 한 것은 자연 발출하여 이에 근원한다는 의미가 아니라는 것이다. 율곡이 "정은 비록 만 가지로 다르지만 무엇이 이에서 발하지 않는 것인가"라고 했고, 또 "사람은 말이 아니면 출입하지 않는다" 하였으며, "인성의 본래

---

之意, 謂四端由中而發, 七情感外而發者, 爲正見之一累" 율곡의 견해는 성혼과의 문답에 보인다. 『栗谷全書』卷10, 「答成浩原壬申」 "竊詳退溪之意, 以四端爲由中而發, 七情爲感外而發, 以此爲先入之見, 而以朱子發於理發於氣之說, 主張而伸長之, 做出許多葛藤, 每讀之, 未嘗不慨嘆, 以爲正見之一累也"

43    전우 『艮齋集後編』 卷13, 雜著 「讀退溪先生答高峯四七說改本」 甲寅 "愚故曰, 無論某情此心, 皆因外物之感觸而動, 則心上乘載之理, 一時發出來, 但四端多是順發出者, 七情或有激發起者"

44    전우 『艮齋集後編』 卷13, 雜著 「讀退溪先生答高峯四七說改本」 甲寅 "曰, 聖人七情, 無不中節, 則亦可曰理之發也, 常人四端, 或有不中節, 則亦可曰氣之發也, 然此特異底事, 非平常之論也, 七情氣之發, 原無可疑, 至於四端, 則因孟子欲明性善之理而言者, 故不及言心發性乘, 而驀直說理之發也"

선함은 이이다. 그러나 기가 아니면 이는 발동하지 않는다"고 했음을
들어 전우는 "세 사람의 주장이 마치 한 입에서 나온 것과 같이 조금도
다른 뜻이 없으니 후학들이 받들어 유학자의 장척(丈尺)으로 삼아야 한
다"고 하였다.[45]

이처럼 이발(理發)이라는 표현 이면에 흐르는 의미를 추적하여 이해
하지만 그럼에도 불구하고 전우는 사단이 마음 속에 본래 있는 것이
외물에 감촉되어 일어난다면 이것은 칠정과 다를 것이 없는데 이황이
왜 줄곧 사단은 속에서 일어난다고 하고 칠정은 외부에 감하여 일어난
다는 주장을 하는지를 그의 문하에서 직접 물어보지 못하는 것이 안타
깝다고 표명하였다.[46] 표현의 미진함에 대한 아쉬움을 남기고 있는 것
이다.

5) 이황이 『성학십도』를 올릴 때가 68세였고, 「정재기」와 「답김이
정」을 쓸 때는 사실 그 이전인데 어찌하여 「정재기」와 「답김이정」을 옳
다 하고 「심통성정도」를 미진하다고 하는가의 반론이 있을 수 있다. 이
에 대하여 전우는 이황이 십도를 올린 다음 해인 1569년 3월 4일 선조
와의 문답을 보라고 한다. 그때 이황은 『성학십도』 가운데 심통성정도
(心統性情圖)의 중도와 하도를 만든 취지를 말하는 중에 "맹자와 정자
와 주자가 논한 본연지성과 기질지성으로써 중도와 하도로 갈라 만들
었다고 하면서 본연의 성은 이를 주로 해서 말한 것이요, 기질의 성은

---

45　전우『艮齋集後編』卷12,「晦退栗三先生說質疑」"上文有云情是自然發出, 故謂之
性發. 性發二字, 晦翁栗翁亦皆云爾, 則四端理發, 四端理之發, 無乃以自然發出而原於
理者言歟. 栗翁亦言情雖萬般, 夫孰非發於理乎. 又曰, 人非馬不出入, 己未 栗翁曰, 人
性之本善者理也. 而非氣則理不發. 是三先生之說, 如出一口, 而少無異指, 則後學於此.
豈不可奉爲儒門丈尺矣乎"

46　전우『艮齋集後編』卷11,「答素行齋諸生 盧憲九, 林性舜, 南龜年, 金源學, 南軫永,
劉永濼」甲寅 "…四端皆是心中本有之物, 隨觸而發, 此與七情之發, 何所異乎, 未知退
翁何不一及於此, 而一向力主四端由中, 七情感外之論歟, 恨不及門而請質於几下也"

이와 기를 겸해서 말한 것이며, 정으로써 말하면 이를 따라 나오는 것
은 사단이 되고, 이와 기가 합해서 나오는 것은 칠정이 된다"고 하였
다.[47] 전우는 이는 자연 무위의 체인데 자연의 이를 따라 펼치고 발용
하는 것이 심기(心氣)가 아니면 무엇인가라고 한다. 사단칠정이 모두
정이라는 전제 위에서 '이를 따라 나온다'고 하는 것과 '이가 발한다'
는 것은 같다고 해석한다. 그리고 '이를 따라 나온다'는 이황의 발언
은 주희·율곡의 학설과 꼭 들어맞는 것이니 정론으로 삼아야 한다는
것이다.

전우는 이황의 이발(理發)이 순리이발(循理而發)의 의미라면 굳이 이
발(理發)을 잘못된 것이라거나 고쳐야 할 필요는 없었던 것이라고 하
고, 또 이황이 『성학십도』를 왕에게 올린 다음에 누차 개역한 것을 '미
안'하게 여겼다는 것이 문집에 자주 보이는 것에 주목한다.[48] 그는 이
황이 '이발기수(理發氣隨)'를 그냥 남겨둔 것을 이 때문으로 추정한다.
반드시 순리이발(循理而發)로 고치려 하거나 이발(理發)하니 '소승지
기(所乘之機)가 따라서 동(動)한다'는 것으로 '기수(氣隨)'의 뜻을 확
정하면 이는 결단코 이황의 본지가 아닐 것이라 한다.[49]

삼현의 학설에 대한 질의는 애초에 영남권 문인들이 전우에게 이황

---

47 이황 『退溪先生年譜』 卷2, 年譜 三年己巳 先生六十九歲 三月丙午. 又詣闕. 乞幷
遞兼帶職名. 致仕歸田, 不許. "上曰心統性情圖三, 而中下二圖, 卿爲之耶. 對曰, 程復
心四書章圖, 有此圖. 上一圖卽程圖, 而其餘分理氣處, 語多未穩. 故舍之而以孟子程朱
所論本然之性. 氣質之性, 分作中下二圖, 本然之性, 主於理而言. 氣質之性, 兼理氣而
言. 以情言之, 循理而發者爲四端, 合理氣而發者爲七情."
48 이황의 문집에는 '未安'이라는 표현이 다른 사람의 문집에 비하여 상당히 빈번하
게 사용되고 있음을 확인할 수 있었다.
49 전우 『艮齋集後編』 卷12, 「晦退栗三先生說質疑」 "然則理發氣隨仍存, 何也, 豈非
循理而發, 是自然之動, 而亦可謂之理發, 故仍存而不必改歟, 抑又念之, 退翁以十圖進
御後, 頻數改易爲未安, 屢見於文集, 今之仍舊, 豈或以是歟, 不然而必欲作理循理而發,
理發而所乘之機隨而動 而氣隨之義看定, 則恐決非退翁之本指也"

의 문집을 선물하면서 시작된 것이며, 따라서 애초부터 율곡학설과 퇴계학설의 합일을 찾는 작업이었다고 할 수 있다. 앞에서 보았듯이 그는 여러 차례 율곡과 이황을 함께 존중해야 한다는 생각을 갖고 있었다.

## 3. 합리기(合理氣)의 마음과 기(氣)로서의 마음

전우는 이황의 『성학십도』에서 '심통성정(心統性情) 합리기(合理氣)'의 두 구절의 의미를 자세히 알아야 한다고 강조한다. 통(統) 자는 통합의 뜻이지 위에서 아래를 통솔한다는 뜻이 아니라는 것이다. '합리기(合理氣)'의 기(氣) 자에 대해서도 전우는 주의를 기울인다. 이황이 '마음은 이기의 합이다'라고 했을 때의 기는 '허령정영(虛靈精英)'한 것이지 '거칠고 혼탁하며 찌꺼기 같은' 것이 아니라고 한다.[50]

"이와 기가 합하여 마음이 된다[理氣合而爲心]"[51]라고 할 때 전우는 '이기합(理氣合)' 세 글자는 심(心)만이 아니라 신(身), 성(性), 도(道) 모두 이렇게 말할 수 있다고 한다. 사람의 몸은 이와 기가 합하여져서 생겼다든가, 도는 반드시 이와 기를 합하여 보아야 한다든가, 허(虛)와 기가 합하여 성(性)이라는 명칭이 생겼다든가, 성과 지각이 합하여 심이라는 이름이 생겼다든가가 그것이다. 그리고 이와 기가 반드시 합

---

50   전우 『艮齋集前編』 卷13, "李氏心卽理說條辨 辛亥 退陶先生論心 統性情, 合理氣 兩句, 宜子細理會, 竊詳退翁立文之意, 統似是統合之義, 恐非上統下尊統卑, 如近儒之 見也 … 合理氣氣字, 恐是指虛靈精英者言, 未可直以麤濁渣滓當之, 此以合性與知覺有 心之名, 推之可見, 如曰退翁畔棄張子, 而自立宗旨, 吾不信也, 下文心之未發, 氣不用 事, 此氣字始以氣質言, 至於惟理而已, 安得有惡之云, 只是明性善之理而已, 曷嘗有心 卽理之意來, 李氏乃以爲己說之的證, 吾不知世之儒者, 果皆有聽受而無疑難否也"

51   이황 『退溪全書』 卷18, 「答奇明彦」 別紙 "理氣合而爲心, 自然有虛靈知覺之妙, 靜 而具衆理, 性也, 而盛貯該載此性者, 心也, 動而應萬事, 情也, 而敷施發用此情者, 亦心 也, 故曰心統性情"

한다고 할 때에는 거기에 주인과 손님의 경중 구별이 있어야 한다고 하였다.[52]

이황은 "칠정 또한 참으로 이기를 겸한다. 그러나 가리켜 말하는 것은 기에 있다"고 하였는데[53], 전우는 이황의 이 말을 듣고 공자라면 흐뭇하게 웃을 것 같고 맹자라면 기뻐서 잠을 못 잘 것이라고 한다. 순이 네 명의 흉악한 자를 주살한 것, 안자가 노여워한 것은 외부 사물에 그 원인이 있지 그의 몸에 있지 않다. 죽은 자를 울며 슬퍼하는 것, 영재를 즐겁게 기르는 것, 일을 처리함에 두려운 마음을 갖는 것, 어린아이가 부모를 사랑하는 것, 군주를 아버지처럼 사랑하는 것, 사사로운 이익의 구멍을 미워하고 향원(鄕原)을 미워하는 것, 어질고 싶어 함, 남을 세우고자 함, 남을 영달시키려 함과 같은 부류들은 발동하는 것이 비록 기이지만 그 타는 바는 순수한 이(理)이며, 이것들은 모두 사단과 같다고 한다.[54]

---

52  전우『艮齋集後編』卷13, 雜著「讀退溪先生答高峯四七說改本」甲寅 "又或引此以爲心卽理之證, 未知此說能使先生莞爾而笑否, 竊謂理氣合三字, 身心性道, 皆可如此說, 如云, 人身理與氣合而生, 先生語見下卅板左, 又云, 道須合理與氣看, 語類易繫辭門, 又云, 合虛與氣, 有性之名, 合性與知覺, 有心之名, 是也, 須是于合中, 見其有賓主輕重之別爾"

53  전우가 인용한 것과 이황의 문집에 있는 것은 약간 차이가 있다. 본래의 글은 다음과 같다.『退溪全書』卷16, 書「答奇明彦 論四端七情第二書」"惻隱羞惡辭讓是非, 何從而發乎, 發於仁義禮智之性焉爾, 喜怒哀懼愛惡欲, 何從而發乎, 外物觸其形而動於中, 緣境而出焉爾, 四端之發, 孟子旣謂之心, 則心固理氣之合也, 然而所指而言者則主於理, 何也, 仁義禮智之性粹然在中, 而四者其端緒也, 七情之發, 程子謂之動於中, 朱子謂之各有攸當, 則固亦兼理氣 程子謂以下, 舊作朱子謂本有當然之則, 則非無理, 今改也, 然而所指而言者則在乎氣"

54  전우『艮齋集後編』卷13, 雜著「讀退溪先生答高峯四七說改本」甲寅 "同板右, 七情固亦兼理氣, 然而所指而言者, 則在乎氣, 按如孔子莞爾而笑, 孟子喜而不寐, 舜之誅四凶, 顔子之怒, 在物不在己, 哭死而哀, 樂育英材, 臨事而懼, 孩提愛親, 愛君如父, 惡利口, 惡鄕原, 欲仁欲立欲達之類, 發者雖氣, 而所乘者純理也, 此皆與四端同, 未知先生斥之否乎"

이황의 '이기지합'으로 '심즉리'설을 증명하려는 사람이 있다. 한주 이진상이 그 경우이다. 이진상은 "마음을 논하는 데 있어서 심즉리보다 더 좋은 것이 없으며 또한 심즉리보다 더 밝히기 어려운 것이 없다"[55]고 하였는데, 이에 대하여 전우는 '마음을 논함에 있어서 심즉리보다 더 위험한 것이 없다'고 한다. 왜냐하면 '심즉리'라는 말을 듣는 자들이 쉽게 함부로 행동하기 때문이라는 것이다. 또 마음을 다스리는 데에 '심즉리'보다 더 어려운 것이 없다고 한다. 성인은 방정하여 법도를 넘어서지 않는데, 그 위험하고 어렵게 여기는 것은 모두 계구공신(戒懼恐愼)으로부터 나온다. 이것에 반하는 것은 기탄하는 것이 없기 때문이라 하였다.[56] 따라서 이항로 등이 '심즉리'를 수천 마디 말하고 있으나 그것이 성인의 마음을 가리킨다면 별개이지만 만일 중인의 마음을 가리킨다면 그것은 기이니 옳지 않으며, 더구나 마음에는 두 가지 종류가 있는 것이 아니라고 한다.[57]

그는 '심시기(心是氣)'라는 학설의 유래를 정자·소강절·사상채·주자·황면재 등으로 본다. 또한 『논어』의 '붙들면 있고 놓으면 달아나는 것'이나 '들고 나는 것이 때가 없어 그 터전을 알 수 없다'가 결국 마음

55   이진상『寒洲先生文集』卷32, 雜著,「心卽理說」"論心莫善於心卽理, 莫不善於心卽氣, 夫心卽氣之說, 實出於近世儒賢, 而世之從事此學者多從之, 若所謂心卽理, 乃陽明輩猖狂自恣者之說, 爲吾學者莫不斥之爲亂道, 今乃一切反之何也 … 吾故曰論心莫善於心卽理, 而亦莫難明於心卽理"
56   전우『艮齋集前編』卷13,「李氏心卽理說條辨」辛亥 論心莫善於心卽理, 而亦莫難明於心卽理, "愚則曰論心莫危於心卽理, 聞者, 易以自恣, 而治心莫難於心卽理, 聖者, 方不踰矩, 危難兩字, 皆從戒愼來, 反此者無所畏憚矣"
57   전우『艮齋集前編』卷13,「李氏心卽理說條辨」辛亥 心卽理三字, 未可遽言之, "李氏集中, 論心卽理者, 無慮累數千言, 豈皆指聖人之心耶, 然則衆人之心, 却是氣耶, 吾意心果是理也, 衆人亦是此心, 聖人亦是此心, 安有兩樣心, 可以遽言, 未可以遽言之分乎, 若乃性卽理, 固未嘗有到聖人, 未到聖人之異, 又未嘗有可遽言, 未可遽言之分也, 只此亦足以見心卽理三字, 未得爲後聖不易之論也"

을 가리키는 것이라면, 마음은 기임에 틀림없다고 한다. 이(理)는 무위(無爲)이고 부동(不動)이기 때문이다. 마음을 기에 속한다고 여기면 마음이 스스로 함부로 하지 않게 되고 반드시 성리를 두뇌로 삼게 되는데 이를 벗어난 성현의 심법이 있을 수 없게 된다. 그는 마음을 기로 보아야만 우리가 지극히 존귀한 이를 인식하게 되고, 성인과 천(天)에 귀속하게 되며, 그런 다음에야 성현의 심법이 하나하나 실하게 되고 세도(世道)가 날로 밝아지고 다스려지게 된다고 하였다.[58]

그런데 전우는 심(心)으로서의 기와 기질(氣質)로서의 기, 둘의 관계를 분명히 할 필요를 느꼈다. 그래서 그는 기로서의 심은 신명하고 헤아릴 수 없으며 도를 위대하게 하고 본성을 다 구현할 수 있고 허령(虛靈)하고 통철(洞徹)하며, 경박하고 나태한 것을 바로잡고 경계할 수 있으며 한 몸의 주재가 될 수 있지만, 기질은 결코 신명·허령하다거나 능히 생각하고 힘쓴다거나 법도를 넘지 않는다거나 도에서 멀리 벗어나지 않는다고 하였다.

## 4. 존성학(尊性學)

학계의 쟁점들 가운데 전우의 사색에서 가장 비중이 있었던 것은 성론이라고 할 수 있다. 이황이 '이는 존귀하고 기는 비천하다', '이는 장수이고 기는 졸병이다'라고 하여 이와 기를 대비하여 '이를 존귀히 여기는[尊理]' 학문을 주장하였다면, 전우는 성과 심을 대비하여 성을 존귀히 여기는 학문을 표방하였다. 당시 학계에는 이른바 '성학(性學)'이라

---

58    전우『艮齋集前編』卷13,「李氏心卽理說條辨」辛亥 以心爲氣之說, "以心屬氣, 而心不敢自用, 必以性理爲頭腦, 則不知此外又有聖賢心法乎, 必也爲心者, 自認爲至尊之理, 而不復歸宿於性天, 然後聖賢心法, 一一成實, 而世道日升於明且治歟"

는 말이 거의 일반화되고 있었다.

"유학자의 학은 '성학'이다. '성선'을 믿어 의심하지 않으면 이를 밝은 깨
달음[明覺]이라고 하고, 성선을 체험하여 공이 있으면 이를 실학이라고
하고, 성선을 지켜 잃지 않으면 큰 깨달음이라고 하고, 성선을 다하여 남
김이 없으면 이를 최상의 성인이라고 한다."[59]

"성은 본래 지존하고, 심은 이 이(理)를 받들어 따르는 것에 지나지 않는
다. 이는 성인이 전한 진수이고 유학의 정종이다. 이론(異論)이 일어난 이
래 마음을 존귀히 여겨 도로 삼으니 성이 그 지위를 잃은 지 오래되었다.
구구하게 그 근심을 이길 수가 없어 힘껏 분별하여 성이 거의 그 지위를
회복하게 되었고 심이 그 직분을 얻게 되었다"[60]

성은 심의 운용하는 바가 되므로 마음이 성의 주재가 된다고 할 수
있다. 주자는 '심이 성정의 주재가 된다'고 했다. 전우는 이것이 인심
에 지각이 있음으로 도체가 무위함을 말한 것이기에 상하존비의 구별
을 한 것이 아니며, 따라서 이것을 들어 '심은 존귀하고 성은 비천하
다'를 주장하는 것은 잘못이라고 하였다.[61] 성의 이는 마음에 모두 모

---

59    전우『艮齋集後編』卷14, 雜著「海上散筆」[一] "儒者之學, 性學也. 信得性善而無
疑者, 謂之明覺, 驗得性善而有功者, 謂之實學, 守得性善而不失者, 謂大賢, 盡得性善而
無虧者, 謂之上聖."

60    전우『艮齋集後編』卷7, 書「答田烈」己酉 "操心尊性之說, 來示得之, 大抵性本至
尊, 心則不過奉循乎此理而已, 是爲聖傳眞髓, 儒學正宗也, 自異論起, 而尊心爲道, 性失
其位久矣. 區區不勝其憂, 而力與辨之, 庶幾性得復位, 而心得其職矣"

61    전우『艮齋集後編』卷14, 雜著「性尊心卑的據」丙辰 "按道貯於心以爲主, 故心之
齊家治國平天下也. 以是爲心本, 則性尊而心卑, 不其明乎. 孔子祖孫, 孟程朱宋諸聖賢,
無不以性爲心之所主, 以心爲性之所乘, 其爲尊卑上下, 昭然別矣. 況所謂學禮學道學仁
義之類, 又定爲性師心弟者, 有目皆覩. 惟世間, 有不肯小心而內懷驕氣, 外襲尊號者, 或
欲與性齊等, 甚則貶性而下之小之偏之兩之. 如此者, 其心只知有心, 而不知有性矣. 然

인다. 그러므로 심은 성의 통회처(統會處)라고 할 수 있다.

성이 존귀한 까닭이 어디에 있는가? 전우는 사람이 사람인 까닭은 천명을 두려워하고 '인극(人極)'을 세우는 데 있는데, (천명과 인극인) 그 본성을 작게 여기고 그 본성을 낮추면서 사람이 되고자 하니 그 유폐가 장차 어디에 이를지 모르겠다고 하였다.[62] 전우가 성을 존귀하게 여기는 태도는 맹자가 인간의 본성을 선하다고 규정한 것과 주자가 태극을 만물 '일원'의 지극한 선의 이름으로 보는 정신과 일치한다. 그에게 있어서의 성은 가치의 궁극적 원천과 표준이다. 전우는 성이 존귀한 까닭을 경전의 여러 곳을 인용하여 증거한다. 공자의 '하늘을 받듦', 안연의 선을 얻으면 이를 꼭 간직하여 결코 잃어버리지 않는 것, 자사의 존성(尊性), 정자의 하늘에 근본을 둠, 주희의 인의를 흠모하고 받아들이는 것 등이다. 그는 이것이 모두 심이 성을 높이는 것이라 한다.

성이 존귀하다는 것은 심이 낮다는 것에 대한 상대적 언급이다.

'성이 귀하고 심이 낮다[性尊心卑]'
'성이 스승이고 심이 학생이다[性師心弟]'
'성은 심의 체이다[性體心]'
'심은 성에 근본한다[心本性]'
'심은 성을 배운다[心學性]'
'성을 높여 심을 다스린다[尊性以治心]'

---

則動不動, 專靠著有覺之人心足矣. 尙何待於無爲之道體乎. 此可與吾儒本性之學, 同條而共貫也哉. 張子曰, 心統性情. 朱子曰, 心爲性情之主宰. 此類但以人心有覺, 道體無爲而云爾. 非所以爲上下尊卑之別也. 或以是爲心尊性卑之說, 則謬矣"
62    전우『艮齋集後編』卷15, 雜著「海上散筆」[二]

성과 심을 대비하면서 성을 높이고 심을 낮추고 있다. 이는 그가 '심시기'론을 계승하는 것과 논적들이 '심즉리'를 주장하는 것을 겨냥하고 있는 표현이다.

전우의 이황에 대한 존숭은 그의 '위기지학'에 있고 이기론에 있지 않다. 그는 스무 살에 처음 이황의 글을 읽고 깊은 감동을 받았다. 그러다가 74세에 영남권 문인들이 선물로 보내준 이황 문집을 받아 매우 기뻐하며 바로 그해에 이황이 고봉에게 답한 편지를 읽은 소감을 저술하였으며, 이황과 율곡의 학설에 대한 견해를 밝히는 글을 썼다. 77세 되는 해에는 주희·이황·율곡 세 사람의 학설에 대한 질의 형식의 저술을 하였다. 그리고 두 문하생들 간의 그간의 쟁론을 잠재우려는 듯 주희·이황·율곡의 글이 마치 한 사람의 손에서 나온 것처럼 동일하다는 말을 되풀이하였다. 그가 근거로 삼는 것들은 「답김이정」, 「답우경선」, 「답이굉중문목」, 그리고 「정재기」 등인데, 이들은 대체로 이황이 만년에 쓴 글들이다. 전우는 성발(性發), 이발(理發), 이지발(理之發)이 모두 이를 따라 발동하는 것[循理而發]의 의미로 이해되어야 한다고 한다. 그는 성발을 마음으로 말미암아 발동하는 것[因心而發], 또는 마음이 발동하고 이가 그것을 타는 것[心發而理乘]으로 이해한다. 전우는 사단도 칠정도 모두 외물의 감촉으로 발출하는 정이라고 하며, 이황이 사단은 속에서 발출하고 칠정만 외물에 감촉되어 발출하는 것처럼 표기한 것은 잘못이라고 본다. 이황은 애초부터 인심도심을 나누어 설명하려고 했으나 주희는 마음의 지각은 하나라고 하였듯이 인심도심을 성명과 형기로 나누어 설명했어도 하나로 말하고자 함이 본의라고 여긴다. 곧 하나로 말하려는 주희의 의도를 오해하여 이황이 둘로 나누어 언표했다는 것이다. 또 이황이 만년에 쓴 글들에 '동정하는 것은 기이다[動靜者 氣也]'가 등장하는데 전우는 이것이 율곡의 '발동하는 것은 기이다[發之者 氣也]'와 상충하지 않으며, 심지어는 '한 사람의 손에서 나온 글 같다'고까지 말한다.

전우는 이황의 만년 주장에 율곡이 한 마디 상부하는 말을 하지 않은 것은 율곡이 이황의 만년 글들을 보지 못한 것이 원인이라고 추정한다. 율곡 사후 17년이나 지나서야 이황의 문집이 출간되었으며, 따라서 위의 자료들을 율곡이 보지 못했다는 것이다. 전우는 '심은 이기의 합(合)이다'라고 한 이황의 주장에서 '합'에는 주객의 경중이 있다고 하고, 칠정도 이기를 겸하지만 기에 초점이 있다고 한 것을 들어 공자와 맹자가 좋아할 것이라고 평한다. 전우가 '심시기(心是氣)'를 수용하고 취하는 태도와 연관이 있다.

전우 철학의 핵심 주제는 성론이다. 이는 그의 시대 학술 담론의 주제이기도 하였다. 그는 존성(尊性)의 체계를 전개한다. 그의 성론과 대비되는 것은 심론이다. 그리고 그는 심시기론을 신봉한다. 자연 그는 '심즉리'설과 이를 주장하는 사람들을 비판한다. 이황은 존리(尊理) 체계를 갖고 있다. 이황의 존리론과 전우의 존성론은 일견 동일한 양상과 지향을 갖는 것으로 비친다. '성은 이(理)이다'라는 것이 주자학체계의 기본 전제이기 때문이다. 존리론은 이기론에서 윤리적 가치를 확보하는 공식이고 존성론은 심성론에서의 개념정합성과 관련된 논의 구조이다. 당시 기정진이 '참으로 다름[實異]', '참으로 같음[眞同]'을 구별하려 한 일이 있는데[63] 이황의 존리와 전우의 존성은 논의의 틀 자체가 다르다. 따라서 '같은 것 같지만 실상은 다름[似同實異]'이라고 할 수 있다.

---

63    기정진 『奇蘆沙集』 卷16, 雜著 「納涼私議」 "理者一實萬分, 猶異而猶同者也. 一而分, 非實異也. 異而同, 乃眞同也. 兩家之言同異, 同異不相容. 若此蓋其所言, 異者是實異, 而同者, 非眞同也"

율곡이 이황의 유사(遺事)와 제문을 지었으며, 이황의 문인록에 이름
이 올라 있다. 본원론에서 이황과 어긋남이 있는데 어찌 율곡을 이황의
연원 정통에 넣는가에 대하여 전우는 후학이 선현을 섬김은 마치 자손
이 부조(父祖)를 섬기는 것과 같아서 정신과 혈맥을 전하는 것이 귀하
고 언어나 용모가 하나하나 같을 필요는 없다고 하였다. 주희는 정이와
이통의 이론을 하나하나 그대로 따르지 않았으며, 장식이나 황간도 그
사문의 유지(遺旨)를 한 자 한 자, 한 조목 한 조목 철저히 따르지 않았
음에도 연원의 정통을 수수한 것은 털끝만큼도 유감이 없다고 했다.[64]

64　전우『艮齋集後編』卷11,「答素行齋諸生　盧憲九, 林性舜, 南龜年, 金源學, 南軫永,
劉永渫」, 甲寅 "示喩嶺士謂栗翁于先生本原之論, 旣有參差, 何可强合爲淵源正統. 愚竊
以爲未然也. 昔朱子之尊二程何如, 而其於理氣議論, 不能一一奉遵. 其於延平亦然. 南
軒勉齋于師門遺旨, 亦有異同. 然其爲淵源授受之正統, 何嘗有毫髮遺憾也. 凡後學之事
先賢, 如子孫承父祖. 惟以傳其精神血脈爲貴, 不必其言語容貌之一一肖似也"

# 참고 문헌

## 경서류

『論語集註』

『大學集註』

『孟子集註』

『宣祖修正實錄』

『周易』

『中庸集註』

『春秋左傳』

## 문집류

김창협, 『農巖集』

김평묵, 『重庵集』

박세채, 『南溪集』

서경덕, 『花潭集』

소옹, 『伊川擊壤集』

소옹, 『皇極經世書』

송시열, 『宋子大全』

신흠, 『象村稿』

유인석, 『毅菴集』

유중교, 『省齋集』

이색, 임정기 옮김, 『국역목은집』, 민족문화추진회.

이이, 『栗谷全書』

이지렴, 『恥菴集』

이항로, 『華西雅言』

이항로, 『華西集』

이현익, 『正菴集』

이황, 『退溪全書』

이황, 『退溪全書』

이희조, 『芝村集』

전우, 『艮齋集』

주희 저, 곽신환 외 2인 역, 『태극해의』, 소명출판, 2001.

최립, 『簡易文集』

최익현, 『勉菴集』

## 학술저서류

高懷民, 『邵子先天易哲學』, 荷美印刷設計有限公司 臺北, 1997.

곽신환, 『우암 송시열』, 서광사, 2012.

곽신환, 『조선 유학과 소강절 철학』, 예문서원, 2017.

곽신환, 『조선 유학자의 지향과 갈등』, 철학과현실사, 2004.

곽신환, 『주역의 지혜』, 서광사, 2017.

곽신환, 『주역의 이해』, 서광사, 1991.

勞思光, 『中國哲學史(宋明篇)』, 탐구당, 1987.

廖明春 외 지음, 심경호 옮김, 『주역철학사』, 예문서원, 1995.

李鼎祚, 『周易集解』, 北京市中國書店, 1987.

문석윤, 『동양적 마음의 탄생: 마음(心)을 둘러싼 동아시아 철학의 논쟁들』, 글항아리, 2013.

束景南, 『朱熹年譜長編』 上下권, 華東師範大學出版社, 2001.

이선열, 『17세기 조선, 마음의 철학: 송시열 학단의 마음에 관한 탐구』, 글항아리, 2015.

이은상, 『사임당과 율곡』, 성문각, 1966.

李昌壹, 『소강절의 철학-先天易學과 상관적 사유』, 심산, 2007.

周伯崑, 『周易哲學史』 藍燈文化事業股份有限公司 1991.

朱伯崑, 『周易哲學史』 第1卷, 崑崙出版社, 2005.

陳來, 『송명성리학』, 예문서원, 1997.

馮友蘭, 『中國哲學史新編』 藍燈文化事業股份有限公社, 1991.

馮友蘭, 『中國哲學史新編』 上·中, 人民出版社, 1998.

玄相允, 『朝鮮儒學史』, 서울: 民衆書館, 1977.

侯外廬 외, 『宋明理學史1』, 이론과 실천, 1993.

## 학술논문류

葛榮晋, 「李穡의 理本論思想」, 牧隱研究會, 『韓中牧隱李穡研究』, 서울: 예문서원, 2000.

강대덕, 「화서 이항로의 생애와 사상기반」 『관동사학』 2집, 1984.

곽신환, 「간재의 주자태극동정설에 대한 해석」, 『간재학논총』 15집, 2013.

곽신환, 「孟子와 荀子의 '天 觀」 『사색』 10호, 숭실대 철학과, 1993.

곽신환, 「李栗谷(1536-1584)의 自然觀」, 『숭실대학교 논문집(인문과학 22집)』, 숭실대학교, 1992.

곽신환, 「조선유학의 太極解釋論辨」, 『동양철학연구』 47집, 2006.

곽신환, 「田艮齋愚의 尊性明氣의 철학」 『간재사상연구논총』 1집, 1994.

구완회, 「성재 유중교의 강학과 문인집단의 확대」 『역사교육논집』 44집, 2010.

권오영, 「김평묵의 척사론과 연명유소」, 『한국학보』 56집, 1989.

金承鉉, 「元.明代 孔子사상의 繼承과 그 展開」 『공자학』 2호, 한국공자학회, 1996.

금장태, 「율곡의 심성론과 인간이해」, 『종교와 문화』 5호, 서울대학교 종교문제 연구소, 1999.

金泰榮, 「牧隱 李穡의 歷史意識」, 牧隱研究會, 『韓中牧隱李穡研究』, 서울: 예문 서원, 2000.

김근호, 「김평묵과 유중교의 심설논쟁에 대한 소고」 『한국사상사학』 27집, 2006.

김근호, 「태극-우주만물의 근원」, 『조선 유학의 개념들』, 예문서원, 2002.

김병환, 「自無極而爲太極인가 無極而太極인가」 『퇴계학보』 93, 퇴계연구소, 1997.

김한상, 「주희의 태극개념」 『철학논구』 30집, 서울대 철학과, 2003.

노대환, 「18세기 후반 19세기 중반 노론 척사론의 전개」 『조선시대사학보』 46 호, 2008.

박학래, 「간재(艮齋) 전우(田愚)와 간재학파(艮齋學派) 연구 현황 및 과제」 『공 자학』 30호, 한국공자학회, 2016.

설석규, 「16세기 사림의 세계관 분화와 成渾의 현실대응」, 『牛溪 成渾의 學問과 思想』, 우계문화재단, 2009.

오석원, 「면암최익현의 의리사상」 『동양철학연구』 31집, 2002.

吳錫源, 「許衡의 心性論」, 『동양철학』 10집, 한국동양철학회, 1999.

禹克坤, 「李穡詩歌의 藝術的 成就」, 牧隱研究會, 『韓中牧隱李穡研究』, 서울: 예 문서원, 2000.

유영봉, 「艮齋의 和陶詩에 관한 연구」 『간재학논총』 16권, 2013.

李東歡, 「李穡에게 있어서의 道學의 文學的 闡發」, 牧隱研究會, 『韓中牧隱李穡 研究』, 서울: 예문서원, 2000.

이동희, 「艮齋의 朱子·退溪·栗谷의 성리설에 대한 해석」, 『간재학논총』 15집,

2013.

李斗燦, 「栗谷 心性論에 있어서 心의 主宰와 의의」, 『유교문화연구』 8집, 성균관대학교 유교문화연구소, 2006.

이상익, 「간재(艮齋) 전우(田愚)의 이기상호주재론과 성사심제설(性師心弟說)」, 『동방학지』 131집, 연세대학교 국학연구원, 2005.

이상호, 「간재 전우의 성리설」, 『간재사상연구논총』 1집, 1994.

이종문, 「栗谷과 柳枝, 「柳枝詞」의 전승 과정에 관한 고찰」, 『한국한문학연구』 51집, 한국한문학회, 2013.

장병한, 「퇴계의 화담학에 대한 반론양상 일고찰 – 퇴계의 답시보서와 정재기 분석을 중심으로」, 『한문학보』 20집, 2009.

장승구, 「유인석의 철학사상 연구」, 『동양철학연구』 17집, 1997.

장현근, 「중화 질서 재구축과 문명국가의 건설: 최익현 유인석의 위정척사사상」, 『정치사상연구』 9집, 2003.

정성희, 「元代儒學의 朱陸和會思想 – 許衡 吳澄을 中心으로」, 『陽明學』 3집, 韓國陽明學會, 1999.

정우봉, 「조선시대 기생 시첩의 존재양상과 문화사적 의미」, 『한국고전여성문학연구』 18집, 2009.

조남국, 「栗谷이 柳枝에게 준 詩」, 『강원문화연구』 12집, 1993.

衷爾鉅, 「麗末朱子學家 李穡의 사회정치사상과 그 역사적 위상」, 牧隱研究會, 『韓中牧隱李穡研究』, 서울: 예문서원, 2000.


**기타자료**

이이, 「柳枝詞」, 梨花女大博物館 所藏 필사본.

이관구, 「人間 栗谷」, 『경향신문』, 1958년 6월.

## 인명